Akron
Hajo Banzhaf

Der Crowley-Tarot

HEINRICH HUGENDUBEL VERLAG
Kailash Buch

Akron
Hajo Banzhaf

Der Crowley-Tarot

Das Handbuch zu den Karten von Aleister Crowley und Lady Frieda Harris

Hugendubel

CIP-Titelaufnahme der Deutschen Bibliothek
Akron:
Der Crowley-Tarot : Das Handbuch zu den Karten von Aleister Crowley und Lady Frieda Harris / Akron ; Banzhaf. -
München : Hugendubel, 1991
(Kailash-Buch)
ISBN 3-88034-512-0 Pb.
ISBN 3-88034-507-4 Pb. (mit Crowley-Tarot-Deck)
NE: Banzhaf, Hajo:
Vw: Frey, C. F. [Wirkl. Name] → Akron

Umschlaggestaltung, Satz, Produktion: Peter Frese, München
Druck und Bindung: Bartels und Wernitz, München
ISBN 3-88034-512-0
Printed in Germany

Inhalt

Legesysteme

Die Schöpfer der Karten

Vorwort

Mephistopheles:
Ich bin der Geist, der stets verneint!
Und das mit Recht; denn alles, was entsteht,
Ist wert, daß es zugrunde geht;
Drum besser wärs, daß nichts entstünde.
So ist denn alles, was ihr Sünde,
Zerstörung, kurz, das Böse nennt,
Mein eigentliches Element.
Ich bin ein Teil von jener Kraft,
Die stets das Böse will und stets das Gute schafft.

Der Herr im Himmel:
Ich habe deinesgleichen nie gehaßt.
Von allen Geistern, die verneinen,
Ist mir der Schalk am wenigsten zur Last.
Des Menschen Tätigkeit kann allzuleicht erschlaffen,
Er liebt sich bald die unbedingte Ruh;
Drum geb ich gern ihm den Gesellen zu,
Der reizt und wirkt, und muß, als Teufel, schaffen.

Faust I

Der Name Crowley wirkt nicht selten wie ein falsches Losungswort, dessen Nennung schleunigst alle Türen verschließt. Nach bewährter Pharisäerart werden seine Person und sein Werk gern in jenen Bereich menschlicher Erfahrung verwiesen, der durch unverrückbare Vorurteile verriegelt ist. So bleibt – zumindest scheinbar – die Auseinandersetzung mit all den Phänomenen erspart, die gern mit seinem Namen in Verbindung gebracht werden: Schwarze Magie, Satanismus, schwarze Messen, alles Schändliche, Verruchte, Unanständige, Unerhörte, Widerliche; das Böse schlechthin.

Es ist nicht das erklärte Ziel dieses Buches, die bestehenden Vorurteile abzubauen. Es geht uns auch nicht darum, zur Arbeit am kollektiven Schatten anzuregen, auch wenn beides sicherlich zu begrüßen wäre. Ebesowenig wollen wir natürlich dem Mißbrauch, der mit Crowley und seinem Werk getrieben wird, Vorschub leisten. Wenn sich heute Zirkel bilden, die sich okkult nennen, die merkwürdigsten Theorien vertreten und obskure Rituale pflegen, die aber eigentlich dringendst psychiatrischer Betreuung bedürften, hat das nichts mit Crowley zu tun. Wenn in einer sterilen und seelisch verkümmerten Welt die Jugend aus der Abgestumpftheit tödlicher Langeweile heraus den letzten »Kick« in schwarzen Messen sucht und ihre nächtlichen Parties auf Friedhöfe verlegt, kann man das Crowley selbst dann nicht anlasten, wenn dabei sein Name auf Grabsteine geschmiert wird. Und wenn Manson und andere Wahnsinnige sich bei ihren Greueltaten auf Crowley berufen, sei daran erinnert, daß Crowley selbst Zeit seines Lebens nie kriminell geworden ist und daß ähnliche Taten von anderen seelisch Kranken im Namen des Kreuzes und jeder anderen hohen Idee begangen wurde.

Zweifellos gehört Crowleys Nachlaß – und damit auch die unter seiner Regie entstandenen Tarotkarten – zu den bevorzugten Requisiten vieler sogenannter schwarzer Messen dieser Art. Das erlaubt aber keine Bewertung seines Werkes, denn andere, ebenso beliebte Requisiten sind das Kruzifix, die Bibel und die Hostie. Und wer mit dem Hinweis auf eine möglicherweise schädliche Wirkung die Verbreitung seines Werkes unterbinden will, sei daran erinnert, daß das Werk eines der hervorragendsten Köpfe unseres Volkes eine nachweislich verheerende Wirkung hatte, ohne je auf den Index gesetzt zu werden: Als Johann Wolfgang von Goethe »Die Leiden des jungen Werther« schrieb, traf er damit so den Nerv der Zeit und wühlte die Gemüter seiner Leser derart auf, daß sich junge Menschen gleich scharenweise das Leben nahmen und man von einem »Werther-Syndrom« sprach.

Angesichts der Tatsache, daß sich Crowleys Tarot, das heißt die Karten, die von Lady Frieda Harris gemalt wurden, einer sprunghaft steigenden Beliebtheit erfreut, ist es das Anliegen dieses Buches, dem Interessierten die tiefgehende und vielschichtige Symbolik dieser Bilder vor dem Hintergrund von Alchemie, Astrologie, älteren Tarotdarstellungen und den Überlieferungen der abendländischen Mythologie zu erklären. Dabei liegt uns nichts an einer Wertung, schon gar nicht in Kategorien von »gut« und »böse«.

Symbole sind aufgrund ihrer Natur immer ambivalent. Als Bilder der Seele spiegeln sie die Polarität unseres Unbewußten und unserer Wirklichkeit. In unserem tiefsten Inneren wissen wir, daß alle Dinge ihre Licht- und Schattenseiten haben und erst beide Pole zusammen ein Ganzes bilden. Es ist unser unterscheidender Verstand, der seit annähernd drei Jahrtausenden die Aufteilung in das rein Gute und das rein Böse versucht, heute aber – nicht zuletzt dank der Physik – allmählich zu der Einsicht gezwungen wird, daß es keine Eindeutigkeit gibt. Wir sollten für diese Erkenntnis wirklich dankbar sein, denn es war und ist der Glaube an eine mögliche Eindeutigkeit, an den Besitz der einen und einzigen Wahrheit, der die Menschen immer wieder zu heiligen Kriegen ermutigt und ihnen das vermeintliche Recht, wo nicht gar den göttlichen Auftrag gegeben hat zu Völkermord, Vernichtungslagern, Menschenverbrennungen, Folterungen oder gar zu offiziellen Mordaufrufen von höchster Stelle, wie noch jüngst im Falle des Schriftstellers Salmon Rushdie.

Sich mit dem Okkulten zu befassen, ist nach unserer Ansicht nicht verwerflich oder böse an sich. Wenn es aber selbst den aufgeklärtesten unter unseren Zeitgenossen bei diesem Wort nicht ganz geheuer ist, so sollte das auch nicht auf die leichte Schulter genommen werden. Da das Okkulte tiefen-psychologisch gesprochen mit dem tiefsten Unbewußten gleichgesetzt werden kann, bedarf es in der Tat eines Ichbewußtseins, das stark genug ist, diesen unbewußten Inhalten standhaft zu begegnen, ohne sich von ihnen verschlingen zu lassen. Letzteres käme dem gleich, was sehr anschaulich als geistige Umnachtung bezeichnet wird.

Auf den Tarot übertragen bedeutet das, daß der gesunde Erwachsene die Auseinandersetzung mit dem Kartenorakel und die Beschäftigung mit seiner Symbolik als eine große Bereicherung erleben kann. Der seelisch Schwache oder Kranke aber sei gewarnt. Wenn die in ihm aufsteigenden Bilder ihn ruhelos machen oder beginnen, eine bestimmende Gewalt über ihn auszuüben, sollte er sich lieber vermehrt der Bewältigung seiner Alltagsaufgaben zuwenden und seine Beschäftigung mit okkulten Themen ruhen lassen.

Akron,
St. Gallen

Hajo Banzhaf,
München

Was ist Tarot?

Tarot ist ein aus alter Zeit überliefertes Kartenspiel, das neben seinem hohem spirituellen Aussagewert wohl immer schon einen weitverbreiteten Gebrauch als Orakelspiel fand. Die spirituelle Seite hatte für jene Kreise eine hohe Bedeutung, die in Mysterienschulen, Logen und sonstigen Geheimbünden zusammenkamen, um alte Traditionen und Symbole zu studieren. Sie fanden in diesen Karten die Grundstruktur des mystischen Einweihungsweges aufgezeichnet. Der vergleichsweise »profane« Gebrauch als Orakel für die Fragen des Alltags war dagegen das Motiv für das breite Interesse, das die Karten damals wie heute fanden und finden.

Der Aufbau des Kartenspiels

Seit etwa 1600 ist Tarot im wesentlichen in der Form verbreitet, wie wir es heute kennen. Es besteht aus 78 Karten, die sich in zwei Gruppen unterteilen: 22 Karten der Großen Arkana (lateinisch = Geheimnisse), auch Trumpfkarten genannt, und 56 Karten der Kleinen Arkana.
Die 56 Kleinen Arkana bilden das Vierfarbspiel, wie es auch aus anderen weitverbreiteten Kartenspielen bekannt ist. Als Farbe oder Satz wird hier das Symbol bezeichnet, das eine jede dieser vier Serien vereint. Die Symbole des Tarot entsprechen denen der heutigen Spielkarten wie folgt:

Tarot	Französische Karten	Deutsche Karten
Stäbe	Kreuz oder Treff ♣	Eichel
Schwerter	Pik ♠	Blatt
Kelche	Herz ♥	Herz
Scheiben (Münzen)	Karo ♦	Schellen

Jeder dieser vier Sätze besteht aus 14 Karten, die sich zusammensetzen aus:

10 Zahlenkarten: As (= eins), zwei, drei bis zehn, und 4 Hofkarten: König, Königin, Ritter und Bube, die Crowley umbenannte zu: Ritter, Königin, Prinz und Prinzessin.

Die Herkunft der Tarotkarten

Die Herkunft der Karten liegt im dunkeln. Sicher ist nur, daß sie im 14. Jahrhundert in Europa auftauchten und sich dann sehr schnell verbreiteten. Eine der ersten Erwähnungen geht auf den Dominikanermönch Bruder Johannes zurück, der in der Nähe von Basel lebte und 1377 in seinem Tractatus de moribus et disciplina humanae conversationis von einem Kartenspiel spricht. Die Liste uns bekannter früher urkundlicher Erwähnungen, aus der sich auch die schnelle Verbreitung der Karten ablesen läßt, ist wie folgt[1]:

1377	Florenz	1380	Perpignan
1377	Paris	1381	Marseille
1377	Basel	1382	Lille
1377	Siena	1384	Valencia
1378	Regensburg	1389	Zürich
1379	Viterbo	1390	Venedig
1379	Brabant	1390	Holland
1379	St.Gallen	1391[3]	Sizilien
1379[2]	Bern	1391	Augsburg
1379	Konstanz	1392	Frankfurt
1380	Barcelona	1397	Ulm
1380	Nürnberg	1397	Leyden

Viele dieser urkundlichen Erwähnungen stammen aus Verboten, mit denen die Karten auch im Laufe der folgenden Jahrhunderte immer wieder belegt wurden. Dabei ist unklar, ob es sich um Karten handelte, die im Sinne des heutigen Tarots als Orakel genutzt wurden, oder um einfache Spielkarten. Die neuere Forschung geht von letzterem aus. Sie sieht guten Grund zu der Annahme, daß ein Vierfarbspiel – die Basis unserer heutigen Spielkarten und der Kleinen Arkana des Tarot – im 14. Jahrhundert aus der islamischen Welt nach Europa kam und sich hier zunächst und vor allem als Unterhaltungsspiel verbreitete.

Völlig im dunkeln dagegen bleibt die Herkunft der im Tarot viel bedeutsameren 22 Karten der Großen Arkana, und so nimmt es kaum Wunder, daß hier die Vermutungen diametral auseinanderlaufen. Während die einen sicher sind, mit diesen Karten nichts Geringeres als das Weisheitsbuch der altägyptischen Priesterkaste in den Händen zu halten, vermuten andere, daß diese 22 Karten im Mittelalter der Fantasie eines sich langweilenden Druckermeisters entsprungen sind, der nichts Besseres zu tun hatte, als die alten 56 Karten um 22 neue zu bereichern.

1 Zitiert aus Michael Dummet, »The game of Tarot from Ferrara to Salt Lake City«, London 1980, S. 10
2 zwischen 1367 und 1398, vermutlich 1379
3 zwischen 1377 und 1391

Ähnlich entgegengesetzt ist auch die Deutung des Namens »Tarot«, der plötzlich im 16. Jahrhundert in Italien erstmals als »Tarocchi« auftaucht. Weitgehende Einigkeit besteht nur darüber, daß es sich bei Tarot um eine französische Schreibweise handelt und der Name deshalb Taro ausgesprochen wird. Der Tarot ist gebräuchlich, aber laut Duden ist auch das Tarot richtig. Die profanste Deutung des Namens ist sicherlich die, die den Ursprung der Karten in Norditalien im Tal des Taro, eines Nebenflusses des Po, vermutet. Demgegenüber bringen okkulte Kreise das Wort Taro mit der Thora in Verbindung, der hebräischen Sammelbezeichnung für die fünf Bücher Moses, dem Gesetz des jüdischen Volkes. Dieses Wort Thora wurde in der Esoterik zum Synonym für das göttliche Gesetz.

Wie alt die Karten auch sein mögen, es ist beeindruckend, daß die Geschichte, die uns die 22 Großen Arkana erzählen, so alt ist, daß sie bis in die Urfrühe menschlicher Bewußtwerdung zurückreicht. In den 22 Bildern älterer Tarotkarten können wir in der eindringlichen Schlichtheit scheinbar naiv wirkender Bilder die Grundstruktur der Mythen, Märchen und Legenden der Völker erkennen, die als älteste Geschichte der Menschheit unter dem Namen »Die Reise des Helden« bekannt ist. Da es sich hierbei zugleich um Urbilder der menschlichen Seele handelt, die C.G. Jung Archetypen nannte, ist es nicht zu kühn, zu behaupten, die Karten sprächen – Träumen ähnlich – die Bildersprache der menschlichen Seele.

Die verschiedenen Kartenspiele

Während die frühen Kartenspiele eine sehr breit gefächerte Struktur aufweisen, bildet sich gegen Ende des 16. Jahrhunderts das noch heute übliche Spiel heraus, das aus 78 Karten besteht. In dieser ursprünglichen Form sind sie heute noch unter dem Namen »Marseiller Tarot« zu erhalten. Bis zur letzten Jahrhundertwende haben eigentlich nur zwei Varianten von sich reden gemacht: Der »Etteilla Tarot«, der von einem bis heute umstrittenen Magier Alliette geschaffen wurde, sich aber nicht nennenswert durchsetzte, und der »Oswald Wirth Tarot« ein Tarot von eher bescheidener Popularität, der aber von einigen Kennern als der beste geschätzt wird.

Die entscheidende Erneuerung aber geht auf Arthur Edward Waite (1857 – 1942) zurück, einen gebürtigen Amerikaner, der in England lebte und dort Mitglied und zeitweise Leiter eines der einflußreichsten esoterischen Orden der Jahrhundertwende war, des »Ordens der Goldenen Morgenröte«. Waite galt als die wandelnde Bibliothek dieses Ordens. Mit seinem außerordentlich großen Wissen schuf er zusammen mit der Künstlerin Pamela Colman Smith, einer aus Jamaica stammenden Amerikanerin, einen neuen Tarot. Diese Karten, die 1908 erschienen, unterschieden sich von den vorhergehenden Tarotkarten in einem Punkt so entscheidend, daß sie zu dem heute bekanntesten Tarot wurden. In den alten Karten waren die 22 Karten der Großen Arkana illustriert, ebenso die sogenannten Hofkarten (König, Königin, Ritter und Bube) und in manchen Fällen die vier Asse. Alle übrigen Karten aber zeigten nur die ihrem Wert entsprechende zahlenmäßige Wiederholung des Symbols ihres Satzes. So zeigt die Drei der Kelche eben drei Kelche und die Acht der Schwerter acht Schwerter. Die Deutung dieser Karten ist genauso leicht oder schwer wie es die Deutung von Herz 3 oder Pik 8 wäre. Die wesentliche Neuerung, die Waite zusammen mit Smith brachte, lag darin, auch diese Karten so zu illustrieren, daß ein Bild zur Bedeutung jeder Karte führt.

Dieser heute am meisten verbreitete Tarot wurde aber leider nicht unter dem Namen der Künstlerin Pamela Colman Smith bekannt, obwohl ihr der Ruhm sicherlich gebührt hätte, sondern als »Rider Waite Tarot«. Herr Rider war der Verleger von Herrn Waite.

In den 40er Jahren entstand der Tarot, der in der Bekanntheit heute an zweiter Stelle steht und dem dieses Buch gewidmet ist. Sein geistiger Vater war Aleister Crowley (1875 – 1947). Gemalt wurden die Karten von der Künstlerin Lady Frieda Harris (1877 – 1962). Sie erschienen 1944 unter dem Namen »Das Buch Thoth«, womit Crowley den Namen aufgriff, den schon gut 150 Jahre zuvor Etteilla für die Tarotkarten gebrauchte, da letzterer »herausgefunden« hatte, daß damals (1783) vor 3953 Jahren und damit »genau« 171 Jahre nach der Sintflut der Tarot von 17 Magiern unter dem Vorsitz des legendären Hermes Trismegistos (häufig mit dem ägyptischen Weisheitsgott Thoth identifiziert) erschaffen und auf goldenen Plättchen eingraviert wurde. Leider verschwieg uns Meister Etteilla, woher er diese bemerkenswerten Kenntnisse gewonnen hatte.

In den 70er Jahren setzte dann ein Boom ein, der Tarot in einem noch nie dagewesenen Maße bekannt machte. Zugleich entstanden überall neue Karten, so daß es heute sicherlich über 500 verschiedene Tarotdecks gibt. Aus dieser Fülle sind an sich nur wenige erwähnenswert. Darunter zwei, die von bekannten Künstlern geschaffen wurden: Der schön gestaltete Haindl Tarot und die Karten, die von der Hand des berühmtesten Künstlers unseres Jahrhunderts stammen: Salvadore Dalí. Beide Künstler treten damit in ehrwürdige Spuren: 500 Jahre zuvor hat Albrecht Dürer die Kupferstichkarten des wunderschönen Tarots von Mantegna kopiert.

Die Besonderheiten des Crowley Tarots

Während die früheren Tarotkarten in mehr oder minder schlichter Form bildhaft erzählerisch ihr Thema veranschaulichten, »abstrahierte« Crowley die Motive, indem er die Bedeutung der Karten in einer vielschichtigen Symbolik zum Ausdruck brachte, die der Welt der Magie, der Astrologie, der Alchemie, der Kabbala, den Überlieferungen mediterraner Kulturen und keltischer Völker, insbesondere aber auch der geheimnisvollen Mythologie des alten Ägyptens entstammt. Dadurch gewannen seine Karten eine große Faszinationskraft, wurden jedoch für den Laien schwer verständlich. Daran änderte auch das von Crowley gleichzeitig herausgegebene Buch nicht viel, worin er sich gern in dunklen Andeutungen zu der Symbolik äußerte, damit aber oft mehr Fragen aufwarf als beantwortete. Die von Arthur Edward Waite eingeführten Illustrationen der kleinen Arkana übernahm Crowley nicht, wie er das Werk Waites ohnehin verwarf und gern verspottete. Statt dessen brachte er jede Karte in engen Zusammenhang mit einer astrologischen Konstellation. Da aber die Bedeutung, die er damit verband, nicht selten von dem heute vorherrschenden Verständnis abweicht, ist auch dieser Zugang zur Deutung für den Laien oftmals verwirrend. So gehört dieser heute sehr beliebte Tarot zugleich zu den am wenigsten verstandenen.

Die drei Magier

Für besonders große Verwirrung sorgten die drei Magier, die zu dem nunmehr aus 80 Karten bestehenden Crowley-Tarot gehören, das 1986 als druck- und fototechnisch erheblich verbesserte Neuauflage erschien. Das Rätselraten über mögliche Bedeutungen und über die geheimnisvolle Herkunft der zwei »neuen« Magier führte zu recht fantasievollen

Der Magier

Erklärungen: Von den drei Magiern, die dem Stern von Bethlehem folgten bis zu dem schwarzen Magier, dem weißen und dem dritten, der die Polarität in sich vereinigt. Richtig ist eine profane, und möglich ist eine tiefgründig esoterische Erklärung: Nach Auskunft des Kartenherstellers war es ein Mann namens Werner Ganser, der für die Neuauflage der Karten Sorge trug. Als dieser im Warburg Institute in London die Originalzeichnungen betrachtete, stellte er fest, daß dort 80 Karten ausgestellt sind. Lady Frieda Harris hatte seinerzeit drei Entwürfe für die Karte des Magiers gemalt, von denen Crowley jedoch nur einen akzeptierte. Da aber auch die beiden anderen von eindringlicher Symbolkraft waren, schlug Werner Ganser vor, die zwei Karten dem Tarotdeck als Sammlerstücke beizufügen und es dem Käufer zu überlassen, sich seinen Magier auszuwählen. An eine Erweiterung des Tarotdecks auf 80 Karten hat er dabei – nach eigenem Bekunden – nicht gedacht.

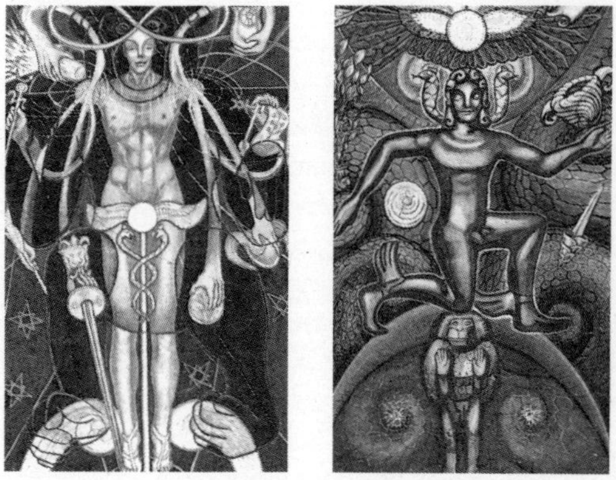

Die zwei »neuen« Magier

Die esoterische Betrachtung verdanken wir Harald Schulze-Theiler aus Münster, der sich in seinem Buch »Judas und sein Sohn Ger« in tiefgründigster Weise mit esoterischer Symbolik befaßt und dabei eindrucksvoll auf das Vorhandensein von zwei unsichtbaren Tarotkarten schließt. Zwar bezieht sich Harald Schulze-Theiler strikt auf den seiner Meinung nach einzig richtigen Tarot: die Oswald Wirth Karten in der Version von Elisabeth Haich. Er kommt nun in Analogie zu den »Drei tollen Tagen«, in denen wir uns seinem Weltkalender zufolge befinden, zu dem Schluß, daß es sich bei den fehlenden Karten um zwei weitere Narren handeln muß. Dennoch läßt sich seine Grundüberlegung sehr wohl auf die drei Magier in dem heutigen Crowley Tarot übertragen. Die Quintessenz seiner Überlegungen ist stark vereinfachend verkürzt folgende: Die allen alten Zahlensystemen innewohnende Methodik läuft auf ein 24er System hinaus, von dem jedoch oft genug 10% unsichtbar sind. So spiegelt zum Beispiel die astronomisch (!) exakt berechnete Dauer eines Weltzeitalters (Fische-, Wassermannzeitalter etc.) von 2160 Jahren nur 90% der »Wirklichkeit«. Es sind »tatsächlich« 2400 Jahre, von denen eben 10% = 240 unsichtbar sind (2400 – 240 = 2160). Ebenso gab es eigentlich immer schon 24 Karten der Großen Arkana, von denen jedoch 10% (das sind abgerundet 2 Karten) unsichtbar waren. So betrachtet wäre das Auftauchen dieser zwei verborgenen Karten ein Phänomen, das sehr gut in eine Zeit paßt, in der vieles von dem, was jahrhundertelang strengster Geheimhaltung unterlag, in das Licht der Öffentlichkeit tritt. Dabei ist es vollkommen gleichgültig, wie »profan« die Erklärung für den auslösenden Schritt sein mag. Wie dem auch sei, in jedem Fall sind diese beiden zusätzlichen Karten noch viel zu neu, um ihnen eine klare Deutung zuzuordnen. Deshalb muß es jedem einzelnen überlassen bleiben, damit eigene Erfahrungen zu machen, sie mit aufzunehmen, oder es bei der ursprünglichen Strukur zu belassen.

An diesen drei Karten läßt sich sehr schön die Art der Zusammenarbeit von Aleister Crowley und Frieda Harris nachvollziehen: Er gab ihr das Inventar, und sie komponierte es zu einem Kunstwerk. So weicht zwar die Art der Zusammenstellung erheblich voneinander ab, dennoch haben alle drei Karten dieselben Bestandteile. Aus diesem Grund haben wir auch darauf verzichtet, die zusätzlichen Karten in den Deutungsteil aufzunehmen, da die Bedeutung ihrer Symbole unter dem von Crowley akzeptierten Magier nachgeschaut werden kann.

Weitere Veränderungen

Crowley nennt die Karten der Großen Arkana »Atu« und hat einigen von ihnen einen neuen Namen gegeben: Die Gerechtigkeit (VIII) wurde zur Ausgleichung, das Schicksalsrad (X), das im angelsächsischen Sprachgebrauch schon immer Glücksrad genannt wurde, heißt Glück, Kraft (XI) wurde zu Lust, Mäßigkeit (XIV) zu Kunst, Gericht (XX) zu Aeon und die Welt (XXI) zu Universum. Die einzig tiefgreifende Veränderung erfuhr aber nur die 20. Karte (Gericht) deren altes Erlösungsthema nun der Vision eines neuen Zeitalters (Aeon) wich.

Innerhalb der Kleinen Arkana nennt Crowley den Satz der Münzen Scheiben, eine Bezeichnung, die aber auch schon in älteren Tarotsätzen auftaucht. Eine einleuchtende, wenn auch unbeweisbare Erklärung dafür liegt darin, daß der Satz der Münzen traditionell mit dem Element Erde verbunden wurde, die ihrerseits im mittelalterlichen Weltbild als Scheibe galt. Wesentlicher und für viel Verwirrung sorgend ist dagegen die Neubenennung der Hofkarten. Der traditionellen Folge König, Königin, Ritter und Bube (Page) entspricht im Crowley-Tarot die Reihenfolge Ritter, Königin, Prinz und Prinzessin.

Die Kabbala und »Der Baum des Lebens«

Ursprung

Der Baum des Lebens ist die zentrale Glyphe der jüdischen Geheimlehre, der sogenannten Kabbala. Seit dem 12. Jahrhundert ist Kabbala der Name der (ursprünglich mündlich überlieferten) allmählich zu einer eigenen Schule und Literatur ausgebildeten Geheimlehre der Juden, deren Wurzeln aber bis zu den ersten Hochkulturen im Mittelmeerraum zurückreichen. In Ägypten gab es die berühmten Einweihungsstätten in die Mysterien. Auch wenn der Ursprung des ägyptischen Wissens bis heute umstritten ist – viele Esoteriker sehen darin das atlantische Erbe –, ist doch festzustellen, daß die

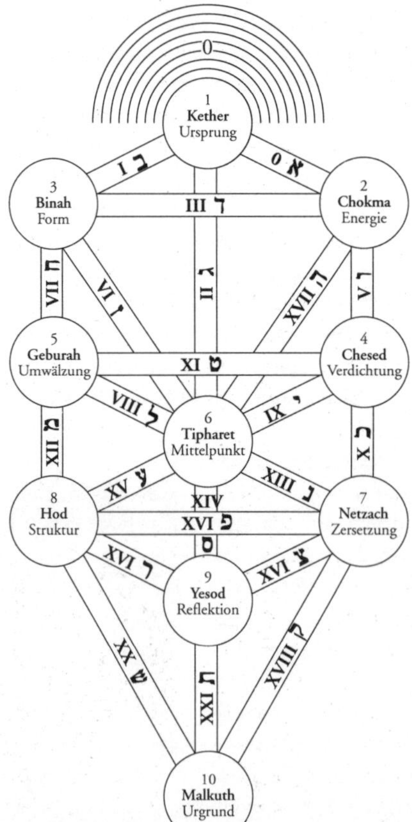

Die 22 Verbindungswege entsprechen den 22 Buchstaben des hebräischen Alphabets und den 22 Karten der großen Arkana (0 bis XXI)

führenden Denker aller Kulturen in die ägyptischen Lehren eingeweiht wurden und den Geist dieser Weihen mit nach Hause nahmen. Die bekanntesten Vermittler, die das Wissen in fremde Kulturen trugen und damit das Denken anderer Völker erweiterten, waren zweifelsohne Pythagoras und Moses. Pythagoras war vermutlich der erste, der die Welt einen Kosmos nannte; er sah das Wesen der Dinge in der Zahl, die Sphärenharmonie als universales Prinzip der Ordnung und Einheit und vertrat die Lehre von der Seelenwanderung. Moses, als Findelkind am ägyptischen Hofe erzogen, gilt als der Schöpfer der (exoterischen) Thora, deren esoterische Seite die Kabbala ist. Das erste der fünf Bücher des Mose beginnt so:

Im Anfang schuf Gott Himmel und Erde;
die Erde aber war wüst und wirr,
Finsternis lag über der Urflut,
und Gottes Geist schwebte über dem Wasser.
Gott sprach: Es werde Licht. Und es wurde Licht.
Gott sah, daß das Licht gut war.
Gott schied das Licht von der Finsternis.

Zwischen Wurzel und Krone

Wenn wir das Licht als das Göttliche oder Geistige ansehen (Kether) und die Finsternis als die Materie (Malkuth), in die der göttliche Lichtfunken hinabfällt, dann erkennen wir in diesen voneinander getrennten und wieder zueinanderstrebenden Hälften die geistige Schöpfungsidee, die polare Spannung, auf der die physikalischen Gesetze beruhen, oder, moderner formuliert, ein »Wahrnehmungsmodell«, das es uns erlaubt, die Wirklichkeit zu interpretieren. Der auf die tiefste Ebene gesunkene Lichtfunken strebt natürlich wieder zu Gott zurück, und damit stecken wir schon mitten im Lebensbaum, genauer gesagt irgendwo zwischen Wurzel und Krone, in deren wechselseitigem Austausch sich der Schöpfungslauf darstellt. Für die Kabbalisten war die Schöpfungsgeschichte weder eine bloße Fiktion, noch haben sie sie wörtlich genommen, sie diente ihnen einfach als Landkarte oder Fahrplan, um das Unfaßbare bewußtseinsmäßig zu verankern. Dabei gingen sie – wahrscheinlich von Pythagoras inspiriert – davon aus, daß nur die äußerste Abstraktion grundlegend genug ist, um das Unfaßbare zu fassen, und daß Zahlen die größte Annäherung an das Unfaßbare sind. Im Lebensbaum wird die »letzte Wirklichkeit« folgerichtig durch 10 Kreise symbolisiert, die in sich keine direkten Aussagen bilden, sondern nur allgemeine Zyklen beschreiben, deren Begrifflichkeit sich erst durch die Hinzunahme und das Kombinieren mit anderen Wirkungsebenen erschließt. Damit ist die Kabbala nicht irgendein philosophisches oder religiöses System, sondern ein durch die jüdische Tradition gefärbtes Universalmodell, dessen Elemente zum erstenmal in der pythagoräischen Harmonielehre auftauchen, dessen Grundlage aber wohl die orientalischen Emanationslehren sind. Papus, einer der bedeutendsten Esoteriker Frankreichs, der eines der besten Bücher zur Kabbala und eines der umstrittensten zum Tarot verfaßt hat, schrieb: »Die Kabbala ist die Wissenschaft von der Seele und von Gott und allen Beziehungen, die zwischen ihnen bestehen. Sie lehrt und beweist, daß alles in einem ist und eines in allem.«

Die 10 Sephirot

Für die Kabbalisten ist Wirklichkeit das Ergebnis eines immerwährenden Schöpfungsprozesses, der die zehn Wirkungsebenen wie zehn Spinnfäden unablässig miteinander verknüpft und daraus die Webmuster des Schicksals »strickt«. Denn es sind nicht die Menschen, die das Schicksal gestalten, sondern der kollektive Geist im Menschen, der sich durch ihre Handlungen hindurchzieht und gleichsam zur Straße wird, auf der sich die kollektiven Vorstellungen (Zeitgeist) bewegen. Dieses Geflecht, das sich darin äußert, daß sich die menschliche Psyche immer über die Inhalte des Alltäglichen hinaus auf eine übergeordnete, hinter den Dingen wirkende Kraft bezieht, ist die der Realität angepaßte Form des Ewigen und entspricht im kabbalistischen Lebensbaum der Sephira Kether (1). Wir können auch sagen, daß Kether die Urkraft ist, aus der alles hervorgeht, aber weil die Formen des Ewigen selber unsichtbar bleiben (0) und sich in allen unseren Bildern nur die Sehnsucht ausdrückt, den Schatten jenes Geistes zu erahnen, welcher jenseits des Erfaßbaren thront, wollen wir uns auf die Aussage beschränken, Kether sei ein dem Unfaßbaren angenähertes Wirklichkeitssymbol oder die der Vollendung angenäherte Form des Menschen.

Der sichtbare Ursprung (1) des unsichtbaren Göttlichen (0) entwickelt nun das Selbstbewußtsein »der sich erkennenden Form« und wird dadurch zu Chokmah (2), der bewußten, unterscheidenden und schöpferischen Kraft. Chokmah entspricht der »Rippe Adams«, aus der Gott »Eva« oder Binah (3) schuf. Dieser Verbindung entspringt Chesed (4), die in den Raum austreibende Form oder Frucht des geistigen Schöpfungsprinzips (1, 2 und 3). Chesed ist die Kraft des Wachstums und der Stabilität, Geburah (5) die der Zerstörung, denn nur durch Bewegung und Veränderung in der Zeit kann Leben existieren. Tiphareth (6) als Vermittler zwischen beiden ist das harmonische Gleichgewicht und seelische Spiegelbild der geistigen Kether-Ebene. Im unteren Bereich des Lebensbaumes verkörpern Netzach (7) und Hod (8) den Gegensatz zwischen Zersetzung/Auflösung und der gesetzmäßig durchorganisierten Struktur. Die auf der Mittelsäule die Polaritäten verbindenden Sephirot (6, 9, 10) sind jeweils ein Ausdruck des Göttlichen (0) auf der entsprechenden Seins-Ebene. Der harmonischen Mitte des Universums entspricht Kether (1), dem Zentrum der Seele Tiphareth (6). Den Mittelpunkt des physikalischen Weltbildes auf der untersten Ebene aber bildet Yesod (9), und zwar als Ausdruck des Glaubens an den Sinn der Schöpfung (1), die sich in der Wurzel oder Malkuth (10) in der am stärksten verdichteten Form ausdrückt.

Die 10 Zahlen
(Sephirot und Kleine Arkana)

In der Verbindung zwischen Tarot und Lebensbaum werden die 10 Sephirot nun den von 1–10 numerierten »kleinen Karten« zugeordnet, die wiederum, entsprechend den vier Elementen (Stäbe = Feuer, Kelche = Wasser, Schwerter = Luft, Scheiben = Erde) in vier Sätze unterteilt werden. Damit entspricht das As der Stäbe der Formel »Kether durch Feuer« oder auf der symbolischen Ebene »dem ersten Schöpfungsfunken als Vater der schöpferischen Idee«; die Zwei der Kelche entspricht »Chokmah durch Wasser« oder »der Polarisierung der Gefühle«; die Drei der Schwerter entspricht »Binah durch Luft« oder »der endogenen Depression«; die Vier der Scheiben entspricht »Chesed durch Erde« oder »der sichtbaren Form«, usw.

Die 22 Pfade
(Hebräisches Alphabet und Große Arkana)

Im hebräischen Alphabet gibt es zweiundzwanzig Buchstaben. Es ist die Zahl der Pfade im »Sepher Yetzirah« oder »Buch der Schöpfung«, dem Teil der Kabbala, der sich auf die Schöpfung und ihre geheimnisvollen Gesetze bezieht. Dieses Buch erläutert die Schöpfung der Welt in Analogie zu den 22 Buchstaben des hebräischen Alphabets. Es gibt drei »Mutterbuchstaben« für die Elemente, sieben »Doppelbuchstaben« für die Planeten und zwölf »Einfache Buchstaben« für den Tierkreis. Die 22 Pfade sind die Wege, die die zehn Zahlen auf dem Lebensbaum miteinander verbinden. Gleichzeitig werden diese 22 Verbindungspfade im Baum des Lebens mit den 22 Großen Arkana des Tarot verknüpft. Dadurch wird der Baum zu einem mehrdimensionalen Bild, in dem das Verbindende verschiedener Kulturen in einem gemeinsamen Weg zum Ausdruck kommt. Fühlen wir uns beispielsweise in der herrschenden gesellschaftlichen Struktur (Hod) gefangen und unser Ziel ist der Ursprung oder Neuanfang (Malkuth), müssen wir den Pfad zwischen diesen beiden Sephirot wählen, den »Weg der Transformation«; ein Vorgang, der im Tarot durch die Karte »Aeon« und im hebräischen Alphabet durch den Buchstaben »Shin« verdeutlicht wird. Umgekehrt schildern der »Turm« und »PÇ« die »Zertrümmerung fester Strukturen«, weil sie Hod (Struktur) und Netzach (Zersetzung) miteinander verbinden: durch die Zerstörung alter Werte wird die Bühne frei für ein neues Stück. Die Pfade sind die Linien, entlang derer sich das Leben entfaltet. Es gilt, diese Linien im Sinnzusammenhang des Ganzen zu verstehen, in das wir eingebunden sind. Der Mensch braucht Modelle, an die er glauben kann, und der Lebensbaum ist nach dem hermetischen Gesetz »wie oben so unten« ein Spiegelbild des Kosmos überhaupt.

Wie kann man Kartendeuten erlernen?

Die Karten sprechen in Bildern und Bilder sind die Sprache der Seele. Wer die Sprache der Karten lernen will, muß – ähnlich wie der Traumdeuter – die Sprache der Seele erlernen. Die Entwicklung verläuft dabei ähnlich wie beim Erlernen einer neuen Sprache: Nach Überwindung einer möglichen, ersten Befangenheit ergeben sich erste spontane Erfolgserlebnisse, die aber nur mit der auch hier notwendigen Übung zu wachsender Sicherheit und differenzierter Ausdrucksweise führen.

Durch die in unserer Gesellschaft gesetzten Werte sind wir als Abendländer vor allem im begrifflichen Denken und in der kausalen Logik geschult, aber weniger im bildhaften Denken und im analogen Schluß. Das heißt, wir können ein Problem sehr wohl in Worte fassen oder es begreifen, wenn es uns durch Worte vermittelt wird. Wir können das Problem auch auf die abstrakte Ebene bringen, indem wir die allgemeine Formel finden, die ihm zugrunde liegt, und wir glauben, damit auch Ursache und Wirkung erklären zu können. All das ist die um Eindeutigkeit bemühte Sprache des Bewußten.

Die Sprache des Unbewußten ist anders. Unsere Seele drückt sich in Bildern aus, wie jeder aus seinen Träumen weiß. Diese Bilder lassen sich nicht beliebig durch Worte ersetzen: Worte unterliegen einem dauernden Verschleiß. Sie nutzen sich ab und verlieren ihre ursprüngliche Bedeutung. Bilder und vor allem Symbole sprechen den Menschen dagegen seit Jahrtausenden in gleicher Weise an. Deshalb ist es ja nicht so schwer, die Sprache der Bilder (oder auch unserer Träume) intuitiv zu verstehen und eine Bedeutung zu erahnen. Was anfangs schwerfällt, ist, diese Bedeutung dem Bewußtsein so zugänglich zu machen, daß es die Aussage in Worte faßt, die dem Deuter wie dem Fragenden klarmachen, was die Bilder ausdrücken wollen. Ein Bild sagt eben mehr als tausend Worte. Deshalb erklärt dieses Buch zum einen den vielschichtigen Symbolhintergrund einer jeden Karte, gibt aber auch Deutungshilfen, damit die Karten in Bezug auf die verschiedenen Fragerichtungen verstanden werden können.

Voraussetzung für eine gute Kartendeutung ist, daß die Sprache der Bilder zur Alltagssprache wird. Dazu ist es hilfreich, jeweils eine Tages-, eine Wochen- und eine Monatskarte zu ziehen. Das geht folgendermaßen: Ziehen Sie (anfangs nur aus den 22 Trumpfkarten, später auch aus allen 78 Karten) am Morgen eines Tages und zusätzlich am Anfang der Woche bzw. des Monats jeweils eine Karte. Beobachten Sie dann, wo und wie sich jedes dieser Themen für Sie im Fragezeitraum ausdrückt. Dabei werden Sie z.B. erkennen, daß der »Tod« bedeuten kann, daß Sie etwas Wichtiges verloren haben (unfreiwilliger Abschied), oder die »Kunst« zeigt, daß Ihnen eine wichtige Lösung gelungen ist, daß Sie in einer sensiblen Angelegenheit die richtige Einstellung (die richtige Verbindung, das richtige Mischungsverhältnis) gefunden haben. Auf diese Art wird Ihnen die Alltagssprache der Karten auf den verschiedensten Ebenen spielerisch und durch unmittelbare Anschauung vertrauter.

Der Schlüssel zur tiefsten Bedeutung der Karten liegt jedoch in den Mythen verborgen, die sich die Menschheit seit Jahrtausenden erzählt. Eine Beschäftigung mit den alten Weisheitsbüchern, den mündlichen und bildhaften Überlieferungen der frühen Kulturen führt zur Begegnung mit den Urbildern der Seele und des Tarot.

Von der Fragestellung bis zur Deutung

Wie muß die Frage gestellt werden ?

Formal:
Sie können die Frage laut oder leise stellen, sie mehrfach wiederholen oder auch aufschreiben. Machen Sie das ganz nach Belieben. Keine Methode ist besser als die andere. Wichtig ist nur, daß Sie sich klarmachen, was Sie wissen wollen, und daß Sie sich nach der Fragestellung nicht länger auf die Frage konzentrieren, sondern in aller Ruhe und Gelassenheit die Karten ziehen, aufdecken und deuten.

Inhaltlich:
Stellen Sie die Frage so, wie sie Ihnen in den Sinn kommt. Es kommt nicht auf eine gelungene Formulierung an, sondern nur darauf, daß Ihnen bewußt wird, worauf Ihr Unbewußtes Ihnen gleich eine Antwort geben wird. Es reicht auch, wenn Sie einfach fragen: Mich interessiert, wie dies oder jenes weitergeht.

Stellen Sie keine Fragen, die sich nur mit »Ja« oder »Nein« beantworten lassen. Die Karten können Ihnen in Entscheidungssituationen sehr wohl helfen, Ihnen aber keine Entscheidung abnehmen. Fragen Sie statt dessen: »Was passiert, wenn ich etwas tue, und was passiert, wenn ich es nicht tue?« Das Entscheidungsspiel wird Ihnen dann die jeweiligen Konsequenzen zeigen, so daß Sie leichter Ihre Entscheidung treffen können.

Verbinden Sie nicht mehrere Themenkreise oder Alternativen miteinander. Fragen Sie die Karten lieber einzeln zu den verschiedenen Bereichen. Die Frage sollte also nicht lauten: »Soll ich mich für Hans entscheiden oder für Karl?« sondern: »Was geschieht, wenn ich mich für Hans entscheide, und was geschieht, wenn ich es nicht tue?« und dann anschließend: »Was geschieht, wenn ich mich auf Karl einlasse, und was geschieht wenn ich es nicht tue?« Denn wenn in beiden Fällen die Aussichten trübe sind, die Karten jedoch eine günstige Alternative zeigen, mag diese vielleicht bei einem (un)bekannten Dritten liegen. Bei der ursprünglichen Fragestellung wären Sie darauf aber gar nicht aufmerksam geworden, sondern hätten nur festgestellt, daß Ihr Vorhaben so oder so problematisch ist. Ebensowenig sollten Sie verschiedene Themenkreise in einer Frage verbinden, wie etwa: »Wie wird meine Urlaubsreise verlaufen, und werde ich mich dabei verlieben?« Fragen Sie statt dessen mit dem Legesystem »Das keltische Kreuz«, wie der Urlaub wird, und mit »Der Weg«, was Sie tun können, damit Sie sich wieder verlieben.

Mischen, Ziehen und Auslegen der Karten
Entscheiden Sie sich für ein Legesystem, das Ihrer Fragestellung entspricht. Dann mischen Sie die Karten. Nur wenn Sie auch »umgekehrte Karten« deuten wollen, müssen Sie großflächig mit beiden Händen auf dem Tisch oder dem Boden mischen. In allen anderen Fällen sind die Art und Gründlichkeit des Mischens bedeutungslos.
Bilden Sie danach aus den verdeckten Karten einen großen Fächer. Prüfen Sie zunächst anhand der Beschreibung des Legesystems, wie viele Karten Sie

brauchen. Ziehen Sie diese dann mit der linken Hand aus dem Kartenfächer und legen Sie eine nach der anderen verdeckt aufeinander. Wenn Sie so alle notwendigen Karten gezogen haben, legen Sie die übrigen beiseite. Nehmen Sie danach Ihre Karten und decken Sie diese in der gezogenen Reihenfolge (d.h. die unterste zuerst) auf, und legen Sie diese dabei in der Reihenfolge und entsprechend dem Muster aus, wie es die jeweilige Abbildung zeigt.

Die Deutung

Einzelbetrachtung
Bei der Deutung müssen Sie zunächst die spezielle Bedeutung der Karte mit der Bedeutung des Feldes verbinden, auf dem die Karte liegt. Das geht natürlich um so leichter, je tiefer und besser Sie in die Bedeutung einer Karte eingedrungen sind. Wenn Ihnen die Karten aber noch weitgehend neu sind, werden Ihnen die Texte im Deutungsteil zu jeder Karte eine wichtige Hilfe sein. Dort finden Sie Beschreibungen für die wichtigsten Bedeutungsebenen aller Karten: Allgemein, Beruf und Partnerschaft. Die Rubrik, die die Bedeutung der Karte auf der Ebene des Bewußtseins und bei den Kleinen Arkana überwiegend auf der inneren Erfahrungsebene schildert, eignet sich zur Standortbestimmung und bei Fragen der Selbsterfahrung. Lesen Sie in jedem Fall die allgemeine Bedeutung, um das Thema der Karte zu verstehen und danach die spezielle Deutung. Und wenn es Ihnen Ihre Zeit erlaubt und Sie genügend Interesse aufbringen, lesen Sie zumindest bei den wichtigsten Karten auch etwas über die Bedeutung der einzelnen Symbole. So wird Ihr Verständnis der Karten und damit Ihre Deutung an Tiefe gewinnen. Es ist völlig normal, daß Sie bei dieser anfänglichen Einzelbetrachtung der Karten noch zu holprigen, dünnen oder wenig verständlichen Aussagen gelangen. Lassen Sie sich dadurch nicht beirren und bleiben Sie dort nicht stehen. Gehen Sie einfach zur nächsten Karte über. Bei der abschließenden Zusammenschau werden Sie die Karten in der Regel schon viel besser verstehen.

Umgekehrte Karten
Manche Deuter messen den Karten eine andere Bedeutung bei, wenn sie kopfstehend auftauchen. Einen möglichen Deutungsvorschlag finden Sie dafür unter der Rubrik Schatten. Wir selber machen diese Unterscheidung normalerweise nicht und drehen kopfgestellte Karten einfach richtig herum. Machen Sie damit Ihre eigenen Erfahrungen, aber entscheiden Sie sich immer vor Beginn, d.h. noch bevor Sie die Karten ziehen oder ziehen lassen, ob Sie die Karten richtig herum drehen wollen oder auch ihre kopfgestellte Bedeutung berücksichtigen. In diesem letzteren Fall sollten Sie die Karten unbedingt großflächig auf dem Tisch oder dem Boden mischen, damit sie sich entsprechend drehen können.

Zusammenschau
Am Ende jeder Deutung steht die Zusammenschau. Verbinden Sie dazu die bisher gemachten Einzelaussagen zu einer einheitlichen Aussage. Das heißt nicht, daß sie keine Widersprüche beinhalten darf. Unser Leben und damit auch die Karten sind häufig genug voller Widersprüche. Ihre Deutung sollte nur kein Stückwerk bleiben, sondern zu einer abschließenden Gesamtaussage finden. Lassen Sie die einzelnen Stationen in sich zu einer ganzen Geschichte heranreifen. Bei manchen Legesystemen ist es hilfreich, die Karten in einer bestimmten Reihenfolge zu deuten oder auf besondere Zusammenhänge zu achten. In diesen Fällen finden Sie in der Beschreibung des Legesystems entsprechende Vorschläge zur Vorgehensweise bei der Deutung.

Quintessenz
Wenn Sie zum Schluß noch eine Aussage wünschen, wie der Fragende sich angesichts der Thematik verhalten soll, dann ermitteln Sie die Quintessenz. Addieren Sie dazu alle Zahlen der aufgedeckten Karten unter Berücksichtigung folgender Ausnahmen: Alle Hofkarten (das sind Ritter, Königin, Prinz und Prinzessin) zählen 0 und alle Asse zählen 1. Wenn das Ergebnis eine mehrstellige Zahl größer als 22 ist, bilden Sie daraus durch Zusammenzählen der Ziffern so lange die Quersumme (z.B. 365 ist 3 + 6 + 5 = 14, die erneute Quersumme ist 1 + 4 = 5), bis Sie eine Zahl zwischen 1 und 22 erhalten. Die dieser Zahl entsprechende Trumpfkarte aus den Großen Arkana zeigt Ihnen die richtige Vorgehensweise. Handelt es sich dabei um eine zweistellige Quintessenz, können Sie durch erneute Bildung der Quersumme zu der dahinterliegenden entscheidenden Thematik gelangen. Nehmen Sie dazu die Stichworte aus den Rubriken Licht und Qualität, die Ihnen diesen abschließenden Vorschlag der Karten verständlich machen werden.

Häufige Fragen zur Praxis des Tarot und ihre Antworten

Wonach lassen sich die Karten befragen?
Karten lassen sich in jeder Hinsicht befragen. Eines können sie allerdings nicht: Mit »Ja« oder

»Nein« antworten. Dennoch können sie sehr wohl bei einer Entscheidung helfen, indem sie die Konsequenzen aufzeigen, ohne dem Fragenden die Entscheidung abzunehmen. Außerdem lassen sie sich nach Tendenzen befragen, können über eine gegenwärtige Situation einschließlich ihrer verborgenen Hintergründe oder Ursache Auskunft geben, können Vorschläge zur richtigen Vorgehensweise machen, und nicht zuletzt sind sie ein wertvoller Spiegel bei der eigenen Standortbestimmung, bei allen Fragen zur Selbsterfahrung.

Wie kommt es, daß uns die Karten eine bedeutsame Antwort geben können?

Dieses Phänomen läßt sich sicher nicht hinreichend erklären. Aber die folgenden zwei Überlegungen mögen eine Vorstellung möglicher Hintergründe geben:

1. Unser Unbewußtes hat ein anderes Verhältnis zu Raum und Zeit als unser Bewußtes und ist in der Lage, über den Tellerrand der Gegenwart hinauszuschauen, wie jeder es schon an seinen Zukunftsträumen und eigenem Vorauswissen erlebt hat. Die Sprache des Bewußten sind die Worte, die Sprache des Unbewußten dagegen Bilder. Die Tarotkarten nun sind das Alphabet der Bildersprache unserer Seele. Mit ihnen kann unser Unbewußtes ausdrücken, wie es die Frageangelegenheit sieht. Alles, was unser Bewußtes tun muß, ist, die Bildersprache des Unbewußten verstehen zu lernen.

2. Der zweiten Überlegung liegt der Begriff der Zeitgleichheit zugrunde, der Synchronizität, wie C.G. Jung dieses Phänomen genannt hat. Wir sind gewohnt, die Zeit in Quantitäten zu messen. Es gibt aber auch eine Qualität der Zeit, an die sich unsere Sprache sehr wohl erinnert, wenn sie vom »richtigen« Augenblick spricht. Nun ist es weniger die bewußte Überlegung, die uns zu dem rechten Augenblick führt. Viel verläßlicher ist dabei unsere innere Uhr oder die innere Stimme. Jeder Augenblick hat seine besonderen Qualitätsmerkmale, die sich auf allen Ebenen in gleicher Weise offenbaren: Makrokosmisch in planetaren Konstellationen, mikrokosmisch in atomaren Bewegungen und dazwischen auf unendlich vielen anderen Stufen. So kann der Astrologe die Sterne betrachten, der Chinese das I Ging werfen, der römische Augur den Vogelflug deuten, der Tarotkundige die Karten lesen oder der keltische Druide das Runenorakel befragen; im gleichen Augenblick werden alle Orakel in der ihnen eigenen Sprache die gleiche Aussage machen. Der Augenblick, in dem wir dem Orakel unsere Frage stellen, enthält die rechte Antwort darauf und teilt sie uns auf allen Ebenen mit. Deshalb ist die Frage, welches Orakel oder welche Art von Tarotkarten man wählt, von untergeordneter Bedeutung. Wichtig ist vor allem, daß der Deuter die Sprache des Orakels spricht und versteht.

Gibt es eine geheime, einzig wahre, letzte und objektive Bedeutung der Karten?

Nein. Es gibt nur subjektive Auslegungen. Wie man dennoch zu wertvollen Aussagen gelangen kann, erklärt der nächste Absatz.

Wie kann es sein, daß der Fragende die »richtigen« Karten zieht, ohne zu wissen, was sie bedeuten oder welches Legesystem der Deuter benutzen wird?

Die Grundregel lautet: »Der Fragende spielt immer das Spiel des Deuters.« Während des Kartenlegens besteht auf unbewußter Ebene Einigkeit zwischen Deuter und Fragendem, so daß der Fragende die richtigen Karten für den jeweiligen Deuter zieht. Insofern ist es auch unsinnig, eine Deutung von einem anderen Kartenkundigen »begutachten« zu lassen, denn für dessen Verständnis hätte der Fragende ja andere Karten gezogen, die dennoch zur gleichen Aussage geführt hätten.

Muß man sich auf die Frage konzentrieren, während man die Karten mischt, abhebt, zieht oder auslegt?

Nein, auf keinen Fall. Lassen Sie sich von der Überlegung leiten, daß Ihr Unbewußtes ohnehin schon weiß, worauf es antworten wird, und was Sie fragen wollen. Also geht es nur darum, daß Ihr Bewußtes einmal erfährt, wie die Frage lautet. Machen Sie sich zu Beginn klar, was Sie fragen wollen, um hinterher die Antwort richtig zu verstehen. Während Sie mischen, ziehen oder auslegen, können Sie die Frage dann fast wieder vergessen (deshalb sollten Sie Ihre Frage vielleicht doch besser aufschreiben, damit Sie sie bei der Deutung wieder vor Augen haben).

Woher weiß man, welche der vielen Bedeutungen einer Karte im Einzelfall richtig ist?

Aus dem Innersten. Wundern Sie sich nicht, wenn Sie – als Deuter – plötzlich bei einer Karte einen bislang vernachlässigten Aspekt betonen oder eine ganz neue Seite entdecken. Seien Sie eher skeptisch, wenn Sie schon formelhaft stets dieselbe Deutung herunterspulen. Wenn Sie allerdings einmal wortlos und hilflos feststecken, können

Ihnen auch die Karten selbst weiterhelfen: Fragen Sie nach der speziellen Bedeutung einer Karte, indem Sie dazu das Kreuz legen (siehe S. 204).

Wenn man die Karten zum gleichen Thema zweimal hintereinander legt, kommen dann die gleichen Karten?

Wahrscheinlich nicht. Häufig genug aber kommen sehr ähnliche Karten, so daß die Gesamtaussage in der Zusammenschau weitgehend identisch ist. Die Karten können aber auch einen zusätzlichen, allerdings stets nachgeordneten Aspekt der Frageangelegenheit anzeigen.

Beruht das zweimalige Aufeinanderlegen allerdings nur auf der Neugier zu testen, ob die Karten wirklich »funktionieren«, tun sie es üblicherweise nicht. Das liegt weniger daran, daß sie uns für die »unerlaubte Neugier eins auswischen«, sondern vielmehr an der inneren Haltung des Fragenden und des Deuters: Nur wo Bewußtes und Unbewußtes in harmonischem Einklang sind, können Phänomene wie vorausschauende Kartendeutung entstehen. Wenn sich unser Bewußtsein dagegen zweifelnd gegen unsere intuitive Ebene stellt, ist die Harmonie gestört und die Aussagequalität der Karten oft gemindert oder wertlos.

Für welchen Zeitraum sind die Karten gültig? Für welche Zeiträume kann man Karten befragen?

Für den Nahzeitraum von 3 Monaten. Das heißt nicht, daß sie danach ihre Bedeutung verlieren. Sie werden für uns aber immer schwerer verständlich, so daß der Aussagewert bei Fragen, die über 12 Monate hinausgehen, bereits ungewiß ist.

Der durchschnittliche Zeitraum, auf den sich die Karten beziehen, ist 4 bis 6 Wochen. Davon ausgenommen sind alle Selbsterfahrungsspiele, für die sich keine Regel aufstellen läßt. Wenn die Frage nach einer Entwicklungstendenz auf eine bestimmte Thematik hinausläuft, heißt das natürlich nicht, daß das Thema am Ende dieses Zeitraums abgeschlossen sein wird. Diese Karte ist eher wie eine Inschrift über einem Tor zu verstehen, durch das der Fragende geht und das für den weiteren Weg kennzeichnend ist.

Wie zuverlässig ist das Kartenorakel?

So zuverlässig wie der Ratschlag des alten weisen Mannes. Die höchste »Trefferquote« haben die Karten zweifellos in Aussagen, die Vergangenheit und Gegenwart betreffen, weil diese Ereignisse und Erfahrungen bereits festgeschrieben sind oder gerade geschehen. Nicht im gleichen Maße, aber dennoch mit einer erheblichen Wahrscheinlichkeit treffen die Zukunftsprognosen ein, wobei die Verläßlichkeit mit zunehmender zeitlicher Distanz des gefragten Ereignisses abnimmt. Diese verminderte Zuverlässigkeit bei der Prognose erklärt sich aus unserer Freiheit, unser Leben zu gestalten. Das ist auch der Grund, warum die Prognosen für Menschen mit hoher Lebensbewußtheit nicht mit der gleichen Regelmäßigkeit eintreffen wie bei Menschen, die sich ihrem Schicksal überlassen haben. Die Karten – wie auch alle anderen Orakel – weisen auf Erfahrungen hin, die wir machen müssen. In dieser Hinsicht ist ihre Aussage sehr verläßlich. Wie wir hingegen diese Erfahrungen erleben, und welche Ereignisse sich damit verbinden, das ist Teil unserer menschlichen Freiheit.

Gibt es eine Aussagegrenze und damit Dinge, die ein Kartendeuter nicht voraussagen kann oder sollte?

Ja. Ein Kartendeuter ist im Gegensatz zu einer landläufigen Erwartung kein Wahrsager. Er ist ein Übersetzer, der die Sprache der Bilder spricht und der (ähnlich wie ein Traumdeuter) beim Dialog des Fragenden mit dessen Unbewußtem vermittelt. Die Aussagegrenze liegt in der bildhaften Beschreibung einer künftigen Erfahrung. Die Bedeutung der Aussage liegt darin, ein tieferes Verständnis für die größeren Zusammenhänge dieser Erfahrung zu bekommen. Wertlos bis fragwürdig sind Aussagen, die darüber hinausgehen und ein scheinbar unentrinnbares Ereignis ankündigen.

Wird der Frager durch Karten oder andere Orakel nicht zu sehr manipuliert oder macht er eine schlechte Erfahrung vielleicht nicht nur deshalb, weil sie ihm vorausgesagt wurde?

Nach unserer Erfahrung nimmt der Fragende nur die Antwort an, für die er innerlich bereit ist. Erscheint sie ihm absurd oder unannehmbar, verwirft er sie oder fragt ein anderes Orakel. Es kommen immer wieder Menschen, die bei Wahrsagern waren, für die es keine Aussagegrenze zu geben scheint und die angeblich unvermeidliches Unglück prophezeit haben (furchtbare Tode naher Angehöriger, wirtschaftlicher Ruin mit anschließendem Selbstmord usw.). Ein Gespräch darüber, daß solche Aussagen willkürlich und unhaltbar seien, hat dann wenig Wirkung. Erst wenn der Fragende versteht, daß er diese Prophezeiung »brauchte«, etwa um seinen Partner wieder mit neuen Augen zu sehen, löst sich der seelische Druck. Damit soll in keiner Weise gerechtfertigt werden, daß unverantwortliche Wahrsager haltlose, schreckliche und gleichzeitig wertlose Aussagen machen. Es soll nur klar werden, daß der Fragende hier wie auch bei jeder anderen Beratung oder Therapie die Aussage bekommt und die Erfahrung macht, die er in seiner Situation braucht.

Worin liegt denn die Bedeutung des Orakels?

Sicherlich nicht in der Prognose von profanen Alltagsereignissen. Was Tarot (ebenso Astrologie und I Ging) so wertvoll macht, ist das tiefe Verständnis für unseren Aufgabenplan und unsere Wesensnatur, zu dem uns jedes dieser Orakel führt.

Darf man den Karten überhaupt Alltagsfragen stellen?

Ja. Es wäre nur schade, wenn es dabei bliebe und die wirklich bereichernden tiefen Ebenen nicht erkannt würden.

Sollen auch Linkshändler bei der Auswahl ihrer Karten mit links ziehen?

Ja.

Kann man Karten für nicht anwesende Personen legen?

Ja, man kann. Natürlich sollte der Fragende einen engen Bezug zu dieser Person und ein berechtigtes Interesse an der Frage haben. Es ist allerdings beeinträchtigend, wenn die Beziehung zwischen dem Fragenden und der Person, um die es geht, erheblich gestört ist. Die Karten spiegeln dann oft die Wünsche des Fragenden wieder, aber nicht so sehr die tatsächliche Situation des anderen. In jedem Fall sollte man sich mit dieser Form des Spiels vorsichtig vertraut machen, um nicht eines Morgens in einem selbstgebastelten, weltfremden Kartenhaus zu erwachen.

Warum werden die Karten mit der linken Hand gezogen?

Weil die linke Körperseite seit alter Zeit als die intuitive gilt. Ein Wissen, das von der neueren Gehirnforschung bestätigt wurde.

Darf man sich die Karten auch von anderen ziehen lassen?

Ja. Wenn der Fragende innerlich sehr angespannt ist, zu festgefügte Erwartungen im Zusammenhang mit der Frage hat oder gar außer sich ist, dann ist es sogar günstiger, wenn er sich die Karten von einem ihm sympathischen Menschen ziehen, legen und deuten läßt.

Muß man erst alle Symbole der Tarotkarten verstanden haben, bevor man sie deuten kann oder darf?

Nein. Zum einen wird es kaum möglich sein, alle Symbole in ihrer Vielseitigkeit zu erfassen, zum anderen ist es schlechterdings unmöglich, ein Symbol in seiner ganzen Tiefe umfassend zu verstehen. Es offenbart stets wieder neue, bislang unerkannt gebliebene Bedeutungen. Insofern ist es durchaus angemessen, sich auch mit einem noch geringen Kenntnisstand an erste Kartendeutungen heranzuwagen. Wichtig ist dabei nur, die Grenzen des eigenen Wissens stets vor Augen zu haben und diese Bescheidenheit auch nicht über ersten »Erfolgsmeldungen« zu verlieren. Das gilt allerdings selbst für den fortgeschrittenen Deuter.

Die 22 Karten der Großen Arkana

0. DER NARR

El loco

Trieb Neugier, Experimentierfreude, Suche nach Veränderung.
Ziel Aufbruch ins Leben (eine neue Schleife auf der Spirale des Ewigen).
Leitbild Mystische Vereinigung (Streben nach Transzendenz).

Licht Positive Auflösung von Strukturen und Zwängen, selbstloser Idealismus, grenzenlose Fantasien, kosmische Sensibilität.
Schatten Negative Auflösung von Strukturen und Zwängen, Zielverschwommenheit, Tagträumerei, Infantilität, Verantwortungslosigkeit.
Qualität Vorurteilslosigkeit, staunende Offenheit.

Grundlage

Die Karte
Wir sehen eine dämonische, grüne Gestalt, die von vier spiralförmigen Schlaufen umschlungen wird, die sich in vier Kreise (spirituelle Ebenen) unterteilen. Auf den regenbogenfarbenen Schlaufen sind verschiedene Symbole zu erkennen. Der grüne Narr (Bacchus, Dionysos, April-Narr) dominiert den Raum, wobei seine Stiefelsohlen nach außen zeigen und er damit keinen direkten Kontakt zur Erde aufweist. Auf den ersten Blick scheint es, als hielte er sich mit seinen erhobenen und ausgebreiteten Armen am Firmament fest (die Ecken der Karten symbolisieren den unendlichen Raum). Der lüsterne Gesichtsausdruck wird von einem Hörnerpaar gekrönt, zwischen dem sich ein kristallener Diamantkegel erhebt, der die Spitze einer ihn umgebenden Lichtpyramide berührt. Sein irrer Blick führt am Betrachter vorbei (wir können dem Narren nicht in die Augen schauen, weil seine Sehachsen leicht verschoben sind). In der Rechten hält er einen umgestülpten Kelch, in der Linken einen flammenden Tannenzapfen, dessen Feuerstrahlen einen Bogen über sein Scheitelchakra schlagen. Eine pralle Traubenrispe fällt ihm über die linke Schulter, und darunter regnet es Münzen, in deren Oberfläche astrologische Symbole eingestanzt sind. Zwischen den Oberschenkeln befindet sich ein seltsames Blütengebilde und im Zentrum der Gestalt, im Brennpunkt der Zeugungskraft, entfaltet sich die Sonne.

Am Anfang
Trumpf o, die Karte des Narren, ist das Symbol eines neuen Lebensabschnittes, der aus den tiefen Nebeln des Unbewußten allmählich in den Bereich der zu verwirklichenden Absicht steigt. Der Narr ist wie der Keim, der ahnt, daß die fertige Blüte in ihm schon lebendig ist, weil sie dem Ziel seines inneren Schöpfungsplanes entspricht, aber er bedarf noch der Dimension Zeit, um das fertige Gebilde auszutreiben. Denn er ist nicht nur der Anfang eines neuen, sondern auch das Ende eines alten Schöpfungskreises (vgl. S. 118). Wir sehen hier, wie sich die Ursachen der Vergangenheit in den zukünftigen Wirkungen widerspiegeln, weil sie in ihren karmischen Ausschwingungen die Muster einer wahrscheinlichen Zukunft schon in sich tragen. Genauso wie das Erbgut einer Mutterpflanze dem Keimling die Informationen mitgibt, wie er die Blüte dereinst auszutreiben hat.

Analyse und Beschreibung

1. Gestalt (Der Verrückte)

Narr
Der Narr, der den Raum dominiert, obwohl er nicht auf dem Boden steht, sondern im Leeren hängt, ist ein Symbol jener Zielverlorenheit oder Richtungslosigkeit (Ver-rücktheit), aus der eine Richtung erst entsteht. Der Weg ist immer der, der gerade unter den Fußsohlen liegt, und das Ziel ist die Zielrichtung der absichtslosen Bewegung. Der Narr symbolisiert die Absichtslosigkeit, die noch nicht auf materiellem Boden steht. Deshalb steht er nicht auf der Erde, sondern streckt seine Stiefelsohlen dem Betrachter entgegen, als wolle er sagen: Das Nichts ist das Ziel!

Blick
Sein starrer, über die Dinge hinausreichender Blick verkörpert das Nicht-Sehen. Im Bannstrahl dieses Sehens erfährt sich der Narr jenseits allen raumzeitlichen Denkens. Er lernt sein tiefes, in Worte nicht zu fassendes inneres Wesen kennen, das noch ungeformt schon alle Anlagen in sich trägt.

Kopf
Auf dem Kopf trägt er zwei Hörner und zwischen ihnen einen kristallenen Lichtkegel. Die Hörner symbolisieren die Lebensgier, die nicht darauf ausgerichtet ist, Erleuchtung zu finden. Die Sehnsucht nach dem Licht und die Verbundenheit mit dem Kosmos wird im kristallenen Lichtkegel ausgedrückt,

aber weil der Narr diese Sehnsucht nur über das Ego ausdrücken kann, erntet er immer nur das Manna des Nirgends-Dazugehörens oder des Dazwischen-Seins. In der Lichtpyramide hinter dem Kopf dämmert das Reich des Numinosen auf, das sich allen Bildern und Vorstellungen entzieht.

Hände

Der umgestülpte Kelch (Wasser) in der rechten und das Feuer in der linken Hand sind alchemistische Symbole. Höchstes Ziel des Alchemisten ist es, durch Verbindung dieser scheinbar unvereinbaren Gegensätze das Niedere zum Höheren zu wandeln.

2. Hintergrund (Elemente)

Feuer

Aus dem (noch nicht erfolgten) Zusammenprall von Wasser und Feuer gestaltet sich der Hintergrund. Die Flammenzungen umrahmen die grüne Gestalt, die überdimensional aus dem Raum hervorquillt, und verdichten sich zu einer strahlenden Sonne im Sexualchakra des aprilgrünen Fruchtbarkeitsgottes.

Wasser

Das ausfließende Wasser, das sich an der linken Seite von oben nach unten bewegt, sammelt sich am unteren Rand zum Wasser des Lebens (Nil mit seinen Lotusstengeln), aus dem die primitiven Ur-Instinkte kriechen (Krokodil). Erst wenn der Geist mit der Seele verschmolzen ist (die höchste Ebene des Narren), braucht der Mensch keinen leiblichen Partner mehr, weil er jetzt direkt an der Urquelle Anteil hat, die sich mit allem Sein im ewigen Liebesakt befindet. Symbolisch dafür taucht auf der tiefsten Ebene (im Krokodil) eine leuchtende Rose auf.

3. Vordergrund (Spirale)

Erste Spirale (Traubenrispe)

Die erste, herzförmige Schlaufe zeigt die Sehnsucht der Seele nach Verschmelzung und den Wunsch nach Auflösung aller Einschränkungen. Sie wird vom verlängerten Stil der Traube berührt (um den Hals des Narren). Das entspricht der Ekstase (Rauschsymbol Traube), die sich ins Ewige ergießt, und der Lust, die vor dem Hintergrund des Ewigen in die Zyklen von Werden und Vergehen einfließt.

Zweite Spirale (Taube, Schmetterling, Caduceus)

Im zweiten Kreis manifestiert sich die Ebene, in der unser logisch-kausales Denken keine Gültigkeit mehr hat. Dieser Bereich symbolisiert den Kreislauf von Leben und Tod. Nach altem Verständnis verkörpert die Taube den zeugenden Geist und der Geier die Jungfrau, die vom Ostwind begattet wird. Der Schmetterling zeigt die Notwendigkeit der Entwicklung (von der Raupe zum Schmetterling); er ist Sinnbild der unsterblichen Seele, die den Körper verläßt und sich wieder inkarniert. Der Caduceus genannte Schlangenstab versinnbildlicht die auf- und absteigenden oder werdenden und wieder vergehenden Kräfte: die Lebens- und die Todesschlange in immerwährender Vereinigung. Und in den Vogelschwingen an der Spitze des Stabes verbirgt sich das ägyptische Symbol der geflügelten Sonne.

Dritte Spirale (Kinderleiber, Blütengebilde, Sonne)

Auf dieser Ebene finden wir zwei ineinanderverschlungene Kinderkörper, die auf der Spirale des Ewigen sozusagen eine materielle (leibliche) Brücke schlagen. Das entspricht der Ausfaltung des Ewigen in Zeit und Raum. Darüber (zwischen den Beinen des Narren) finden wir ein seltsames, dreilappiges Blütengebilde, ein Symbol für Transformation, das die Energien des Seins (Kinder) in den Schöpfungsbereich des Werdens (die Sonne im Mittelpunkt der Karte verkörpert den Geschlechtsteil des Narren) überführt. Diese Aufeinanderfolge Kinder/Blüten/Sonne entspricht vielleicht dem, was der Esoteriker als Sehnsucht nach dem Göttlichen oder als kosmische Strahlung bezeichnet, der Physiker als elektromagnetisches Schwingungsfeld und der Psychoanalytiker als Libido. Diese Trinität zeigt die Sehnsucht nach Verschmelzung mit dem Ewigen, was dem Eros entspricht oder der Kundalini-Energie im Yoga und was auf der Ebene der Menschwerdung zum Schöpfungsakt der Zeugung führt.

Vierte Spirale (Krokodil, Tiger)

Dieser Kreis verkörpert die Illuminationen an der Nahtstelle zum Werden, wo die kollektiven Bilder der Vergangenheit ihre Zukunft träumen, bevor sie sich in die Abläufe einer neuen Gegenwart einbringen. Er entspricht dem schöpferischen Willen, der noch keine Absicht hat. Das Krokodil auf der tiefsten Ebene des Kreises reflektiert die Ur-Instinkte oder primitiven Schaltkreise, die über das Gehirn mit unserem Nervensystem verbunden sind (siehe auch S. 106, »Bewußtsein«). Das entspricht den Instinktreaktionen eines Kleinkindes, das in triebhaft-emotionaler Gier eine noch undifferenzierte Verbundenheit mit den Urformen des Lebens zeigt. Der Tiger, der den Narren in den Oberschenkel beißt, ist ein Symbol instinktiver Aggression, die einst dem Urmenschen das Überleben sicherte, später aber als gesellschaftlich unvertretbar verdrängt zur Wurzel unserer unbewußten Ängste wurde.

Deutungen

Hintergrund (Der Kreis der Schöpfung)
Der Narr ist symbolisch der erste Schöpfungsimpuls, initiiert vom Geist Gottes. Er symbolisiert die Drehscheibe im göttlichen Schöpfungsplan, weil er einerseits das Nichts an der Nahtstelle zum Werden verkörpert, andererseits aber gerade durch sein Werden zu etwas wird, was sich nach dem so verlorenen Paradies zurücksehnt. Er ist der Gedanke Gottes, der dem Nichts entspringt, in das er auch wieder zurückkehren muß, und damit begegnen wir gleich am Anfang der berühmten Frage nach dem letzten Sinn: Warum muß etwas werden, nur um, sich selbsterkennend wieder aufzulösen und daraus wieder neu zu entstehen? Denn der Narr ist nicht nur der Anfang, der werden muß, sondern auch das Ende, das vergehen muß, um neu zu werden, damit es wieder werden kann, um aufs neue zu vergehen. Am Ende eines Zyklus löst sich das Universum wieder in die Selbstvergessenheit des Narren auf, der noch keine persönliche Absicht hat und vor der Einbindung in eine neue Entwicklungsspirale die Potenz des aus sich selbst heraus entstehenden Urnichts darstellt: *Gnade sei mit euch und Friede von Ihm, der ist und der war und der kommt. Ich bin das Alpha und das Omega, der Erste und der Letzte, der Anfang und das Ende.* (Offenb. 1,4; 22,13)

Allgemein
Der Narr ist der noch ungeoffenbarte Zustand, die ursprüngliche Ganzheit oder der Zustand vor Anbeginn. Er zeigt an, daß wir einen neuen Lebensbereich staunend und ohne feste Erwartungen und oft auch ohne Vorkenntnisse betreten. Wir haben die Chance, noch einmal zu beginnen, und diese Chance kann sich in allen Lebensbereichen erfüllen. Psychologisch repräsentiert der Narr den inneren Impuls, in das Unbekannte aufzubrechen; damit folgt er der Sehnsucht seiner Seele, die das Unfaßbare als Ausgangslage und zugleich als Zielrichtung in einen neuen Lebenszyklus trägt. Die Unbeschwertheit des Narren entspricht dem Vertrauen der kindlichen Seele, die sich noch an kosmische Gesetze erinnert und die rationalen Erklärungsmodelle der Welt nicht kennt.

Bewußtsein
Auf der Ebene des Bewußtseins verkörpert der Narr das Staunen, mit dem nach Platon alle Erkenntnis beginnt. Der Narr steht am Beginn, am Nichts; sein gesamtes Selbst ist noch von kosmischen Erfahrungen durchdrungen, die rationale Basis der materiellen Welt mit ihren funktionalen Handlungsabläufen fehlt. Sein bewußtes Erleben ist von Träumen und Traumwelten beeinflußt, denn die Bindung an das Unfaßbare dominiert. Zwar ist die Weisheit des Narren Sinnbild höchster Reife, aber das heißt natürlich nicht, daß jeder Narr ein Weiser ist. Er steht am Anfang einer Reise, die ihn am Ende wieder zu sich selber führt, aber im Verlaufe dieser Reise muß er die Wirklichkeit erfahren und erwachsen werden, um am Ende des Weges wieder zu den Quellen seiner Kindheit zurückkehren zu können. Auch wenn wir instinktiv erahnen, daß das Ziel in der Quelle selber liegt, gibt es keine Abkürzungen, die uns die mühevollen Umwege ersparen würden.

Beruf
Im beruflichen Erleben bedeutet diese Karte, daß wir einen neuen Erfahrungsbereich betreten und uns für eine Veränderung öffnen, die uns ins Unbekannte führt. Die damit verbundenen Lebensumstände können destruktiv oder kreativ sein oder beides zusammen. Der Narr weist immer auf erfrischende Erfahrungen hin, die zwar chaotische Züge tragen können, aber, selbst wenn wir »auf die Nase fallen«, keine wirkliche Gefahr bedeuten. Seine tiefere Bedeutung liegt in der Einsicht, daß die gängigen Vorstellungen von Sicherheit und Erfolg nur irreführende Versprechungen und matter Glanz sind, die uns nie den Schlüssel zu wahrer Erfüllung und Zufriedenheit geben können.

Beziehung
Im Bereich unserer persönlichen Beziehungen zeigt der Narr vor allem seine fröhliche, lebenslustige Seite. Da der kalkulierende, berechnende und vernünftelnde Verstand die Sphäre dieser Karte nicht durchdringt, zeigt sich die Qualität des Narren im spontanen Fließen der Gefühle und im Öffnen des Herzens, was nicht nur die Räume inneren Erlebens erweitert, sondern auch eine Zeit voller Freude mit sich bringt. Zwar kann er auch hier für Verantwortungslosigkeit und eine zur Unzuverlässigkeit tendierende Unbekümmertheit stehen; in aller Regel aber zeigt er eine lebendige, freudig und unkompliziert gelebte Gemeinschaft, in der wir uns vorbehaltlos begegnen, immer bereit, den anderen neu zu entdecken und ihn mit seinen vielen Gesichtern zu erleben und liebzugewinnen. Auf der Ereignisebene kann diese Karte den Neubeginn einer erfrischenden Beziehung darstellen oder eine belebende Auftriebsphase innerhalb einer bestehenden Verbindung, wie sie beispielsweise durch die Zeugung eines Kindes ausgelöst werden kann.

Analoge Entsprechungen

1. Archetypen und Symbole

Archetyp
Das Weltei, der Uroboros oder die Zahl 0 als Symbol ursprünglicher Ganzheit oder des Paradoxons, daß Nichts etwas ist.

Buchstabe א
Aleph = A (»Ochse«, »Pflug«); Zahlenwert 1. Aleph ist der erste der drei Mutter-Buchstaben (Aleph, Mem und Shin); der Widerspruch besteht darin, daß ihm der Zahlenwert 1 zugeordnet ist, obgleich der Narr die 0 darstellt. Crowley schreibt: *Die wirklich wichtige Eigentümlichkeit dieser Karte besteht darin, daß ihre Zahl 0 sein sollte. Aus diesem Grunde stellt sie das Negative über dem Lebensbaum dar, die Quelle aller Dinge. Sie ist die kabbalistische Null.*

Lebensbaum
Kether an der Schwelle zu Chokmah. Kether ist die Einheit jenseits aller Widersprüche, und Chokmah ist die positive, männliche Kraft.

I Ging
25 Wu Wang – »Die Unschuld« (Das Unerwartete).

Rune ᛦ
Yr (»Kosmische Achse«) ist die 25ste (Ote- Rune) des ursprünglich nur 24 Zeichen umfassenden älteren Futhark und symbolisiert die Achse oder Drehscheibe im kosmischen Schöpfungsplan, zu der alle anderen Dinge in Beziehung gesetzt werden müssen.

Element
Luft.

Gottheiten
Der über den Wassern schwebende Geist Gottes (Genesis 1,2) oder Morpheus (»Die Welt als Traum«).

Mythen
Das uranfängliche Chaos in allen Schöpfungsmythen, Adam vor dem Sündenfall, Till Eulenspiegel oder Parzival, der »Reine Thor«, der im Narrengewand auszog und am Ende seiner langen Suche zum Gralskönig wurde.

Kultstätten
Die kochenden Schlammteiche im Thermalgebiet um Rotorua (Whakarewarewa) in Neuseeland oder der Erdspalt der Pythia in Delphi, aus dem betäubende Dämpfe aufstiegen.

Sabbat
1. April (Narrentag).

Ritual
Nichts-Tun. Im Gegensatz zum kontrollierten »Nicht-Tun« (vgl. Karte XXI: »Das Universum«) haben wir es hier entweder mit inneren Bildern und stiller Meditation zu tun oder aber mit selbstzerstörerischer Auflösung mittels Alkohol und Drogen.

2. Assoziationen und Empfindungen

Bild
»Grüner Cherub« von Ernst Fuchs.

Schrift
»Sibyllinisches Orakel«. In der Zeit vom 2. Jh. v. Chr. bis etwa zum 4. Jh. n. Chr. entstandene Sammlung von 14 Büchern von Weissagungen in dunkler Vieldeutigkeit.

Musik
»Rheingold«-Ouvertüre von Richard Wagner. Beim Es-Dur-Akkord ohne Modulation und akkordischen Wandel stellt sich das embryonale Gefühl ein, irgendwie aus der Zeit hinauszutreiben, das Bild des Urchaos, das sich aus dem Nichts bildet.

Duft
Äther (Narkotikum). Die betäubenden Dämpfe aus der Erdspalte, die die Pythia in den Trancezustand versetzten, in dem sie ihre Orakelsprüche stammelte.

Edelsteine
Rheinkiesel, Smaragd.

Astrologie
Fische im Übergang zu Widder. Auf einer anderen Ebene auch Uranus/Merkur im Sinne von Aufgeschlossenheit, Neugier, Spontaneität und Verrücktheiten; in Verbindung mit Neptun als Ausdruck des Geführtwerdens.

Zitate
Die Ordnung ist das Vergnügen der Vernunft, die Unordnung aber die Wonne der Phantasie.

Paul Claudel

Der Anfang ist es, der dem Menschen fehlt. Nicht, daß es so schwer wäre, ihn zu finden – nur die Einbildung, ihn suchen zu müssen, ist das Hemmnis.

Gustav Meyrink

I. DER MAGIER

El mago

Leitbild »Ich will!«
Licht Aktivität, Willensstärke, Lebenskraft.
Schatten Aggressivität, Egoismus, Machtmißbrauch.
Qualität Antrieb, Impuls, Energie.

Trieb Durchsetzung (Wille zur Tat).
Ziel Selbstverwirklichung.

Grundlage

Die Karte
Im Mittelpunkt dieser Karte finden wir eine sympathische, jugendliche Gestalt, die mit großer Geschicklichkeit (Zehenspitze) auf dem Berg des Unbewußten steht und mit diversen sie umschwebenden Symbolen jongliert. Die Fußgelenke sind von einem riesigen Flügelpaar umspannt (Merkursymbol), das den Jüngling in seiner entrückten, überspitzten Körperhaltung ausbalanciert. Aus den unteren Gefilden klettert ein wutentbrannter Affe empor. Ein goldenes Strahlengeflecht überzieht die ganze Karte und verliert sich im Hintergrund, nur hinter dem Rücken der Gestalt ist ein dreieckiger Zwischenraum ausgespart, der einen Blick in die Imaginationen jenseits des Denkens gewährt. Der Kopf des Jünglings wird von einem turbanförmigen Gebilde zweier ineinander verschlungener Schlangen gekrönt, die sich zu einem geflügelten Symbol (Auge des Horus) ausfalten, in dessen Mitte eine Taube (Sinnbild des Heiligen Geistes) thront.

Analyse und Beschreibung

1. Gestalt (Magus Mercurius)

Magier
Verkörpert der Narr den Keim des Werdens, der noch irgendwo in den Wolken schwebt, dann versinnbildlicht der Magier das Gewordene oder, auf der psychischen Ebene, das Ich. Daher gefällt er sich hier als Merkur in der Rolle eines kleinen Gottes, der die Urschöpfung nachvollzieht und mit verklärtverschmitztem Gesicht die Sphären rund um sich belebt. Mit nobler Geste beschwört er die Visionen seiner fantastischen Welten, auf daß sich darin die Energien zu Gegenständen verdichten und sich das Ewige in Zeit und Raum manifestiert.

Haltung/Balance
Während der Narr im Leeren hängt, balanciert der Magier geschickt auf der Spitze seines Unbewußten, das er zum individuellen Willen umformt. Seine Haltung gleicht der des Ibisvogels, der bewegungslos auf einem Bein steht und so zum Symbol der höchsten Konzentration und zum Symboltier des ägyptischen Weisheitsgottes Thoth wurde. Die Griechen nannten ihn Hermes und stellten ihn mit geflügelten Schuhen dar, wie wir sie hier beim Magier wiederfinden; sie symbolisieren den ersten Schritt des Egos, die karmisch verwobene Seele aus den Tiefen der Ewigkeit in einem neuen Kreislauf in die Welt zu tragen, an dessen Ende die Hoffnung auf ewige Erlösung steht. Das Unbewußte, auf dem er balanciert, hat seine Entsprechung im oberen Teil; wir sehen das am blaugelben Streifen, der über dem Kopf wiedererscheint. Darin erkennen wir den Doppelstab, der aus der Tiefe kommt (aus Karte XV: vgl. »Uräusstab«, S. 91) und der den Magier als bewußtes Bindeglied zwischen der Tiefe und der Höhe zeigt.

Geflügelte Sonnenscheibe
An der Spitze des Stabes sehen wir das Ur-Watschi, die geflügelte Sonnenscheibe der Ägypter, zu der auch die beiden Uräusschlangen gehören: die rechte repräsentiert die oberägyptische Geiergöttin Nechbet, die linke ihre Zwillingsschwester Buto, die Schutzgöttin Unterägyptens. In der üblicherweise verbreiteten Darstellungsform ist dieses Symbol auf der Karte des Teufels zu sehen, wo es den dunklen, chthonischen Teil der Schöpferkraft des »Magus Mercurius« vertritt. Die Legende berichtet, daß der ägyptische Sonnengott Horus die Gestalt dieser geflügelten Sonnenscheibe annahm, um Seth, den Gott des Bösen, zu überwinden. Daraufhin habe Thoth, der Gott der Weisheit, angeordnet, daß alle Tempel dieses Zeichen als Schutz gegen das Böse zu tragen hätten. Die beiden Uräusschlangen sind die die Sonne beschützenden Kräfte, wie sie auch als Schutzamulette auf der Stirn vieler Pharaonen zu sehen sind.

Schlangenstab
Aus den die Sonnenscheibe schützenden Uräusschlangen ist hier das den Caduceus (Hermesstab) bildende Schlangenpaar geworden: die (männliche) Lebensschlange und die (weibliche) Todesschlange. Die Sündenfallgeschichte berichtet uns nur von der dunklen Todesschlange, wohingegen die Äskulapjünger der Medizin für ihren Stab die Lebensschlange beanspruchen. Hier aber sind beide miteinander vereint und bilden im Mittelteil eine senkrecht stehende Lemniskate (Unendlichkeitszeichen) als Ausdruck des ewigen Austausches zwischen den Welten des Diesseits und des Jenseits.

2. Hintergrund (Das Faßbare)

Geometrische Strahlen
Die goldenen Strahlen symbolisieren das Netz unserer Gedanken oder die Dualität. In dualen Begriffen und Vorstellungen bemüht sich unser Ich, die Unendlichkeit (blaue Sphäre) zu fassen. Die geometrische Anordnung der Strahlen versinnbildlicht die Struktur, durch die das Ich das Ewige festzulegen sucht.

Dreiecksförmige Aussparung
Im Umfeld dieser Karte liegt Ich-Verkörperung, Ich-Durchsetzung und die Initialzündung zur Bewußtwerdung. Das Ich ist durch das Loch in Raum und Zeit hindurchgetreten (dreiecksförmige Aussparung im Rücken der Gestalt) und beginnt, sich nun ein Bild seiner selbst zu machen.

Fächerförmiges Gebilde
Wenn es dem Narren in seiner Verrücktheit erlaubt ist, durch die Verschleierungen der Materie hindurchzusehen, dann besitzt der Magier den Willen, die Nebel des Ewigen durch seine Taten zu verdichten. Auf der Karte wird dies durch das lapislazulifarbene, fächerförmige Gebilde um den Kopf (über dem hellvioletten Dreieck) ausgedrückt. Wir erschaffen unsere Realität durch unser Handeln, und gleichzeitig erschaffen die Wirkungen unseres Handelns erst unsere individuelle Identität.

3. Vordergrund (Symbole)

Die Absicht des Magiers, die Welt nach eigenem Willen zu gestalten, läßt ihn die Sphären spielend durchdringen, die in den ihn umzingelnden Symbolen dargestellt sind. Die magische Art, wie er mit ihnen jongliert, zeigt ein ungebrochenes inneres Vertrauen.

Münze, Feuer, Kelch, Schwert
Elementare Sphäre (Blauer Hintergrund)
Das sind die Tarotfarben-Symbole, die in älteren Tarotkarten auf dem Tisch des Magiers liegen. Sie entsprechen der Tat (Scheiben), dem Willen (Stäbe), dem Fühlen (Kelche) und dem Denken (Schwerter). Auf einer anderen Ebene verkörpern sie auch die vier Elementarwaffen des Magiers, die den vier Elementen (Feuer, Wasser, Luft und Erde) entsprechen. Zeit und Raum lassen den hermetischen Magier alle Spektren integrieren, die in diesen Symbolen »greifbar« sind: Willensstärke und Verstand, Herz und Körper.

Pfeil, Pergament
Willensebene (Lapislazulifarbener Hintergrund)
Der Pfeil (über der rechten Hand) steht für den Erkenntnisdrang oder das Streben nach neuen Horizonten. Bei den Schamanen hat der in die Luft geschossene Pfeil Invokationsbedeutung, er ist Nachricht und Einladung an die Gottheit, zu einem Ritual herabzukommen. Das Pergament hingegen beinhaltet die in Form gegossenen, also bereits erfahrenen und niedergeschriebenen Erkenntnisse.

Zepter, Geflügeltes Ei
»Sein und Werden«-Ebene (Hellvioletter Hintergrund)
Auf den Fingerspitzen seiner rechten Hand hält er spielerisch das Was-Zepter, das altägyptische Symbol für Macht und Kraft, während über seiner linken Hand ein geflügeltes Ei schwebt, ein magisches Symbol der Geisteskraft Äther, dem fünften Element, der Quintessenz.

Affe
Schattenebene (teilweise verdeckt von der Merkursphäre)
Der Affe, das Symboltier des ägyptischen Weisheitsgottes Thot, erhebt sich im Schatten des Bewußtseins aggressiv gegen die Lichtsphäre. Er entspricht der instinktiven Persönlichkeit des Magiers, die wutentbrannt auf sich aufmerksam macht, um nicht zugunsten einer ausschließlich intellektuellen Einstellung vernachlässigt zu werden.

Deutungen

Hintergrund (Der Trickster)
Der Magier hat einen engen Bezug zum Mercurius der Alchemisten und zum griechischen Hermes, dem Seelenführer und Herrn aller Kreuzwege, dessen dunkle Natur durch die Karte des Teufels ausgeglichen wird: *Das Mercuriale wird immer an der dünnsten, schwächsten, ›unbewußtesten‹ Stelle unseres Be-*

wußtseinssystems wirksam – an der Schwelle zu dieser ›anderen‹ Wirklichkeit also. Und indem es Kontakt mit der unbewußten Dimension der Psyche herstellt, vermag es das Bewußtseinssystem aus seiner Einseitigkeitsverkrampfung zu befreien, es zu entspannen und zu erweitern, aber auch mit der Gefahr der Auflösung zu bedrohen, wenn es zu labil ist. Umgekehrt wird überall da, wo es um Schwellensituationen und um Systeme geht, die an ihre Grenzen gekommen sind, der Archetyp des Hermes-Mercurius konstelliert, der dann Verwirrung, Desorientierung, Unsicherheit und Angst, aber auch befreiendes Lachen stiftet. So häufen sich beispielsweise in Zeiten gesellschaftlichen Umbruchs tricksterhafte Manifestationen: Die Narren, Verrückten, die Clowns, die Komödianten, Kabarettisten, Satiriker erwecken zunehmendes Interesse, alternatives Leben wird gesucht und erprobt, Gegensätzlichstes steht schroff nebeneinander, alles wird möglich, kurzum: Die Welt dreht durch und wird ver-rückt. Und über allem tanzt hoch oben der Trickster auf seinem Seil und freut sich diebisch über das von ihm verursachte Chaos, das zugleich die Fülle dynamischen neuen Lebens ist. (Lutz Müller)

Allgemein
Der Magier bedeutet Aktivität, Selbstverwirklichung, das Streben nach Macht, und er zeigt außerordentliche Lebenskraft. In ihm drückt sich der absolute Wille zur Gestaltung und Veränderung der Dinge aus. Wo der Narr noch blind ist und nur ahnt, daß es etwas zu entdecken gilt, macht der Magier den ersten, entscheidenden Schritt. Er weiß, was er will, und das läßt ihn alle Ziele erreichen. Auf der Schattenseite liegt hier das unbedarfte Bemühen, durch die Macht des positiven Denkens unbewußte Dienstgeister zu mobilisieren, die natürlich nichts anderes zu tun haben, als alle naiv-narzistischen Bedürfnisse unverzüglich zu befriedigen.

Bewußtsein
Der Magier erreicht, was er will, weil er seine Energien auf einen Brennpunkt zu richten weiß. Diese Zeit klaren Wollens bringt großen Erfolg mit sich, weil wir agieren, statt zu reagieren, und nicht einfach von einer Erfahrung in die andere stolpern. Es ist eine Zeit, in der wir aus Neugierde oder aus klarem Willen heraus in unbekannte Gebiete vordringen und uns so Neuland zu eigen machen. Damit können neue Interessengebiete ebenso wie neue Lebensbereiche gemeint sein. In allen Fällen führt diese Erfahrung zu einer Erweiterung unseres Bewußtseins und einer Intensivierung unseres Lebensgefühls.

Beruf
Im beruflichen Umfeld zeigt diese Karte, daß wir Initiativen ergreifen, uns unserer Einflußkraft bewußt werden und diese gezielt einsetzen. Damit werden Prüfungen bestanden, Herausforderungen gemeistert und höchst wirksam der Ablauf von Ereignissen beeinflußt. Je nach der Zielrichtung dieser Energie können wir damit wirtschaftlich erfolgreich sein, Beförderungen erlangen oder berufliche Projekte zu einem erfolgreichen Abschluß bringen. Erfolgreiches Handeln bedeutet, die innere Kraft durch äußeren Willen in Bereiche zu bringen, wo sie sich gewinnbringend entfalten kann.

Beziehung
In persönlichen Beziehungen verweist diese Karte auf eine Phase starker Faszination und hoher Anziehungskraft. Dabei ist es nicht das krampfhafte Wollen, das zum Ziele führt, sondern der gelassene, fast selbstverständliche Glaube an die eigene Kraft und Fähigkeit, wie sie nur der harmonische Gleichklang zwischen bewußtem und unbewußtem Willen hervorbringt. Vor diesem Hintergrund entsteht eine enorme Suggestivkraft; der Magier akzeptiert sich, so wie er ist, und zieht durch seine Ehrlichkeit und Offenheit die Liebe seiner Mitmenschen auf sich.

Analoge Entsprechungen

1. Archetypen und Symbole

Archetyp
Das zeugend Männliche oder der himmlische Vater.

Buchstabe ב
Beth = B (»Haus«, »Sprache«); Zahlenwert 2. Hier verdichtet sich das Unfaßbare auf das gesprochene Wort oder die beschreibende Sprache.

Zahl
1 = Die offenbarte Einheit, der aufrechtgehende Mensch, der Impuls, Yang, die männliche Kraft.

Lebensbaum
Von Kether nach Binah. *Merkur ist der von Kether zu Binah – dem Verstehen – führende Pfad; und daher ist er der Botschafter der Götter, er repräsentiert den Lingam, das Wort der Schöpfung, dessen Sprache das Schweigen ist.* (Crowley)

I Ging
1 Kiān – »Das Schöpferische«.

Rune ᚠ

Fehu (»Vieh«) ist die erste Rune; sie repräsentiert die individuelle Ausformung des Nichts (die männliche Emanzipation oder die Welterschaffung), also das Schöpfen einer Idee an der Schwelle zur materiellen Verwirklichung.

Planet

Merkur (Symbol für Willen, Wissen und Wort, durch welche die Welten erschaffen wurden). Crowley schreibt: *Merkur symbolisiert das Handeln in all seinen Formen und Phasen. Er ist die fluidische Grundlage allen Denkens; und in der dynamischen Theorie des Universums ist er selbst dessen Substanz. Er stellt die ununterbrochene Schöpfung dar.*

Gottheiten

Hermes Trismegistos, Thoth (Ägyptischer Merkur), Hanuman, der Affengott (Hinduistischer Merkur).

Mythen

Schöpfung (Menschwerdung), Adam (nach dem Sündenfall), Merlin oder Daidalos (der geniale Erfinder, Baumeister und Handwerker der Antike).

Kultstätten

Hermupolis Magna (altägypt. Ruinenstätte bei Al Aschmunain); Amenophis-Tempel in Luxor (»Tempel des Menschen«).

Sabbat

Jahresbeginn.

Ritual

Initiation (Einweihung, Taufe).

2. Assoziationen und Empfindungen

Bilder

»Die Schöpfung« (»Der Alte der Tage«) und »Elohim erschafft Adam« von William Blake.

Schriften

»Corpus Hermeticum« (die alchemistische Bibel von Hermes Trismegistos) oder die »Schöpfungsberichte«. Crowley schreibt *die Karte repräsentiert den Willen, die Weisheit, das Wort, den Logos, durch den die Welten erschaffen wurden* und bezieht sich dabei auf den Anfang des Johannes-Evangeliums.

Musik

»Und Gott sprach: Es werde Licht!« aus »Die Schöpfung« von Joseph Haydn.

Düfte

Lorbeer, Ginseng, Muskatblüte.

Edelstein

Diamant bzw. goldglänzender Pyrit (Schwefeleisenerz).

Astrologie

Sonne/Merkur in Widder. Sonne im Sinne von Kraft und Ausstrahlung, Merkur im Hinblick auf Wendigkeit und Geschicklichkeit.

Zitat

Tu was du denkst! Bedenke was du tust! Tu was du tust! (Variationen über Crowleys: *Tu was du willst!*)

II. DIE HOHE-PRIESTERIN

La pontificia

Trieb Sehnsucht nach den inneren Quellen.
Ziel Geführt werden, berührt werden, Einswerden mit dem Urgrund.
Leitbild Alma Mater (Seelenmutter), Matris Spirituale (Spirituelle Mutter) oder der sich auf der Wasseroberfläche spiegelnde Mond als Symbol der aus dem Unbewußten aufsteigenden weiblichen Weisheit.
Licht Intuitive Erkenntnis, spirituelle Weisheit, Geduld.
Schatten Träumerei, Realitätsflucht, Launenhaftigkeit, Zweifel, Falschheit, Lebensangst.
Qualität Lunares Bewußtsein, Weisheit des Schoßes.

Grundlage

Die Karte

In der Tiefe des Bildes sehen wir eine geheimnisvolle Erscheinung, die einen großen Schleier hält. Die feinen Maschen, die fast die ganze Karte überdecken, werden durch den Zugriff ihrer inneren Spannung beraubt. Dadurch fallen sie im oberen Teil zusammen und geben im Hintergrund einen Teil der Göttin preis, die selber ihre Verschleierung löst und sich dem Blick des Betrachters zeigt. Trotzdem ist sie nicht klar zu sehen, denn zwischen ihren nackten Oberkörper und das Auge des Betrachters schieben sich übereinandergeschichtete »Lichtsphären«, und vor ihrem Gesicht schwebt eine dreidimensionale Lemniskate. Die Krone auf ihrem Haupt symbolisiert die drei Phasen des Mondes: Der Vollmond in der Mitte, links und rechts dazu die zunehmende und die abnehmende Sichel, oder aber die Sonne, die in der Schale eines halbgeöffneten Mondes ruht. Dahinter sehen wir sieben Mondsicheln. Die höchste Transparenz aber zeigen die ellipsenförmig nach oben geschwungenen Linien, die das Fluidum der Hohenpriesterin in Zeit und Ewigkeit vertiefen (bis auf das Sexualchakra, das sie nicht erreichen). Der untere Teil der Priesterin ist vollständig vom Netzwerk verhüllt. Auf ihren Knien liegen Bogen und Pfeil, Symbole der ägyptischen Göttin Neith, die Isis zu Sais genannt wurde. Am unteren Bildrand (vor dem Netz) sind verschiedene Symbole: Kristalle, Blüten, Früchte und in der Mitte ein Kamel.

Analyse und Beschreibung

1. Gestalt (Die Unergründliche)

Hohepriesterin

In der Gestalt der Hohenpriesterin finden wir all das, was sich dem Denken entzieht, was in den Tiefen des Unbewußten ruht und in den Botschaften unserer Träume und Visionen durchschimmert. In Sais wurde sie (Neith) auch als die »große Weberin« verehrt. Die feingewobenen Maschen verdecken ihr Geheimnis und verwehren jedem, der dieser Einweihung nicht würdig ist, den Einblick. Es ist das Geheimnis hinter den Erscheinungen der äußeren Welt. Während der Magier die Fähigkeit verkörpert, Unterscheidungen in der äußeren Welt zu treffen, verbirgt der Schleier der Hohenpriesterin die dahinterliegende, numinose Einheit.

Verschleierter Teil (Pfeil)

Der hinter dem Schleier verborgene Unterleib ist ein Zeichen dafür, daß Neith (Isis) das Geheimnis ihrer ewigen Jungfräulichkeit nicht preisgibt. Jeder Versuch, ihr die Geheimnisse durch körperliche Vereinigung oder seelische Verschmelzung zu entreißen, gleitet am feinen Maschenwerk des Schleiers ab. Gleichzeitig aber schützt der Schleier vor dem Schock des Mysteriums, denn der für den Betrachter bestimmte Pfeil liegt schon auf den Knien der Göttin bereit. Die Mythen erzählen uns in diesem Zusammenhang die Geschichte von Aktäon, einem Jäger, der sie in ihrer Gestalt als die jungfräuliche Artemis, Herrin der Tiere und Göttin der Jagd, nackt beim Bade in einer Quelle überraschte. Zur Strafe für diesen unerlaubten Blick verwandelte ihn die keusche Göttin in einen Hirsch, der von seinen eigenen Hunden zu Tode gejagt und zerrissen wurde.

Entschleierter Teil

Im oberen Teil der Karte reißt die Hohepriesterin den Schleier wie ein Jungfernhäutchen entzwei. Das ist kein ungefährlicher Moment. Zwar ist die Sehnsucht nach den inneren Quellen sehr groß, ihr Geheimnis aber nur jenen Menschen zugänglich, die durch mystische Kontemplation oder andere Übungen reif geworden sind. Wer unberechtigt eindringt, wird zum Tier (Aktäon oder der Esel des Apulejus). Die Hohepriesterin ist die Verbindung zum Göttlichen, die Mittlerin und Fürsprecherin, die der Magier braucht.

2. Hintergrund (Das Unfaßbare)

Schleier
Wenn die goldenen Strahlen in der Karte des Magiers die Gedankenmuster symbolisieren, mit dem das Ich das Ewige ermißt, dann verkörpert der silberne Schleier der Isis die feineren Muster der Gefühle, die in die Grobstruktur des Denkens eingewoben sind. Der Schleier verbirgt das Urweibliche, das große Mysterium, das dem forschenden, durchdringenden und erkennenden (männlichen) Bewußtsein auf ewig verschlossen bleibt und dessen Wahrheit sich nur durch Gnade in mystischer Schau offenbart. Deshalb stand am Fuß der Isisstatue in Sais der Satz: *Ich bin alles, was war, was ist, was jemals sein wird. Kein Sterblicher wird je entdecken können, was unter meinem Schleier liegt.*

Enthüllter Schleier
In Schillers Gedicht »Das verschleierte Bild zu Sais« wird dieses Bild noch verfeinert: *Kein Sterblicher,* sprach des Orakels Mund, *rückt diesen Schleier, bis ich selbst ihn hebe (...).* Auf der Karte hebt die Göttin ihren Schleier und gibt damit einen Teil ihres Geheimnisses preis. Wer aber den Teil für das Ganze hält und glaubt, mit diesem Einblick das ganze Geheimnis erfaßt zu haben, begeht den gleichen Fehler wie Ödipus. Dieser hatte zwar das Rätsel gelöst, das die Sphinx ihm aufgab, nicht aber das Rätsel, das die Sphinx selbst darstellte: das unergründlich Weibliche.

Lemniskate
Das Unendlichkeitszeichen vor dem Gesicht der Priesterin ist ein Symbol jener inneren Welt, in die nur das »Dritte Auge» schaut. Was für das physische Auge unerkannt im Dunkeln schlummert, wird durch die »Brille der Unendlichkeit« offenbar, und zwar nicht nur in Traumfragmenten oder den Ausschnitten jener Zufälle, die uns ahnen lassen, daß hinter dem menschlichen Wirken weit mehr als nur individuelle Absicht steckt, sondern auch in der tiefsten Erkenntnis, die uns lehrt: Alles ist Teil eines großen, kosmischen Plans.

Mondsicheln
Die sieben nach oben sich verjüngenden Mondsicheln stehen – entsprechend den sieben Planeten – für die sieben Stufen des alchemistischen Prozesses, dessen krönender Höhepunkt die gelungene Vereinigung der Gegensätze (Hermaphrodit) bildet, wie sie hier in der Krone zum Ausdruck kommt, in der sich Sonne und Mond vereinen. Damit gibt sich die Hohepriesterin als die Führerin zu erkennen, die den im rechten Geiste beständig Suchenden zu immer tieferer Einsicht und zur Einweihung führt. Dabei geht es nicht um den neugierigen, kühnen (und unerlaubten) Vorstoß ins Unbekannte, sondern um das Wiederentdecken dessen, was große Mystiker schon lange geschaut haben.

Linien (ellipsoid)
Wenn Lemniskate und Spiralsphären (vor der Hohenpriesterin) die Ebene repräsentieren, auf der sich das Unfaßbare im Menschen ausdrückt, dann symbolisieren die elliptischen und mondsichelförmigen Gebilde im Rücken der Isis den Schlüssel zur Wahrheit oder die unsichtbare Gottheit. Die senkrechten, ellipsenförmigen Linien versinnbildlichen die unausgesprochene Wahrheit, weil die Wahrheit, die vor Isis und damit im Gesichtskreis des menschlichen Bewußtseins liegt, nie die ewige Wahrheit, sondern immer nur ein Abbild dieser unergründlichen Wahrheit ist. Crowley schreibt: *Die Karte stellt die spirituellste Form der Isis dar, der Ewigen Jungfrau. Sie ist nur in einen strahlenden Schleier von Licht gekleidet. Es ist wichtig, das Licht nicht als die vollkommene Manifestation des Ewigen Geistes zu betrachten, sondern als den Schleier, der diesen Geist verhüllt. Auf diese Art ist sie Licht und der Körper des Lichtes. Sie ist die Wahrheit hinter dem Schleier des Lichtes. Sie ist die Seele des Lichtes. Sie ist die hinter jeglicher Form befindliche Idee; sobald der Einfluß der Dreiheit (Geist) unterhalb des Abyssos (Schwelle zur Materie) sinkt, tritt die Erfüllung der gegenständlichen Idee in Kraft.*

3. Vordergrund (Formenwelt)

Blüten, Früchte, Kristalle, Kamel
So wie die Sonne die Erde durchdringt, so dringt das Ewige in die Materie ein und hinterläßt seinen Samen in der Form. Die Hohepriesterin stellt die spirituelle Ebene der Isis dar, die Möglichkeit der Form oder das Ewige hinter dem Schleier. Sie verkörpert das Empfangende, das von der Kraft des Magiers durchdrungen und befruchtet wird. Die um den unteren Bildrand gruppierten Symbole liegen vor dem Schleier der Isis und sind daher schon in die Erscheinung getreten. Die im Entstehen begriffenen Formen (Wirbel, Kristalle, Samenkörner, Schoten) verkörpern die befruchtete Materie und weisen auf die nächste Karte hin. Das Kamel, das seinen eigenen Wasservorrat durch die Wüste trägt, ist dabei das Verbindungsglied zwischen der inneren Sphäre (Wasser, Seele) und der Welt der realen Formen (Erde, Materie). Es ist ein Symbol für Mäßigkeit, Nüchternheit und Demut, das wegen sei-

ner »hochnäsigen« Physiognomie aber auch als Ausdruck der Überheblichkeit und des Eigensinnes mißdeutet wurde. Gleiches gilt für die Hohepriesterin.

Deutungen

Hintergrund (Die Quellen der Nacht)
Diese Karte ist ein Symbol für jene andere Wirklichkeit, die jenseits unseres Wachbewußtseins liegt und die uns normalerweise nur im Traum begegnet. Sie ist die Wendeltreppe, die uns tiefer und tiefer führt zu jenen namenlosen Urerfahrungen, die wir in Millionen Jahren angesammelt haben (vgl. S. 106, »Bewußtsein«). Sie zeigt uns die Niederungen unserer Reptilien-Erinnerung, die Anfänge unserer Säugetier-Entwicklung und führt uns durch die Tiefe gleichzeitig zu den geheimnisvollen Höhen, die sich dem Zugriff des logisch denkenden Verstandes entziehen. Da alle allegorischen »Modelle« aber von den alten, patriarchalischen Überlieferungen durchtränkt sind, sieht der von diesen männlichen Denkmustern geprägte Verstand in der »Weisheit des Schoßes« meist nur das Geheimnis der allen Dingen innewohnenden Polarität, die uns mit Faszination und Schrecken zugleich in das Gesicht der weißen und der schwarzen Isis blicken läßt, ohne daß wir je sicher sein können, ob wir dem Guten oder dem Bösen, der heilenden oder der zerstörerischen Kraft begegnen. Die Hohepriesterin ist ein Archetyp jenes tiefen Verlangens, mit unserem unbewußten Teil in Verbindung zu treten. Sie verkörpert jenen Teil in uns, der uns in flüchtigen Träumen begegnet und uns schwindelerregende Einsichten schenkt.

Allgemein
Die Hohepriesterin herrscht über die unbewußten, intuitiven Kräfte. Ihre Welt ist die des lunaren Wissens. Es ist die Ebene zwischen Wach- und Schlafbewußtsein, wo die Erlebnisse in den Träumen vorbereitet werden, bevor sie sich zu erlebbarer Wirklichkeit gestalten. Mit ihrer lichten Seite ist sie Ausdruck von Nachsicht und Verständnis und setzt als Helferin, Heilerin oder Seherin die Macht der unbewußten Kräfte zum Wohle anderer ein. Ihre Schattenseite dagegen entspricht dem Archetyp der »dunklen Schwester«, die die Macht ihrer Seelenkräfte nutzt, um andere zu verführen, zu lähmen oder zu schädigen.

Bewußtsein
Spirituell beschreibt die Karte eine Zeit, in der wir unsere Aufmerksamkeit auf das Unbewußte und die Bilder der Seele richten und uns schöpferischen Fantasien und Träumen überlassen oder aber zu den Schätzen der Tiefe hinabsteigen, um den Schleier zu lüften, mit dem die Hohepriesterin ihr geheimes Wissen verhüllt. Die Hohepriesterin führt uns zu unseren kollektiven Wurzeln, das heißt hinab in jene Bereiche, in denen alle Menschen miteinander verbunden sind. Wie C.G. Jung gezeigt hat, übernehmen wir aus der Erbmasse unserer Ahnen nicht nur die Strukturen, sondern auch deren Inhalte, die kollektiver Natur sind. Diese Urbilder oder Archetypen sind bildhafte Verdichtungen psychischer Erlebnisse, die die Menschheit im Laufe ihrer Entwicklung angesammelt hat und die unbewußt das Verhalten eines jeden Menschen prägen. Sie sind die Engel und die Teufel, denen wir immer wieder begegnen. Der Reisende in diesen (Unter-)Welten sollte sich stets vergegenwärtigen, daß die Masken des Unbewußten nicht starr sind, sondern immer das Gesicht spiegeln, das man ihnen zeigt. Feindseligkeit gibt ihnen eine drohende Gestalt, Entgegenkommen mildert ihre Züge.

Beruf
Im beruflichen Erleben zeigt die Hohepriesterin entweder, daß unser Tätigkeitsbereich der Thematik dieser Karte entspricht, wie das bei therapeutischen oder esoterischen Berufen der Fall ist; oder sie bedeutet, daß wir mit Geduld und Offenheit unseren alltäglichen Aufgaben begegnen, immer bereit, neue Impulse und Anregungen aufzunehmen, ohne aber die letzte Entscheidung bei beruflichen Schritten von den äußeren Umständen abhängig zu machen. Das kann zu dem beglückenden Erlebnis führen, von Engeln (der inneren Stimme) geführt zu werden, oder in ein launisches und unberechenbares Verhalten ausarten.

Beziehung
Da diese Karte die Verbindung der Realität zur inneren Gefühlswelt ausdrückt, können wir ermessen, wie sehr unser äußeres Empfinden in den Gefilden unbewußter Träume verwurzelt ist. In unseren persönlichen Verbindungen steht die Hohepriesterin für Verständnis, tiefe Zuneigung, Nähe und Seelenverwandtschaft, Feingefühl und Fürsorglichkeit im Umgang miteinander und nicht zuletzt für die Gewißheit, daß ein unsichtbares Band uns mit dem Partner vereint. In Zeiten, in denen wir allein leben, ist die Hohepriesterin unsere innere Führerin zu Nähe, Seelengemeinschaft und Energie-Austausch.

Analoge Entsprechungen

1. Archetypen und Symbole

Archetyp
Das Mysterium des Weiblichen.

Buchstabe ג
Gimel = G (»Kamel«); Zahlenwert 3.

Zahl
2 = Die Dualität, Spaltung in Subjekt und Objekt, der Halbkreis. Die Zahl der wünschenswerten Alternative oder des Zweifels (Zwei Fälle). Der erste Zweifel; Evas *Sollte Gott gesagt haben?* vertrieb und vertreibt noch heute die Menschen aus dem Paradies der ruhigen Unbefangenheit. Gleichzeitig ermöglicht nur der methodische Zweifel höhere Erkenntnis.

Lebensbaum
Die Verbindung zwischen Kether und Tiphareth. Der Weg von Kether (»das Ewige«) nach Tiphareth (»Bewußtsein und Harmonie«) entspricht der Himmelsleiter, auf der Engel auf- und niedersteigen. Die Engel sind Symbole des Austausches zwischen göttlicher und menschlicher Energie und repräsentieren die nach Form und Ausdruck strebende Idee. Crowley meint: *Die Karte schafft eine direkte Verbindung zwischen dem Vater in seinem höchsten Aspekt (Kether) und dem Sohn in seiner vollkommensten Manifestation (Tiphareth). Der Pfad befindet sich im exakten Gleichgewicht auf der mittleren Säule.*

I Ging
2 Kun – »Das Empfangende«.

Rune ᚢ
Uruz (»Urquell« oder »die Quelle von Urd«, an der die Nornen die Schicksalsfäden spinnen) ist die zweite Rune und bedeutet die hinter der Form verborgene Idee und formende Energie. Die Hohepriesterin bildet zusammen mit der männlichen Seite des Magiers die Schaltstelle zwischen der Idee (Interpretation des Geistes) und deren Einbindung in die Form (Begrifflichkeit des Fleisches). Das ist Bewußtheit in ihrem höchsten Ausdruck.

Planet
Mond. Der auf der Wasseroberfläche sich spiegelnde Mond symbolisiert die Idee, die sich in der Form reflektiert.

Gottheiten
Die Himmelskönigin als All-Geberin, Matriarchin, Creatrix, Initiatrix mit ihren vielen Namen: Eurynome, Maya, Nut; oder in ihrer polaren Erscheinung als Isis/Nephtys, Eva/Lilith, Inanna/Ereschkigal, Demeter/Persephone. *Crowley-Zuordnung: Artemis, Isis und Nut sind Urbilder reiner Jungfräulichkeit und Symbole höchster Einweihung und repräsentieren die reine Idee als göttlicher Funke vor der materiellen Verwirklichung.*

Mythen
Evas Biß in den Apfel; Persephones Granatapfel, den ihr Hades anbot, oder Schneewittchens vergifteter Apfel, der die Betroffenen hinter die »äußere Wirklichkeit« führte.

Kultstätten
Venedigs Friedhofsinsel »San Michele all'isola« (Assoziationen zu Böcklins »Toteninsel«); der Isistempel auf der Nilinsel Philä bei Assuan (heute ständig überspült).

Sabbat
Mariä Lichtmeß.

Ritual
Kontemplation (Traummeditation). Schauende Versunkenheit unter Ausschaltung allen Wollens; Reise in die Tiefe.

2. Assoziationen und Empfindungen

Bild
»Toteninsel« von Arnold Böcklin.

Schrift
Das sumerische Epos: Inannas Abstieg in die Unterwelt.

Musik
»Der Schwan von Tuonela« von Jean Sibelius. Tuonela ist das finnische Totenreich. Schweigende Fluten umhüllen die Insel und über die Wasser gleitet ein singender Schwan. Wem sein Lied erklingt, den erfaßt Todessehnsucht.

Duft
Gewürznelken.

Edelsteine
Durchscheinender Chalzedon, fluoreszierender Serpentin.

Astrologie

Mond in Skorpion im 12. Haus. Der Mond als Ausdruck unseres lunaren Bewußtseins, Skorpion als Zeichen der Macht des Unbewußten und Haus 12 als Mysterium des Unfaßbaren.

Zitat

...bin ich da, die Mutter der Natur, Herrin aller Elemente, Keimzelle aller Geschlechter, Geisterfürstin, Totenkönigin, Himmelsherrin, Inbegriff der Götter und Göttinnen. Des Firmaments Lichtkuppel, des Meeres Heilbrise, der Hölle Jammerstille gehorchen meinem Wink; ein Wesen bin ich, doch in vielen Gestalten, wechselnden Bräuchen, mancherlei Namen betet mich der ganze Erdkreis an.

»Rede der Göttin« in Apulejus, »Der goldene Esel«

III. DIE KAISERIN

La Emperatriz

Trieb Hingabe und Mutterschaft (»Sich öffnen und durchdringen lassen ...«)
Ziel Geburt (»...und durch die Verbindung von innen und außen etwas Neues schaffen«)
Leitbild Mutter Natur.

Licht Die positiven Seiten der irdischen Mutter: Liebe, Vertrauen, Wachstum, Berührung, Verschmelzung, Erfüllung.
Schatten Stiefmutter oder die zerstörende Mutter: Gier, Habsucht, Neid, Genußsucht, Trägheit, Unbeweglichkeit.
Qualität Körperfreundlichkeit, Sinnlichkeit, Liebe zur Fülle, Sicherheit, Geborgenheit, das Neue enthüllen.

Grundlage

Die Karte
Das Bild zeigt eine gekrönte Frau auf einem Thron, dessen Säulen von blauen, gewundenen Flammen angedeutet werden. Dem Betrachter fällt der verdrehte Körper auf: Brust und Arme sind nach vorn gerichtet, Gesicht und Unterleib dagegen dreht sie zur linken Seite, was ihren starken Oberkörper (Mutterkraft), das gerundete Hinterteil (Sinnlichkeit) sowie den blühenden Lotus (Fruchtbarkeit) in ihrer Rechten kontrastiert. Crowley schreibt: *In der rechten Hand trägt sie den Lotus der Isis; der Lotus repräsentiert die weibliche oder passive Kraft. Seine Wurzeln sind in der Erde unter dem Wasser oder im Wasser selbst; doch seine Blütenblätter öffnen sich zur Sonne hin. Auf den flammenartigen Säulen ihres Thrones sitzen Sperling und Taube, unterhalb des Thrones ist der Boden mit Lilienblüten und Fischen bedeckt. Die heraldische Symbolik der Kaiserin ist zweifacher Natur: auf der einen Seite ist der traditionelle Pelikan abgebildet, der seine Jungen mit dem Blut seines eigenen Herzens nährt; auf der anderen Seite befindet sich der Weiße Adler der Alchemisten.* Der doppelköpfige Adler ist ein alchemistisches Symbol der Verwandlung und Wiedergeburt und beschreibt die Zyklen der Schöpfung. Er unterstreicht das innere Wissen der Herrscherin, daß alles Leben aus den »Quellen der Mütter« fließt und in die Erscheinung tritt (Geburt), wenn die Voraussetzungen dazu erfüllt sind. Der Pelikan, der seine Jungen mit seinem eigenen Blute füttert, ist ein Zeichen grenzenloser Hingabe und Mutterliebe, auch wenn sich die Symbolik sehr schlicht erklärt: Um die Nahrung für die Jungen auszuwürgen, beugt er seinen Hals derart, daß der Schnabel die Brust berührt. Da sich noch häufig Fischblut am Schnabel befindet, wird sein weißes Federkleid rot, was den Eindruck erweckt, er habe sich blutig gepickt, um seine Jungen mit diesem Blut zu füttern.

Analyse und Beschreibung

1. Gestalt (Die Druidin)

Kaiserin
Die Herrscherin erscheint auf dieser Karte eher durch die Augen des Mannes gesehen; als ein Aspekt männlicher Erfahrung mit dem Ewigweiblichen dargestellt, und weniger als Sinnbild der unerschöpflichen Kraft, durch welche die Natur immer neues Leben erschafft. Die pastellfarbene Note der Karte enthält Elemente der »reinen Jungfrau«, also des idealisierten Mutterbildes des Mannes. Eigentlich aber ist die Kaiserin ein Sinnbild der Großen Mutter, der urgewaltigen Mutter allen Lebens. Sie ist ein Symbol der schöpferischen Formgebung, die der noch formlosen Idee als Materie zur Mutter wird.

Haltung (Sperling)
Der Sperling zur Rechten ist ein der Aphrodite zugeordneter Vogel und Ausdruck ihrer Lüsternheit. Von ihm wendet sich die Herrscherin ab und dreht ihr Gesicht der Taube zu. Hier zeigt sich das Dilemma der Crowley'schen Muttergöttin, die ihre Instinktnatur nicht wahrhaben will, was sich im verdrehten Unterleib ausdrückt, der von der sinnlichen Würde des Oberkörpers abgeschnitten ist. (Crowley sieht im Rumpf der Kaiserin das alchemistische Symbol Salz skizziert.)

Blick (Taube)
Im seitlichen Blick, der auf die Säule gerichtet ist, auf der die Taube sitzt, drückt sich das geistige Erbe der Hohenpriesterin oder die Annäherung des Weiblichen an das Heilige aus (das idealisierte Mutterbild des Christentums ist die Jungfrau), da der Heilige Geist die Muttergottes in Gestalt einer Taube befruchtete (zur weiteren Symbolik der Taube siehe S. 45).

Hände (Lotus)
Mit der rechten Hand hält sie einen phallusähnlichen

Lotusstil umklammert, der die männliche Zeugungskraft darstellt, während die linke weich geöffnet ist, als würde sie ein unsichtbares Kind umfangen.

Kleid (Weiße Bienen)
Auf der rosa Bluse tanzen die Bienen im Kreis (ein Symbol der Königin im Bienenstock). Die Gestalt wird umzüngelt von den blauen Wassersäulen, die aus dem Blitz des Magiers in den Ozean der Hohenpriesterin entstanden sind.

Ausdruck (Gesamtbild)
Die Gestalt auf dieser Karte ist noch nicht im Leben erblüht, ihr Gesicht weder von Leidenschaft gezeichnet, noch von den Trieben durchglüht, jede Andeutung von Sinnlichkeit ist rein formal: Sie erscheint mehr Heilige denn Frau. Traditionell steht die Karte aber für Hingabe und Leidenschaft. Ist es höhere Absicht, das urtümlich Weibliche auf dem Altar der höchsten Liebe der Tiefentriebe zu »entkleiden«, oder liegt die Antwort in Crowleys zwiespältigem Frauen- und Mutterbild, das ihn ihre tiefen Triebinstinkte ignorieren ließ? Denn natürlich ist die Kaiserin auch Symbol für die dunkle, Leben einfordernde Mutter, vor der es ihm graute.

2. Umfeld (Weitere Symbole)

Pelikan, Adler
Die Mutterschaft wird durch den rosaroten Pelikan dargestellt, der die junge Brut mit seinem eigenen Blut aufzieht (siehe »Grundlage«). Im ägyptischen Kalender kennzeichnet er die Jahreszeit der Ernte. Ihm gegenüber steht der doppelköpfige Adler als Symbol der Partnerschaft (in der Alchemie ist er Symbol des männlichweiblichen Quecksilbers), der sich im Zeichen des zunehmenden Mondes vereint.

Torbogen, Krone
Der Torbogen zeigt das Tor zur Welt, für das die Kaiserin als ewige Gebärerin steht. Das gleiche spiegelt sich in ihrer Krone, wo zwischen den Sicheln des abnehmenden und des zunehmenden Mondes die Welt geboren wird.

Monde, Lilien
Der abnehmende Mond zu ihrer Rechten und der zunehmende Mond zu ihrer Linken symbolisieren den ewigen Zyklus von Werden und Vergehen. In ähnlicher Weise spiegeln die Lilien am Boden der Karte die beiden Pole der Weiblichkeit (aus patriarchalischer Sicht): Gern gesehen und weithin bekannt ist die Lilie als Symbol für Reinheit, Unschuld und Jungfräulichkeit. Als Asphodelus jedoch ist sie eine Blume, die die Wiesen der griechischen Unterwelt, den Asphodeliengrund, ziert. Sie ist der Persephone geweiht, der dunklen Seite der Großen Mutter. Eine andere Überlieferung sagt, daß Aphrodite die Lilien gerade wegen ihrer Harmlosigkeit und Reinheit verhaßt waren. Deshalb setzte sie der Blüte einen üppigen Stempel ein, der an den Phallus eines Esels erinnern soll.

Deutungen

Hintergrund (Das Reich des Lebens)
Die Kaiserin verkörpert das Sinnliche im ganzen Spektrum seiner Reize; sie ist Eva nach dem Fall, im Gegensatz zu ihrer himmlischen Entsprechung im Bild der Hohenpriesterin. Wir befinden uns im Reich der Leiblichkeit, der Mutter Erde oder der feuchten Quelle der Ernährung und Wärme (zunehmender Mond). Das ist eine Zeit sanfter Verschmelzung, zärtlicher Aufmerksamkeit und großer Verklärung. Es ist aber auch eine Periode besitzergreifender Zuneigung (das Kind reift im Bauch der Mutter heran), und hinter der hellen und harmonischen Welt, die uns diese Karte vermittelt, dämmern schon die Schatten der Nacht herauf.

Allgemein
Wir erkennen in der Kaiserin die Große Mutter, die für den Ursprung allen Lebens steht. Sie ist die unerschöpfliche Kraft der Natur, die immer neues Leben hervorbringt, und die unversiegbare Quelle, die unser kreatives Potential und unsere Fähigkeit anzeigt, Impulse aufzunehmen und daraus Neues entstehen zu lassen. Sie steht aber auch für die Notwendigkeit, alte Lebensstrukturen aufzulösen, damit sich neue formen können, und für den Drang, Tabus zu durchbrechen und über sich selbst hinauszuwachsen, um das Mysterium des Lebens zu ergründen. Sie kann aber auch bis zum unbewußten Selbstvernichtungswahn führen.

Bewußtsein
Alles spricht dafür, daß die Natur Unsterblichkeit verkörpert im Zyklus von Sterben und Werden, Kommen und Gehen. Der Mensch ist unausweichlich in diesen Kreislauf eingebunden, ob ihm das gefällt oder nicht. Nichts kann ihm ersparen, die verschiedenen Entwicklungsphasen zu durchlaufen: Höhepunkt und Krise, Blüte und Zerfall. Und je nach Standpunkt erlebt er diese Urkraft als die das Leben hervorbringende oder das Leben zurückfordernde Mutter Natur *(Aus Erde bist du geschaffen. Zu Erde sollst du wieder werden)*. Doch dabei wird uns

auch bewußt, daß diese Kraft etwas hervorbringt, das mehr ist als die Summe seiner Teile: Wir können eine Blume in kleinste Partikel zerlegen und sie mikroskopisch untersuchen. Wir kennen dann ihre Bestandteile. Aber selbst wenn wir sie wieder zusammensetzen, wird sie nie mehr blühen. Wir können aus einem Fluß mit einem Eimer Wasser schöpfen und es untersuchen. Wir werden nur das angehaltene Wasser verstehen. Das Phänomen Fluß aber haben wir damit nicht erkannt.

Beruf
Im beruflichen Umfeld zeigt diese Karte, daß wir uns in einer Phase befinden, wo große Energien freigesetzt werden. Männer überzeugen durch ein gesundes Selbstvertrauen, einen kräftigen Schuß Optimismus und eine große Portion Humor. Das heißt Kreativität für den Künstler, Schriftsteller, Musiker oder den Werbefachmann, neue, überraschende Ideen für den Techniker, Ingenieur oder Designer; sie bedeutet den Willen zu Veränderungen, Neuerungen, Wachstum und größerer Lebendigkeit in anderen Berufszweigen. Frauen empfinden Weiblichkeit als Stärke. Sie verkörpern die lebendige, nährende Seite des instinkthaften Selbst, das sich lustvoll an die Erde bindet. Das kann auf eine Schwangerschaft hindeuten oder eine andere Neuschöpfung. Geschäftlich sind große Pläne möglich, denn die Kaiserin unterstützt die Fähigkeit, Dinge hervorzubringen und Neues zu realisieren. Ob im materiellen, emotionalen oder kreativen Bereich: Diese Karte verstärkt das Bedürfnis, sich schöpferischen Außeneinflüssen zu öffnen, sich von ihrer Kraft durchdringen und daraus etwas Neues werden zu lassen.

Beziehung
Im Bereich der Partnerschaft steht diese Karte ebenfalls für Veränderungen und Neuerungen und kann sowohl Zuwachs in der Familie bedeuten als auch jede andere Form von Veränderung in der Beziehung. Entweder zeigt sie Lebendigkeit und überwiegend erfreuliche Entwicklungen, oder wir begegnen ihrem dunklen Aspekt, der uns dazu zwingt, völlig neue Fundamente für die Gefühle zu legen, auch wenn die Seele erst durchs Feuer muß, bis alle alten Hüllen sinnentleerter Emotionen abgerissen und beseitigt sind. Dann fühlen wir uns plötzlich in der Lage, auf den Erfahrungen der Vergangenheit ein neues emotionales Fundament aufzubauen und eine seelische Beziehung einzugehen, die Lebendigkeit und die Fähigkeit zur Wandlung in sich trägt.

Analoge Entsprechungen

1. Archetypen und Symbole

Archetyp
Mutter Erde, Mutter Natur (die Ähre, die Quelle).

Buchstabe ד
Daleth = D (»Tür«); Zahlenwert 4. Die Mutter ist die Tür, durch die die Schöpfernatur ins Leben fließt!

Zahl
3 = die Vereinigung der Gegensätze (Yin/Yang, Feuer/Wasser) zu einer Einheit.

Lebensbaum
Die waagrechte Achse zwischen Chokmah und Binah. Chokmah versinnbildlicht die universale Kraft und Binah die Himmelsgöttin, was die Schöpfung im Zustand des Gleichgewichts zeigt. Crowley schreibt: *Daleth ist der auf dem Lebensbaum von Chokmah zu Binah führende Pfad, der den Vater mit der Mutter vereinigt.*

I Ging
48 Dsing – »Der Quell« (Der Mutterbrunnen).

Rune ᛒ
Berkana (»Birke«) ist ein Symbol für Wachstum und beschreibt die Große Mutter.

Planet
Venus. *Es ist unmöglich, die Bedeutungen des Symbols der Frau zusammenzufassen und zwar aus dem einfachen Grunde, weil sie unablässig in unendlich verschiedenfältigen Formen wiederkehrt: Die grundlegende Formel des Universums ist Liebe.* (Aleister Crowley)

Gottheiten
Die Große Muttergöttin mit all ihren Namen: Inanna, Ischtar, Anat, Astarte, Aphrodite, Demeter und Mutter Erde als Gaia oder Rhea. *Crowley-Zuordnung: Nephthys, Gemahlin des Seth und Schwester des Osiris, durch den sie zur Mutter des Anubis wird.*

Mythos
Demeter und Persephone. Demeter herrschte über die Wachstumszyklen der Erde und damit über alle Formen von Leben; nachdem aber Hades ihre Tochter Persephone geraubt hatte, schlug Demeter die Länder mit Unfruchtbarkeit und ließ die Saat erst wieder wachsen, als ihre Tochter wieder (zeitweise) aus der Unterwelt zurückkehrte.

Kultstätte
Demeters Kultstätte in Eleusis.

Sabbat
Frühlingsfest. Vollmond im Mai.

Ritual
Eleusinische Mysterien. Die Eleusinischen Mysterien dienten der Einweihung in das Mysterium des Weiblichen (Wandlungsmysterium des Blutes) und umfassen drei Gestalten der Göttin: Demeter (Mutter), Kore (Tochter), Persephone (Alte bzw. der Wandlungsaspekt). Die Kaiserin symbolisiert den Demeter- oder Mutteraspekt.

2. Assoziationen und Empfindungen

Bild
»Das Venusfest« von Peter Paul Rubens. Kaum je kommt die Liebe zum Leben und zu den sinnlichen Freuden so überschwenglich zum Ausdruck wie hier.

Schriften
»Homerische Hymnen« oder »Dithyramben« von Pindar, Bakchylides und Timotheos. Das sind altgriechische Kultlieder zu Ehren der Götter, während großer Opferfeste von singenden und tanzenden Chören dargebracht.

Musik
»Le sacre du printemps« (Frühlingsopfer) von Igor Strawinsky.

Düfte
Rosen-, Sandelholz- und Muskatellersalbeiöl.

Edelsteine
Jaspis (»Mutter aller Steine«), Karneol, Rosenquarz.

Astrologie
Venus im Stier im Sinne von Fruchtbarkeit und Wachstum, oder Erde als der wahre Herrscher von Stier (im Horoskop findet man die Erde in genauer Opposition zur Sonne).

Zitat
An den Grenzen der Logik hört zwar die Wissenschaft auf, nicht aber die Natur, die auch dort blüht, wohin noch keine Theorie gedrungen ist.

C. G. Jung

IV. DER KAISER

El emperador

Trieb Herrschaft (des Geistes über die Natur).
Ziel Recht und Ordnung (im Unterschied zu Willkür und Chaos).
Leitbild Der strukturierende rote Faden.

Licht Erschaffen, Erkennen, Stabilität, Perspektive, Realismus, Objektivität, Verantwortungsbewußtsein.
Schatten Selbstherrlichkeit, Perfektionismus, intuitionslose Gescheitheit. Die Enge der Realität, Rationalität als Gefängnis. Ordnung, die zum Selbstzweck wird.
Qualität Mut und Führungskraft.

Grundlage

Die Karte

Die Karte des Kaisers zeigt eine reife, massige Gestalt, in majestätische Gewänder gehüllt und von zwei großen Widderköpfen eingerahmt, die die Säulen oder Rücklehnen eines kristallenen Thrones besetzen. Dabei wird er von einer unsichtbaren Lichtquelle bestrahlt. Den Kopf hält er zur rechten Seite gedreht. Sein karmesinroter Mantel ist mit goldenen Emblemen bestickt, auf seinem Haupt ruht eine mächtige Krone. In der Rechten hält er ein Zepter mit Widderkopf, und in seiner Linken ruht die mit einem Malteserkreuz gekrönte Weltkugel. Arme und Kopf (von den Ellbogen bis zum Haaransatz) bilden ein gleichseitiges Dreieck, und die Beine sind zu einem rechtwinkligen T gekreuzt. Damit nimmt er eine Haltung ein, die dem Zeichen für Schwefel entspricht, das in der Alchemie Ausdruck feuriger, männlicher Energie ist. Zu seinen Füßen ruhen ein Lamm und der Doppeladler aus der Karte der Kaiserin.

Verbindung (Kaiserin)

Die Nähe zur Kaiserin ist auffällig, nicht nur weil sich die beiden, wenn wir die Karten nebeneinanderlegen, gegenseitig in die Augen schauen, sondern weil sich auf beiden Karten viele ähnliche Motive finden und sie sich auch in Form und Farbe ergänzen. Ist es bei der Kaiserin die fließende Form in pastellfarbigem, weichem Licht, welche die vielfältigen Ausblühungen der Fruchtbarkeit ausdrückt, so zeigen beim Kaiser die klare, harte Strukturierung und das tiefe Rot den Willen zur Durchformung und Gliederung der Hervorbringungen des Weiblichen an.

Analyse und Beschreibung

1. Gestalt (Der Patriarch)

Kaiser

Die massige, muskulöse Gestalt des Kaisers zeigt seine aktive, direkte Art, sich immer neue Herrschaftsbereiche zu erschließen. In der strengen, symmetrischen Anordnung drückt sich die tiefere Natur seines Wesens aus. Das entspricht der inneren Selbstkontrolle oder der sich selbstverwirklichenden Kontrolle (nach außen), wo jegliches unkontrollierte Fließen der Lebensströme in feste Bahnen gelenkt wird. Verstandesmäßige Verarbeitung und Planung der Realität sind hier angesprochen.

Blick (Widder)

So wie bei der Kaiserin das abgewendete Gesicht das unterschwellige Dilemma ausdrückt, sich mit den inneren Trieben nicht identifizieren zu können, so drückt der zur Seite gedrehte Kopf den Willen des Egos aus, an rationaler Weltsicht festzuhalten, aus Angst, den äußeren Situationen sonst nicht immer gewachsen zu sein. Wie der Blick der Kaiserin die Taube (das Erbe der Priesterin) miteinbezieht, so schließt der Widder beim Kaiser den Zauber des Magiers (ein Merkur/Widder-Symbol) mit ein, und der entspringt der Absicht, sich in dieser Welt durchzusetzen.

Hände (Zepter und Kugel)

Die Symbole seiner Macht sind Zepter und Kugel (Weltherrschaft). Wo die Kaiserin Bereitschaft zur Öffnung und Hingabe signalisiert (sie hält einen blühenden Lotus in der Hand), verkörpert der Widderstab den Durchsetzungswillen und das Streben, sich innerhalb der Grenzenlosigkeit des Ewigen einen Herrschaftsbereich zu erobern und darin eine eigene feste Struktur zu erschaffen. Die Weltkugel symbolisiert Macht oder selbstverwirklichte Kontrolle, die Sicherheit und Frieden anstrebt.

Gewand (Goldene Bienen)
Des Kaisers Ziel ist aber nicht primär die Eroberung des Umfeldes, sondern die Beherrschung und Strukturierung des schon Eroberten. Die Bienen, die auf dem Gewand der Kaiserin noch Fruchtbarkeit oder Mutterschaft symbolisieren, versinnbildlichen auf dem Kleid des Kaisers die Struktur im Bienenstock und damit Vaterschaft und Herrschaft. Das beinhaltet auch die Einbettung der Instinkte und Gefühle in äußere Formen, die diese Kräfte in den Bahnen von Recht und Ordnung kanalisieren.

Ausdruck (Krone)
Der harte, wuchtige Ausdruck des Kaisers und die ausgeklügelte Symmetrie der ganzen Karte zeigen eine feste bis starre innere Haltung, die den Anforderungen des Lebens begegnen kann und will. Die wuchtige Krone ist mit Steinen besetzt, die ein Kreuz in einem Kreis zeigen, was der Strukturierung (+) des Unendlichen (o) entspricht.

2. Hintergrund

Thron
Der Herrscher sitzt mit Zepter und Kugel auf einem Thron aus Kristallen und verkörpert damit die sich zusammenziehende, pragmatische und eine die Strukturen in den Mittelpunkt stellende Wahrheit, welche alle höherstrebenden Ideale nüchtern und sachlich auf ihre Verwirklichbarkeit hin untersucht. Im Gegensatz zu den weichen Rundungen und den Pastelltönen der Kaiserin deutet dies auf die harte, feurige und zielgerichtete Energie.

Widderköpfe
Die beiden Rückensäulen werden von zwei riesigen Widderköpfen gekrönt. Der Widder ist ein Symbol für die uns innewohnende Kraft, bestimmte Ziele zu verfolgen. Auf einer höheren Ebene verkörpert er die innere Berührung mit den Schöpferkräften spiritueller Vaterschaft, auf einer tieferen Stufe steht er für den Führungsanspruch eines bisweilen destruktiven Durchsetzungswillens des Egos.

Licht (vom oberen Kartenrand einfallend)
Die Strahlen, die den Kaiser von oben erhellen, sind ein Symbol des Selbst. Das eigene Selbst zu erfahren, ist gleichbedeutend mit dem Erlebnis, vom Göttlichen berührt zu werden. Diese Darstellung drückt das alte Wissen um die Polarität aller Dinge aus und zeigt hier, daß der Herrscher sowohl mit seiner lichten wie mit seiner Schattenseite dargestellt ist. *Im Selbst sind sich Gut und Böse näher als eineiige Zwillinge,* sagt C.G. Jung.

Licht- und Schattenseite (Widderköpfe)
Von den beiden Widderköpfen steht der eine im Dunkel, der andere im Licht. Mit dem Herrscher in ihrer Mitte konstelliert sich hier ein Motiv, das aus ältester Zeit überliefert ist: Die Mondgöttin (Selene) zwischen ihrer lichten (Artemis) und ihrer dunklen (Hekate) Seite, Jesus am Kreuz zwischen den beiden Schächern, von denen nur einer noch am selben Tag mit ihm im Himmel sein wird, oder die Dadophoren, die den Mithras flankierenden Fackelträger, von denen Cautes mit der nach oben gerichteten Lebensfackel und Cautapates mit der nach unten zeigenden Todesfackel dargestellt wird. Dasselbe Motiv finden wir auch bei der Herrscherin, die zwischen dem zunehmenden und dem abnehmenden Mond thront. In all diesen Fällen wird dadurch ein höheres Prinzip dargestellt, das die gegensätzlichen Pole von Licht und Dunkel, Leben und Tod, Aufbau und Zerstörung in sich vereint.

3. Vordergrund (Weitere Symbole)

Doppelkopfadler
Der Adler, der uns schon auf der Karte der Kaiserin als ein »Symbol des Seins durch ewiges Werden« begegnete (Weißer Adler im Zeichen des Mondes), repräsentiert hier »das ewige Sein durch beständiges Wollen« (Roter Adler im Zeichen der Sonne), also die Strukturierung des Ewigen durch die Kraft des Bewußtseins. Der Unterschied zum Adler der Kaiserin ist klar: Während jener auf der linken Seite mit dem Mond korrespondiert und damit Ausdruck der inneren Quellen des Weiblichen ist (instinktive Öffnung und Hingabebereitschaft), steht dieser auf der rechten Seite des Kaisers und damit für die bewußte Beherrschung der Materie. Die karmesinrote Scheibe repräsentiert die rote Tinktur der Alchemisten, die der Natur der Sonne entspricht, und unterstreicht damit die Beherrschung der Materie durch die erhellende Kraft des Bewußtseins. In den Doppeladlern auf den Karten Kaiserin und Kaiser tauchen damit zum erstenmal die beiden alchemistischen Urstoffe, das »Weiße« und das »Rote« auf, die wir bei den Großen Arkana noch mehrfach antreffen werden (siehe Atu VI und XIV).

Stern-Embleme
Die beiden runden Sonnenscheiben, die einen stacheligen, sechzehnzackigen Stern zeigen, nehmen ebenfalls das Thema der Kaiserin wieder auf. Ist es dort der veränderliche, wachsende und abnehmende Mond, der die Zyklen der Großen Mutter beschreibt, so symbolisieren die kristallisierten, sich gegenüberstehenden Sonnen, hier das Patriarchat.

Lilien
Auch die Lilien am Boden haben wir schon in der Karte der Kaiserin angetroffen. Während aber ihre weiße Farbe dort ein Symbol für Reinheit, Unschuld und Jungfräulichkeit war, sind die goldfarbenen hier ein Herrschaftsattribut.

Lamm
Das weiße Lamm gehört als Opfertier in die Widdersymbolik. Die Siegesfahne weist es als die Kraft aus, die durch Demut (Opferbereitschaft) siegt. Der Heiligenschein um den Kopf umschreibt das seelische Erkennen des »Adler-Wissens«, sich innerhalb der Strukturen frei zu entfalten, wohl wissend, daß das Gesetz nicht nur Einschränkung, sondern im Gegenteil auch Freiheit bedeuten kann.

Deutungen

Hintergrund (Das innere Vaterbild)
Der Kaiser steht für das innere Bild oberster Autorität und erscheint uns als Archetyp des guten und bösen Vaters. In dieser Eigenschaft ruft er in uns die Assoziationen wach, die uns in irgendeiner Weise mit unserem eigenen inneren Vaterbild verbinden. Denjenigen, der sich mit seinem inneren Vater arrangiert hat, lädt diese Karte ein, tatkräftig in der Welt zu handeln und für Recht und Ordnung Sorge zu tragen. Wem diese Versöhnung mit seinem inneren Vaterbild aber nicht gelungen ist, der neigt zu Tyrannei und Despotismus oder umgekehrt zu Feigheit und Unselbstständigkeit. Er muß sich fragen, wo seine Machtsucht oder das Vermeiden von Macht seiner eigenen Entwicklung im Wege steht.

Allgemein
Der Kaiser steht für das strukturgebende Element, für unser Verlangen nach Stabilität, Sicherheit und Kontinuität. Er zeigt unser Streben nach Unabhängigkeit von den Bedingtheiten der Natur, das der Hingabe an die fließenden Abläufe der Schöpfung (Kaiserin) natürlich entgegensteht. Er verkörpert das Gradlinige, sie das Runde. Deshalb glaubt er an lineare Entwicklungen und sie an Zyklen. Für ihn hat alles einen Anfang und ein definitives Ende, sie dagegen spricht vom ewigen Kreislauf und von der Wiedergeburt. Er betont die rechte (bewußte) Seite und behauptet, daß nur er recht hat, und daß sie linkisch sei (»Alles was recht ist!«). Sie betont die linke (intuitive) Seite und nennt ihn beschränkt und rechthaberisch. Er bevorzugt die viereckige Wohnform in Quartieren, viereckigen Häusern und Stadtvierteln und gilt als Städtebauer, sie dagegen lebt im Runden, in Höhlen und Zelten und bevorzugt die dörfliche Gemeinschaft. Zwischen diesen beiden Karten verläuft eine hartumkämpfte Grenze, der Zaun, auf dem nach mittelalterlicher Überzeugung die Hexe Hagazussa sitzt. Es ist die Grenze zwischen Natur und Wildnis einerseits und Kultur und Zivilisation andererseits. Wird diese Grenze nicht ständig vom Kaiser verteidigt, holt sich die Kaiserin Stück für Stück zurück, was ihr mühsam abgerungen wurde. In diesem Jahrhundert scheint es der Kaiser allerdings erstmals soweit gebracht zu haben, die Kaiserin gefährlich zu verletzen. Nun hockt sie nicht mehr auf dem Zaun, sondern in den Ozonlöchern, in den Dämpfen von Senfgas oder Nebeln von Radioaktivität. Und die schwerverwundete, aber wutentbrannte Kaiserin schickt eine Naturkatastrophe nach der anderen, die er verniedlichend »Vivian« oder »Wiepke« nennt, und zeigt ihm, daß seine Klimaanlagen zwar recht schön und teuer sind, aber geradezu lächerlich dastehen, wenn sie nur etwas am Knopf ihrer Klimaanlage dreht.

Verbindung (Die Schattenseite)
An diesem ungleichen Paar läßt sich sehr anschaulich zeigen, was die Psychologie unter der Projektion des eigenen Schattens versteht: Als Rechtsbetonter hat er nicht nur die Rechtsprechung schriftlich fixiert, sondern nimmt auch das Recht für sich in Anspruch, wobei er sich allerdings, ebenso wie in der traditionell von Frauen ausgeübten Heilkunde und im Priesteramt, weiblich zu kleiden pflegt. Die Schattenseite des Rechts aber ist das Unrecht, und das projiziert er mit Vorliebe auf sie. Mit anderen Worten: Er weiß schaurige Geschichten zu erzählen über begangenes Unrecht in Zeiten und Kulturen, in denen es nicht mit »rechten Dingen« zuging, weil er nichts zu sagen hatte. Die weibliche oder natürliche Entsprechung zum codifizierten Recht ist aber selbstverständlich nicht das Unrecht, sondern die Sitte, deren Hüterinnen die Frauen als Vertreterinnen der Grossen Mutter waren. Die entsprechende Schattenseite ist die Unsitte, die sie wiederum gern auf ihn projiziert. Und so haben wir dann entrechtete oder rechtlose Frauen und sittenlose männliche Sittenstrolche.

Bewußtsein
In unserem Bestreben, die Grenzen nach außen zu festigen und gegen äußere Angriffe zu zementieren, ist es uns meistens nicht bewußt, daß die wirklichen Angriffe von innen kommen. Es sind die inneren Machtansprüche, die es uns schwer machen, uns wirklich zu empfinden, weil sich des Kaisers Identität nur aus seiner persönlichen Vorstellung von

Größe (Vaterbild, Gottesbild, Über-Ich) nährt. Das sollte uns aber nicht davon abhalten, die positiven Seiten dieser vielfach argwöhnisch betrachteten Karte gebührend zu schätzen. Der Herrscher ist das Symbol von Struktur und Ordnung, der aus dem Meer des Unfaßbaren einen Ausschnitt herauszirkelt, den er mit dem Verstand ausmessen und kontrollieren kann. Ohne die Struktur des bezugsetzenden Verstandes, der die Bilder festhält, die Schätze aus dem Meer des Unbewußten sozusagen an Land zieht, wäre jede Erfahrung verloren, weil sie aus dem Bereich des Faßbaren wieder in die unfaßbare Wirklichkeit des Ewigen zurücksinken würde.

Beruf

Im beruflichen Umfeld zeigt der Kaiser an, daß wir unseren Realitätssinn schärfen und pragmatisch vorgehen. In dieser Zeit bekommt ein bis dahin vielleicht chaotisches Konzept Struktur und Transparenz. Wünsche und Pläne gewinnen mehr und mehr an Gehalt und können nach kritischer Prüfung verwirklicht werden. Der Herrscher bedeutet klare Konzepte, Disziplin, Beharrlichkeit, Entschlossenheit und den Willen, selbst Verantwortung zu übernehmen. Er kann aber auch auf deren Übertreibungen in Form von Starrheit, Leblosigkeit, Perfektionismus, Herrschsucht und eiserner Machtentfaltung hindeuten.

Beziehung

In unseren persönlichen Beziehungen zeigt diese Karte eine Zeit, in der wir alles, was wir in der Welt vorfinden, strukturieren, um es abzusichern. Es ist unser Wunsch, Klarheit zu gewinnen und zu verläßlichen Absprachen zu kommen. Für die Beziehung heißt das, ein festes Fundament zu legen. Es besteht allerdings auch die Gefahr, alle Beziehungen zum anderen Geschlecht mit Begriffen zu belegen und die Gefühle zu katalogisieren, um ja nicht von den Instinkten überrannt zu werden. Das kann zu stark verdrängten Gefühlen und zu verkrusteten Umgangsformen führen. Richtig gelebt aber zeigt der Kaiser eine Phase an, in der wir aus Träumen und Wünschen Wirklichkeit werden lassen und so im partnerschaftlichen Bereich einen wichtigen und dauerhaften Schritt nach vorn tun.

Analoge Entsprechungen

1. Archetypen und Symbole

Archetyp

Der Vater (die »kontrollierte« Welt).

Buchstabe צ

Tzaddi = Z / Tz / Ts (»Fischhaken«); Zahlenwert 90. Der Angelhaken versinnbildlicht den Verstand, der in die Mysterien des Weiblichen (Natur) eindringt und aus den Quellen des Unfaßbaren die rationalen Ideen und Konzepte schöpft.

Zahl

4 = irdische Realität, Grundstruktur und Orientierung.

Lebensbaum

Die Achse Netzach-Yesod. Von der Anarchie zur Struktur: vom wuchernden Chaos (Netzach) zur fundamentalen Kraft (Yesod).

I Ging

7 Schā – »Das Heer«.

Runen ᚦ ᚨ

Thurisaz (»der Starke«) und Ansuz (»göttliche Kraft«). Thorn, die dritte Rune, drückt mehr die schnelle, schöpferische Energie im Sinne Crowleys aus (der Herrscher von Widder ist Mars), während As, die vierte Rune, die patriarchale Kraft der Asen anzeigt, *welche die älteren matriarchalischen Gottheiten der Vanen überwältigt haben* (Edda).

Tierkreis

Widder. Crowley schreibt: *Diese Karte ist dem Buchstaben Tzaddi zugeordnet, und sie bezieht sich auf das Tierkreiszeichen Widder. In diesem Zeichen regiert der Mars, und die Sonne ist erhöht. Somit ist dieses Zeichen eine Vereinigung der Energie in ihrer materiellsten Form, verbunden mit der Idee der Autorität.*

Gottheiten

Die Erzväter Abraham, Isaak, Jakob oder der seine eigenen Kinder verschlingende Kronos; die Vatergötter Jahwe, Wotan und Zeus.

Mythen

Die Zehn Gebote; Abrahams Opferung des Isaak. Auf der christlichen Ebene Berufung der Jünger (Architektur der geistigen Familie: Urkeim eines patriarchalisch-dogmatischen Systems).

Kultstätten

Die großen Kaiserdome (Speyer, Mainz, Worms). Oder die früher heilige Insel Thorney in London, auf der heute die Parlamentsgebäude und Westminster Abbey, die Krönungsstätte der Könige und Königinnen, stehen.

Sabbat
Nationalfeiertag.

Ritual
Opferung. Askese, Opfer, Bußgesinnung.

2. Assoziationen und Empfindungen

Bild
»Der Mann mit dem Goldhelm« von Rembrandt.

Schrift
»Buch Hiob«. Die Leiden des Gerechten, der trotz großen Unglücks am Wort Gottes festhält.

Musik
Die »Erste« von Brahms, die »Ungeraden« (Symphonien) von Beethoven oder die Brandenburgischen Konzerte von Bach.

Düfte
Eisenbaum, Wermut, Eukalyptus.

Edelsteine
Der schwarze Onyx für die dunkle Seite des Herrschers oder der Bergkristall für die »kristallisierende« (strukturierende) Kraft.

Astrologie
Sonne in Steinbock im Sinne von Verantwortung, Ordnung, Sicherheit, Struktur, Kontinuität und Beharrlichkeit.

Zitat
Auf die Dauer kann der Vernunft und der Erfahrung nichts widerstehen, und der Widerspruch der Religion gegen beide ist allzu greifbar. Unser Gott Logos wird von diesen Wünschen verwirklichen, was die Natur außer uns gestattet.

Sigmund Freud

V. DER HOHEPRIESTER

el pontifice

Trieb Suche nach der verborgenen Wahrheit.
Ziel Wissen und Erleuchtung als eine von Wissenschaft und dogmatischer Religion unabhängige Erfahrung.

Leitbild Priester, Lehrer, Würdenträger (Repräsentanten geistiger Gesetze).
Licht Sinnsuche, Offenbarung, Wahrheitssuche.
Schatten Intoleranz, Anmaßung, esoterische Arroganz.
Qualität Glauben, Vertrauen, Erleuchtung (Wegweiser der Erlösung).

Grundlage

Die Karte
Im Mittelpunkt sehen wir verschiedene ineinandergelegte Dreiecke, kristallisierte Zellen sozusagen, welche die Fläche der Karte zu einem Labyrinth von Zeit und Raum gestalten. Crowley nannte es *die Einleitung der Geburt des Neuen Aeons: des göttlichen Kindes Horus* (siehe Atu XX). Die komplexen geometrischen Formen, in die der Hohepriester eingebettet ist, sind ineinandergestellte Fünfecke und Fünfsterne, Symbole der Quintessenz und der Sinnfindung. Als Ausschnitt aus einer anderen Raum-Zeitlichkeit, als Auflodern der Sexualität im Raster verdrängten Erkennens oder im Geist emotionaler Unberührbarkeit steht die dunkle Göttin zu seinen Füßen, die durch einen Lichtstrahl in einen helleren Ausschnitt getaucht ist. Sie ist die Große Mutter, die ihren Sohn niemals losläßt. Crowley selbst hat den Hohepriester mit sadistischen Zügen in Verbindung gebracht und dabei den Teufel zitiert, der Gottvater auf den »Bart geschissen hat« *(befouled his beard)*. Um die Gestalt des Priesters reiht sich ein Panoptikum archetypischer Bilder (Stier, Elefant und die Symbole der vier Cherubim). In der »Schlange der Erlösung« (Kundalini), die ihm mit neun Nägeln wie ein Heiligenschein um das Haupt genagelt ist, finden wir den spirituellen Geist, der sich nicht nur mit erotischem Vergnügen um seine Kopfaura windet, sondern in der Taube am Schwanzende auch die himmlischen Höhen und Nähe der Götter anzeigt. Crowley schreibt: *Die Symbolik der Schlange und der Taube bezieht sich auf den Vers im ›Buch des Gesetzes‹, Kap. I, 57: ›Denn es gibt Liebe und Liebe. Hier ist die Taube und hier ist die Schlange.‹*

Analyse und Beschreibung

1. Gestalt (Pontifex Maximus)

Hohepriester (Fünfstern)
Der Hohepriester steht für die Welt des Glaubens und ein der Glaubensgewißheit entspringendes tiefes Vertrauen in das Leben. Die Suche nach dem verborgenen Sinn ist seine innere Triebfeder. Aus seinen Erkenntnissen erwächst ihm die tiefe Gewißheit, Teil einer höheren Ordnung zu sein. Dies symbolisiert der mit der Spitze nach oben gerichtete Fünfstern, das Symbol des Menschen. Er beinhaltet das Fünfeck, in das sich wiederum ein Fünfstern einpaßt. Diese Figur läßt sich ins Unendliche vergrößern oder verkleinern, ohne dabei ihre Struktur oder Proportion zu verlieren. So ist sie ein Sinnbild für das Analogiegesetz »Makrokosmos = Mikrokosmos« und zugleich ein Symbol für die harmonische Eingliederung des Menschen in den Kosmos. Das größtmögliche Pentagramm wird vom Hohenpriester ausgefüllt, d.h. er erfaßt die Quintessenz im größtmöglichen Rahmen.

Priesterstab (Die drei Zeitalter)
Die drei Ringe am oberen Ende des wie ein Schlüssel wirkenden Priesterstabes verbinden Vergangenheit, Gegenwart und Zukunft zu einem harmonischen Ganzen. Die Karte zeigt die Vertreter der drei entsprechenden Zeitalter, von denen Crowley spricht: Die kleine Gestalt der blauen Göttin steht für das lang zurückliegende Isiszeitalter, der Hohepriester verkörpert das nun zu Ende gehende Osiriszeitalter, das die vergangenen 2000 Jahre bestand, und der Horusknabe in der Mitte zeigt die Geburt des neuen, des Horuszeitalters (vgl. auch S. 115, »Die neue Zeitrechnung«) an. Die Notwendigkeit zur Erneuerung drückt sich in den hohl und leblos gewordenen Gesichtszügen des Hohenpriesters und der ihn umgebenden vier Cherubim aus. Sie verkörpern den in seinen eigenen Dogmen zur Leblosigkeit erstarrten alten Glauben, wohingegen

sich die Kraft des Neuen in dem Kind im innersten Fünfstern spiegelt.

Teufelshörner (Advocatus Diaboli)
Der verhüllte Teil der Lehre drückt sich in der linken Hand des Priesters aus, der die Unwürdigen mit seinen zu Teufelshörnern gespreizten Fingern erschrickt und sie dadurch vor Enthüllungen schützt, für die sie noch nicht stark genug sind. Deshalb können wir im Hohenpriester auch den »Advocatus Diaboli« erkennen, der alle in die Irre führt, die Wissen und Erkenntnis hinter Buchstaben und intellektualisierten Symbolen suchen. Denn wo religiöses Wissen, Mythen und Symbole nach der »Das bedeutet nichts als…«-Methode intellektuell analysiert werden, weicht das Leben aus ihnen und sie werden genauso steril wie zu Museen verkommene Tempel.

2. Kopf-Aura (Sündenfall)

Schlange
Fenster, Schlange und Taube, die den Kopf des Hohenpriesters umgeben, spielen in einer eigenen Weise auf die Sündenfallgeschichte an. Die Rolle der Schlange ist bekannt: Nachdem Adam die Schuld von sich auf Eva abgeschoben hatte *(Nicht ich war es, sondern die Frau, die Du mir gegeben hast!)*, gab Eva sie an die Schlange weiter, die sie seitdem trägt. Aus den Jahren der Wüstenwanderung wird uns dann berichtet, daß die Schlange nicht nur tötende, sondern ebenso lebensrettende Kraft hat – vorausgesetzt, man schaut sie an, die Trägerin der Schuld (4. Moses 21). So wie dort die eherne Schlange von Moses an das Kreuz gehängt wurde, hängt sie hier an neun Nägeln über dem Kopf des Hohenpriesters (die Neun ist die Weisheitszahl des Mondes, des urweiblichen Prinzips).

Taube
Die Taube ist als Symbol des Heiligen Geistes bekannt, wobei leicht übersehen wird, daß dieser im Hebräischen weiblichen Geschlechts ist. Es ist die Kraft, die über den Wassern schwebte (1. Moses 1,2) und die das weibliche Potential der Schöpfung in sich barg. In den benachbarten Religionen war die Taube schon lange das Symbol der Aruru, Ischtar, Astarte, Aphrodite oder wie immer die Himmelskönigin genannt wurde, die mit dem Planeten Venus identifiziert wurde und wie Eva den Titel »Mutter alles Lebendigen« trug. Ihr römischer Name Juno heißt Taube. Dargestellt wurde sie als Taube mit dem Zweig im Schnabel als Symbol für den Sproß, ihren verheißenen Sohn, der die Menschheit von der Schuld befreien wird (1. Moses 3,15).

3. Fenster (Ineinandergeflochtene Pentagramme)

Fünfecke (Gesamtquerschnitt)
Mit Schlange und Taube/Eva haben wir zwei Beteiligte am Sündenfall vor uns. Wir werden sie in Karte XVI (Der Turm) wiedertreffen. Die verbotene Frucht selbst, die in der Überlieferung zum Apfel wurde, liegt im Bild des Fensters verborgen. Der Apfel ist ein Symbol der Venus. Wenn man ihn der Breite nach durchschneidet, bildet sein Kerngehäuse auf jeder Seite einen Fünfstern, das Zeichen der Venus (während sie in 8 Jahren einmal durch den Tierkreis wandert, bildet sie 5 Konjunktionen mit der Sonne und zeichnet so einen natürlichen Fünfstern an den Himmel). Diese beiden Apfelhälften, für deren eine das Fenster steht, spiegeln die zwei Seiten der Venus: Morgenstern und Abendstern, Phospheros und Hesperos genannt, Aufgang und Untergang, venusisches Glück und venerische Krankheiten, das verführerische Weib und die »belle Dame sans merci« (die schöne Gnadenlose). Dem bekannten Mythenforscher R. v. Ranke-Graves zufolge war der Apfel die Gabe, mit der letztere (zur Zeit des Matriarchats) als Priesterin und Herrin der Apfelhaine (Avalon) den König am Ende seiner Regierungszeit, von Liebesgesängen begleitet, in seinen gewaltsamen Tod lockte. So war der Apfel Symbol des Todes (zumindest die Hälfte, die Schneewittchen aß), andererseits aber wegen seiner Kugelform Symbol von Ewigkeit und Unsterblichkeit. Ebenso gilt das Weibliche als die Kraft, die das Leben hervorbringt, es aber am Ende der Zeit auch wieder in sich zurücknimmt (Mutter Erde). In Eva spiegelt sich diese Polarität wieder: Mit ihrem dunklen Aspekt (Schlange) ist sie diejenige, aus deren Hand die Menschheit den Tod empfängt. In ihrem lichten Aspekt (Taube) bringt sie den Erlöser zur Welt. Seit dem Biß in den Apfel kann der Mensch Gut und Böse unterscheiden. Eben diese Qualität verkörpert der Hohepriester. Die geheime Botschaft der Karte aber ist, daß der verheißene Erlöser schon geboren wurde. Es ist der Sohn der blauen Venus, der als Horuskind im Zentrum der Karte erscheint. Das Wissen um diese Geburt war eines der Geheimnisse, in die die antiken Mysterien einweihten. Hippolytos, einer der wenigen, die ihren Geheimhaltungseid brachen, berichtet: *Der Hierophant* (Hohepriester) *selbst, wenn er bei Nacht in Eleusis unter einem großen Feuer die großen, unsagbaren Mysterien vollzieht, ruft aus und läßt erschallen: Einen heiligen Sohn hat die Herrin geboren … Brimo den Brimos* (die Starke den Starken).

V

Äußeres Fünfeck (Hohepriester)
Im großen, sphärischen Fünfzack steht der Hohepriester, von archaischen Machtsymbolen (Stier und Elefant) umstellt. Das Pentagramm schützt ihn, da die beschworenen und von außen drohenden Kräfte nicht in dessen Inneres dringen können.

Mittleres Fünfeck (Blaue Venus)
Das mittlere Sphärenfünfeck, das spiegelverkehrt in das größere eingefügt ist und in seinem Längsschenkel das Gesicht einer geheimnisvollen Frau bestrahlt, die ein mächtiges Schwert in der Rechten hält, symbolisiert die Große Mutter, die ihren Sohn kastriert. Die »Blaue Venus« ist die verdrängte Weiblichkeit des Kaisers (vgl. S. 41, »Die Schattenseite«), die auf der Ebene des Hohenpriesters jetzt sichtbar wird. Diese wieder anzunehmen ist die höchste, zugleich aber auch schwierigste Aufgabe des Hohenpriesters, denn die Venus zwischen seinen Beinen hält die »Wunde« offen, die ihn lehrt, daß es ohne Leiden und Akzeptanz der eigenen Unvollständigkeit zwar Geheimnisse und Wissen, aber niemals Mitgefühl und Weisheit geben kann.

Inneres Fünfeck (Kind Horus[1])
Im Zentrum der ineinander verflochtenen Fünfecke, mitten auf der Brust des Priesters, prangt Horus, das göttliche Kind. Es symbolisiert die mit der Großen Mutter gezeugte neue Kraft. In ihm formt sich der neue Mensch in einem fortwährenden Prozeß alchemistischer Wandlung, der aus dem Niederen das Höhere entstehen läßt. Horus besetzt den Fünfstern im Fünfeck des größeren Fünfsterns als Symbol dafür, wie das Kleinste auf das Größte wirkt – und umgekehrt.

4. Umfeld (Weitere Symbole)

Die vier Cherubim
In den Ecken der Karte befinden sich die vier Cherubim, die als Vertreter der vier Elemente die Gesamtheit der Schöpfung symbolisieren. Sie sind geflügelte Wesen, Träger des göttlichen Throns (Ps. 18, 11; Hes. 11, 22) und Hüter des Himmels. Sie entsprechen den vier Sternzeichen, die im mythenbildenden Stierzeitalter (3275 bis 1125 v. Chr.) an den vier himmlischen Kardinalpunkten standen: Frühlings-Tagundnachtgleiche – Stier, Längster Tag – Löwe, Herbst-Tagundnachtgleiche – Skorpion (Adler), Kürzester Tag – Wassermann (Mensch). Zusammen sind sie immer ein Symbol der Ganzheit, das hier jedoch nur maskenhaft dargestellt ist und so auf die zur dogmatischen Form erstarrte Religion des Osiriszeitalters hinweist. Erst in der letzten Karte (XXI. Das Universum) tauchen sie wieder auf und sind dort mit dem neuen Leben des Horuszeitalters erfüllt.

1 Vgl. Horus das Kind (Atu XX)

Deutungen

Hintergrund (Das Kind Horus)
Diese Karte drückt die Geburt des göttlichen Kindes Horus aus. Es ist ein Symbol der Bewußtwerdung des Menschen (das Sinnbild des über sich selbst reflektierenden Menschen, der denkend mit sich und der Welt umgeht). Es verkörpert aber nicht nur die Verbindung zwischen Vorstellung und Wirklichkeit, sondern ist auch ein Querschnitt durch die Zeit, denn wir sehen in dem »Fünfstern innerhalb des Fünfecks des größeren Fünfsterns« die »Vergangenheit als Zukunft der Gegenwart« aufdämmern. Auf einer tieferen Ebene ist Horus damit auch ein Symbol für den Anfang, der sich aus dem Ende schöpft, und für das Ende, das aus dem Anfang keimt: ein Symbol der Ewigkeit.

Allgemein
Der Hohepriester steht für die Welt des Glaubens und eines der Glaubensgewißheit entspringenden tiefen Vertrauens. Er zeigt die Suche nach dem verborgenen Sinn und lehrt, auch im Streben nach materiellen Dingen den höheren Sinn zu erforschen, der sich in allem zu erkennen gibt.

Bewußtsein
Auf der Bewußtseinsebene enthüllt der Hohepriester, daß wir uns mit Fragen der Sinnfindung befassen und unsere Glaubensgrundsätze und Wertvorstellungen einer Prüfung unterziehen. Dabei interessieren uns weniger objektive Befunde. Im Gegenteil: Der Hohepriester verkörpert gerade die Ebene unserer höchst subjektiven persönlichen Glaubenserfahrung, die sich einer allgemeinen Nachprüfbarkeit entzieht, ohne dadurch an Bedeutung oder Richtigkeit zu verlieren. Es geht um das Suchen und Finden des höheren Selbst als höchste Instanz, mit der in Einklang zu leben wir bestrebt sein sollten.

Beruf
Im beruflichen Umfeld bedeutet diese Karte, daß wir uns mit Sinnfragen auseinandersetzen, die weit über die beruflichen Alltagsthemen von Sicherheit, Erfolg, Verdienst und Anerkennung hinausgehen. Der Hohepriester steht für die Suche nach tieferen

Inhalten, nach erfüllenden Aufgaben und nach wahrer Berufung. Darum identifiziert er sich auch gern mit Aufgaben, die mit Bewußtseinserweiterung und Selbstfindung zu tun haben. Darüber hinaus kann er eine Aufforderung sein, dafür Sorge zu tragen, daß unsere Arbeitsinhalte und Arbeitsmethoden in Einklang mit ethischen Grundsätzen und unserem eigenen Gewissen sind und bleiben.

Beziehung
In unseren persönlichen Beziehungen zeigt die Karte, daß wir uns in einer Phase befinden, in der gegenseitiges Vertrauen und Zuneigung wachsen und in der moralische Werte als persönliche Tugenden für unser partnerschaftliches Verhalten bestimmend werden. Es ist eine Zeit, in der wir den tiefen Sinn der Liebe erfahren und dabei erkennen können, daß sie eine Kraft ist, die uns über uns selbst hinaus zur göttlichen Erfahrung führen will.

Analoge Entsprechungen

1. Archetypen und Symbole

Archetyp
Der Stellvertreter Gottes. Der Pontifex = die Brücke zwischen Mensch und Gott.

Buchstabe ו
Vau = W/V (»Nagel«); Zahlenwert 6. Der Nagel hält die Dinge zusammen, und der Hierophant verbindet in der Gesellschaft religiöse Tradition mit sozialer Kultur. Crowley schreibt: *Diese Karte bezieht sich auf den Buchstaben Vau, der ›Nagel‹ bedeutet; neun dieser Werkzeuge erscheinen am oberen Ende der Karte, sie dienen zur Befestigung des Erkers hinter der Hauptfigur des Bildes.*

Zahl
5 = die Quintessenz. Die über die gegebene Realität der 4 Elemente hinausgehende Kraft, die den darin verborgenen Sinn offenbart.

Lebensbaum
Von Chokmah nach Chesed. Das Unsichtbare als Realität: Chesed ist Wachstum und Verdichtung, Chokmah die erste Manifestation des Unsichtbaren im Sichtbaren.

I Ging
45 Tsui – »Die Sammlung«.

Rune ᛗ
Mannaz (»Das Selbst«). Die Vereinigung von Mikrokosmos und Makrokosmos oder die Vermittlung zwischen Individuum und Gott. Nach Crowley zeigt der Hohepriester den Weg der Vereinigung des Individuums mit dem Universum.

Tierkreis
Stier. Crowley sieht in dieser Karte die Erde in ihrer stärksten und ausgeglichensten Form, weshalb der Thron des Hohenpriesters von einem Stier und einem Elefanten umgeben ist, in denen sich die Schwere der Materie besonders gut reflektiert.

Gottheit
Die christliche Trinität als oberste geistige Autorität.

Mythen
Abendmahl, letztes Mahl Jesu mit den Jüngern vor seinem Opfertod; Amfortas, der keltische Gralskönig, der die alte, zeugungsunfähig dahinsiechende Kraft verkörpert, die der Erlösung durch das göttliche Kind bedarf (dort Parzival – hier Horus).

Kultstätten
Peterskirche und Petersplatz in Rom oder das Fußbodenmosaik (Labyrinth) im Kathedraleninneren von Chartres.

Sabbat
Buß- und Bettag oder das Fest zu Ehren Petri (29. Juni).

Ritual
Gebet, Gottesdienst oder Meditation.

2. Assoziationen und Empfindungen

Bilder
»Abendmahl« von Leonardo da Vinci oder das phantastische Gemälde »Moses und der brennende Dornbusch« von Ernst Fuchs.

Schrift
»Pentateuch« (Fünf Bücher Mose).

Musik
Neunte Symphonie von Bruckner. »Eine Auseinandersetzung mit Gott« hat man den ersten Satz (Mysterioso) betitelt; den letzten (Adagio) hat der Komponist dem »lieben« Gott gewidmet.

Duft
Weihrauch.

Edelsteine

Amethyst, Hyazinth (orangefarbener Zirkon).

Astrologie

Sonne in Schütze symbolisiert den Verkünder und Lehrer esoterischer Werte, Jupiter in Fische die »Vision des Ewigen«.

Zitate

Glaubt nicht an irgendwelche Überlieferungen, nur weil sie für lange Zeit in vielen Ländern Gültigkeit besessen haben. Glaubt nicht an etwas, nur weil es viele dauernd wiederholen. Akzeptiert nichts, nur weil es ein anderer gesagt hat, weil es auf der Autorität eines Weisen beruht oder weil es in einer heiligen Schrift geschrieben steht. Glaubt nichts, nur weil es wahrscheinlich ist. Glaubt nicht an Einbildungen und Visionen, die ihr für gottgegeben haltet. Glaubt nichts, nur weil die Autorität eines Lehrers oder Priesters dahintersteht. Glaubt an das, was ihr durch lange eigene Prüfung als richtig erkannt habt, was sich mit eurem Wohlergehen und dem anderer vereinbaren läßt.

Gautama Buddha

Gott ist überall. Der einzige Weg, ihn nicht zu finden, ist der, ihn suchen zu wollen!

Akron

VI. DIE LIEBENDEN

los enamorados

Trieb Hingabe und Vereinigung der Gegensätze.
Ziel Verschmelzung mit dem Ganzen; Einswerden.
Leitbild Liebe als Ausdruck von Ganzheit und Vollständigkeit.

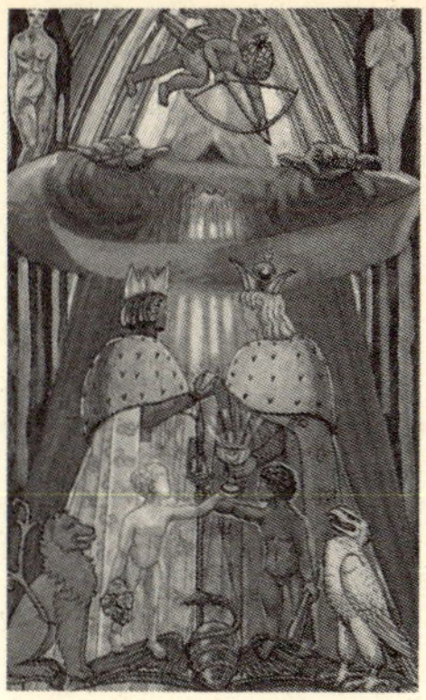

Licht Bekenntnis und freie Entscheidung aus vollem Herzen.
Schatten Unerreichbare Liebesideale, Verdrängungsneurosen, Selbstaufgabe, Entscheidungsschwäche, Widerspruch mit sich selbst.
Qualität Beherzte Entscheidungen.

Grundlage

Die Karte
Die Liebenden, eine Karte von poetischer Schönheit, die äußere Form mit schöpferischem Inhalt verbindet, sucht den Sinn jenseits alltäglicher Bilder zu finden, in den Schleiern von Schöpfungsgeschichte und Sündenfall. Diese Tiefenschärfe ist der »Chymischen Hochzeit des Christian Rosenkreutz« entnommen, wo sich sehnsuchtstrunkenes Hindämmern zu »Liebend-umfassendem-Sein« stilisiert, hinter dem sich aber das Hindämmern zum »Nichtmehr-Sein« verbirgt, was mehr dem verdrängten Seelenanteil des Dunkel-Spirituellen entspricht. Diesem Umstand wird die Karte dadurch gerecht, daß sie einen Pol der beiden Liebenden in dunkler Hautfarbe darstellt. In der Bildmitte sehen wir den schwarzen oder maurischen König (mit goldener Krone und rotem Löwen), der der weißen Königin mit silberner Krone und weißem Adler versprochen ist. Diese Inbrunst im Menschlichen drückt die Anziehung der Gegensätze aus, die Liebesbeziehung zwischen Mann und Frau, das Streben, die verlorene Einheit im Universum wiederherzustellen: den Zustand vor der Vertreibung aus dem Paradies. Der entsprechende hebräische Buchstabe Zain bedeutet ein Schwert, ein Werkzeug der Teilung und damit ein Symbol der Polarität. Deswegen besteht der Rahmen dieser Karte aus einem Gewölbe von Schwertern, unter dem die königliche Hochzeit stattfindet. Crowley vergleicht Herrscher und Herrscherin mit Säure und Lauge, unter Einbeziehung von Wasser- und Sauerstoff. Die verhüllte, mächtige Gestalt vor den beiden, die ihre Hände schützend über deren Köpfe hält, wäre auf dieser Ebene das proteische Element des Kohlenstoffes, Ursprung allen organischen Lebens. Vom großen Zauberer invoziert, von Amor visualisiert und von der Schlange (um das geflügelte »Orphische Ei«) materialisiert, könnte man die Liebenden auch als die Verwirklichung des Ewigen betrachten, das sich in den beiden Kindern zu immer neuem Leben gestaltet.

Analyse und Beschreibung

1. Motiv (Die Liebenden)

Das Königspaar
»Die Liebenden« sind ein Bild für jene Seite in uns, die die Verbindung mit der Umwelt sucht. Durch die Schöpfung wurde die ursprüngliche Einheit in zwei Pole auseinandergerissen; sie stehen sich seither als Yin und Yang, Frau und Mann gegenüber und ziehen sich gerade wegen ihrer Gegensätzlichkeit an, wodurch sie die Möglichkeit in sich tragen, diese Gegensätze wieder zu vereinen.

Gestalt und Ausdruck
Es sieht auf der Karte aber ganz so aus, als würden die beiden Liebenden sich ansehen, ohne einander wirklich zu sehen. So schauen sie nur das Bild an (Figur und Haltung sind identisch), das sie selbst auf den anderen übertragen haben. Da sie dadurch nicht erkennen, daß sie nur die eigene Maske vor dem Gesicht des anderen anschauen, in die sie alles hineinprojiziert haben, was sie an sich vermissen, lieben sie möglicherweise nicht so sehr den anderen, sondern mehr die eigene Vorstellung von Vollständigkeit und damit statt des anderen Menschen das eigene Bild des idealen Partners.

2. Hintergrund (Liebe und das Geistige Prinzip)

Eremit
Der Eremit im Zentrum dieser Karte ist unserem Blick unter seinem Mantel vollständig verborgen, als wolle er andeuten, *daß der Urgrund aller Dinge in einem Bereich jenseits der Manifestation und des Intellekts liegt* (Crowley). Durch seine segnenden Arme gibt er der Liebe der beiden Menschen göttliches Gewicht. Dies drückt sich auch im Schöpfungsplan aus, der Rolle, die sich um die Arme des Weisen spannt: Der Schöpfungsplan, der die Abläufe in der Natur steuert und für die Vergeistigung der Materie ebenso wie für die Erhaltung der Art

VI

sorgt, erfüllt sich im instinktiven menschlichen Drang nach Einheit.

Eros
Dieser instinktive Drang wird in dem über der Kapuze des Weisen schwebenden Eros dargestellt, der mit seinen Liebespfeilen die Triebinstinkte weckt, die körperlich gewordene Sehnsucht nach dem Göttlichen, die jedes Wesen in sich trägt.

Eva und Lilith
Die Liebe (Eros) wird von Eva und Lilith flankiert, Symbol für Licht und Schatten, die vom Individuum durch die Kraft der Liebe integriert werden müssen. Nach der Überlieferung ist Lilith die erste Frau Adams, die dem ersten Schöpfungsbericht (Genesis 1,27) entstammt. Die Mythologie weiß zu berichten, daß Lilith sich weigerte, im Beischlaf stets unter Adam zu liegen. Den empörten Adam wies sie darauf hin, daß sie gleichberechtigt sei, da sie schließlich gleichzeitig mit ihm geschaffen wurde. Als Adam sich uneinsichtig zeigte, verließ sie ihn wutentbrannt. In der hebräischen Tradition gilt sie seitdem als Nachtdämonin, die neugeborene Kinder bedroht und auch für die nächtlichen Samenergüsse des Mannes verantwortlich ist, dem sie in Träumen erscheint. In der patriarchalischen Überlieferung wurde sie zur dunklen Seite der Frau abgestempelt, im Gegensatz zur lichten Eva, die Adams Rippe im zweiten Schöpfungsbericht entstammt.

3. Vordergrund (Die Schöpfungs-Spirale)

Zwillingspaare (Crowley-Kommentar)
Diese Karte ist die erste, auf der das Zwillingsmotiv erscheint, dem wir noch mehrfach begegnen werden. In ihrer ursprünglichen Form enthält sie die Geschichte der Schöpfung. Crowley schreibt: *Die Liebenden und ihr Zwilling – Karte XIV, die Kunst* (siehe auch S. 84, ›Doppelgestalt‹) *– sind die dunkelsten und schwierigsten der Atu. Jedes ihrer Symbole enthält in sich einen doppelten Charakter, so daß die Bedeutungen eine auseinanderlaufende Reihe bilden, und die Vervollständigung der Karte nur durch wiederholte Vermählungen, Identifikationen und eine gewisse Form des Hermaphroditischen erlangt werden kann. Die Symbolik des Männlichen und Weiblichen wird durch die Waffen des Königs und der Königin dargestellt; er trägt die heilige Lanze und sie den heiligen Gral. Diese werden durch Zwillingskinder gestützt, deren Positionen ausgetauscht sind; denn das weiße Kind hält nicht nur den Kelch, sondern trägt auch einen Bund Rosen; während das schwarze Kind, das die heilige Lanze seines Vaters stützt, auch eine Keule trägt. Am Fuße der ganzen Darstellung ist das Ergebnis der Hochzeit in ursprünglicher und pantomorphischer Form abgebildet, es ist das geflügelte Orphische Ei. Dieses Ei repräsentiert die Essenz all jener Formen des Lebens, die unter der Herrschaft dieser Formel des Männlichen und Weiblichen stehen. Es führt die Symbolik der Schlangen weiter, mit denen der Mantel des Königs geschmückt ist; und gleichfalls die der Bienen, die den Mantel der Königin zieren.*

Mann und Frau
Die beiden Liebenden symbolisieren den Versuch, die Trennung der Geschlechter, den Sprung in die Dualität oder den Fall aus der ursprünglichen Einheit zu überwinden und das verlorene Paradies wiederzufinden. Nach bestimmten Überlieferungen wurden Mann und Frau als Einheit erschaffen und erst später voneinander getrennt. Platon schrieb: *Als die Natur des Menschen gespalten wurde, sehnte sich jede Hälfte nach ihrer anderen Hälfte und verband sich mit ihr; sie schlangen die Arme umeinander, sie umklammerten einander in ihrem Verlangen,zu einem einzigen Wesen zu verschmelzen. Daher ist seit so ferner Zeit die Liebe zu seinem Nächsten in den Menschen gepflanzt: Die Liebe, die unsere ursprüngliche Natur wiedervereinigt; die Liebe, die versucht, aus zwei Wesen ein einziges zu machen, mit anderen Worten, unsere Natur zu heilen.* (»Symposion«)

Schwarzes und weißes Kind (Orphisches Ei)
Das geflügelte, von der Schlange umschlungene Ei in der Mitte des unteren Bildrandes birgt das Geheimnis des Lebens in sich, von dessen Flügelschwingen die Kinder getragen werden. Das dunkle Kind, das sich an Vaters Speer (Phallussymbol) festhält, symbolisiert die männlichen Instinkte, die den Menschen zur Fortpflanzung antreiben. Wie der rote Löwe ist es ein Sinnbild des schöpferischen Willens (Sonne, Feuer, Säure). Der Wunsch nach Vereinigung ist ein Ausdruck des innersten Verlangens, die verlorene Einheit wiederherzustellen. Im hellen Kind, das den Kelch der Mutter trägt, drückt sich die Hingabe an die unergründlichen Quellen in den Tiefen der Mütter aus. Wie der weiße Adler ist es ein Mond-Symbol (Wasser, Lauge), das uns mit unserem inneren Bild von Weiblichkeit verbindet, mit der Mutter und dem Bild des Ewigweiblichen.

Schöpfungsspirale (Eltern-Kinder-Greis)
Die Eltern sind ein Ausdruck des aufeinander zustrebenden, gegenseitigen Verlangens. Diese Dualität, die sich in der Anziehung der Gegensätze äußert, wird durch ihre Liebesbeziehung »erlöst«. In paradiesischer Verschmelzung wird aus den beiden

Teilen eins, und indem sie ihre Identität um ihre Spiegelbilder (Kinder) erweitern, wachsen sie in die sie überragende Urgestalt (Eremit) hinein. Damit verbinden sich in den Liebenden Leben und Tod (Kind und Greis), denn die verhüllte Erscheinung ist auch Symbol ewiger Schöpfungszyklen. Dadurch weiten sich ›Die Liebenden‹ ins Überpersönliche, ja Kosmische aus, denn ihre Verschmelzung im Schoß des Todes ist deckungsgleich mit dem Augenblick der Zeugung, welcher das Leben unter der Voraussetzung des Sterbens ständig wiedererweckt.

Anmerkung

Siegfried & Brünnhilde

In Wagners »Ring des Nibelungen« finden wir in der ersten Begegnung zwischen Siegfried und Brünnhilde ein herrliches Beispiel für das »Mysterium der Liebenden«. Brünnhilde, die Todesgöttin, wurde von ihrem Vater Wotan verstoßen und in einen Schlummer gehüllt, weil sie dessen sterblichen Sohn und eigenen Halbbruder Siegmund schützte, der dem Tod verfallen war. Siegfried, Siegmunds Sohn, war nun erwählt, Brünnhilde aus dem Schlaf zu wecken, und er, der noch nie ein Weib gesehen hatte, gab seinem Entzücken mit den Worten Ausdruck: *O Heil der Mutter, die mich gebar.* Als ihm die Erwachende gestand, daß sie ihn kannte, noch bevor er geboren war, war er sich sicher, daß sie seine Mutter war. Darin wurde er durch ihre sphinxhaften Worte noch bestärkt: *Du selbst bin ich, wenn du mich Selige liebst. Was du nicht weißt, weiß ich für dich; doch wissend bin ich nur – weil ich dich liebe!*

Die Liebe der Liebenden

Was hier stattfindet, ist echte Projektion. Siegfried überträgt seine Anima und sein Mutterbild, und auch Brünnhilde projiziert ihren Animus, aber sie ahnt es wenigstens, und hinter den Visionen, die rätselhaft verklärt das Geheimnis der Liebenden erklären, sehen wir ihre Göttlichkeit durchschimmern: *Du selbst bin ich, wenn du mich Selige liebst,* drückt aus, *Ich bin das Weibliche in dir, daß du in dir selber liebst und daß du durch meine Liebe wieder zurückerlangst.* Das sagt zwischen den Zeilen aber auch: *Wenn sich deine Liebe in mir nicht reflektiert, bist du von deiner Weiblichkeit getrennt und mir nicht ausgeliefert; denn es ist die Stärke deines Verlangens, die mir die Macht gibt, dich zu erlösen oder zu zerstören.* Der zweite Satz: *Was du nicht weißt, weiß ich für dich,* umschreibt die subtile Verwobenheit des Kaisers mit der Kaiserin (materiell) oder des Magiers mit der Hohenpriesterin (spirituell). Das bedeutet, daß Siegfried sein weibliches, instinktives Wissen stellvertretend in seiner Partnerin vor sich selber versteckt hält, was nur darum kein Problem darstellt, weil – wie ihre dritte Aussage verdeutlicht – er sich ihrer Liebe so sicher sein kann. *(Doch wissend bin ich nur – weil ich dich liebe!)*

Deutungen

Hintergrund (Chymische Hochzeit)

Der Begriff »Chymische Hochzeit«, welcher der 1616 erschienenen Schrift »Chymische Hochzeit: Christiani Rosencreutz« entnommen wurde, die damals den Orden der Rosenkreuzer in ganz Europa publik machte, wurde von Crowley mit der Karte der Liebenden in Verbindung gebracht. Abgesehen von der Frage, wieweit diese Bilder wörtlich zu nehmen sind, ist es sicher nicht Ziel dieses Rituals, seine eigene Geschlechtlichkeit im anderen Geschlecht zu entspannen, sondern vielmehr seine eigene Gegengeschlechtlichkeit in sich selber zu erkennen: der Mann erfährt in der Frau sich selbst in seinem weiblichen Aspekt (Anima), die Frau erfährt im Mann sich selbst in ihrem männlichen Aspekt (Animus). Höhepunkt dieser vierfachen Vereinigung (Mann und Frau, Mann und Anima, Frau und Animus, Anima und Animus) ist die Zeugung des Hermaphroditen, denn im Bild des »tanzenden Hermaphroditen« werden beide eins. In ihm verbinden sich die Polaritäten der Geschlechter zu einer einzigen Gestalt, und das entspricht auf der geistigen Ebene dem Transzendieren der Gegensätze der Erscheinungswelt[1]. In der östlichen Tradition wird diese androgyne Urgestalt als der »Tanzende Shiva« begriffen, dessen Tanz die Erschaffung der Welt darstellt. Im Bild der »Chymischen Hochzeit« liegt wie in der Heiligen Hochzeit der alten Kulturen, bei der sich der König mit der Hohenpriesterin vereinte, das Streben des Menschen nach Überwindung der Gegensätze. Der Taoismus drückt das als die Vereinigung von Himmel und Erde aus, der Jung'sche »Individuationsprozeß« beschreibt die Aussöhnung mit der unbewußten gegengeschlechtlichen Seite (Anima/Animus) als entscheidenden Schritt auf dem Weg zur Ganzwerdung.

Allgemein

Trumpf VI ist einer der komplexesten und vielschichtigsten der Großen Arkana, weil er Sexualität und menschliche Liebe mit all ihren Widersprüchen und die Alchemie des Universums gleichzeitig vertritt. Die Karte repräsentiert die Kraft des Lebens

1 Zur Verschmelzung der Gegensätze siehe auch *Der innere Gott* (Atu XIX) und *Der tanzende Kosmos* (Atu XXI).

selbst, die schöpferische Liebe, die sehr eindrucksvoll, aber genauso zerstörerisch sein kann, wenn man die instinktive Glut nicht sieht, die einmal ausgebrochen mit ihren Flammen jede Vernunft und Logik niederwalzt. Zunächst ist Sexualität das Mittel, das uns aus der Isolation unserer eigenen Ich-Zentrierung hinausführt. Sie drängt uns zur Öffnung nach außen und läßt uns die Verbindung zu anderen Menschen suchen, weil wir über die Verschmelzung mit anderen die tiefere Bedeutung des Lebens erfahren, das auf Wachstum und Vermehrung ausgerichtet ist. Es ist eines der großen Wunder, das den Menschen trotz seiner ichhaften und kopflastigen Abspaltung von der Natur in den Kreislauf des Ewigen einbindet, und der Leim dazu heißt Sexualität. Diese Karte weist aber auch darauf hin, daß mit der Liebeserfahrung eine notwendige Entscheidung verbunden ist: die Absage an den bisherigen Lebensrahmen (das Elternhaus, das Junggesellendasein, die vielen Liebeleien) und das klare Bekenntnis zu der einen Liebe. Nur dieser Schritt führt zu der überwältigenden Erfahrung, für die ›Die Liebenden‹ stehen. Diese Karte wurde deshalb früher »Die Entscheidung« genannt. Sie kann auch auf notwendige Entscheidungen hinweisen, die wenig oder gar nichts mit Liebe zu tun haben. In solchen Fällen bedeutet sie, daß wir uns aus vollem Herzen entscheiden sollen, ohne Groll und ohne uns andere Türchen offenzuhalten. Welchen der beiden Themenkreise die Karte betont, läßt sich nur vor dem Hintergrund der gestellten Frage beantworten. In jedem Fall bedeutet sie ein »Ja« aus vollem Herzen und freien Stücken.

Bewußtsein

Auf der inneren Ebene verstehen wir, daß wir zu tiefen, uns selbst überwältigenden Erfahrungen nur gelangen, wenn wir unsere innere Unvollständigkeit selber ausfüllen. Das, was uns fehlt, müssen wir in uns selber verwirklichen, denn das stete Verlangen, das verlorene Paradies durch das verzweifelte Verschmelzen mit einem anderen zurückzuerobern, kann sich nicht erfüllen, solange wir unsere innere Leere durch die Bindung an einen »ergänzenden« Partner verdrängen. In diesen Zeiten wird uns klar, daß die Begegnung mit dem Seelenpartner nicht eine Frage äußerer Aktivität oder quantitativer Gelegenheiten ist und ganz sicher nicht durch angestrengtes Bemühen, Diskotheken- und Partybesuche oder den eigens dafür belegten Kurs an der Volkshochschule herbeigezwungen werden kann. Alles, was zu dieser Begegnung notwendig ist, ist echte innere Bereitschaft. Aber das bedeutet weit mehr als die Absicht oder den Wunsch, dem Partner zu begegnen. Es heißt, daß wir uns ehrlich vorbereitet haben und nun wirklich bereit sind, ihm vorbehaltlos zu begegnen.

Beruf

Die Botschaft heißt: »Du kannst nicht alles haben«. Um zu bekommen, was wir begehren, müssen wir etwas anderes, das uns lieb und teuer ist, loslassen. Oder wie es ein chinesisches Sprichwort ausdrückt: *Du mußt deine Hände öffnen, wenn du Wasser schöpfen willst. Mit geballten Fäusten erreichst du nichts.* Damit liegt der Schwerpunkt dieser Karte eindeutig im Entscheidungsbereich. Sie zeigt, daß wir nach Abwägung aller gegebenen Fakten zu einem klaren Herzensurteil kommen sollen, das für unser weiteres Verhalten bestimmend und richtungsweisend ist.

Beziehung

Im Bereich unserer persönlichen Beziehungen steht diese Karte für eine große Liebe, die uns zutiefst berührt und durchströmt. Die Karte kann auf eine neue Verbindung hinweisen oder bedeuten, daß unser großes Glück in der bestehenden Partnerschaft zu finden ist. Sie kann aber auch heißen, daß wir nun unsere inneren Bilder auf einen Traummann oder eine Traumfrau übertragen und damit zwar Glück und Vollständigkeit erfahren, aber nur so lange, bis die Kraft der Projektion nachläßt. In diesen Fällen ist sie eine Aufforderung, über unser selbstgeprägtes Bild vom anderen zu dessen Wesen vorzudringen, statt kurzerhand eine neue Projektionsfläche in einem neuen »Traumpartner« zu suchen.

Analoge Entsprechungen

1. Archetypen und Symbole

Archetyp

Eros.

Buchstabe ז

Zain/Dsain = S/Ds (»Schwert«); Zahlenwert 7. Der kugelförmige Hermaphrodit, der sich in seiner eigenen Umarmung umschlungen hielt, wurde vom Schwert in zwei Hälften geteilt, die seitdem ständig auf der Suche nacheinander sind.

Zahl

6 ist die Zahl der Vereinigung der Gegensätze und der gegenseitigen Durchdringung, wie es vom Sechsstern symbolisiert wird oder auch in den Hexagrammen (griech. hex = 6 und gramma = Schriftzeichen) des I Ging, in denen sich Yin und Yang auf vielfältige Weise begegnen.

Lebensbaum
Die Verbindung zwischen Binah und Tiphareth. Crowley schreibt: *Diese Verbindung ist ein Symbol der Inspiration (Binah), die auf die verhüllte Figur hinabsteigt (Tiphareth), die einen Propheten darstellt, der die Vereinigung des Königs mit der Königin bewirkt.*

I Ging
31 Hiân – »Die Werbung«.

Runen ᚲ ᚹ
Kaunaz/Kan (»Feuer«) und Wunjo (»Licht«). Kan, die sechste Rune, drückt die Potenz oder die aktive Seite »Der Liebenden« aus, das Einbinden der Gegensätze in die Vereinigung oder die kreativen Aspekte geschlechtlicher Liebe, während Wunjo den ruhenden Mittelpunkt zwischen gegensätzlichen Bewegungen anzeigt, Harmonie und Freude, und damit das Ende disharmonischer Unausgewogenheit.

Tierkreis
Zwillinge. Crowley bezieht sich hier auf die paarweise angeordnete Darstellung der Kartensymbole, die dadurch einen doppelten oder zwillingshaften Charakter bekommen (hinter jeder Idee verbirgt sich ein Gegensatz).

Gottheiten
Die vom Morgenstern verkörperte Liebesgöttin Aphrodite, Inanna und Venus und ihre bogenschießende männliche Entsprechung Eros, Amor und Cupidus.

Mythen
Adam und Eva, oder Amor und Psyche, das Märchen von der Vereinigung der menschlichen Psyche mit dem göttlichen Eros. Crowley erzählt: *Es gibt eine Legende von Eva und der Schlange, denn Kain war das Kind von Eva und der Schlange und nicht von Eva und Adam; aus diesem Grunde hatte Kain, nachdem er seinen Bruder erschlug, das Zeichen auf der Stirn, welches das Zeichen des in der Apokalypse erwähnten Tieres ist und das Zeichen der Einweihung: 666. Das Vergießen von Blut ist notwendig; denn die Kinder Evas wurden von Gott so lange nicht erhört, bis Blut vergossen wurde. Dies ist ein Mysterium des sechsten Schlüssels des Tarot, der nicht ›Die Liebenden‹ genannt werden sollte, sondern ›Die Brüder‹.*

Kultstätte
Kythera (Kithira), griechische Insel zwischen dem Peloponnes und Kreta. In der Antike Mittelpunkt der aphroditischen Liebeskulte.

Sabbat
Liebesnächte. Insbesondere die erste Liebesnacht oder die erste Vereinigung mit einem neuen Partner.

Ritual
»Chymische Hochzeit«. Magisches Liebesspiel mit spirituellem Hintergrund.

2. Assoziationen und Empfindungen

Bilder
»Die Einschiffung nach Kythera« von Antoine Watteau oder die sinnliche Grazie auf Jean-Honoré Fragonards Gemälde »Die Schaukel« hart an den Grenzen der Frivolität. Im thematischen Sinne »Das Urteil des Paris« von Raffael und Matthias Grünewalds »Die Verdammung der Liebenden«.

Schriften
Sonette von Francesco Petrarca, Minnedichtung (ritterliche Liebeslyrik) oder »Roman de la Rose« (altfrz. Versroman des 13. Jahrhunderts) von Guillaume de Lorris. Schilderung der Suche nach einer Rose als Symbol für den Gegenstand der Liebe.

VI

Musik
Shulamites Liebeslieder aus der Oper »Die Königin von Saba« von Karl Goldmark oder Isoldes Erlösungssehnsüchte (ein Denkmal flammender Liebesglut aus der Tiefe unersättlicher Leidenschaft) aus »Tristan und Isolde« von Richard Wagner.

Düfte
Moschus, Sandelholz.

Edelsteine
Karneol, rote Koralle, Rosenquarz.

Astrologie
Venus / Mars (auf einer höheren Ebene Sonne / Mond). Die männlichen Planeten Sonne und Mars und die weiblichen Planeten Mond und Venus geben nicht nur Aufschluß über Wünsche und Vorlieben in der Beziehung, sondern zeigen sowohl Selbstbild wie auch Suchbild und schildern damit, wie die Vereinigung der Vier (vgl. »Hintergrund / Chymische Hochzeit«) aussehen soll.

Zitat
Wenn ein Mensch nicht das Ewige, das in der Liebe wohnt, ahnend erfaßt, so macht er leicht daraus eine persönliche Tragödie, und dann ist wieder einmal ein Funke vom ewigen Feuer in einem Tümpel erloschen.
Marie-Luise von Franz

VII. DER WAGEN

el vagón

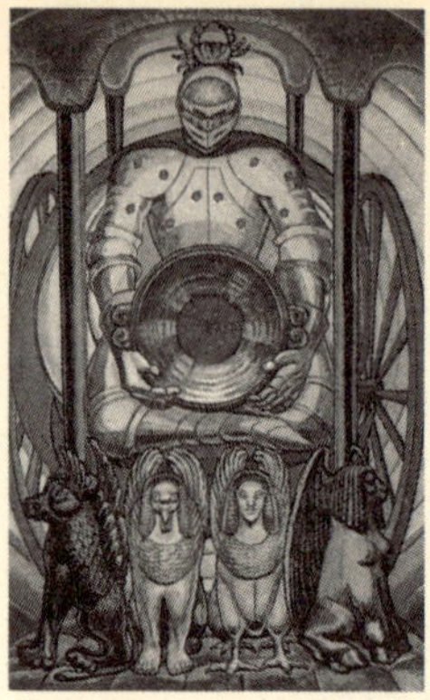

Trieb Eroberungswille, Abenteuerlust, Wagemut.
Ziel Das höchste erreichbare Gut: der heilige Gral.
Leitbild Der Aufbruch des Helden.

Licht Der Aufbruch der Kräfte, der Weg nach vorn, das Suchen und Finden des eigenen Platzes in der Welt.
Schatten Selbstherrlichkeit, Größenwahn, letztlich Scheitern an Hindernissen.
Qualität Sieg über sich selber: Selbsterkenntnis, Selbstüberwindung, Sieg.

Grundlage

Die Karte

Die Karte des Wagens zeigt uns einen Wagenlenker in Goldrüstung, der in meditativer Haltung (Yogasitz) in sich versunken ist. Überhaupt scheint die ganze Kraft dieser Karte, die auf den ersten Blick besticht, bei näherem Augenschein zum Stillstand gekommen, wobei sie auch in ruhendem Zustand immer noch ein gewaltiges Kraftpotential ausdrückt. Es ist die ruhevolle Kraft, die sich in und um die Mitte gesammelt hat, die den äußeren Stillstand erklärt: der Sog des Ewigen (die konzentrischen Kreise im Hintergrund), der den Menschen mit all seinen Handlungen in einen aktiven Schöpfungsplan einbindet und seine mikrokosmische Entsprechung in der ewig kreisenden Bewegung des Gralskelches im Zentrum des Wagenlenkers findet. Die riesigen, roten Wagenräder sind ein Symbol der reinen Handlungsabsicht (»Ich will!«), die die Motivation zum Handeln aus dem eigenen Tun bezieht. Die vier Säulen, die den blauen Baldachin (Entsprechung zum Nachthimmel) tragen, sind die dem alten Weltbild entstammenden Säulen, die den Himmel stützen, ebenso wie die Zugtiere die vier Wächter des Himmels in der Gestalt von Cherubim sind. Darin zeigt sich, daß die Bewegung der Karte umfassend ist und in alle Himmelsrichtungen läuft. Damit entspricht sie dem Auftrag des Menschen, sich die Erde untertan zu machen. Der sich nach innen öffnende Held hält dem Betrachter den Gral entgegen. Beiden (der goldene Ritter ist ein Spiegelbild des Betrachters) ist damit die Möglichkeit gegeben, ein Gefühl für die Kraft der Mitte zu bekommen.

Analyse und Beschreibung

1. Motiv (Der Wagen)

Wagenlenker

Der meditierende, in sich versunkene Wagenlenker in seiner mächtigen Goldrüstung verkörpert das Bild des heiligen Kriegers (Samurei), der sich durch die konzentrierte Seelenkraft (Chi) und nicht durch rohe Muskelkraft ausdrückt. Aber noch steht der Wagen still. Der Wagenlenker sitzt völlig versunken auf seinem Gefährt und konzentriert sich auf die innere Mitte, dargestellt im Heiligen Gral. Crowley schreibt: *Der Wagenführer ist in eine bernsteinfarbene Rüstung gekleidet. Als Helmschmuck trägt er den diesem Zeichen zugeordneten Krebs. Das Visier seines Helms ist heruntergeschoben, denn kein Mensch darf sein Gesicht sehen und weiterleben. Aus demselben Grund ist kein Teil seines Körpers sichtbar. Er thront mehr auf dem Wagen, als daß er ihn führt, denn das gesamte System der Fortbewegung ist vollkommen im Gleichgewicht. Seine einzige Aufgabe ist das Tragen des Heiligen Grals.*

Vier Säulen (Baldachin)

Crowley zufolge hat der Baldachin *die nachthimmelblaue Farbe von Binah,* also das Gewand der Nachtgöttin, die wie Maria (die eben dieses Gewand trägt) oder die Hohepriesterin ein Aspekt der Großen Göttin ist. Der Krebs verbindet diese Karte über den Mond mit der Hohenpriesterin, denn *auf der Rüstung des Wagenlenkers befinden sich die zehn Sterne von Assiah, das Erbe des himmlischen Taus von seiner Mutter* (Crowley). Nun ist der Sohn der Großen Göttin aber schon seit jeher der Erlöser, auf den die Menschheit ihre Hoffnungen setzt. Die vier Paradiessäulen, vor allem aber die vier Cherubim – die Wächter der vier Weltenden – zeigen seinen weitreichenden, weltumspannenden Einfluß. Er ist der Erneuerer, der Bringer der erlösenden Botschaft, der wie Buddha sagt: *Leben ist Leiden,* und dann betont: *Aber es gibt einen Ausweg aus dem Leiden!*

Räder
Der Zweck eines Rades ist Bewegung. Auf der symbolischen Ebene entspricht es dem Kreislauf des Kosmos, dem Drehen der Gestirne oder der Bewegung des »Schicksalsrads« (Atu X): Ewiges Drehen ist ewige Durchsetzung, und ewige Durchsetzung ist Sein!

2. Zentrum und Hintergrund (Gral)

Hintergrund (Kreise)
Die Zeitlosigkeit, ein ständiger Strom ohne Anfang und Ende, zeigt uns kein ruhiges Verfließen ewiger Tiefen, sondern ein stufenweises Anschwellen konzentrischer Kreise, welche die Dynamik des Ewigen darstellen. Das ist kein schwebendes »In-den-Raum-Hinaustreiben«, sondern das Gefühl, von den Wellen der Zeit vorwärtsgeschoben zu werden, und zwar auf der Straße der bildlichen Vorstellung. Die Karte gibt uns tatsächlich das Gefühl, von einer kosmischen Kraft vorwärtsgetrieben zu werden, denn der Wagen suggeriert eine Vorwärtsbewegung, auch wenn er in der Bewegung innehält.

Räumliche Achse (Roter Punkt)
Dieser Kraftfluß stellt sich hier in einer horizontal auf den Betrachter gerichteten Achse dar (der rote Punkt im Mittelpunkt ist das Zentrum der Kreise im Hintergrund), und diese Wirkung wird durch die magische Zentrierung des Gralskelches erreicht, den der Ritter mit seiner Öffnung nach vorne hält. Das, was er wie eine Scheibe in den Händen trägt, ist der nach vorn gedrehte Kelch, in dessen Tiefe sich der Mittelpunkt des Hintergrunds wie eine rote Sonne dreht.

Zentrum (Gralsschale)
Auf seine alles entscheidende Frage: *Wem dient der Gral?* erhält Parzival die Antwort: *Der Gral dient Gott!* (dem König des Grals) So ist er ein Symbol der ewigen Kraft, die uns durchfließt, und die Suche nach dem Gral Sinnbild für die Suche nach dem höheren Selbst. Die imaginäre Achse, die vom Zentrum des Kelches durch die Körpermitte des Wagenlenkers zum Mittelpunkt der kosmischen Kreise verläuft, versinnbildlicht den Menschen, der seine Mitte im Einklang mit dem höheren Selbst gefunden hat.

3. Vordergrund (Vier Sphingen)

Die Sphinx ist das Vier-Getier, das die Wesen der vier Elemente harmonisch in sich vereint. Sie hat das Gesicht des Menschen, den Leib des Stieres, Pranken und Schwanz des Löwen und die Flügel des Adlers. In ihrer lichten Form ist sie uns aus Ägypten bekannt, von ihrer dunklen Seite berichten uns vor allem die griechischen Mythen: Die Sphinx aus der Ödipusgeschichte, die Hera als Fluch den Thebanern schickte. Auf der Karte wird der Wagen von vier Sphingen gezogen, die aus den vier Cherubim (Engel, Adler, Löwe und Stier) gebildet sind. Jede Sphinx aber ist aus anderen Körperteilen dieser vier Cherubim zusammengesetzt, wodurch laut Crowley die Reihe der sechzehn Unterelemente dargestellt ist (Feuer des Feuers, Luft des Feuers, Erde des Feuers usw. bis Wasser des Wassers).

Das Orakel der Schwarzen Sphingen
Die Schwarzen Sphingen stehen für die melancholische Seite der Psyche, denn sie haben sich vom Leben abgewandt und blockieren den Weg. Ihr Blick geht seitlich ins Unfaßbare, und auch ihre Worte reichen über den Rand dieser Welt hinaus. Ihr Orakel lautet: »Wir sind das Bild, das nur ein Bild ausdrückt, und keine Vorstellung kann eine Vorstellung vom Unvorstellbaren geben. Keine Vorstellung erfaßt mehr als den Teil jener Wirklichkeit, der in der Vorstellung selber ist. Keine Vorstellung kann also Zeugnis ablegen von jenem Teil der Wirklichkeit, der nicht in der Vorstellung gespiegelt werden kann. Ein Gedanke erfaßt nur jenen Teil an Wirklichkeit, der sich in der Faßbarkeit von ihm selber befindet. Alles, was du an Wahrheit je erkennst, ist nur immer die in das Erkennen hochgespiegelte Selbstbetrachtung.«

Das Orakel der Weißen Sphingen
Die Weißen Sphingen verkörpern die helle, dem Leben zugewandte Seite (sie blicken dem Betrachter direkt ins Auge), und obwohl sie so hell sind wie die anderen dunkel, gehören sie doch untrennbar zusammen, denn es ist die notwendige Versöhnung dieser beiden Teile, die den Weg des Helden ausmacht. Ihr Orakel lautet: »Das lebendige Selbst, das uns entgegenblickt, wenn wir dir ins Auge schauen, und welches ›Gott‹ fühlt … und gleichzeitig jene Auflösung und Hingabe ans ganze All, wenn wir ›Ich‹ spüren; jenes Quentchen Etwas, das sich jedem Zugriff entzieht, uns aber aus den Blicken jedes Wesens anschaut, das uns ins Auge sieht – das sind wir: die Freiheit der Verantwortung zu sich selber! Nur die Freiheit. Nicht der Weg. Den mußt du selber gehen!«

Deutungen

Hintergrund (Der Aufbruch)
Der Wagen steht für die gesammelte Kraft, die be-

reit ist zum großen Sprung nach vorn. Er zeigt, daß wir uns aus vertrautem Umfeld lösen, um eigene Wege zu gehen. Dabei sind Freiheitsdrang, Ehrgeiz, die Suche nach dem verlorenen Paradies oder schlicht unser Geltungsbedürfnis die treibenden Kräfte. Der Siegeswagen steht für alle einen freudigen Aufbruch begleitenden Erfahrungen und Eigenschaften und repräsentiert das dynamische Prinzip oder den menschlichen Willen, der sich die Kräfte des Lebens nutzbar macht. Der Siegeswagen steht aber nicht nur für den Aufbruch der Kräfte und die Flucht nach vorn, sondern auch für die Geschicklichkeit des Wagenlenkers im Halten des inneren und äußeren Gleichgewichts. Da Held und Wagen den äußeren Punkt anpeilen (»Wollen«), Gral und Hintergrund aber das innere Ziel darstellen (»Fühlen«), sehen wir hier, wie gut die Verbindung funktioniert, wenn sich das Zentrum des Wollens im Einklang mit dem höheren Selbst befindet.

Allgemein
Der Wagen steht für ein noch junges, aber starkes Selbstbewußtsein, für die Loslösung von übernommenen Vorstellungen, den Ausbau eines eigenen, uns gemäßen Weltbildes und für den kühnen Schritt, auch schwierigste Problemstellungen zu durchdringen. Dabei geht es häufig darum, innere Wiedersprüche, wie die Kluft zwischen Fühlen und Denken, Wille und Trieb, Wunsch und Wirklichkeit zu überwinden.

Bewußtsein
Noch deutlicher wird diese Aufforderung in Zusammenhang mit Fragen der Selbsterfahrung. Hier rückt die Symbolik des Gralskelches in den Mittelpunkt. Er ist ein Symbol der Ganzheit, das – wie uns der Mythos lehrt – über sich selbst hinaus auf Gott verweist. Damit steht die Karte für die Suche nach dem höchsten Gut und zeigt, daß der Weg dorthin nicht über Frömmelei, Wirklichkeitsflucht oder intellektuelle Gescheitheit geht, sondern ein Weg des Kriegers ist, eines heiligen Kriegers, der seine gesammelte Kraft auf das Ziel ausrichtet und seinen Weg in unbeirrbarer Beharrlichkeit geht. Diese Karte kann aber ebenso eine Warnung sein: Der Weg zur Ichüberwindung setzt eine Ichentfaltung voraus. Das wird vielfach übersehen, so daß nicht wenige glauben, Egovermeidung sei der Weg zur Erleuchtung. Wenn aber ein zu schwaches Ich mit dem göttlichen Selbst in Berührung kommt, geschieht ein Unglück. Es folgt eine Ichinflation oder eine tiefe Verletzung. Erstere ist bei den vielen selbsternannten Gurus zu sehen, die Inhalte des göttlichen Selbst mit Inhalten ihres Egos verwechseln und seitdem weißgekleidet unerleuchteten Sermon verkünden. Von der Verletzung erzählen uns die Mythen in Form der abstürzenden Göttersöhne Ikarus und Phaethon, aber auch das Gralsepos in der Figur des dahinsiechenden Fischerkönigs Amfortas, den die zu frühe Begegnung mit dem Selbst schwer verwundet hatte.

Beruf
Im beruflichen Umfeld zeigt uns diese Karte, daß wir einen entscheidenden Schritt nach vorn getan haben, wohlmöglich den beherzten Schritt in die Selbstständigkeit. Gleichzeitig ist sie eine Warnung vor Selbstüberschätzung und Rücksichtslosigkeit, sowie eine stete Aufforderung, bei allen beruflichen Aktivitäten und Neuanfängen zu prüfen, inwieweit die dort geltenden Ziele im Einklang mit unserem Lebensziel und letztlich mit unserem höheren Selbst sind.

Beziehung
In unseren persönlichen Beziehungen kann der Wagen auf den Beginn einer neuen Verbindung hinweisen, die manchmal die allzu leichtfertige Ablösung aus einer alten, vertrauten Umgebung mit sich bringt. Sie kann aber auch bedeuten, daß innerhalb einer gewachsenen Beziehung ein »frischer Wind weht«, der sowohl Ermüdungserscheinungen beseitigt, als auch manche gewohnte Routine und Selbstverständlichkeit umwirft. Auf der Gefühlsebene geht diese Karte aber noch viel tiefer. Hier kommt es darauf an, eine Art Achse herzustellen, die es beiden Partnern erlaubt, zugleich in echter Beziehung zum anderen und in Einklang mit dem eigenen höheren Selbst zu stehen. Daneben warnt diese Karte vor Ungeduld und fordert zu Eindeutigkeit und klaren Zielvorstellungen auf.

Analoge Entsprechungen

1. Archetypen und Symbole

Archetyp
Der Aufbruch des Helden; der Beginn der Suche nach dem Gral.

Buchstabe ח
Cheth = Ch (»Zaun«); Zahlenwert 8. Cheth bedeutet Zaun und symbolisiert die eingegrenzte Realität.

Zahl
7 = Zahl göttlicher und irdischer Harmonie (3 + 4), des Schicksals und der Wandlung.

Lebensbaum
Der Pfad von Binah nach Geburah. Crowley kommentiert: *Krebs ist das kardinale Zeichen des Wassers und symbolisiert den ersten heftigen Ausbruch dieses Elements. Der von Binah (Große Mutter) nach Geburah (Bewegung) führende Pfad entspricht somit dem Einfluß der Götter, der durch den Schleier des Wassers (das heißt Blut) auf die Energie des Menschen herabströmt und sie inspiriert.*

I Ging
4 Mong – »Die Unreife« (Unbeherrschtes Wachstum).

Rune ᚱ
Raido (»Ritt«, »Weg«, »Wagen«, »Rad«) ist die fünfte Rune und umschreibt die (Auswirkungen der) Handlungen des Helden auf dem Wege zu sich selber.

Tierkreis
Krebs. Krebs ist das Haus des Mondes und symbolisiert den Rückzug in die innere Gefühlsnatur bei einer gleichzeitig nach außen (auf den Partner bzw. Schatten) gerichteten Triebstruktur.

Gottheiten
Shiva in seinem Feuerwagen, Elias mystischer Wagen, Hesekiels Feuerwagen oder der triumphierende Osiris.

Mythen
Der Aufbruch der Sonnenhelden, aber auch ihr Absturz; die Götter- und Heldensöhne Phaethon, Ikarus oder Bellerophon, der das geflügelte Roß Pegasos reitet. Phaethon war der Sohn des Helios, der von seinem Vater die Führung des Sonnenwagens für einen Tag überlassen bekam; er konnte jedoch die Rosse nicht zügeln, die der Erde zu nahe kamen und alles in Brand setzten. In einem ähnlichen Sinne, nur umgekehrt, erging es Ikarus, der mit seinen Wachsflügeln der Sonne zu nahe kam und ins Meer stürzte.

Kultstätten
Die Tempel in Khajuraho und Konarak. Die großen tantrischen Tempel zeigen einen von Pferden gezogenen Wagen, der auf den Spuren der Zeit – also den Auswirkungen menschlicher Handlungen – vorwärtsrollt.

Sabbat
Passah. Ursprünglich ein nomadisches Frühlingsfest (Opfer des Herdenerstlings, apotropäisches Bestreichen der Hausoberschwelle mit Blut), von Moses zum kultischen Gedächtnisfest des Auszuges aus Ägypten gemacht.

Ritual
Reifeprobe (durch bestehende Bräuche – Initiationsriten – geregelte Aufnahme eines Neulings in eine Standes-, Alters- oder Religionsgemeinschaft).

2. Assoziationen und Empfindungen

Bilder
Zypressenlandschaften von Vincent van Gogh. Lodernde Intensität durch züngelnde und kreiselnde Pinselführung!

Schrift
»Phaidros« von Platon. Oder Nietzsches Dichotomie des Apollisch-Rationellen und des Dionysisch-Ekstatischen.

Musik
Triumphmarsch in »Aida« von Giuseppe Verdi. Der siegreiche Radames zieht mit den erbeuteten Schätzen am König vorbei.

Düfte
Zeder, Zypresse, Kardamon.

Edelstein
Granat. Die zehn Sterne auf der Rüstung des Wagenlenkers, das Erbe des himmlischen Taus von seiner Mutter, sind bei Crowley wahrscheinlich Sternsaphire.

Astrologie
Mars (oder Widder) in Verbindung mit Sonne oder Merkur. Mars als Sinnbild der Durchsetzung verbindet sich mit Sonne als Sinnbild des Willens oder Merkur als Sinnbild des Weges (= Denkvorstellung) zum gemeinsamen Aufbruch der Kräfte.

Zitate
Irgendwo weiß man ja zuunterst in der Seele meistens schon, wohin es geht, aber sehr oft macht der Hanswurst, den wir Ich nennen, einen solchen Lärm, daß die innere Stimme nicht hörbar ist.

Marie-Luise von Franz

Wer sein wahres Selbst erkannt hat, betrachtet das Leben wie das Vorbeirollen eines Wagenrads.

Östliche Weisheit

VIII. AUS-GLEICHUNG

La compensacion

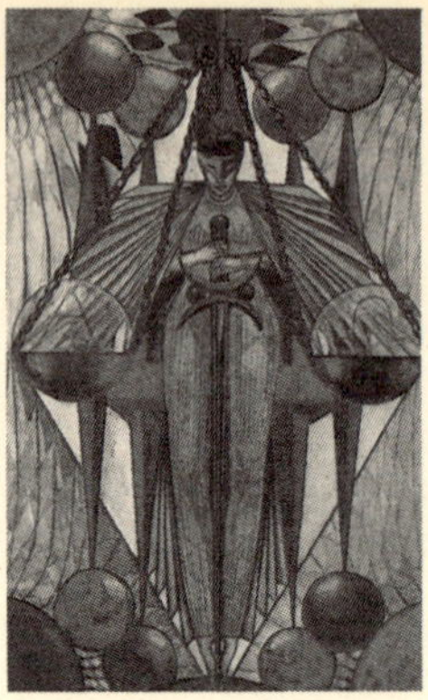

Trieb	Erkenntniswille, Harmoniefindung durch Wirklichkeitsbewältigung.
Ziel	Selbstverantwortung, Selbstverwirklichung, Objektivität.
Leitbild	Recht und Ordnung (Mittlerfunktion zwischen idealem Anspruch und irdischer Machbarkeit).
Licht	Gleichgewicht, Fairness, Urteilskraft, größtmögliche Objektivität, vernünftige Entscheidung.
Schatten	Selbstgerechtigkeit, Pharisäertum.
Qualität	Gerechtigkeit, Gesetz, Struktur.

Grundlage

Die Karte

Das faszinierende, beinahe überspitzte Bild des Gleichklangs, aus seiner inneren Mitte heraus inszeniert und in den Raum gestellt, ergänzt das Bild des Narren und korrespondiert mit der Hohenpriesterin. Dem Narren, der sich den Widersprüchen der Realität entzieht und zurück in die Tiefe des Unbewußten flieht, stellt Trumpf VIII den vollkommen kontrollierten Ausgleich entgegen, der sich durch die Konzentration im Gleichgewicht hält. Wir erkennen eine maskierte, junge Frau, die auf ihren Zehenspitzen steht. Sie ist mit den Straußenfedern der Maat – der ägyptischen Göttin der Gerechtigkeit – geschmückt, und der Zauberstab, mit dem sie ihren Körper ausbalanciert, ist ein magisches Schwert, das sie zwischen ihren Schenkeln hält und mit der Spitze in die Erde dreht. Dabei sind ihre Augen von einer Gesichtsmaske bedeckt. Das bedeutet, daß sie die Welt nicht von außen sieht, sondern sich ein Bild der Welt von innen macht. Die innere Ausgleichung der Welt wird in zwei großen Waagschalen dargestellt, in denen sich »Alpha« und »Omega« in vollkommenem Gleichgewicht befinden. Da diese Waagschalen gleichzeitig an der Krone der inneren Weisheit befestigt sind, erkennen wir, wie die ganze Gestalt von ihrem inneren Gleichgewicht gehalten wird.

Weltharmonik

Die Figur in ihrer rautenförmigen Einrahmung gibt das Bild des Lambdoma wieder, jenes Grundschemas, das den Pythagoräern auch als Abax geläufig war. Dabei handelt es sich um ein Modell, das sich sowohl aus der Welt der Zahlen wie aus der Welt der Töne ableiten läßt. Es ist Symbol der Weltharmonik und ein Schlüssel zum Verständnis der Seelenbilder und der inneren Mythen. Darin versinnbildlicht die (durch das Schwert laufende) Symmetrielinie den Caduceus genannten Schlangenstab ebenso wie die Wirbelsäule des irdischen Menschen und als Sonnenwendachse die »Wirbelsäule« des Zodiaks und des kosmischen Menschen.

Analyse und Beschreibung

1. Gestalt (Justitia)

Ausgleichung

Das Bild der sich selber ausbalancierenden Gestalt ist eine Mischung dreier Karten. Hier finden wir den reinen Geist des Narren, in den Rahmen des Herrschers eingebunden, was die symmetrische Anordnung der Karte erklärt. Weil sich die Karte aber nicht allein aus der sozialen Gerechtigkeit des Herrschers erklären läßt – sie entspricht dem mit dem männlichen versöhnten weiblichen Prinzip –, stellt sie das Gleichgewicht der Dinge dar. Sie ist das kreative innere Empfinden, das aus der Tiefe aufsteigend einen gebändigten Ausdruck jener numinosen weiblichen Weisheit beschreibt, deren ursprüngliches Sinnbild sich in der Gestalt der Hohenpriesterin zeigt.

Krone (Vertikale Ebene)

Von ihrer Krone hängen die Waagschalen an Ketten herab, die Crowley *die Ketten der Ursachen* nennt. Ihr Zentrum ist die Krone auf dem Haupt der Göttin, von der Crowley meint, sie sei so empfindlich, *daß die leiseste Gedankenbewegung sie in Schwingung versetze.* Damit bringt er zum Ausdruck, daß jede noch so unscheinbare Aktivität eine Resonanz hervorruft, für die ein göttliches Prinzip Sorge trägt, das stets darauf bedacht ist, das feinstens ausbalancierte Gleichgewicht zu halten. Andernfalls würde tatsächlich – wie es ein Chaosforscher bestätigt hat – der Flügelschlag eines Schmetterlings in Peking zu orkanartigen Unwettern an der Westküste Amerikas führen.

Waagschalen (Horizontale Ebene)

Die Waage ist ein die inneren und äußeren Kräfte ausgleichendes Symbol, und wenn die Karte das innere Gefühl umschreibt, das in seinem äußeren Ausdruck Klarheit finden will, dann symbolisieren die beiden Waagschalen auf der horizontalen Ebene Zeit und Raum oder Anfang und Ende, also die Achse der Zeit, auf der sich die Räume »bewegen«.

Maske (vor den Augen)
Die Maske der Justitia unterstreicht, daß sie ohne Ansehen von Stand, Auftreten oder anderer sichtbarer Faktoren Recht spricht und – auf einer höheren Ebene – durch die strikt nach innen gerichtete Aufmerksamkeit instinktiv auf jeden Impuls reagiert und so die harmonische Ordnung aufrechterhält.

2. Zentrum und Hintergrund

Rhombus
Wenn wir die maskierte Frau, die sich in den Diagonalen der Raute im Mittelpunkt der Karte präsentiert, als Symbol des kosmischen Gleichgewichts betrachten, dann können wir sie als den ruhenden Pol eines Zentrums (Schwertspitze!) ansehen, das sich an seinem eigenen Gleichgewicht »ausbalanciert«. Alles Stoffliche ist Energie, und in diesem Licht betrachtet ist Trumpf VIII ein Symbol für das große Zusammenspiel der Gegensätze, die sich um sich selber drehen und dadurch Raum und Zeit gestalten.

Schwertspitze
Das Schwert, ein Symbol für Handlung und Kraft (in älteren Tarotkarten kerzengerade nach oben gestreckt, die männliche Vernunft kennzeichnend, die dazu neigt, die Dinge zu trennen, während das weibliche Gefühl eher bestrebt ist, die Polaritäten zu verbinden), finden wir hier mit der Spitze nach unten in die Erde gesteckt. Das deutet auf das Gegengewicht im Weiblichen hin (der »Lingam« des Schwertes ist in die »Yoni« der Erde gepflanzt), das den harmonischen Ausgleich nicht nur im denkerischen Handeln erkennt, sondern ebensosehr in den Tiefenschichten des Unbewußten entdeckt.

Vier und acht Kreise (Thron)
Im Hintergrund sehen wir einen Thron, *der aus Kugeln und Pyramiden (jeweils vier, die Gesetz und Beschränkung bedeuten) gebildet ist; sie halten die gleiche Unparteilichkeit aufrecht, die durch sie selbst offenbart wird, doch auf einer völlig unpersönlichen Ebene innerhalb des Rahmens, in dem alle Wirkungen stattfinden.* Damit will Crowley mit der ihm eigenen Sphinxhaftigkeit aufzeigen, daß Strukturen nur dadurch lebendig werden, indem sie einen Rahmen stützen, an dem sie sich gleichzeitig festhalten: *Die vier großen Kreise in den Ecken der Karte sind die Kugeln des Lichtes und der Dunkelheit, und die ununterbrochen von diesen Kugeln ausgehenden Strahlen bilden einen Vorhang, der die gegenseitige Einwirkung all dieser Kräfte repräsentiert.*

Deutungen

Hintergrund (Die Göttin des Ausgleichs)
In der ägyptischen Mythologie ist Maat die Göttin der Gerechtigkeit, die häufig durch eine Straußenfeder dargestellt wurde. In der nach ihr benannten Halle in der Unterwelt wurde das Herz des Verstorbenen mit ihrer Feder aufgewogen. War es schwerer, hatte er verfehlt. Dann wurde sein Herz von einem Ungeheuer verschlungen. War es leichter oder gleich, war er erlöst und durfte zu Osiris, dem Herrscher über das Reich des Westens, ins Totenreich. In der griechischen Mythologie wurde Maat aufgespalten in Nemesis und Themis, von denen Nemesis (Waite nennt sie in seiner Darstellung Dike) das göttliche Recht verkörperte, während Themis sofort strafend eingriff, wenn gegen dieses Recht verstoßen wurde. Als jedoch am Ende des goldenen Zeitalters die Zustände immer schlimmer wurden, kam sie mit der Arbeit nicht mehr nach, verließ die Erde und wurde am Himmel zum Sternbild Jungfrau. Seitdem gibt es auf Erden keine göttliche Gerechtigkeit mehr.

Allgemein
Die Karte beinhaltet mehrere Themenkreise. Sie steht für die klare, objektive Erkenntnis, für das bewußt, entschieden getroffene Urteil, für Unbestechlichkeit, Ausgewogenheit und Fairness und zeigt auch, daß wir zu unserem Recht kommen. Auf der alltäglichen Ebene sagt sie aus, daß wir im Guten wie im Schlechten mit den Folgen unseres Tuns konfrontiert werden. Auf einer höheren Ebene gilt es, uns einen Moment von der äußeren Handlung abzuwenden und uns über unsere inneren Motive klar zu werden; das zeigt uns das nach unten gerichtete Schwert. Wenn wir den »Narren« (Alpha) als das reine Sein betrachten und das »Universum« (Omega) als abschließenden Überblick, der uns sagt, was ein Mensch aus seinem persönlichen Schicksal gemacht hat, dann zeigt uns die »Ausgleichung« das innere Verständnis für unser Schicksal. Die Voraussetzung für dieses Verständnis ist Erkenntnis.

Bewußtsein
Solange wir glauben, daß wir abhängig sind von den Molekülen und Atomen, die unsere Materie ausmachen, und nicht sehen, daß es unser ewiges We-

sen ist, durch das hindurch wir die Materie betrachten, die sich ändert je nach Standpunkt, von dem wir sie betrachten, so lange können wir keine Verantwortung für unser Schicksal übernehmen und auch kein Verständnis für das, was sich als karmischer Ausgleich hinter dem ewig Strömenden verbirgt. Dann ist jede Wertung von unseren persönlichen Erfahrungen abhängig, so daß wir im Erfassen einer Sache nie die Sache selbst, sondern nur immer unsere Subjektivität begreifen. Wenn wir hingegen bereit sind, alle Wertungen gleichermaßen zuzulassen, unsere eigenen und jene, welche wir nicht gerne hören, dann erst sind wir in der Lage, eine Sache aus sich selbst heraus zu erfahren.

Beruf
Im beruflichen Umfeld bedeutet die Karte ›Ausgleich‹, daß wir uns über unsere Aufgabenstellungen und Ziele Klarheit verschaffen und aus dieser nüchternen, auch selbstkritischen Erkenntnis heraus zu einem klareren Urteil über unsere weitere Vorgehensweise gelangen. Dabei kann es entweder darum gehen, einen angemessenen Ausgleich zwischen Arbeit und Freizeit zu finden oder aber uns über die Ziele unseres Tuns und über den Einsatz der Mittel klar zu werden. In jedem Fall bedeutet diese Karte die Gewißheit, daß wir ernten werden, was wir gesät haben.

Beziehung
Im Bereich von Liebe und Partnerschaft hebt diese Karte vor allem das Prinzip von Fairness und Ausgewogenheit hervor. Sie steht für das Ideal einer ebenbürtigen, auf dem Prinzip der Gleichwertigkeit beruhenden Partnerschaft. Sie zeigt jedoch nicht unbedingt Entspannung und Gelassenheit an, sondern auch starre Fronten. Denn statt der Tiefe der Gefühle betont diese Karte mehr die Ausgewogenheit der Spielregeln in der Beziehung bis hin zum überperfekten, rein kopfgesteuerten Beziehungsmodell, das möglicherweise mehr geliebt wird als der lebendige Partner.

Analoge Entsprechungen

1. Archetypen und Symbole

Archetyp
Der Richter; die Weltharmonik.

Buchstabe ל
Lamed = L (»Ausgestreckter Arm«, »Ochsenziemer«); Zahlenwert 30. Der Buchstabe symbolisiert die Peitsche oder Zügel, womit das Individuum in die Gruppe eingebunden wird. Daraus ergibt sich das Verhalten, die Motivation für persönliches Handeln mit der Zielrichtung des Kollektivs in Übereinstimmung zu bringen.

Zahl
8 = die Zahl der Gerechtigkeit und des Ausgleichs, da sie sich in immer gleiche Zahlen teilt (zweimal 4, zweimal 2, zweimal 1).

Lebensbaum
Die Verbindung zwischen Geburah und Tiphareth. Geburah (Bewegung) zeigt den Ablauf von Zeit, in dem sich das Leben »bewegt«, und Tiphareth symbolisiert das Gleichgewicht zwischen Wachstum (Chesed) und Zerstörung (Geburah) und ist gleichzeitig eine Spiegelung der höheren Gottessphäre (Kether), was Goethe in den Worten ausdrückt: *Nur das Gesetz kann uns die Freiheit geben.*

I Ging
21 Schä Ho – »Das Durchbeißen« (Die Reform).

Rune ᛉ
Algiz (»Schutz«) symbolisiert die Verbindung zwischen Himmel und Erde und repräsentiert damit die göttlichen Gebote oder »das Gesetz«.

Tierkreis
Waage. Die Waage stellt das Gleichgewicht aller Dinge dar: Venus ist der Herrscher und Saturn erhöht.

Gottheiten
Pallas Athene, Rhea Dictynna (die Gesetzgeberin), Libera (die astrologische Dame der Waagschalen), Maat (die Göttin der Gerechtigkeit) oder die griechischen Horen: Dike (Recht) und Eunomia (Gesetzlichkeit).

Mythos
Die Verkündung der 10 Gebote.

Kultstätte
Panthéon, Ehrentempel der Franzosen.

Sabbat
Equinox (Tag- und Nachtgleichen).

Ritual
Rechtsprechung.

2. Assoziationen und Empfindungen

Bild
»Heiliger Martin« von El Greco. Dem Motiv liegt die Legende von der Mantelteilung zugrunde: »Seelische Verbindung durch materiellen Ausgleich.«

Schrift
Dekalog (»Zehngebot«) oder die »Magna Charta« von Chester.

Musik
»Die Kunst der Fuge«. Der Kontrapunkt in den Fugen von Bach.

Duft
»Eau de Cologne«.

Edelstein
Blauer Saphir (Kristall).

Astrologie
Venus in Waage im Sinne von Fairness und Ausgewogenheit mit einem »kristallisierenden« Aspekt zu Saturn. Diese Verbindung versinnbildlicht die die Harmonie der Venus übergreifende Struktur, was auch Crowleys Vermächtnis gut illustriert: *Liebe ist das Gesetz, Liebe unter Willen!*

Zitat
Ich liebe den Bösen, der weiß, daß er böse ist, mehr als den Gerechten, der weiß, daß er gerecht ist. Von den Bösen aber gar, die sich für gerecht halten, ist das Wort gesagt: ›Noch an der Schwelle der Unterwelt kehren sie nicht um.‹ Denn sie wähnen, man führe sie zur Hölle, damit sie die Seelen aus ihr erlösen.

Erzählungen der Chassidim

IX. DER EREMIT

Trieb	Rückzug aus dem Leben, Flucht vor der Masse, Einkehr in sich selbst, Introversion.
Ziel	Wahrheit, Wissen, Selbstfindung (Desillusionierung und Selbstdisziplin führen zu klarem Urteilsvermögen).
Leitbild	Die Laterne als Wegweiser; das innere Licht.
Licht	Weisheit, Erleuchtung, seelische Reife.
Schatten	Selbstbespiegelung, Erstarrung, Verhärtung, Entfremdung, Verbitterung, Lebensfeindlichkeit.
Qualität	Innere Tiefe und Lebensernst.

Grundlage

Die Karte

Die Karte zeigt den wohl bekanntesten Archetyp, den alten, weisen Mann (Merlin, Taliesin, Abraham) als Sucher und Führer. Der Alte verkörpert vor allem Rückzug, äußere Ruhe, Abgeschiedenheit und Introvertiertheit als unerläßliche Voraussetzung, um sich auf das Wesentliche zu konzentrieren und den eigenen Persönlichkeitskern herauszukristallisieren. Er steht damit für eine Phase, in der wir – nicht von Äußerlichkeiten abgelenkt – mit uns selbst ins reine kommen, denn es ist sein Ziel, sich dem inneren Ursprung der Dinge zuzuwenden und das äußerliche Wissen des Hohenpriesters um das innere zu ergänzen. Durch seine Abkehr von der Welt richtet er sein Interesse auf den Ursprung aller Dinge: auf das von der großen Schlange Ophion umschlungene Weltenei oder »Orphische Ei«. Es geht hier weniger um das Finden von Bildern, die den geistigen Herrschaftsbereich dogmatisch absichern, sondern um das Suchen von Wahrheit hinter den Bildern, und das erfordert Achtsamkeit, Sammlung, Askese, Fasten, Schweigen, Rückzug, »In-sich-Gehen« und Bescheidenheit. Der Eremit personifiziert kraftvolle Ruhe und innere Sammlung. So wie es bei der Karte Mond – deren Quersumme er bildet – auf das Erschließen der inneren Räume ankommt, geht es hier um das Ausloten der bewußten Räume. Dabei dringt er bis zu den Mysterien und in die tiefsten Abgründe (Höllenhund) vor. Es geht hier in keiner Weise um bloßes Intellektualisieren. Als Merlin ist er Diener der Mondgöttin, deren 3mal heilige Zahl 3 er als 9. Karte trägt. In der Hand hält er eine Lampe in der Form eines Oktaeders (Achtflächner), deren innere Sonne Licht auf die Mysterien wirft. Die Acht zeigt das Ineinanderfließen zweier Welten. Achtstern und Achteck gelten als Übergangsform zwischen irdischem Quadrat und göttlichem Kreis. Sie zeigen damit das äußerste, was wir Menschen erreichen können, wenn wir von der irdischen Sphäre (Würfel) zum Göttlichen (Kugel) streben. Der Eremit erschaut hinter der Vielfalt und Üppigkeit der Natur das Geheimnis ihres Ursprungs.

Das Buch Thoth

Der alte Weise ist der Hauptaspekt des altägyptischen Weisheitsgottes Thoth, der von vielen als Vater des Tarot angesehen wird, weshalb Crowley seine Karten »Das Buch Thoth« genannt hat. Von ihm berichtet eine Überlieferung, daß er am Anfang aller Zeit auf einer Lotusblüte erschien, dann als Vogel das kosmische Ei legte und so die Welt erschuf.

Analyse und Beschreibung

1. Gestalt (Der Weise)

Eremit

Der Eremit entspricht dem Archetyp oder dem »selbstlosen Diener des eigenen Selbst« (im Gegensatz zum Hohenpriester, der ein »göttliches Bild vom Ich« darstellt), der die Wahrheit in der Seele der Menschen sucht. Wir können ihn mit Diogenes vergleichen, der am hellichten Tag mit einer angezündeten Laterne durch die Straßen Athens spazierte und auf die Frage nach dem Grund seines Tuns erwiderte: *Ich suche einen wirklichen Menschen!*

Hand (Laterne)

Im Brennpunkt hält der Alte einen Diamanten, in dessen Innerem eine sechzehnstrahlige Sonne leuchtet, die den unteren Bereich erhellt, aber auch Licht in die oberen Sphären wirft. Nur das Licht des Kristalles bewirkt eine gerade Linienführung. Alles übrige ist gebogen und sieht wie eine Momentaufnahme einer natürlichen, fließenden und ewigen Bewegung aus. Innerhalb dieses ewigen Fließens ist es dem Eremiten gelungen, durch eine sich gleich wieder schließende Öffnung das »Orphische Ei« und damit das Mysterium, den Urgrund allen Lebens, zu schauen. Auf seiner Suche hat er auch vor der Unterwelt nicht haltgemacht, wie der gezähmte dreiköpfige Höllenhund Cerberos zu seinen Füßen zeigt. Das Zeichen des dieser Karte zugeordneten hebräischen Buchstabens Yod ist das Zeichen, aus dem alle anderen einundzwanzig Buchstaben bestehen. Dieser Buchstabe entspricht der Hand in der Mitte des Bildes, die den Kristall hält, mit dem Licht in das Dunkel geworfen wird. Dort verbirgt sich die eine Erkenntnis, aus der alle anderen Erkenntnisse hervorgehen.

Haltung

Der Eremit hat unverkennbar etwas Faustisches. In ihrer Geschmeidigkeit ist seine gebeugte Haltung weniger Ausdruck des Alterungsprozesses, sondern eher das Gegenteil jener Erstarrung, die oft das Merkmal des Alters ist. Die zurückweichende Bewegung ist nicht das Ich, das vor der Erkenntnis zurückschreckt, sondern die Sammlung und das notwendige Ausholen vor dem nächsten Schritt nach vorn.

2. Umfeld (Symbole)

Orphisches Ei (Weltenei)

Das »Orphische Ei« symbolisiert den Ursprung aller Dinge. Die Tatsache, daß es der Eremit einen Augenblick lang inmitten der Bewegung der lebendigen Natur erkennt – im Hintergrund befindet sich ein Weizenfeld –, zeigt die Tiefe des Alten, der das Mysterium der Schöpfung oder den Urgrund allen Lebens sieht. Der pelasgische Schöpfungsmythos berichtet uns, daß dieses Ei auf Eurynome zurückgeht, die Mutter aller Dinge. Im Anfang erhob sie sich nackt aus dem Chaos, und da sie nichts fand, worauf sie ihre Füße setzen konnte, trennte sie die Himmel von den Wassern. Dann begann sie zu tanzen. Sie tanzte auf einer Welle gen Süden, als sie plötzlich bemerkte, daß da noch etwas außer ihr war. Es war der Nordwind Boreas, den sie durch ihre Bewegung gelöst hatte. Sie ergriff ihn und rieb ihn zwischen ihren Händen, bis er sich in die große Schlange Ophion verwandelte, die sich um ihre Glieder schlang und sich mit ihr paarte. So wurde Eurynome vom Nordwind schwanger und legte darauf das Weltei. Ophion aber wand sich siebenmal um das Ei, bis es ausgebrütet war und daraus Mond und Sonne entstanden und die Erde mit allen lebendigen Wesen.

Spermatozoon (Schlangenstab)

So wie das Ei die Lebendigkeit des Alten ausdrückt und seine geistig-imaginäre Kraft, entspricht das Spermatozoon im unteren Teil der Karte dem zeugenden Impuls, aus dem alles entstehen kann, sofern es auf fruchtbaren Boden trifft. Crowley schreibt: *Im Merkur-Prinzip*[1] *ist ein Licht verborgen, das alle Teile des Universums gleichmäßig durchdringt; einer seiner Namen ist Psychopompos, der Führer der Seele durch die unteren Reiche. Diese Symbole werden durch seinen Schlangenstab angedeutet, der buchstäblich aus dem Abyssos herauswächst und das Spermatozoon darstellt, das wie ein Gift entwickelt ist und den Fötus offenbart. Er wird von dem dreiköpfigen Höllenhund Cerberus begleitet, den er gezähmt hat. In diesem Trumpf wird das gesamte Mysterium des Lebens in seinem allergeheimsten Wirken gezeigt.*

Cerberus (Unterwelt)

Da der Ausschnitt der Vision, in dem sich das Ei befindet, von der Spitze des Lichtstrahls berührt wird, in dessen unterer Hälfte sich der dreiköpfige Höllenhund aufhält, kann der gereifte Mensch (in der symbolischen Gestalt des Alten) auf der Suche nach Erkennen auch in den unergründlichen Brunnen der Mondgöttin (Hel/Frau Holle) eintauchen, dessen Zugang ihm bisher verschlossen blieb[2]. Die unbewußten Tiefen (die vier Strahlenwurzeln unterhalb des waagrechten Lichtbalkens) symbolisieren den Schoß der Großen Mutter, aus dem sich alles Sein erklärt. Dem suchenden Menschen, der sich nicht scheut, den Weg zurück zu den Wurzeln zu gehen, eröffnen sich aus dem geheimnisvollen Schoß im Dunkeln die großen Inspirationen, die zu einzigartigen Schöpfungen führen, wie wir sie aus den alten Schriften eines Vergil oder Dante kennen. Die Unterwelt ist die Hölle in uns selber, wo die Gestalten des Unbewußten an ihren Fesseln zerren, wo Pluto Persephone ein Dritteljahr einsperrt oder wo Orpheus seine Erydike findet und wieder verliert.

Strahlenpyramide (Elysium)

Während die vier Strahlenbündel, die aus dem Lichtzentrum (Tiphareth) nach oben fließen, vom Sehnen nach dem Erkennen des Unfaßbaren künden, symbolisiert die auf einer dreieckigen Fläche ruhende Strahlenpyramide, die die vier Spitzen der Lichtbündel miteinander verbindet, den »Dom Gottes« oder die Vision von Gott. Es ist die in mächtigem Umfang freigesetzte Libido, ein reines Strömen unerschöpflicher Energie, die den Menschen umrankt und an der das Leben emporbrandet: zu Gott oder stellvertretend zur Form des göttlichen

1 Der Eremit wird von Crowley dem Sternbild Jungfrau zugeordnet, und dieses wird von Merkur regiert.

2 In der babylonischen Dichtung war es Gilgamesh, der in einen Brunnen stieg, um das Kraut des Lebens zu suchen (und zu finden), als er sich beim alten, weisen Mann befand, bei Utnapitschim, dem sumerischern Sintfluthelden, der dem biblischen Noah entspricht.

Menschen. Die Schnittpunkte, an denen sich das universale Licht mit dem irdischen Licht schneidet (an den Kanten der Pyramide), sind bildhafter Ausdruck für das, was der Mensch als spirituelle Befreiung, geistige Erleuchtung oder Gott erlebt.

Deutungen

Hintergrund (Das Schweigen)
Wer sich ein Bild von der Wahrheit macht, der übersieht, daß er damit nicht zum Diener der Wahrheit, sondern nur zum Opfer seiner unerkannten Leere wird, die sich an ein Bild klammert, um einen Lebenshalt zu finden. Erst jenseits aller Thesen, aller Welterklärungsmodelle und Formeln und jenseits aller Worte weiß der Weise, daß die Wahrheit, die der Mensch aussprechen kann, nicht die Wahrheit ist – und schweigt. Erst im Schweigen gibt es nichts mehr, was durch Worte darzustellen wäre, und damit geht es ihm nicht mehr um die Bilder hinter der Wahrheit, sondern um die Wahrheit hinter den Bildern.

Allgemein
Im Umfeld dieser Karte erkennen wir, daß wir uns von der Welt zurückziehen und unsere Lage neu überdenken müssen. Es ist an der Zeit, unser Ich an die reiferen Erfordernisse des Lebens anzupassen, und deshalb ziehen wir uns aus dem Alltag zurück, um uns über die Zusammenhänge des Lebens und unsere Ziele klar zu werden. In diesen Zeiten lernen wir, demütig und bescheiden zu werden und unsere eigene Vergänglichkeit anzunehmen. Solche Besinnungsphasen bringen uns zu unserer eigentlichen Wesensnatur zurück.

Bewußtsein
Der Eremit steht für Zeiten einer inneren und manchmal auch äußeren Klausur, in der es uns um die Suche nach Wahrheit geht, deren Unerbittlichste lautet: *Denn Staub bist du, zum Staub mußt du zurück* (1. Moses 3,19). Wo dieses Wissen nicht im Kopf steckenbleibt, sondern ins Herz eindringt, verändern sich alle bisherigen Selbstverständlichkeiten grundlegend. So bereitet der Eremit große Veränderungsphasen vor, deren Ziel es ist, daß wir in die Tiefe statt in die Breite wachsen.

Beruf
Im beruflichen Erleben steht der Eremit für eine Zeit der Selbstbesinnung, in der wir uns darüber Klarheit verschaffen, was wir beruflich wirklich erreichen wollen. Das kann zu einer völligen Umbewertung aller bisherigen Vorstellungen von Erfolg, Anerkennung, Prestige, Engagement, Geld und Aufgabenbereiche führen. Insofern sollten wir dem Ruf des Eremiten spätestens dann folgen, wenn uns unser Aufgabenbereich trotz größter Betriebsamkeit und Ereignisfülle nur noch fad und oberflächlich erscheint oder wir in den hektischen Umtrieben des Alltagslebens riskieren, uns selbst zu verlieren, und vom Sog der Ereignisse fortgerissen werden. Die Ruhe des Eremiten bietet zwar keinen äußeren Glanz, aber die tiefe Zufriedenheit eines reichen, erfüllten Innenlebens.

Beziehung
In unseren persönlichen Beziehungen ist diese Karte ambivalent. Da sie die Suche nach dem Licht repräsentiert, liegt ihre Hauptbedeutung in der tiefen Erkenntnis und der Gewißheit dessen, was uns im Beziehungsleben wirklich wichtig ist. Das führt entweder zu freiwilliger Selbstbeschränkung zugunsten einer tiefer erlebten Zweisamkeit oder aber zu einem Rückzug aus einer Verbindung, deren Werte für den Fragesteller falsch sind. Die Karte kann ebenso einen Lebensabschnitt anzeigen, in dem wir ohne Lebensgefährten sind. Sie ist dann ein wertvoller Wegweiser zum tieferen Verständnis des Alleinseins. Das Credo des Eremiten gipfelt in der Einsicht, daß er einer inneren Führung, keiner äußeren Partnerschaft bedarf.

Analoge Entsprechungen

1. Archetypen und Symbole

Archetyp
Der alte Weise; der innere Gefährte.

Buchstabe י
Yod/Jod = J (»Hand«); Zahlenwert 10. Der Alte ist dem Buchstaben Yod zugeordnet, der »Hand« bedeutet. Seine Hand trägt das Licht. Dieses wiederum symbolisiert Erkenntnis und auf der höheren Stufe innere Weisheit und Versenkung (Selbst-Betrachtung). Auf einer zynischeren, für Crowley typischen Ebene läßt die Karte aber noch eine andere Deutung zu: *Des Eremiten magischer Stab verkörpert das zu Gift transmutierte Spermatozoon ... Yod = Phallus = Spermatozoon = Hand = Logos = Jungfrau.* Damit will er unverblümt ausdrücken, daß der Weg zur Erleuchtung auf sublimierter Onanie beruht; jedes enthaltsam-religiöse Streben auf verletztem und entstelltem Tantra.

Zahl
9 = die Zahl, die sich in sich zurückzieht (im Gegensatz zur 6, die aus sich herausgeht). Die Zahl der Weihung (3 x 3) und Besinnung. Die Zahl, die immer auf sich selbst zurückkommt: 9 + 9 = 18 = 9 (Quersumme).

Lebensbaum
Von Chesed nach Tiphareth. Von der Gedankenform (Chesed = Verdichtung, Materialisierung) zum Geist Gottes (Tiphareth ist das erkennende Bewußtsein, das die Gottessehnsucht – die Spiegelung der Kethersphäre – in das Gottesbewußtsein transformiert).

I Ging
52 Gen – »Das Stillehalten« (Der Berg).

Rune ᛁ
Isa (»Eiszapfen«) symbolisiert das Kristallisieren und Transformieren äußerer Ziele zu tiefer, innerer Erkenntnis.

Tierkreis
Jungfrau. *Jungfrau repräsentiert die unterste, empfänglichste, weiblichste Form der Erde und bildet die Kruste des Hades. Merkur ist nicht nur der Herrscher von Jungfrau, sondern er ist in diesem Zeichen in Erhöhung. Damit verkörpert er die spirituelle Lehre, daß der Höhepunkt des Abstiegs in die Materie das Anzeichen für die Erneuerung durch den Geist ist.* (Crowley)

Gottheiten
Kronos (»Hüter der Zeit«) und Hermes (engl. »hermit« = Eremit).

Mythen
Nestor, der weise Ratgeber des Agamemnon und anderer Heroen im trojanischen Krieg. Diogenes in der Tonne, der auf Alexanders Angebot, ihm einen Wunsch zu erfüllen, nur bat: *Geh' mir aus der Sonne!*

Kultstätte
Athos (»Heiliger Berg«). Griech.-orthodoxe Mönchsrepublik.

Sabbat
Wintersonnenwende. Aus tiefster Dunkelheit zum Licht.

Ritual
Fasten und Meditation.

2. Assoziationen und Empfindungen

Bild
»Die Nachtwache« von Rembrandt.

Schrift
Bergpredigt (Matth. 5–7) oder das »Nachtwandlerlied« aus »Zarathustra« von Friedrich Nietzsche.

IX

Musik
Gregorianische Gesänge oder »Die Winterreise« von Franz Schubert.

Düfte
Wacholder, Weihrauch, Wermut.

Edelsteine
Onyx, Kristall. Ein in Gold (Sonne) gefaßter und in Onyx eingelassener Diamant symbolisiert das in die Dunkelheit geborene Licht.

Astrologie
Saturn als »Hüter der Schwelle« oder Saturn in Wassermann als das Streben nach Weisheit und das Bewahren der Unabhängigkeit.

Zitat
Einsamer, du gehst den Weg zu dir selber! Und an dir selber geht dein Weg vorbei, und an deinen sieben Teufeln.

aus »Zarathustra« von Friedrich Nietzsche

X. GLÜCK

(SCHICKSALSRAD)

la fortuna

Trieb Stetes Werden und Vergehen (ewige Veränderung, Wechsel, Neubeginn).

Ziel Annahme des Schicksals, Verstehen der Lebensaufgabe und die Wandlung des Niederen zu Höherem.

Leitbild Das Rad als Symbol des kreisenden Himmels, dessen Gestirne die Geschicke der Menschen verkünden.

Licht Unerwartete Wendungen (Glück), Karmaerkenntnis.

Schatten Wendung zum Schlechteren, Fatalismus.

Qualität Gelassenheit und Heiterkeit durch tiefe Selbsterkenntnis und Annahme der Lebensaufgabe.

Grundlage

Die Karte

Das Bild zeigt das (vertikale) Rad vor einem Hintergrund von Energiewirbeln und Blitzen. Die Blitze sind Zeus zugeordnet, den Crowley als Jupiter mit dieser Karte gleichsetzt: Sie gehen vom ovalen Rund (horizontales oder himmlisches Rad) am oberen Kartenrand aus. Die Energiewirbel sind das Resultat seiner beständigen Drehbewegung. Auf dem vertikalen Rad finden wir drei Bilder: Hermanubis, das gestaltende und initiative Affenwesen, Typhon, das zerstörerische und rückblickende Krokodil und auf dem höchsten Punkt die verbindende Sphinx, die die Polaritäten im Gleichgewicht hält. Zusammen stellen sie die über die Bewegung der Erscheinungen herrschenden drei Energieformen dar, wie sie uns von den drei obersten indischen Göttern her bekannt sind: Brahma, der Schöpfer (Hermanubis), Vishnu, der Bewahrer (Sphinx) und Shiva, der Zerstörer (Typhon). Diese Dreiheit, die das ewige Rad von Werden und Vergehen in Bewegung hält, macht deutlich, daß sich Himmel und Hölle nicht bekämpfen, sondern einander ergänzen. Das Dunkle ist nicht der Widerspruch zum Hellen, das durch Helles vermieden werden könnte, sondern eine Seite des Hellen selbst: Böse ist nicht, was zerstört, sondern was das Gleichgewicht des Kosmos stört, und das ist mitunter das Gute; und das Gute ist nicht einfach, was die Schöpfung belebt, sondern was die schöpferische Ordnung im Gleichgewicht hält, und dazu gehört auch Zerstörung.

Verbindungen (Narr und Magier)

Auf dieser Karte tauchen Hermanubis, das affenköpfige Wesen, und Typhon, der krokodilköpfige Gott der Zerstörung und Herrscher der Instinkte auf, die uns schon in den Karten 1 und 0 begegnet sind. Zusammen bilden sie die Karte 10. Null ist der Urgrund, Eins die Tat, und Zehn ist die Wirklichkeit oder die Folge der Tat, die wieder zum Urgrund zurückstrebt, damit sie daraus neu entstehen kann: Null ist das Meer, die Eins die Welle und die Zehn das Gesetz, das die Welle wieder ins Meer zurücksinken läßt und eine neue Welle hervorbringt.

Analyse und Beschreibung

1. Motiv (Die drei Energieformen)

Das Rad

Geburt und Tod stehen nicht wie zwei verschiedene Seiten einer gleichen Medaille zueinander, sondern sie sind die gleichen Seiten, getrennt nur durch die Zeit oder durch das Rad, denn das Rad ist das tiefgründige Symbol der Ganzheit, in steter Bewegung und doch in seinem Zentrum unverändert. Jedes Ding tritt in Erscheinung, entwickelt sich und verschwindet wieder aus dem Dasein, denn die sich drehende Peripherie des Lebensrades bewegt alles zum Tanz des Schicksalsreigens. Von einer anderen Perspektive aus betrachtet tritt aber weder etwas in Erscheinung noch verschwindet etwas aus dem Dasein, denn die Nabe ist immer schon da, unabänderlich im Mittelpunkt und ewig. Es ist das Rad des Himmels, das seit Jahrmillionen gleichförmig um die Erde kreist. Die Kraft hinter der Nabe ist das Ewige, welche das Rad bewegt, die Speichen sind die psychischen Muster, die das Ewige mit dem Räumlich-Zeitlichen verbinden, die Symbole auf der Peripherie des Rades (Sphinx, Hermanubis und Typhon) der Katalysator, der die unbewußten Muster des Ewigen in persönliches Schicksal überträgt; der Weg, auf dem sich das Rad dreht, symbolisiert die Auswirkungen unseres Handelns.

Typhon

Auf der rechten Seite sehen wir Typhon (Tamas), der sich in die Tiefe fallen läßt und dem Rad dabei den ersten Schwung versetzt. Es stürzt nicht ab, weil er an seinen Füßen durch eine Schlange für ewig (sie ist nach Art der Unendlichkeitsschleife gewikkelt) an das Rad gebunden bleibt. Typhon ist der Sohn, den die Erdmutter Gaia von Tartaros empfing;

Typhon selber ist Vater des dreiköpfigen Höllenhundes. Mit dem Ziel, die Schöpfung zu zerstören, kämpfte er gegen die Olympier, wurde letztlich aber von einem Blitz des Zeus erschlagen und unter dem Steinbrocken begraben, der heute Sizilien heißt. Immer, wenn der Ätna grollt, hören wir seine Stimme aus der Unterwelt. In der ägyptischen Mythologie entspricht er der Gestalt des Seth als Verkörperung der alles verbrennenden Wüstensonne. Dieser galt als Zerstörer, ewiger Widersacher und Vernichter seines von den Menschen geliebten Bruder Osiris, der dem feuchten, lebensspendenden Prinzip entsprach. Der Nil galt den Ägyptern als der »Phallus des Osiris«, der jährlich anschwoll, um sich dann über das dürstende, schwarze Land zu ergießen, das dem Körper der Isis entsprach. Solange diese fruchtbare Nilschwemme ausblieb, wußte man, daß die alles verdorrenden Kräfte des Seth die Oberhand hatten. Auf der Karte sehen wir ihn mit dem Lebenszeichen Ankh in seiner Rechten und dem Krummstab Heka in seiner Linken, dem Zeichen des Osiris und Symbol seiner Zauberkraft.

(Herm-)Anubis

Diesem Absturz in die Unterwelt steht diametral Hermanubis (Rajas) gegenüber. Anubis steht für die aufbauenden Kräfte, da er in der ägyptischen Mythologie die Körperteile des von Seth/Typhon in zweiundzwanzig Stücke zerrissenen Osiris zusammentrug. Crowley nennt die Gestalt *Hermanubis,* was auf den ägyptischen Gottesnamen Hern-em-Aupn zurückgeht, der ursprünglich eine Verbindung aus dem Himmelsgott Horus und dem Unterweltsgott Anubis war und der in dieser neuen Gestalt über das Oben und das Unten herrschte. Später galt Hermanubis als die Verbindung und Identifizierung des ägyptischen Seelenführers Anubis mit dem griechischen Seelenführer Hermes. In diesem Mischwesen wurden die tugendhaften Seiten hervorgehoben und alles Fragwürdige, was die Griechen sonst mit Hermes zu verbinden pflegten, ausgeschlossen.

Sphinx

Die Sphinx (Sattwas) auf dem höchsten Punkt des Rades mit dem Nemeskopftuch der Könige und der Uräusschlange auf der Stirn symbolisiert die vereinte Kraft der vier Elemente, die das Rad regiert. In der Sphinx begegnet der Mensch dem Unvorstellbaren, das sich hinter der Nabe des Rades vollzieht, und das löst in ihm die Frage nach dem Ursprung allen Seins aus. Es ist der Mensch, in dem sich jedes Suchen darstellt, denn keine Vorstellung kann Zeugnis ablegen von jenem Teil der Wirklichkeit, der nicht in der menschlichen Sehnsucht gespiegelt werden kann. Weil der Mensch aber nur akzeptieren will, was er auch kontrollieren kann, die Sphinx aber gerade unsere Illusion, die Dinge im Griff zu haben, zerstört, müssen wir die Sphinx wohl als Aufforderung verstehen, demütig und bescheiden zu werden, um nicht wie Ödipus Opfer eines scheinbar alle Rätsel lösenden Verstandes zu werden.

2. Zeit und Raum (Das Schicksalsrad)

Die beiden Räder

Eine Orakeltechnik im alten China bestand darin, zwei Räder (oder Mandala) gegeneinander zu drehen. Eines der Räder war fest und spiegelte die Ewigkeit, die ältere Himmelsordnung, das Ho-ton, während das andere Rad über dem ersten rotierte als Spiegel der zyklischen Zeit, die jüngere Himmelsordnung, das Lo Shon. Aus der Kombination der beiden Räder ergab sich der Orakelspruch. Diese Idee bildet auch die Basis zum I Ging, bei dem in 64 Variationen je zwei Trigramme als das Oben und das Unten miteinander kombiniert werden.

Das irdische Rad

Das irdische oder vertikale Rad im Zentrum der Karte symbolisiert das zyklische Weltbild vom ewigen Werden und Vergehen im Gegensatz zu dem traditionellen abendländischen linearen Weltbild, das einen Anfang (Schöpfungsaugenblick) und ein Ende (Apokalypse) kennt. Mit dem zyklischen Bild, das in allen matriarchalen Kulturen vorherrschte und noch heute in Asien dominiert, ist auch die Vorstellung von Tod und Wiedergeburt verbunden. Allerdings weniger als tröstender Faktor, wie es bei uns neuerdings gerne gesehen wird – »Sterben ist nicht so schlimm, wir reinkarnieren ja gleich wieder!« –, sondern als eine leidvolle, ewige Gebundenheit an das Rad, aus der es sich durch rechte Lebensweise zu lösen gilt (Achtfacher Pfad des Buddhismus). Die 10 Speichen des Rades erinnern daran, daß die Zahl 10 in vielen Religionen die göttliche Ordnung oder das Gesetz darstellt: Die 10 Gebote der jüdischen und christlichen Religion, die Tetraktys, die heilige Punktepyramide der Phytagoräer, die aus 10 Punkten besteht, die 10 Sephirot im kabbalistischen Baum des Lebens und die 10 Bilder als die 10 Stationen auf dem Weg in der zen-buddhistischen Geschichte vom Hirten und seinem Ochsen. Nur das irdische Rad hat diese 10 Speichen. Das himmlische, horizontale ist der reine Kreis als Ausdruck des Absoluten oder der göttlichen Hemisphäre. Er ist nicht geteilt. Seinen Rand schneiden 10 Steine.

Das himmlische Rad
Das Sternoval, das sich im oberen Teil der Karte wie ein Landeplatz für Außerirdische darstellt, ist das himmlische Schicksalsrad oder die kosmische Schicksalsuhr, welche die Abläufe der immerwährenden Zyklen anzeigt. Die Blitze sind die Uhrzeiger des Ewigen in der Einbindung in die Zeit; sie sind die Gewichte an der Pendüle, die den Pulsschlag des Göttlichen in die Tiefe ziehen und Sein und Werden in die Vorstellung von Zeit einschließen, der der Mensch beständig hinterherrennt.

Zeit und Raum
Wie sich das Schicksalsrad auch dreht, immer ist es folgerichtig, was geschieht, wenn wir den Ursachen vorbehaltslos ins Auge schauen. Alles steht unter dem Diktat der ständigen Veränderung. Leben ist Fließen, und Fließen ist Zeit: Zeit ist das stete Ineinanderfließen sich verändernder Zustände. Auch der Raum »verwirklicht« sich in der Zeit: Jede Ernte ist eine Folge der Saat, und Schicksal ist nicht, was man hätte tun können, sondern die Auswirkung dessen, was man tat.

Stern (Das Auge Shivas)
Die Stürme im Leben erschüttern zwar, aber sie erzeugen auch etwas, nämlich Erkenntnis. So kann der Stern auf der Radnabe im Vordergrund, laut Crowley, *als das Auge Shivas betrachtet werden, dessen Öffnen das Universum vernichtet*[1], *oder als ein Rad vom Wagen des Jaganath, dessen Anbeter im Augenblick des Zermalmt-Werdens durch den Wagen zur Vollendung gelangen.* Das Rad mit den aus allen Speichen hervortretenden Energiewirbeln hat aber noch etwas anderes. Stilisiert entspräche es der Swastika, einem alt-indischen Sonnen- und Fruchtbarkeitszeichen, das wahrscheinlich auf alte Feuerräder zurückgeht. Es gibt aus der Mythenforschung guten Grund zu der Annahme, daß die Cherubim, mit denen das Paradies verschlossen wurde, eben diese Feuerräder waren.

Deutungen

Hintergrund (Die drei Wege)
Das Schicksalsrad führt uns wie keine andere Karte unsere Aufgabenstellung vor Augen. Dabei mögen die drei Kräfte Hermanubis, Seth und Sphinx symbolisch für die drei Wege stehen, zwischen denen die drei Königssöhne in vielen Märchen entscheiden müssen. Von ihnen heißt es im russischen Märchen »Die Jungfrau Zar«: Wer nach links abbiegt, wird genug zu essen haben, aber sein Pferd wird hungern, wer nach rechts abbiegt, wird selbst hungern, aber sein Pferd wird genug zu essen haben, und wer geradeaus geht, der wird sterben. Auf dem linken Weg (hier Hermanubis) leidet die Instinktnatur (Pferd), aber der Reiter (Verstand) entfaltet sich. Auf dem rechten Weg (hier Seth) leidet der Reiter (Geist), aber die Triebnatur (Pferd) kommt zur vollen Entfaltung. Der gerade Weg (den der jüngste Königssohn geht und der als einziger auf das Ziel weist) führt zur Ganzheit (Sphinx). Er verlangt den größten Mut, denn er bedeutet den Tod des Egos, das, um die Erfahrung des größeren Selbst zu machen, scheitern und seinen bisherigen Herrschaftsanspruch aufgeben muß. So weist diese Karte häufig auf Erfahrungen hin, durch die wir demütig werden.

Allgemein
Wenn das Rad die Gegenwart ist, die sich beständig in die Zukunft dreht, dann ist die Gegenwart der Schöpfungsnabel, wo sich Zukunft durch Verwandlung von Vergangenheit erzeugt. So sagt der ägyptische Sonnengott von sich: *Ich bin Chepre am Morgen, Re am Mittag und Atum am Abend* (Chepre ist der Morgenkäfer, Re die Mittagssonne und Atum der verbleichende Greis, der in die Mondbarke steigt). Alles ist einem steten Wandel unterworfen, und durch das Auge der Sphinx müssen wir unseren Blick auf die Gesetzmäßigkeiten richten, die für dieses Wechselspiel verantwortlich sind. Crowley hat die Karte »Glück« genannt. In den meisten anderen deutschen Tarotspielen heißt sie »Schicksalsrad«. Damit wird deutlich, daß es die gleiche Bewegung ist, die die eine Seite aufsteigen und die andere absteigen läßt. Auf welcher Seite wir das Rad erleben, ist nicht so sehr eine Frage äußerer Ereignisse und Gegebenheiten als vielmehr eine Frage unserer inneren Bereitschaft, uns auf Veränderungen einzustellen.

Bewußtsein
Die Karte weist auf Veränderungen im Leben hin, weil unser Eingebundensein ins Ganze einer Anpassung an neue Sichtweisen bedarf. Sobald aber der Mensch die äußeren Erscheinungsbilder zu relativieren beginnt, indem er sich für die inneren Gesetzmäßigkeiten interessiert, verändert er die Welt. Die Einsicht in die Notwendigkeit der Zeitabläufe mit ihrem Werden und Vergehen und das Erkennen unserer Aufgabe in diesem ewigen Prozeß ist die Hauptbedeutung dieser Karte. Das Unbehagen,

1 Vgl. Das Auge Gottes auf Karte XVI (Turm) und XXI (Das Universum)

das sich bei vielen Menschen einstellt, wenn sie sich mit der Zukunft beschäftigen (Astrologie, Tarot, Runen, I Ging), entspricht wohl jenen Tiefenängsten, die angerührt werden, wenn der Verstand, gewohnt, »vernünftige« Entscheidungen zu treffen, den Hauch der Unterwelt verspürt. In dieser Berührung liegt aber auch Stärke: sie läßt Raum für eine spannungsvolle Offenheit, in der metaphysische Tiefe in den rationalen Alltag einfließt.

Beruf
Gerade im beruflichen Erleben verhilft uns die Karte zu einem tieferen Verständnis und zur Einsicht in die notwendigen Abläufe des Schicksals. Damit weist das Rad auf große Wandlungen hin, die uns bevorstehen und zu deren Verwirklichung wir schicksalhaft gezwungen werden. Das Joch, das wir spüren, kann mürbe machen und schafft damit in uns die Bereitschaft, unser Schicksal selbst in die Hand zu nehmen. Je bereitwilliger wir dieses akzeptieren, um so mehr können wir es gestalten, es als unsere wirkliche Berufung erfahren und dabei auch der hilfreichen, förderlichen Seite des Rades begegnen.

Beziehung
In unseren persönlichen Beziehungen steht diese Karte für glückliche Wendungen, die jedoch häufig eine wichtige Einsicht als Voraussetzung haben. Dabei fühlen wir uns zunächst häufig dem Status quo ausgeliefert. Sei es, daß wir keinen Partner haben oder in einer problematischen, unbefriedigenden Beziehung leben. Aber auch hier gilt es, unsere Aufgabe zu verstehen und zu erkennen, was wir dabei zu lernen haben, bevor es aufwärtsgehen kann. Auf tiefer Ebene kann sie uns Einsicht geben in das, was wir im zwischenmenschlichen Bereich zu lösen und zu versöhnen haben, und manchmal ist sie ein Hinweis auf eine karmische Verbindung.

Analoge Entsprechungen

1. Archetypen und Symbole

Archetyp
Das Schicksal.

Buchstabe כ
Kaph = K (»Handfläche«); Zahlenwert 20. Da man – gemäß einer anderen Tradition – aus den Handlinien auf das Schicksal ihres Trägers schließen kann, steht Kaph für die in die Handfläche hineingewobenen Schicksalslinien als Ausdruck der inneren Seelenmuster.

Zahl
10 = Das Sinnbild der Vollkommenheit. Die Zahl der Punktepyramide (die heilige Tetraktys der Phythagoräer), die aus den Grundzahlen 1–4 besteht, und in der die Vielheit wieder zur Einheit wird.

Lebensbaum
Die Achse Chesed-Netzach. Chesed bedeutet die Verwirklichung, Materialisierung und Potenz des Wachsens und Netzach die ungestüme Kraft verfließender Energie. Die Achse verkörpert das freie Spiel der Kräfte, die nur durch die unerschütterliche Gesetzmäßigkeit des unendlichen Wechsels im Gleichgewicht ist.

I Ging
50 Ding – »Der Opfertiegel«.

Rune ᚺ
Hagalaz (»Hagel«) bzw. Hagal (»All-Hag« = »Welt-All«) allegorisiert die Nabe des Schicksalsrads und damit »die sich auswirkende Ursache«, die Vergangenheit und Zukunft verbindet und damit das Schicksal regiert.

Planet
Jupiter. *Es wäre eine engstirnige Betrachtungsweise,* schreibt Crowley, *Jupiter nur als Symbol des guten Schicksals anzusehen; er repräsentiert das Element des Glücks, seinen unberechenbaren Faktor.*

Gottheiten
Göttin Fortuna und die Sein, Werden und Vergehen spinnenden Schicksalsnornen, auch Herrscherinnen über das himmlische Sternenrad genannt.

Mythos
Mythos vom Lebensfaden. Im griechischen Mythos sind es die drei Töchter der Nacht, welche die Schicksalsfäden spinnen: Klotho hält den Spinnrocken, Lachesis spinnt den Faden, und Atropos, die Unabwendbare, schneidet den Faden ab.

Kultstätten
Omphalos, der Heilige Stein in halbovaler Form in Delphi, der für die Griechen der Antike als Nabel der Erde galt; oder die Cheopspyramide und die rätselhafte Sphinx von Giseh.

Sabbat
Die vier fixen Säulen des Jahres oder die Feste der vier Cherubim: Das Fest des Stieres am 1. Mai, das Fest des Löwen am 1. August, das Fest der Schlange, die sich in einen Adler verwandelt, am 1. November

und das Fest des erleuchteten Menschen, der zum Engel wird, am 2. Februar.

Ritual
Rückführung (»Vorwärts in die Vergangenheit«) oder Schicksalsbefragung (Astrologie, Tarot, Runen, I Ging).

2. Assoziationen und Empfindungen

Bilder
Die Tarotbilder der Großen Arkana. Ebenso die Darstellungen der Göttin Fortuna, die das Rad der Zeit dreht, sowie die im Mittelalter auf das Rad geflochtenen Sünder und Märtyrer.

Schriften
Die Offenbarung des Jahve (Messiaserwartung); »Das Buch Ezechiel« (Vision 1,10). Die Vision des Propheten Hesekiel, in der viele die Schilderung der Ankunft galaktischer Astronauten zu entdecken glauben.

Musik
»Gesang der Nornen« aus dem Vorspiel zur »Götterdämmerung« von Richard Wagner.

Duft
Kyfi, der Weihrauch der alten Ägypter. In der Cheopspyramide abgebrannt und inhaliert, erscheinen die Geister der Pharaonen.

Edelstein
Doppelpyramidenförmiger Fluorit (Oktaeder) oder Quarzglas aus Meteoriteneinschlag.

Astrologie
Saturn, Uranus, Neptun und Pluto. Die Herren des Karmas!

Zitate
Rätsel der Sphinx:
Zwei sind Schwestern, die eine verdankt der anderen das Leben, welche – gebärend die Mutter wird selbst vom Kinde geboren?
Antwort:
Die schwindende oder wachsende Mondsichel!

Überlieferung

Zeit – es gibt kein Werden, kein Vergehen, keine Vergangenheit, keine Zukunft. Es verändert sich nichts, es läßt sich nichts wahrnehmen. Was unsere Sinne zeigen, ist Schein, Täuschung, Trug und ohne jeden Wert. Alles das, was wir wahrnehmen, mit unseren Sinnen aufnehmen, besitzt keine Wirklichkeit, ist nicht begreiflich, nicht intelligibel. Eine Veränderung des Seins müßte in einem Übergang von einem Sein zu einem Nicht-Sein gefunden werden. Eine Veränderung ist darum unmöglich, und was unsere Sinne vortäuschen, nämlich einen dauernd veränderlichen Fluß der Gestalten, dauernd wechselnde Ereignisse, ist Sinnestrug. Es ereignet sich nichts, es geschieht nichts. Nichts wird alt und nichts neu; es wird nichts hinweggenommen, und nichts kommt hinzu. Das Sein ist eine unangreifbare vollkommen gerundete Kugel.

Parmenides von Elea

XI. LUST

el deseo

Trieb Energie, Leidenschaft, Ausstrahlungskraft.
Ziel Lebensfreude, Initiation, sexuelle Transformation (Wandlung der animalischen Natur durch liebevolle Annahme).

Leitbild Zähmung des Löwen.
Licht Stärke, Kraft, Vitalität.
Schatten Schwäche, Unausgefülltheit, Depression (Aggression, Perversion und Sucht als Folge verdrängter Instinkte).
Qualität Lebenslust und Lebenskraft.

Grundlage

Die Karte

Diese Karte spiegelt ein zentrales Lebensthema von Aleister Crowley und verbildlicht zugleich ein Motiv aus der Apokalypse (Offenb. 17, 3 – 4). Dort ist von dem Tier mit der Zahl 666 die Rede, das dem Antichristen entspricht, auf dem die Hure Babylon als scharlachrotes Weib reitet. Crowley identifizierte sich von früh an mit diesem Tier, und jede seiner zahllosen Geliebten erhielt den »Ehrentitel« Scharlachweib. Die Karte zeigt sie als eine in Sinneslust entrückte Frau, die auf dem Rücken eines löwenähnlichen Mischwesens reitet. Sie symbolisiert die sexuelle Ekstase, die aus jeder Pore ihres Körpers strömt. Ihre Lust ist mehr als nur das Präsentieren bloßer Haut, ihre Lust ist Rausch und göttliche Energie. Niemand beschreibt dies besser als Crowley selbst: *Sie reitet mit gespreizten Beinen auf dem Biest; in ihrer linken Hand hält sie die Zügel als Symbol der sich miteinander vereinigenden Leidenschaft. In ihrer Rechten hält sie den Kelch in die Höhe, den Heiligen Gral entflammt von der Liebe und dem Tod.* Und weiter sagt er: *Dies ist die Karte der göttlichen Trunkenheit oder Ekstase. Die Frau wird mehr als ein wenig trunken gezeigt und mehr als ein wenig verrückt; und auch der Löwe ist in Lust entflammt. Dies bedeutet, daß die hier beschriebene Energieform einer ursprünglichen, schöpferischen Ordnung entspricht; sie ist vollkommen unabhängig von einer Kritik der Vernunft. Im Hintergrund sehen wir die unblutigen Abbilder der Heiligen, auf denen das Bild reist, denn ihr ganzes Leben ist gänzlich im Heiligen Gral aufgegangen.*

Analyse und Beschreibung

1. Motiv (Die gezügelte Bestie)

Weib

In der bacchantischen Gestalt drückt sich die auf laszive Sinnenbetörung und Triebbefriedigung ausgerichtete Sehnsucht eines ganzheitlichen orgiastischen Erlebens aus (Offenb. 13,7: *Die Frau war betrunken vom Blut der Heiligen und vom Blut der Zeugen Jesu*). Hier wird der Geist von Dionysos beschworen, der in den prallen Abgründen lüsterner Ausschweifung leibliche Befriedigung sucht, und auch das sinnliche Potential, das sich zur kosmischen Erfahrung, zur allumfassenden Liebe oder zu einer orgiastischen Supernova ausdehnt, wenn das innere Tier »explodiert« und sich in Schöpfungsenergie verwandelt.

XI

Löwe

Der Löwe ist ein Symbol der animalischen Instinkte, und im gebändigten Löwen drückt sich der Einklang des zivilisierten Menschen mit seiner animalischen Natur aus. In seiner ungebändigten, verdrängten Form verkörpert der Löwe – oft hinter der Maske blasser Frömmigkeit – das unbewußt Destruktive, Gewalttätige, Machthungrige, das bis zu den Exzessen kriegerischer Massenpsychosen reichen kann. Gebändigt dagegen steht er für Lust, Leidenschaft und Lebensfreude und ist damit wesentlicher Bestandteil echter Vitalität.

Siebenkopf (Löwenkopf)

Die Karte Lust wird diesem Umstand dadurch gerecht, daß sie uns statt des wilden Biestes ein halbgezähmtes Tier mit fünf Menschenköpfen und zwei Tiergesichtern zeigt, ein Symbol kontrollierter Triebe sowie – umgekehrt – ein Bild des in seinen animalischen Instinkten trotz aller Anpassung »wilden« Menschen. Laut Crowley sehen wir den Kopf eines Heiligen, eines Engels, eines tapferen Mannes, einer Ehebrecherin, eines Satyrs, eines Dichters und schließlich einer Löwenschlange, der wir hier den dionysischen Hymnus unterlegen: *Ich bin die Schlange, die Wissen und Wonne gibt und strahlende Herrlichkeit, und ich schüre die Herzen der Menschen mit Trunkenheit. Um mir zu huldigen, nehmet Wein und seltene Drogen, die ich meinem Propheten nennen werde, und berauscht euch daran! Sie werden euch nicht im geringsten schaden. Diese Dummheit gegen sich selbst ist eine Lüge. Die Zurschaustellung der Unschuld ist eine Lüge. Sei stark, oh Mensch! Begehre, genieße alle Dinge der Sinne und Wonne: Fürchte nicht, daß ein Gott dich darum verleugne.*

Zügel

Es ist nicht der Verstand, der seine Triebe und Instinkte transformieren kann, sondern es sind ganz im Gegenteil die Leidenschaften und das Verlangen der Frau, die die hinter der Anpassungsmaske versickerten Tierinstinkte wieder zum Fließen bringen. Die Frau ist mit ihrer Instinktnatur im Gleichgewicht, aber nicht, weil sie das Unbewußte zu kontrollieren sucht, sondern weil sie die Verdrängungsmasken des Bewußten erkennt (»im Zügel hält«) und die dahinterliegenden wahren Gesichter akzeptiert.

Schlange (Löwenschwanz)

Das Hinterteil symbolisiert normalerweise das Verdrängte, Abgewandte oder den Schatten, aber weil in diesem Fall das Vorderteil die Maske darstellt, begegnen wir der Wahrheit im Schwanz: im Bild der Löwenschlange (zu ihrer weiteren Symbolik siehe S. 96). Sie verbindet das archaisch Weibliche, Schlange und Mond, mit dem archetypisch Männlichen, Sonne und Löwe: Der Löwenkopf der Schlange ist umgeben von der Konjunktion der Sonne mit dem Mond. Dies zeigt die Übereinstimmung zwischen Sexualität und wahrer Hingabe, und das wiederum signalisiert die Frau. Ihr Mut, ihre persönliche Begrenzung aufzuheben, führt sie zu einem Gefühl der höchsten Selbstaufgabe: *Ich bin erschöpft in der lustvollen Fülle der Inspiration, das Aushauchen ist süßer noch als der Tod, schneller und heiterer als die Liebkosung des Höllenwurms.* (Crowley)

2. Umfeld (Symbole)

Gralskelch (Feuerurne)

Das entflammte Licht, das energetisch betrachtet einen Orgasmus darstellt, symbolisiert die Verbindung von Wasser und Feuer. Von der Form her an eine Gebärmutter erinnernd, in der das Fruchtwasser des Lebens strömt (gelber Streifen am unteren Rand), erkennen wir im flammenden Orange das glühende Feuer, welches das Wasser zu Dampf erhitzt. Diesem Prinzip begegnen wir vor allem in der Alchemie, wo das Wasser die sanfte Trägheit darstellt, die in einer schoßähnlichen Retorte durch die Flammen des Feuers zur Erhitzung gebracht und damit in jene feinere Ebene transformiert wird, wo sich die körperhaften Triebe in das unbeschreibliche Entzücken ekstatischer Wonne verflüchtigen. Auf der Karte erinnert das Gebilde aber auch an eine Flammenurne, ein weiteres Symbol für den Schoß, wo der Abstieg in den Tod als Voraussetzung zur Wiedergeburt stattfindet. Auf einer dritten Ebene verkörpert das Gefäß den Kelch, den die babylonische Liebesgöttin Ishtar in der rechten Hand trägt. Als Kyros Babylon eroberte, gelangte er in den Besitz des Kelches, der fünfzehn Talente wog. Er war mit Dattelwein und anderen berauschenden Ingredienzen gefüllt und durfte nur von Initianden und Eingeweihten geleert werden.

Feuer und Schlangen (Löwenhörner)

Die durch die Glut des männlichen Feuers im weiblichen Gefäß entfachte Hitze dehnt sich wie brodelnde Lava nach oben aus, Sinnbild der Sexualität, welche das Lebensrad bewegt. Im Hellen erstrahlt schon das Dunkle, denn Liebe und Tod sind eins. Immer neue Geschlechter ziehen herauf, die Geburt folgt ihrem eigenen Schatten (Tod); die Menschheit wächst, und durch ihre Triebe (die Schlangen verkörpern die »Zehn Hörner des Biests«, die sich in alle Welt verstreuen, um die Welt zu zerstören und wieder zu erneuern) strömt neue Energie in Zeit und Raum. Crowley schreibt: *Denkt jedoch nicht, die Geheimnisse des Lebens in den Wäldern und Bergen zu finden, nein, in purpurnen Betten, liebkost von herrlichen Weiberbestien mit kräftigen Gliedern, mit Feuer und Licht in ihren Augen und einer Fülle von flammenden Haaren um sich, dort werdet ihr sie finden. Herrschen werdet ihr sie sehen, an der Spitze siegreicher Heere, bei allen Freuden, und es soll Freude in ihnen sein, millionenfach stärker als diese. Hütet euch, daß einer den anderen zwinge, König gegen König! Liebet einander mit brennenden Herzen, die niedrigen Menschen zertretet in der wilden Lust eures Stolzes am Tag eures Zorns.*

Sterne und Heilige

Hinter dem Biest und seiner Braut befinden sich zehn leuchtende Strahlenkreise. Es sind die vom Himmel gefallenen Sterne (nach Crowley sind es die im Hinblick auf ein neues Zeitalter noch ungeordneten Sephirot im Lebensbaum), denn die Schrift offenbart: *Sein Schwanz fegte ein Drittel der Sterne vom Himmel und warf sie auf die Erde* (Offenb. 12,4). Darunter finden wir die Gestalten von Heiligen, die demütig in sich versunken sind, denn das Tier schreitet über ihre Köpfe hinweg. Die Offenbarung schreibt: *Und es wurde ihm erlaubt, mit den Heiligen zu kämpfen und sie zu besiegen* (Offenb. 13,7).

C. G. Jung

Alle die Löwen, Stiere, Hunde und Schlangen, welche unsere Träume beleben, stellen eine undifferenzierte, noch nicht domestizierte Libido dar, welche zugleich einen Teil der menschlichen Persönlichkeit bildet und daher passend als anthropoide Seele bezeichnet werden kann. Wie die Energie, so erscheint auch die Libido nicht an und für sich, sondern nur in Gestalt einer ›Kraft‹, d.h. eines bestimmten energetischen Zustandes von ›Etwas‹, z.B. bewegter Körper, chemischer oder elektrischer Spannung etc. So ist auch die Libido an bestimmte Formen oder Zustände gebunden. Sie erscheint als die Intensität von Impulsen, Affekten, Tätigkeiten etc. (Symbole der Wandlung, S. 568)

Deutungen

Hintergrund (Die Hure Babylon)

Dort sah ich eine Frau auf einem scharlachroten Tier sitzen, das über und über mit gotteslästerlichen Namen beschrieben war und sieben Köpfe und zehn Hörner hatte. Die Frau war in Purpur und Scharlach gekleidet … sie hielt einen goldenen Becher in der Hand ….

In der Johannes-Offenbarung (17,3 – 4) finden wir den eigentlichen Schlüssel zum Verständnis von Aleister Crowley, der sich als eben dieses Tier verstand, dargestellt mit der Zahl 666, und in all seinen Geliebten jeweils das Scharlachweib sah. Darin spiegeln sich Crowleys masochistische Neigungen, sich als wildes Biest dem schönen Scharlachweib zu unterwerfen, ohne sich ihm auszuliefern, denn das Weib ist betrunken und damit nicht im Besitz seiner Sinne. In Crowleys Interpretationen finden wir das Verlangen eines masochistischen Sadisten, der mit der Hingabe an ein »Objekt« kokettiert, das er in Wirklichkeit beherrscht und damit auch nicht Hingabe signalisiert, sondern Unterwerfung an seine dunklen, inneren Neigungen.

Allgemein

»Lust« ist die Schwelle zur zweiten Dekade der Großen Arkana, hinter der die Reise in die eigene Tiefen beginnt. Das ist die dunkle, mysteriöse Seite, in deren Tiefe aber nicht nur große Gefahren gründen, sondern auch Erlösung und Ganzwerdung. Die Karte zeigt die Meisterung und Zähmung unserer animalischen (sündhaften?) Natur und die Stärke, den Mut und die Tatkraft, die erwachsen, wenn diese Urkräfte kanalisiert werden. Dabei geht es nicht um das Bekämpfen oder Unterdrücken dieser Kräfte, sondern um deren Annahme. Damit ist das Eingeständnis gemeint, daß diese »niederen Triebe«, unsere archaischen Instinkte und Urkräfte in uns liegen (und nicht nur in anderen). Diese Karte macht deutlich, daß es nicht das Ziel sein kann, unsere Instinktnatur hinter einer blassen Tugend zu verbergen, sondern vielmehr den in uns lebenden, teils furchterregenden archaischen Kräften, genauso wie der Lust und Leidenschaft, offen zu begegnen, um sie durch liebevolle Annahme und sanfte Gewalt allmählich zu verstehen und zu integrieren. Auf diese Weise stehen uns nicht nur diese Urkräfte zur Verfügung, sondern auch alle Kraftreserven, die wir bislang verbraucht haben, um diese Instinkte zu unterdrücken.

Bewußtsein

Auf der Ebene unseres Bewußtseins ist die Karte ein Hinweis auf eine bedeutsame Wandlung, die sich aus der alchemistischen Symbolik erklärt. Den Alchemisten war das höchste Ziel die Verwandlung unedler Stoffe in edle Materie (Gold, Silber). Das zur Wandlung benötigte herzustellende Elixier nannten sie den »Stein der Weisen« oder den »roten Löwen«. Der Löwe galt als das Mittel, mit dem niedere Stoffe in Gold verwandelt wurden. Auf den Menschen übertragen heißt das, daß es unsere Aufgabe ist, die als niedere Instinkte gebrandmarkten Kräfte weder zu verdammen noch hervorzuheben, sondern sie so zu integrieren, daß sich zivilisiertes Bewußtsein und animalische Natur nicht bekämpfen, sondern sich zu einer einzigen, unschlagbaren Kraft verbünden.

Beruf

Im öffentlichen Leben heißt diese Karte, daß wir uns voller Energie und mit wahrer Leidenschaft unseren Aufgaben widmen. Sie zeigt den Mut und die Unternehmungslust, die wir aufbringen können, wenn wir körperlich auf der Höhe sind, in unserem Vorhaben aufgehen und dabei freudig spüren, wie unsere Kräfte uns durchströmen. Damit zeigt dieser Trumpf eine Phase außerordentlicher Schaffenskraft, großer Motivation und im gleichen Maße auch Freude und Gelingen. Sie kann auch zeigen, daß wir voller Engagement für ein Vorhaben oder für unsere Interessen wie ein Löwe kämpfen.

Beziehung

Im Bereich unserer persönlichen Beziehungen müssen wir das Gleichgewicht finden, uns dem Strom der Liebe hinzugeben, ohne uns an Triebzwänge zu verlieren. Wir müssen lernen, die animalische Leidenschaft als Bestandteil unserer allumfassenden Liebe zu betrachten, welche nirgends anfängt und nirgends aufhört. In dieser Karte kommt vor allem der Leidenschaftsaspekt zum Ausdruck. Sie zeigt Beziehungen, die von großer Lebendigkeit, von heißem Temperament und manches Mal auch von dramatischen Auftritten gekennzeichnet sind. Verbindungen dieser Art sind in aller Regel ein Hort der Kraft, aus denen wir viel Farbe für unser Alltagsleben gewinnen, in manchen Fällen aber auch destruktive Energie wie in der Beziehung zwischen Carmen und ihrem Verehrer Don José.

Analoge Entsprechungen

1. Archetypen und Symbole

Archetyp
Das Wilde.

Buchstabe ט
Theth = Th (»Schlange«); Zahlenwert 9. Die Verbindung von Wille und Fleisch manifestiert sich in der »Löwenschlange« (Schlangenkraft der Kundalini), die zur Quelle höchster Lust aufsteigt.

Zahl
11 = Die Zahl der Sünde. 1 Schritt über die göttliche Ordnung (der 10 Gebote) hinaus.

Lebensbaum
Die Verbindung zwischen Chesed und Geburah. Chesed verkörpert Verwirklichung, Verdichtung und Vollendung, Geburah Widerstand, Verhinderung und Krieg. Beides ist aber durch die waagrechte Achse miteinander im Gleichgewicht, was nicht nur Krieg und Widerstand bedeutet, sondern auch Glück durch Lebenskraft, wie Crowley schreibt: *Lust durch Freude an der ausgeübten Kraft.*

I Ging
26 Da Tschu - »Der Große Ernährer« (Des Großen Zähmungskraft).

Rune ᚷ
Gebo (»Geschenk«) = Verbindung durch Austausch = psychische und physische Vereinigung.

Tierkreis
Löwe im Sinne von Lebensbejahung, Vitalität, Stolz, Lust und Leidenschaft.

Gottheiten
Anuket, die ägyptische Göttin der Lust, und die nackt auf Löwen reitenden Göttinnen Hebe, Gemahlin des hethitischen Sturmgottes, und Heba, Gattin des Herakles; oder die ohne Waffen den Löwen bezwingende griechische Nymphe Kyrene.

Mythen
Der von Delila geschorene Simson (Samson) oder die babylonische Göttin Ischtar, die den Himmelsstier an die Leine nahm, um ihn gegen Uruk, die Stadt des Gilgamesch, zu führen.

Kultstätte
Das Ischtartor in Babylon mit seinen Drachen-, Löwen- und Stiermotiven.

Sabbat
Hundstage, die Tage vom 24. 7. bis 24. 8., an denen die Sonne und der Sirius (Hundsstern) gleichzeitig aufgehen; oder der 11.11. 11 Uhr 11.

Ritual
Kundalini (siehe S. 86) oder sinnliches Liebesspiel.

2. Assoziationen und Empfindungen

Bilder
Die helle Seite der Karte finden wir in der üppigen Sinnlichkeit der weiblichen Aktbilder von Rubens oder Renoir, die tiefenpsychologische in den erotischen Graphiken des Marquis de Bayros und die dunkle im virtuosen Zynismus von Dali (»Der große Onanierer«, »Die Auferstehung des Fleisches«).

Schrift
Apulejus' »Amor und Psyche«; »Der goldene Esel«. Auf der hellen Ebene begegnen wir solchen vor Vitalität und Leidenschaft strotzenden Romanen wie »Alexis Zorbas«; auf der dunklen den literarischen Obszönitäten eines Marquis de Sade (»Justine«).

Musik
»Le poème de l'extase« von Alexander Skrjabin. Im »Lied der Verzückung« erleben wir die Ekstase vom ersten zaghaften Aufblühen der Empfindungen bis zur sinnestrunkenen, orgiastischen Raserei.

Düfte
Neroli-, Niaouli- und Patschouliöl. Die transformierenden Düfte aktivieren die Gelüste (»innere Bereitschaft«) und sind ein sexuelles Stimulans.

Edelstein
Rubin.

Astrologie
Venus in Löwe. Die schöpferische Entfaltung der Libido führt zu Leidenschaft, Verlangen und erotischer Ausstrahlungskraft.

Zitat
Der Pfad der Ausschweifung führt zum Turm der Weisheit.
William Blake

XII. DER GEHÄNGTE

Trieb	Opfer und Hingabe (Annahme des Schicksals und Suche nach der tieferen Bedeutung).
Ziel	Erlösung, Reife, Weisheit finden, die erlösende Versenkung.
Leitbild	Der kopfstehende Yogi, der erleuchtete Mensch.
Licht	Überwindung des Egos, Lebensumkehr.
Schatten	Stillstand, Widerstand und Selbstaufgabe (Festsitzen, In-der-Luft-hängen, Keinen-Sinn-im-Leben-sehen).
Qualität	Neue Sicht der Welt.

Grundlage

Die Karte

Wir sehen den mit dem Kopf nach unten ausgestreckten Gehängten, der zwischen Leben und Tod gekreuzigt ist. Um seinen linken Fuss windet sich die Lebensschlange, die ihn an das aus dem weißen Licht hervortretende Ankh bindet, jenes altägyptische Henkelkreuz, das die Lebenskraft verkörpert. Kopf und Hände aber sind der Todesschlange zugewandt, die unter ihm im Grabe ruht. Den Hintergrund bildet ein Gitter aus kleinen Quadraten, die die Elementartafeln darstellen, auf denen alle Namen und Siegel der Naturenergien verzeichnet sind. Diese Quadrate und die gekreuzten Beine sind ein Symbol der Zahl Vier, die immer Ausdruck irdischer Wirklichkeit ist. Die Kreise aber, auf die der Gehängte genagelt ist, haben den Symbolwert des Absoluten und Göttlichen, ebenso wie die durch die drei Nägel ausgedrückte Zahl Drei für das Göttliche steht. Damit spiegelt diese Darstellung die am meisten verbreitete Form des Kruzifixes, wo Jesus mit drei Nägeln an das Kreuz geschlagen ist: Das Göttliche (3) ist an das irdische Leiden (4) genagelt, aufgehängt zwischen den menschlichen Eckwerten von Leben und Tod. Sinn dieses Opfers ist die Erlösung. Auf einer tiefenpsychologischen Ebene opfert sich hier das Ego, um im göttlichen Selbst aufzugehen. Die unabdingbare Erfahrung für diese Wandlung ist die Begegnung mit dem Tod (der nachfolgenden Karte), das zentrale Thema der Initiationsriten aller Mysterienkulte. Die Einsicht in die eigene enge Begrenzung läßt das Ich bescheiden werden und übergibt die Führung dem höheren Selbst.

Analyse und Beschreibung

1. Gestalt (Der Verstrickte)

Der Gehängte

Der Gehängte ist mit dem Kopf nach unten festgenagelt und damit Ausdruck eines Menschen, der in der Sackgasse steckt und sich bis zur absoluten Bewegungsunfähigkeit in den Auswirkungen seiner eigenen Ideen und Taten verfangen hat. In dieser Hilflosigkeit liegt gleichzeitig aber auch die Lösung, denn es bleibt ihm nichts zu tun, als zu warten und seine Situation zu akzeptieren. Damit befindet sich der Betroffene in einem Zustand, wo individuelles Wollen und schöpferischer Wille eins geworden sind: *Vater, nicht mein, sondern dein Wille geschehe!*

Haltung

Crowley hat – im Unterschied zu Waite – die traditionelle Darstellungsform des Gehängten aufgegriffen und ihn am linken Fuß aufgehängt. Damit drückt er aus, daß wir in Lernprozesse dieser Art eher unbewußt hineinstolpern, statt sie bewußt aufzusuchen, wie es die Waite-Darstellung suggeriert. Aus seinem gewohnten Handeln herausgerissen, ist der Gehängte ins Ungewisse verbannt. Er befindet sich in einem Zustand der Schwebe, wo ihm alles aus der Hand genommen ist, und er muß buchstäblich im Dunkeln warten, wie es mit ihm weitergehen soll. Crowley schreibt: *Im Zeitalter des Osiris* (das wohl dem jetzt zu Ende gehenden Fischezeitalter entspricht) *repräsentierte diese Karte die höchste Formel des Adeptentums; denn die Gestalt des ertränkten oder gehängten Menschen hat ihre eigene besondere Bedeutung. Die Beine sind so gekreuzt, daß das rechte Bein einen rechten Winkel mit dem linken Bein bildet, und die Arme sind in einem Winkel von 60 Grad ausgestreckt, um ein gleichseitiges Dreieck zu bilden. Daraus ergibt sich das Symbol des vom Kreuze überragten Dreiecks, das den Herabstieg des Lichtes in die Dunkelheit repräsentiert.* – In spiritueller Hinsicht ist sein Zustand ein Akt des Loslassens auf dem Weg zu tiefster innerer Erfahrung, Ausdruck bedingungsloser Hingabe an die Erfahrung der mystischen Einswerdung mit dem Urgrund.

Rumpf

Auf der materiellen Ebene beinhaltet sein Zustand aber die völlige Enthüllung aller Masken und damit die Erfahrung totaler Schutzlosigkeit. Nur um diesen Preis kann der Suchende dem göttlichen Selbst in sich begegnen, das ihn auch dann noch trägt, wenn ihn alle äußeren Hüllen nicht mehr tragen. Diese Hilflosigkeit ist ein Grundaspekt des menschlichen Wesens: Es ist die Hilflosigkeit des Säuglings, zu der das Ego so lange nicht zurückkehren will, bis es durch die Lebensumstände demütig geworden ist.

Kopf/Gesicht
Der geschorene Kopf und der völlig enthaarte Körper zeigen, daß er nun bereit ist, diesen Kindeszustand auf einer bewußteren Ebene nochmals zu erleiden. Mit der Aufgabe seines ummäntelnden Ichs aber verliert er neben allen schützenden Hüllen auch sein individuelles Gesicht, denn auch das persönliche Mienenspiel und die seriöse Amtsmiene sind Masken, hinter denen das Ego seine Angst verbirgt. Indem der Mensch erkennt, daß seine Angst dem nach Sicherheit strebenden Verlangen entspringt, alles zu kontrollieren, kann er begreifen, daß diese Angst in dem Moment erlischt, wo er bereit ist, sein Schicksal ohne Wenn und Aber zu akzeptieren und einer höheren Führung anzuvertrauen.

2. Umfeld (Symbole)

Ankh (Lebensschlange)
Der grünliche Horizont im oberen Teil der Karte ist von den weißen Lichtstrahlen der Krone (Kether) durchdrungen, ein Zeichen des ewig Fließenden und Unfaßbaren. Das Henkelkreuz im Vordergrund ist das in die Sichtbarkeit getretene Symbol des Unfaßbaren, und die den Fuß des Adepten umringelnde und an das Ankh bindende Schlange ist ein Bild transformierender Schöpfungskraft, die den Gehängten mit der Lebenskraft vereint.

Blaues Gitter
Die unbegrenzte Anzahl von kleinen Quadraten, von Crowley *elementare Signale* genannt, sind die engen, gesellschaftlichen Muster, welche den Menschen aus jeder individuellen Verantwortung entbinden, weil sie für jede schöpferische Tat schon ein Kästchen, einen gesellschaftlichen Kommentar oder eine Entschuldigung bereithalten. Zu diesen Mustern legt sich der Gehängte quer. Mit seinem Opfer und durch sein Bestreben, seine innere Hilflosigkeit zu akzeptieren, hat er sich von seiner bisherigen Wichtigkeit losgesagt. So muß er sich nicht länger profilieren und kann sich damit von den gesellschaftlichen Zwängen befreien. Damit wird die Sicht nach innen frei für die wahren Zusammenhänge im Leben. Die Lage des Gehängten zwingt ihn, sich zu öffnen für das, was ist, gleichgültig, ob es ihm jetzt gefällt oder nicht.

Grüne Scheiben
Da aber diese befreiende Erfahrung des Eingebunden- und Geborgenseins im Ganzen das Erlebnis völliger Hilflosigkeit und Schwäche voraussetzt, ist es verständlich, daß ein normal nüchterner und vernünftiger Mensch dazu vom Schicksal überlistet werden muß. Nur ein »Verrückter« würde versuchen, sich der Krise freiwillig zu nähern; das spiegelt sich nicht nur darin, daß die Figur am linken Fuß hängt, sondern auch in den grünen Scheiben, durch die der Gehängte zwar ans Gitter genagelt, aber um die Dicke der Scheiben von den Mustern der kollektiven Vorstellung getrennt ist.

Schwarze Schlange
Durch seine Haltung hat sich der Gehängte den archaischen Kräften zugewandt (untere Schlange), die auf den ersten Blick Schrecken und Todesangst auslösen, dann aber zu der Erkenntnis führen, daß es eben dieselbe Kraft ist, die ihn am Leben hält (obere Schlange). Die schwarze Schlange ist nur die eine Hälfte der inneren Wahrheit des Gehängten, der in ihr auch die Schlange des Lebens erkennt, die ihn am Henkelkreuz festhält. Damit hat er Unten und Oben (Wasser und Luft) miteinander verbunden und die innere Mitte erreicht, wo er der Realität nicht mehr auszuweichen braucht. Jetzt kann er es sich leisten, loszulassen – denn er hat sich im eigenen Loslassen erkannt: Es war seine eigene Angst, an der er sich festhielt, und indem er sie losläßt, ist er frei!

Anmerkung

Die Erweckung des Gehängten
In der germanischen Mythologie mußte Odin ein Auge als Pfand einsetzen, um am Fuß der Weltesche Yggdrasil aus dem Brunnen der Weisheit trinken zu dürfen. Der Baum oder Galgenbaum (im Zauberlied zur Tyr-Rune ↑ wird die Erweckung eines Gehängten besungen) ist ein Symbol der Weisheit und der inneren Erkenntnis und steht in enger Verbindung mit dem Kreuz, an dem Christus hing. Auch Odin verletzte sich mit einem Speer und hängte sich an der Esche auf. Die Parallele zum christlichen Erlöser ist nicht zu übersehen, denn beide suchten nicht die individuelle, sondern die kollektive Erlösung. Genauso, wie Christus von den Toten auferstand und sich durch den Tod mit seinem Vater wieder vereinigte, so kann der Gehängte durch seine neue Sicht die verkehrte Welt erkennen und zum Wissen gelangen. Dadurch wird er nicht nur erlöst, son-

dern auch mit Jugend und der Erkenntnis erfüllt, wie scheinbar sinnloses Leiden durch Annahme des Schicksals zur sinngebenden Erfahrung und demutsvollen Einsicht führen kann. So, wie Jesus Tote erweckte, erweckte Odin sein »Alter Ego« oder sich selbst, denn Hangatyr (der hängende Tyr) ist eine andere Bezeichnung des an der Weltesche hängenden Odin: *Ich weiß, daß ich hing / Am windigen Baum, / Neun Nächte lang, / Mit dem Speer verwundet, / Geweiht dem Odin, / Ich selbst mir selbst. /An jenem Baum, da jedem fremd / Aus welcher Wurzel er wächst.* Tyr war der älteste Himmelsgott der Germanen, der ähnlich wie Kronos vom neuen Allvater Odin verdrängt wurde. Aber im Gegensatz zum griechischen Gott, der auf der Insel der Seligen endete, wurde der alte germanische Götterkönig durch seinen Sohn wiedergeboren. Ohne Widerstand, voller Hingabe, Auge in Auge mit dem Tod, die andere Seite der Lebenspolarität zu erfahren, ist der tiefe Sinn des Zauberliedes (Edda). Tyr symbolisiert die Ahnenmuster, die dem Sohn erst zur Verfügung stehen, wenn er sich wissentlich mit ihnen vereinigt statt sie zu bekämpfen. Odins Opfer führte zur Einweihung: Ihm wurden die Geheimnisse der Runen, des magischen Wissens der alten Zeit, offenbar. Das Ich, das sich opfert, um das göttliche Selbst aus sich hervorgehen zu lassen, war der Schlüssel: *Ich selbst mir selbst geweiht!*

Deutungen

Hintergrund (Mid-life-crisis)
Diese Karte verkörpert wie keine andere das Thema der Lebensumkehr. Damit steht sie sowohl für die Krise um die Lebensmitte wie für alle anderen kleinen und großen Lebenswenden, zu denen uns das Leben drängt. Sie zeigt, daß wir festhängen, bis wir uns zur neuen Sicht der Dinge bereitfinden. Aber außer der immer unerträglicher werdenden Situation zwingt uns nichts zur Einsicht, und niemand garantiert, daß sie tatsächlich erfolgt. Somit haben wir hier die Wahl zu lernen, umzudenken, umzukehren und einen neuen Weg zu beschreiten oder uns hängen zu lassen und klagend weiterzuleiden, ohne daß sich je etwas verbessern wird.

Allgemein
Der Gehängte ist die Karte der Wende, die sich vordergründig darin ankündigt, daß wir in der Klemme stecken. Bei gründlicher Betrachtung jedoch liegen in der äußeren Unbeweglichkeit dieser erzwungenen Ruhe sowohl Notwendigkeit wie Gelegenheit, durch tiefgründiges Erfassen zu einem erweiterten Weltbild zu gelangen: *Die großen Lebensprobleme sind nie auf immer gelöst. Sind sie es einmal anscheinend, so ist es immer ein Verlust. Der Sinn und Zweck scheint nicht in ihrer Lösung zu liegen, sondern darin, daß wir unablässig an ihnen arbeiten. Das allein bewahrt uns vor Verdummung und Versteinerung.* (C.G.Jung)

Bewußtsein
Auf dieser Ebene drückt »Der Gehängte« eine Krise aus. Wir haben uns in eine feste Vorstellung verrannt und müssen nun erkennen, daß wir nicht weiterkommen. Gerade in diesem Bereich aber liegt auch die ganze Größe der Karte. Denn das, was verändert und zerstört werden will, sind erlernte emotionale und geistige Verhaltensmechanismen, falsche Wertvorstellungen und allgemeine Weltbilder. Diese Strukturen werden verworfen und so lange aufgerieben, bis wir umdenken und die fruchtbaren Wasser aus der Tiefe in eine neue Weltsicht, eine neue Umgebung oder ein anderes Betätigungsfeld einfließen lassen. Wenn wir uns dem Problem lange genug ausgeliefert haben und uns schließlich der Einsicht öffnen, setzt das unbewußte Vertrauen in die unsichtbaren Wirkungen des Ewigen ein. Und plötzlich melden sich Erkenntnisse, die uns klarmachen, was wir bislang versäumt haben.

Beruf
Im beruflichen Erleben bedeutet diese Karte erhebliche Verzögerungen, wenn nicht gar die Verhinderung unserer Vorhaben. Projekte geraten ins Stokken, Beförderungen werden nicht ausgesprochen, die Suche nach einem neuen Tätigkeitsbereich erweist sich als vergeblich, wichtige Planungen können nicht verwirklicht werden. Umgekehrt können aber auch liebgewordene Haltungen geopfert werden, um Raum zu schaffen für die Entwicklung neuer Potentiale. In jedem Fall verlangt diese Karte eine neue Sicht der Dinge, die manchmal durch zähe Geduldsproben erzwungen wird.

Beziehung
Sei es, daß wir ohne feste Verbindung leben und uns vergebens darum bemühen, zu einer vertrauensvollen Partnerschaft zu gelangen, sei es, daß wir uns in eine schwierige Verbindung verstrickt haben und vergeblich versuchen auszubrechen: Wir sitzen in unserer jeweiligen, durchweg als unangenehm empfundenen Situation fest. Wenn wir aber lernen, unsere Schwierigkeiten als Teil unseres Weges anzunehmen, uns in Geduld zu üben und uns nach und nach neuen Einsichten zu öffnen, lösen sich die Probleme oft wie von selbst.

Analoge Entsprechungen

1. Archetypen und Symbole

Archetyp
Der gehängte Gott; das Opfer.

Buchstabe מ
Mem = M (»Wasser«); Zahlenwert 40. Mem verkörpert Auftrieb, Fließen und symbiotische Wiedergeburt (Taufe und andere Reinigungsrituale).

Zahl
12 = Zeitgrenze; 3 x 4 = 12 ist die an das irdische Kreuz (4) genagelte göttliche Kraft (3).

Lebensbaum
Der Pfad von Geburah nach Hod. Der Weg aus der Behinderung (Geburah), die darin gründet, daß die gesellschaftlich anerkannten Verhaltensmuster nicht durch neue Einsichten gestört werden wollen, führt zur Geburt des Selbst durch eine visionäre, alles auf den Kopf stellende Reaktion (Hod).

I Ging
12 Pi – »Der Stillstand« (Die Stockung).

Runen ᚾ ᛏ
Nauthiz (»Not«) und Teiwaz/Tyr (»Universeller Vater«) bzw. Hangatyr (»Der gehängte und wiedergeborene Gott«). Nauthiz/Not verkörpert die Not und die Notwendigkeit, dem Stillstand und der Stockung durch völlige Umstellung des Lebens zu begegnen, ebenso wie Teiwaz/Tyr Erneuerung durch Krise und Umkehr der Werte ausdrückt (vgl. Anmerkung).

Element
Wasser, das Element grenzenloser Hingabe, das erst Ruhe gibt, wenn es unten angekommen ist.

Gottheiten
Alle angeschmiedeten oder gehängten Heroen: Prometheus am Kaukasus, Odin an der Weltesche Yggdrasil, Attis an der Kiefer und Schemchasai am südlichen Himmel als das Sternbild Orion.

Mythen
Lazarus; Jonas im Walfisch.

Kultstätte
Die Wotanseichen bei Wolfheze (zwischen Arnheim und Utrecht).

Sabbat
Der Vorabend zu Halloween («Kürbisnacht») ... oder der 29. Februar.

Ritual
Kopfstand oder »Tanz der Derwische«. Sich ein paarmal blitzschnell um die eigne Achse drehen, bis die Welt sich wie von selber weiterdreht.

2. Assoziationen und Empfindungen

Bilder
»Verspottung Christi« von Matthias Grünewald. Oder die Zerquältheit und entstellenden Blicke (»Die Tragödie des Menschen«) in den Gesichtern von Oskar Kokoschka.

Schrift
Die Edda.

Musik
Der auflösende Zerfall in den harmonisch kühnen, chromatischen Madrigalen von Gesualdo (1560 – 1613), die den späten Schönberg erahnen lassen.

Duft
Guayusa (verwesendes Fleisch). Ein Mittel südamerikanischer Heiler zur Reinigung und Erneuerung (zum Erbrechen unverdauter Mahlzeiten).

Edelsteine
Farbloser Topas (»Wasser-Saphir«), grünblauer Türkis, edler Galmei (Calamin).

Astrologie
Uranus, Neptun und 12. Haus. Uranus als Aufhebung und Umkehrung, Neptun im Sinne von Opfer und Erleuchtung und das 12. Haus als Symbol der Wandlung durch Isolation und tiefe Einsicht.

Alchemie
Solutio (Auflösung). Opfer bedingungsloser Hingabe und Auflösung des Alten als unverzichtbare Voraussetzungen für das große Werk der Wandlung.

Zitat
Die normalen Symbole unserer Wünsche und Ängste kehren sich während des Nachmittags der Lebensgeschichte um. Nicht mehr Leben, sondern Tod ist die Forderung. Schwer aufzugeben ist dann nicht mehr der Schoß, sondern der Phallus, wenn nicht schon Lebensmüdigkeit das Herz ergriffen hat und der Tod mit dem Versprechen des Segens ruft, der früher die Lockung der Liebe war. Joseph Campbell

XIII. TOD

la muerte

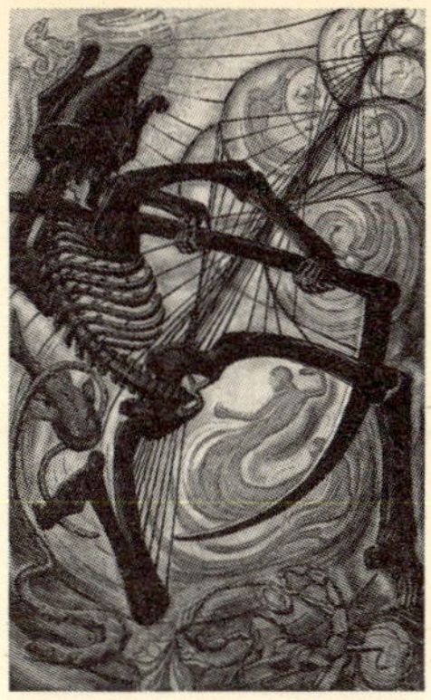

Trieb Stirb und Werde, Werde und Vergeh.
Ziel Transformation.
Leitbild Das große Loslassen (Tod).

Licht Platz schaffen für Neues.
Schatten Angst (Todesangst).
Qualität Innere Weisheit; Folgerichtigkeit.

Grundlage

Die Karte

Die Karte zeigt den Tanz des Todes, der im Wechselspiel der ewigen Zyklen das Prinzip des »Stirb und Werde« verkörpert. Wir sehen ein kniendes, mit einer Sense hantierendes Skelett, das alle verblühten Formen erntet, die durch die Webmuster des Schicksals hindurchgefallen sind. Das Durchtrennen der Lebensfäden läßt aus der verschlammten Kloake Blasen aufwirbeln, in denen neues Leben keimt, das an den Fäden der Zeit wie leuchtende Wattebäusche hochsteigt und sich zu immer neuen Gebilden von Raum und Zeit ausdehnt. Es ist der Tod, der sie erzeugt, indem er sie aus den Schlacken des Unergründlichen aufwirbelt. Dieser Triebimpuls des Ewigen wird von einem Skorpion mit giftigem Stachel symbolisiert, der zwischen zwei verendenden Sumpfblüten (Lotus und Lilie) brütet. Zusammen mit Schlange, Fisch und Adler ist er ein Sinnbild von Wiederauferstehung, Reinkarnation und Transformation. So wußten die Germanen von ihrem Gott Odin, daß er Astralreisen in ferne, jenseitige Welten machen konnte, wenn er zuvor seine Gestalt wandelte. Dann lag sein Körper wie schlafend oder tot da. Er selber aber war ein Vogel oder ein wildes Tier (hier der Gefährlichkeit des Skorpion entsprechend), ein Fisch oder eine Schlange. Nach Crowley verdeutlicht diese Karte *die Idee der Putrefaktion,* der fauligen Gärung im alchemistischen Prozeß, die – wie der Humus – Grundvoraussetzung und Basis für neues Leben oder für einen neuen Entwicklungsschub ist.

Analyse und Beschreibung

1. Motiv (Der Tod)

Das Prinzip des Todes

Das vom Tod verkörperte Prinzip stellt sich dar als eine unendliche Reihe von Wandlungen zu neuem Leben. Laut Crowley repräsentiert die Karte selbst den Tanz des Todes: *Man sieht die Gestalt eines Skeletts mit einer Sense, und sowohl das Skelett wie die Sense sind wichtige Symbole des Saturn. Dies mutet seltsam an, denn Saturn hat keine offenkundige Verbindung mit Skorpion; doch Saturn repräsentiert die grundlegende Struktur der im Dasein befindlichen Dinge.*

XIII

Skelett und Sense

Vor allem (aber nicht nur) im Mittelalter wurde der Tod oft mit Saturn und dem Skelett identifiziert, weil er nur noch als Vernichter angesehen wurde und damit als Erzfeind der Menschheit überhaupt. Der Geist mag ewig sein, aber die Form, an die er sich für dieses Leben bindet, ist unser Körper, und eben diese Form wird vom Tod zerstört. Leben und Tod wurden und werden nicht mehr als zusammengehörend verstanden, sondern das eine als das Opfer an das andere betrachtet. Da die Sense aber von einem Tod gehalten wird, der selber wieder an den Lebensfäden hängt, erkennen wir, daß es sich hier um den steten Zyklus von Tod und Wiedergeburt handelt. Auf einer anderen Ebene spiegelt die Sichel der Sense den Mond, der in seinem abnehmenden Aspekt der Hekate entspricht, der dunklen griechischen Göttin von Tod, Magie und Zauberei.

Helm (Krone des Osiris)

Saturn als Schnitter spiegelt unsere Angst vor dem Tod, die aber nicht mit der Wirklichkeit des Todes gleichgesetzt werden darf. Der Helm, den das Gerippe trägt, ist die Atef-Krone des Osiris, des ägyptischen Gottes der Jenseits-Welt. Er, der Gatte der Isis, fiel einer List seines Bruders Seth zum Opfer, der ihn in vierzehn (andere sagen zweiundzwanzig) Teile zerriß. Der Schakalgott Anubis (S. 104) aber suchte diese Teile zusammen, und Isis erweckte ihren geliebten Mann zu neuem Leben. Seit dieser Einweihung ist Osiris Herr über das Totenreich im Westen und Hüter der Lebenswasser, was sich in dem altägyptischen Segenswunsch ausdrückt: *Möge dir einst Osiris frisches Wasser geben.* Ähnliches finden wir in den Überlieferungen der Schamanen. Die Adepten berichten von einer Reise in die Unterwelt, wo ihnen ihre inneren Dämonen begegnen und ihnen das Fleisch buchstäblich von den Knochen reißen. Dem symbolischen Tod folgt aber stets die Wiedergeburt, und auf die Zerstückelung des Fleisches erfolgt der magische Aufstieg in einem neuen Körper.

2. Der Zyklus

Der Tanz des Todes

Der Tod ist die Schaltstelle im Zyklus des ewigen »Werde und Vergeh«, der die aufeinanderfolgenden Schöpfungsformen miteinander verknüpft. Weil wir aber immer nur die Dinge selber sehen und blind sind für die Fäden, die sie verbinden, ist unser Unverständnis für den Tod so groß. Innere Ruhe kann der Mensch erst finden, wenn er die Angst vor der Unerbittlichkeit der Wahrheit, daß alles sein Ende haben muß, weil es sonst keinen Anfang hätte, überwunden hat. Er wird sich nicht länger gegen den Schöpfungsplan wehren, weil das alte Leben den Humus bildet, auf dem Neues gedeihen kann. Dieser Humus entspricht dem Seelenschlamm, den der Tod aufwirbelt, *denn mit den Schwingen der Sense erzeugt er Blasen, in denen neue Formen Gestalt annehmen, die er durch seinen Tanz erschafft* (Crowley). Dieser Totentanz, der die Aneinanderreihung von Toden beschreibt, setzt aber gleichzeitig die Geburten voraus, auf die sich die Tode beziehen. So verstanden ist die Frucht, die in uns ein ganzes Leben lang heranreift, der Tod. Wer das begreift, für den ist Tod nicht länger das Gegenteil von Leben, sondern vielmehr das Gegenstück zur Geburt.

Die Auferstehung zum Leben

Damit repräsentiert die Geburt den anderen Pol im »Tod- und Wiedergeburts«-Zyklus; das drücken die tanzenden Gestalten in den aufsteigenden Blasen aus. Durch seine Haltung scheint der Tod ein Tor zu öffnen und dabei den Blick in das Innere einer Welle freizugeben. Jedes Leben basiert auf der Grundlage des rücksichtslosen Todes, denn alles Neue basiert auf der Vergänglichkeit des Alten. Solange wir diese Wahrheit ablehnen, bekämpfen wir im Bild des Todes die Folgerichtigkeit des Schöpfungssinns.

C. G. Jung

Ich habe (...) eine Reihe von Beobachtungen bei Personen gemacht, deren unbewußte Seelentätigkeit ich bis in die unmittelbare Nähe des Todes verfolgen konnte. In der Regel wurde das nahende Ende mit den Symbolen angezeigt, mit welchen auch im normalen Leben psychologische Zustandsveränderungen angedeutet werden, nämlich Wiedergeburtssymbole (...). Die Hinweise auf den nahenden Tod habe ich mehrfach in Traumreihen bis über ein Jahr zurückverfolgen können, auch in Fällen, wo die äußere Situation keinen solchen Gedanken aufkommen ließ. Das Sterben setzte also ein, lange bevor der wirkliche Tod eintrat (...). Im ganzen war ich erstaunt zu sehen, wie wenig Aufhebens die unbewußte Seele vom Tod macht. Demnach müßte der Tod etwas verhältnismäßig Belangloses sein (...). Um so mehr aber scheint sich das Unbewußte dafür zu interessieren, wie man stirbt, nämlich ob die Einstellung des Bewußtseins zum Sterben paßt oder nicht.

Grundwerk Band 9, S. 84f.

3. Die drei Entwicklungsstufen

Unterster Bereich (Skorpion, Sumpfblüten)

Der Skorpion, der im brütenden Schlamm über die verwesenden Pflanzen kriecht, ist die morbide Energie, welche die Fäulnis erzeugt, die durch ihren Vergärungsprozeß gleichzeitig das »Stirb und Werde«-Prinzip anheizt, denn seine Arbeit entspricht der Bodengewinnung aus den Schlacken der Verwesung. Auf der untersten Ebene der Karte sehen wir ihn als Totengräber, der das Abgestorbene in die Erde buddelt und dadurch neuen Humus schafft. Es ist aber nicht der Tod, der sich gegen das Leben sperrt, sondern immer das Ego, das sich gegen den Tod abgrenzt, indem es die Energien nicht fließen lässt, sondern sie als Schutz gegen die Angst vor dem Tod anstaut. Deshalb ist Thanatos, der Todestrieb, auch nicht die Sehnsucht nach dem Tod, sondern die Reaktion auf das verhinderte Leben, das sich seinen Ausweg im Akt der Zerstörung sucht. Crowley schreibt: *Der Skorpion repräsentiert die Putrefaktion in ihrer niedrigsten Form. Der Druck der Umwelteinflüsse wurde unerträglich, und das angegriffene Element unterwirft sich bereitwillig der Veränderung; so entzündet sich Kalium, wenn man es ins Wasser wirft, und nimmt die Umarmung der Hydroxyl-Wurzel hin.*

Mittlere Ebene (Schlange, Fisch)

Schlange und Fisch haben die für die Symbole des Unbewußten typisch ambivalente Bedeutung: die Schlange als Todes- und Lebensschlange und der Fisch als Ausdruck der lebensspendenden bzw. -erhaltenden Kraft des Wassers sowie als alles verschlingendes Ungeheuer. Die Schlange ist auch klassisches Symbol der Unsterblichkeit. Sie war es, die dem Gilgamesch das mühsam errungene Kraut des Lebens stahl und verschlang. Seitdem häutet sie sich und braucht – der Überlieferung zufolge – nicht mehr zu sterben. Crowley selbst mißt dem Symbol des Fisches auf dieser Karte überragende Bedeutung zu und stellt einen Zusammenhang mit den alten Fischgottheiten her, von denen Oannes die wohl bekannteste ist. Er gilt als der Weisheitslehrer der Sumerer und Akkader, und frühchristliche ägyptische Gemeinden setzten ihn mit Johannes dem Täufer gleich. Die in seinem Dienste stehenden Priester trugen eine Fischmaske, wobei ein Fischkopf mit nach oben geöffnetem Maul ihren Kopf bedeckte, auf den die heutigen Bischofshüte zurückgehen. So wird der Tod hier als Weisheitslehrer dargestellt, so wie der Psalmist sagt: *Herr, lehre uns bedenken, daß wir sterben müssen, auf daß wir klug werden.* Der Fisch ist ein sakrales Symbol des Christentums, wo er mit Christus gleichgesetzt ein Symbol des unsterblichen Selbst wurde. Das griechische Wort für Fisch ist IChThYS (ΙΧΘΥΣ), das als Notarikon gedeutet wurde, bei dem jeder Buchstabe für ein Wort steht: Iesus Christus Theou Hyios Soter (Jesus Christus, Sohn Gottes, Heiland).

Höchster Aspekt (Adler)
Der höchste Aspekt der Karte ist der Adler, er repräsentiert die Erhöhung über den festen Zustand der Materie. Die frühen Alchemisten waren der Auffassung, daß sich bei bestimmten Experimenten die reinsten, d.h. feinstofflichsten Bestandteile als Gas oder Dampf freisetzen (Crowley). Wie vor allem aus der verbreiteten Darstellung der vier Elemente bekannt, wurde der Platz des Skorpions so gut wie nie mit einem Skorpion dargestellt, sondern durch Schlange oder Adler. Das mag sich daraus erklären, daß der Skorpion (astrologisch) die Veranlagung repräsentiert, die zum Extremen neigt und das Mittelmaß verachtet. Insofern zeigte man ihn entweder in seiner dunklen, unerlösten Form als Schlange (Skorpione sind die Hüter des Allerheiligsten: wo immer sie in Bildern auftauchen, verweisen sie auf Tabuthemen) oder aber in seiner höchsten, erlösten Form als mächtigen Adler.

Deutungen

Hintergrund (Tod und Wiedergeburt)
Das große Thema von Tod und Wiedergeburt ist Gegenstand zahlloser Mythen in allen Kulturen. Die Heldin oder der Held steigt hinab in die Tiefe, um nach vielen Auseinandersetzungen mit den Dämonen wieder in die Welt zurückzukehren. Sie, die tot waren und wieder auferstanden, von Ungeheuern verschlungen und wieder ausgespien worden sind, kehren um die tiefste Erfahrung bereichert in die Oberwelt zurück. In den altägyptischen Mysterien wurde dieses Gleichnis rituell in der Auferstehung des gemeuchelten Osiris zum Ausdruck gebracht. Der Kult des Orpheus, die dionysischen Mysterien, die Totenklagen um Attis, Tammuz oder Adonis und die babylonisch-sumerische Überlieferung von Inannas Abstieg in die Unterwelt, sie alle versinnbildlichen die menschliche Auseinandersetzung mit Tod und Wiedergeburt.

Allgemein
Der Tod bedeutet Abschied und Ende und ist damit auch unabdingbarer Wegbereiter für das Neue und Kommende; die Karte selbst jedoch stellt uns zunächst das natürliche Ende einer Angelegenheit vor Augen, im Gegensatz zu der Zehn der Schwerter, die für das willkürliche, vorzeitige Ende steht. Es gilt immer wieder, sich zu verabschieden: von der Jugend, von einem geliebten Menschen oder von einer schönen Zeit. Die Erfahrung muß nicht notwendigerweise schmerzhaft sein. Der Abschied kann mit einem fröhlichen (Junggesellenabschied) oder überlebensnotwendigen Ereignis (Ablösung vom Mutterleib bei der Geburt) verbunden sein. Leben heißt, ständig Abschied zu nehmen, weil jeder Anfang eines Weges gleichzeitig das Ende eines andern ist. Auf der tiefsten Ebene mag uns klar werden, daß es in Wirklichkeit nichts gibt, was verloren gehen könnte, und darum auch nichts, woran wir uns klammern müßten oder könnten. So betrachtet wird sogar jede Spekulation über mögliche Reinkarnationen bedeutungslos und gleichgültig, sofern sie eher ein Ausdruck des sich gierig an das Leben (Wiedergeburt) klammernden Egos ist als das Ergebnis weiser Einsicht in das Rad des ewigen »Stirb und Werde«.

Bewußtsein
Auf der Ebene unseres Bewußtseins heißt diese Karte, daß wir am Ende eines Entwicklungsprozesses angekommen sind und unser altes Weltbild bzw. unsere alte Identität aufgeben müssen. Mit den Augen der Schöpfung gesehen ist der Tod ein Symbol für die Fähigkeit zum Loslassen, damit sich das Alte in Humus umsetzen und verwandeln kann. Nichts ist lebendiger als der Tod, aber der Tod, der von uns gefürchtet, weil nicht verstanden wird, hindert uns am Leben (unverrichtete Trauer erzeugt unheilvolle Verbindungen zum Tod). Auf höchster Ebene bedeutet dieser Trumpf, daß wir ein neues Bild vom Tod gewinnen.

Beruf
Im beruflichen Umfeld bedeutet der Tod in aller Regel das Ende unserer bisherigen Tätigkeit. Er fordert uns auf, von unserer Position Abschied zu nehmen und uns für neue Aufgaben freizumachen; damit ist er eine Chiffre der unvermeidlichen Zyklen

im Leben, die an jedes Ende einen neuen Anfang setzen. Projekte, Geschäfte und Hoffnungen sterben, und es liegt an der Bereitschaft unseres Geistes, den Sinn der Wandlungen zu begreifen und den Tod als Platzbereiter für das Neue anzunehmen. Innere Erfahrungen führen zu äußeren Veränderungen, und wenn wir die Notwendigkeit eines Abschlusses akzeptieren, können wir uns mit einem Gefühl der Erfüllung verabschieden.

Beziehung
In unseren persönlichen Beziehungen bedeutet der Tod, daß eine Entwicklungsphase zu Ende geht, was häufig auch das Ende einer Partnerschaft anzeigt. Wenn wir uns gegen den Abschied oder die Veränderung wehren und den anderen nicht loslassen, verdrängen wir die Zeichen des Wandels und der Zeit. Wut und Verzweiflung sickern – bildlich gesprochen – nach innen. In uns staut sich ein See. Und allmählich versumpfen wir im Morast unserer inneren Unfähigkeit, die Notwendigkeit eines Abschlusses zu akzeptieren.

Analoge Entsprechungen

1. Archetypen und Symbole

Archetyp
Der Abschied; der Tod.

Buchstabe נ
Nun = N (»Fisch«); Zahlenwert 50. *Diese Karte ist dem Buchstaben Nun zugeordnet, der ›Fisch‹ bedeutet; das Symbol des Lebens unter den Wassern, das sich durch das Wasser bewegende Leben.* (Crowley)

Zahl
13 = die Unglückszahl. Mit 12 schließt sich der Kreis (Uhr, Kalender). Beginnt er nicht von neuem bei 1, ist der Kreislauf zu Ende, dann schlägt es 13.

Lebensbaum
Die Achse Tiphareth-Netzach. Tiphareth umschreibt den Zustand der Schöpfung in ihrer ausgeglichensten Form und Netzach das Verfließen der Materie: Die Achse zeigt den Weg der Auflösung der Dinge!

I Ging
59 Huan – »Die Auflösung« (Das Zerstreuen).

Rune ᛇ
Eihwaz (»Eibe«) ist die Todesrune, denn die Eibe ist der heilige Baum von Tod und Wiedergeburt und als mächtiges Symbol des unerschütterlichen Sterbens ein bevorzugtes Friedhofsgewächs.

Tierkreis
Skorpion. Skorpion regiert den Tod. Skorpion regiert aber auch die Geschlechtsorgane. Damit verbinden sich in diesem Zeichen Tod und Leben. Alan W. Watts meint: *Nichts ist schöpferischer als der Tod; denn er ist das ganze Geheimnis des Lebens.*

Götter
Hades, der oberste Totengott, und seine Gehilfen Thanatos (Tod) und Hypnos (Schlaf), Söhne der Nyx (Nacht).

Mythen
Reisen in die Unterwelt (vgl. »Tod und Wiedergeburt«).

Kultstätte
Das Totenorakel von Ephyra (bei Mesopotamon in der Nähe von Dodona, dem ältesten und neben Delphi wichtigsten Orakel der Griechen). *Dort, wo in den Acheron sich der Pyriphlegeton stürzt und der Strom Kokytos, dort findet man des Hades düstre Behausung bei den Hainen Persephoneiens, voll unfruchtbarer Weiden und hoher Erlen und Pappeln.* (Homer in Odyssee X, 509–514)

Sabbat
Allerheiligen bzw. Allerseelen. Gedenktag der Verstorbenen.

Ritual
Abschied nehmen, Trauern, Begleitung der Toten, Totenbeschwörung.

2. Assoziationen und Empfindungen

Bilder
»Die apokalyptischen Reiter« (Holzschnitt aus der »Apokalypse«) von Albrecht Dürer oder »Die Pest« von Arnold Böcklin.

Schrift
»Bardo Thödol« (Tibetanisches Totenbuch).

Musik
»Stabat mater dolorosa« von Vivaldi, »Der Tod und das Mädchen« von Franz Schubert oder Mozarts letztes Werk, sein »Requiem«.

Duft
Modernde Pilze, feuchte Erde, Kompost.

Edelsteine
Onyx, Nephrit, Malachit.

Astrologie
Saturn im 8. Haus. Der Planet der Grenze, der Trennung und des Abschieds im Feld des »Stirb und Werde«.

Alchemie
Putrefaktion (fäulende Gärung). Die Humusbildung als Voraussetzung für das neue Leben. Die Alchemisten nannten diesen Zustand auch anschaulich »Das Grab des Osiris«, dessen Helm das Skelett auf der Karte trägt.

Zitat
Dort ist der Tod. Nicht jener, dessen Grüße
sie in der Kindheit wundersam gestreift, –
der kleine Tod, wie man ihn dort begreift;
ihr eigener hängt grün und ohne Süße
wie eine Frucht in ihnen, die nicht reift.

O Herr, gib jedem seinen eignen Tod.
Das Sterben, das aus jenem Leben geht,
darin er Liebe hatte, Sinn und Not.

Denn wir sind nur die Schale und das Blatt.
Der große Tod, den jeder in sich hat,
das ist die Frucht, um die sich alles dreht.

Rainer Maria Rilke »Stundenbuch«
(aus: Sämtl. Werke, Stundenbuch,
© Insel Verlag, Frankfurt/M. 1955
»Dort ist der Tod …«)

XIII

XIV. KUNST

(ALCHEMIE)

el arte

Trieb Solve et coagula (Löse und binde: Die Wiedervereinigung des Gelösten auf einer neuen Stufe).

Ziel Der Stein der Weisen (ultima materia).

Leitbild Die Suche nach dem innersten (Wesens-)Kern.

Licht Das rechte Maß (Verhältnismäßigkeit und Harmonie).

Schatten Übermaß (Zerrissenheit, Zersplitterung), Neigung zu Extremen.

Qualität Erfüllung, Frieden, Harmonie.

Grundlage

Die Karte

Kunst nannten die Alchemisten ihr Handwerk (ars perfectionis bzw. ars philosophica = Kunst der Vervollkommnung oder philosophische Kunst), deren Hauptaufgabe darin bestand, Gegensätze auf einer höheren Ebene miteinander zu verbinden, um dadurch das Niedere zum Höheren zu wandeln. Innerhalb der vier Elemente (Feuer, Luft, Erde und Wasser) bilden Feuer und Wasser das größte Gegensatzpaar, so daß deren Vereinigung die größte Kunst bedeutete. Diese Verbindung, in der Karte des Narren noch über dessen Kopf dargestellt, ist nun in die Bildmitte gerückt. Die Verschmelzung von Wasser und Feuer ist aber nicht nur ein äußerlicher, sondern auch ein innerer Prozeß. Die Verbindung zwischen Kaiser und Kaiserin, bei den Liebenden noch bloße Selbstbespiegelung (weil sie nicht den anderen, sondern nur sich selbst im Bild des anderen anschauen), kann sich nun vollziehen. Diese Karte zeigt die Erfüllung der in den ›Liebenden‹ dargestellten Hochzeit. Die beiden Repräsentanten sind zu einer einzigen androgynen Gestalt verschmolzen, die von der griechischen Artemis abgeleitet ist (die Viel-Brüstige). Sogar die Bienen und Schlangen auf ihren Roben haben sich vereint. Löwe und Adler haben an Größe gewonnen und zudem ihre Farben getauscht. Daß solche Veränderungen sich nicht ohne Schmerzen vollziehen, weiß jeder aus eigenen Wandlungsphasen. Alle dunklen und ichzentrierten Gedanken müssen sterben, ehe das Individuum wie Phönix aus der Asche neu geboren werden kann. Das drücken auch die aus dem brodelnden Kessel aufsteigenden Dämpfe aus, die sich in den Farben des Regenbogens nach oben ergießen und dem androgynen Doppelmenschen um die Schultern fließen. Im Zentrum dieses Lichtstroms schießt ein Pfeil hinauf. Die Robe der Gestalt ist grün, die Farbe der Natur. Dahinter leuchtet eine Riesensonne mit der Inschrift auf: VISITA INTERIORA TERRAE RECTIFICANDO INVENIES OCCULTUM LAPIDEM (Suche das Untere der Erde auf, vervollkommne es, und du wirst den verborgenen Stein finden). Die Alchemisten führten das Wort »Chyma« in Alchymie auf das ägyptische Wort »kemet« zurück, was das Schwarze bedeutet und mit dem schwarzen fruchtbaren Nilschlamm, dem dunklen Mutterboden des Lebens oder dem Körper der Isis gleichgesetzt wurde als »materia prima«.

Analyse und Beschreibung

1. Motiv (Die Gegensätze)

(Doppel-)Gestalt

Die androgyne Gestalt repräsentiert die Erfüllung der in den Liebenden vollzogenen Chymischen Hochzeit. Wurden in Trumpf VI die beiden Liebenden noch getrennt dargestellt, der schwarze König mit goldener Krone und rotem Löwen, die weiße Königin mit silberner Krone und weißem Adler, so sind sie jetzt vereint. Durch das Prinzip der Umkehrung hat die weiße Frau nun einen schwarzen Kopf und der schwarze König einen weißen; und durch die konsequente Verdrehung (die wechselständig ins Gleichgewicht gebrachte Umkehrung) konzentriert sich das weiße Gesicht zur Rechten auf die Tätigkeit des weißen Armes zur Linken, während das schwarze Gesicht zur Linken sich nach dem schwarzen Arm zur Rechten ausrichtet, der eine Lanze hält, die sich in eine Fackel verwandelt. Das Feuer bringt das Wasser zum Verdampfen, und das Wasser löscht die Glut.

Weißer Löwe und roter Adler

In der alchemistischen Tradition sind Schwefel und Quecksilber die beiden Grundstoffe, die – richtig miteinander vereint – zu Gold werden und auf der Symbolebene den Gegensätzen König – Königin, rot – weiß, Sonne – Mond, Feuer – Wasser, Mann – Frau, fest – veränderlich, trocken – feucht usw. entsprechen. Das ist zumindest die eine, die offenbare Seite. Dahinter aber verbirgt sich das Wissen, daß erst die beiden Lichter vertauscht werden müssen, bevor das Große Werk (magnum opus) vollendet werden kann[1]. Denn auf der Zeugungsebene sieht diese Zuordnung genau umgekehrt aus. Dort entspricht das Weiße dem Sperma des Mannes und das Rote dem Blut der Frau[2]. Einerseits bedeutet dieser Seitenwechsel, daß festes Beharren auf einem einseitigen Standpunkt nicht zum gewünschten Ergebnis führen wird. Auf einer tieferen Ebene besagt er, daß jeder Seite der Gegenpol innewohnt, der im Laufe des Wandlungsprozesses hervorgekehrt werden muß. Vielleicht spiegelt sich in der deutschen Sprache noch dieses Wissen, da sie zu einer der wenigen gehört, die in der Sonne das Weibliche und im Mond das Männliche sieht. So zeigt uns diese Karte Adler und Löwe in den umgekehrten Farben im Vergleich zur Darstellung in Trumpf VI ›Die Liebenden‹. Crowley schreibt: *Der rote Löwe ist weiß geworden und hat an Größe und Bedeutung zugenommen, während der weiße Adler nun rot ist. Er hat sein rotes Blut gegen ihr weißes Gluten* (das entspricht Leim oder Gummi) *getauscht.*

Wechselständigkeit

Die Liebe sehnt sich nach Verschmelzung, und das wiederum drückt der alchemistische Prozeß auf der emotionalen Ebene aus. Nach alter magischer Überlieferung gestaltet ein Liebender sein inneres Bild nach dem Bild des anderen, so daß das seelische Medium einer Frau männlich und dasjenige eines Mannes weiblich wird, was C.G. Jung bekanntlich in den Begriffen *Animus/Anima* zum Ausdruck brachte, mit denen er das jeweils gegengeschlechtliche Unbewußte im Menschen bezeichnete. Wechselständigkeit schimmert uns aber auch aus der Genesis entgegen, vor allem in der Art und Weise, wie sie die Kabbalisten auslegen: *Gott schuf die Liebe, indem er die Rippe von Adam in die Brust der Frau und das brennende Fleisch der Eva in die Brust des Mannes versenkte, so daß in der Tiefe des Weibherzens eine Rippe des Mannes und in der Tiefe des Mannherzens die Glut der Eva schlummert.*

2. Transformation

Alchemistischer Prozeß

Ziel des Alchemisten ist, die Materie zu läutern und durch Verbrennung in eine höhere Form zu bringen. Die beiden Grundstoffe hierzu sind Mercurius (Quecksilber) und Sulphur (Schwefel), wobei Mercurius die Qualität der Schmelzbarkeit (Wasser) verkörpert und Schwefel die Qualität der Brennbarkeit (Feuer). Je nach Mischungsverhältnis entstehen alle sieben Metalle aus diesen zwei Urstoffen. Wer die Vorschrift, Quecksilber mit Schwefel zu verbinden, allerdings wörtlich nahm, erhielt nur (faulen) Zinnober!

Kessel (Totenkopf)

Crowley schreibt: *Die Beschaffenheit des Großen Werkes bestand deswegen im Vermischen der gegensätzlichen Elemente in einem Kessel. Dieser wird hier golden oder solar repräsentiert, denn die Sonne ist der Vater allen Lebens und herrscht über das Prinzip der Destillation. Die Fruchtbarkeit der Erde wird durch Regen und Sonne aufrechterhalten; dieser Regen wird durch einen langsamen und behutsamen Prozeß gebildet und durch die Mitwirkung der Luft wirksam gemacht, die selbst – alchemistisch gesehen – das Ergebnis der Hochzeit von Feuer und Wasser darstellt. So ist auch die Formel des fortlaufenden Lebens die Fäulnis, der Tod. Dies wird auf dieser Karte durch den ›caput mortuum‹, den auf einem Totenschädel sitzenden Raben symbolisiert.*

XIV

Asche (Salz)

Erst die Alchemie des Mittelalters kehrt (ab dem 16. Jh.) von der dualistischen Theorie ab und entwickelt eine Dreiprinzipienlehre, die als drittes Sal (Salz) hinzunahm. Es entspricht der Asche, die zurückbleibt, wenn der Schwefel sich verbrannt und Mercurius sich im Rauch verflüchtigt hat. Diese drei wurden die philosophischen Elemente genannt in Unterscheidung zu den klassischen vier Elementen. Da die drei philosophischen den vier klassischen entsprachen (Sulphur = Feuer, Sal = Erde und Mercurius flüchtig wie Wasser und Luft[3]), kam es zu verwirrenden Beschreibungen wie dreieckig und zugleich viereckig, womit gemeint war, daß das so Beschriebene sowohl innerhalb der drei philosophischen wie auch der vier klassischen Elemente zu suchen sei.

Lichtstrom, Pfeil

Der aus der Verbindung von Wasser und Feuer gezeugte Dampf verkörpert den schillernden Geist im alchemistischen Prozeß. Der Geist steigt wie ein Lichtstrom aus dem Kessel empor und gießt sich

1 *Alles, was ein Mensch glaubt, solang die Lichter in ihm noch nicht umgestellt sind, ist falsch, und wenn's noch so richtig ist – es ist so grundfalsch, daß man es gar nicht erfassen kann.*
Gustav Meyrink, Das grüne Gesicht

2 Die in der antiken Medizin vorherrschende Zeugungstheorie besagte, daß die Zeugung in dem Augenblick stattfindet, da im Feuer des Begehrens das weibliche Blut durch männliches Sperma gerinnt.

3 Mögliche Entsprechungen zu diesen drei Grundelementen, mit denen die heutige Physik die Gesamtheit des Kosmos beschreibt: Protonen, Elektronen und Neutronen.

über die Schultern des Doppelmenschen zu einer regenbogenfarbenen Blüte aus. Das Licht weicht die alten Verstrickungen auf, denn so, wie sich der Körper in Geist und Seele spiegelt, spiegeln sich auch Geist und Seele im Körper wieder, und durch die angewandte Alchemie am eigenen Leib und in der eigenen Psyche kann man zu den Schlacken abgelagerter Verhaltensmuster vordringen und verdrängte Krankheitsbereiche und Leidensbereitschaften entdecken, für die der Verstand sonst blind ist. Der Pfeil, der im Zentrum des Lichtstroms nach oben schießt (Merkur-Symbol), unterstreicht das Bemühen, den verborgenen Geist in der Materie zu suchen und symbolisiert die innere Bewußtwerdung als Ergebnis des Großen Werkes.

Kundalini

Da die Symbolik aus dem (Kundalini-)Yoga eine große Übereinstimmung mit dem alchemistischen Weg und der hier gezeigten sinnbildlichen Bedeutung aufweist, sei hier das Prinzip des Schlangenfeuers (Erweckung der Kundalini-Schlange) kurz gestreift. Ziel des Yogi bei dieser Übung ist es, die Prana-Energie aus den beiden äußeren Kanälen (Nâdî) in den mittleren Hauptkanal zu bringen. Durch die beiden äußeren Kanäle fließen die Energien von Sonne (Pingalâ, der rote Kanal) und Mond (Idâ, der blaßfarbige Kanal). Der feuerfarbene Mittelkanal heißt Sushumnâ und wird auch Königsweg oder Wonne des Yogi genannt. Er entspricht dem Inneren der Wirbelsäule und reicht vom Steiß bis zur Zirbeldrüse. Ziel ist es, durch Hineinpressen der Lebenskräfte aus den äußeren Kanälen in jenen Mittelkanal Kundalini zu erwecken, die Schlangenkraft, die im normalen Wachbewußtsein des Menschen am unteren Ende des Mittelkanals schläft. Durch seine Übung jedoch entzündet der Yogi das Kâmafeuer und bringt Kundalini zum Erwachen. Sie zischt, läßt einen süßen Summton hören gleich einem Schwarm liebestoller Bienen. Und von Sehnsucht nach ihrem Gatten Shiva getrieben, beginnt sie durch die Mittelsäule aufzusteigen (Pfeil). Wenn Shiva Kundalinis lotosduftende Lippen küßt, ergießt sich Lebenswasser und fließt erquickend in alle Teile der Welt hinaus (Regenbogen). In Asien war diese Form von Sexualität schon immer bekannt. In tantrischen Riten wird die triebmäßige Entladung nicht einfach in der geschlechtlichen Vereinigung gesucht, sondern in der Versenkung in die eigene Urkraft, die aus dem Feuer der Verschmelzung einen innerzellularen Flächenbrand entfacht.

3. Umfeld (Weitere Symbole)

Sonne, Mond und Sterne

Die goldene Sonne im Hintergrund wird vom silbernen Mond gekreuzt, der in zwei Halbkreisen vom oberen Kartenrand herunterhängt. Zusammen sind sie ein Sinnbild für die Ureltern, Adam und Eva, denn sie geben den Ausformungen des Ewigen (die blauen Sterngebilde am blauen Firmament) Gestalt.

Inschrift

Gleichzeitig ist die Sonne aber auch der Schmelztiegel, dessen lateinische Inschrift (übersetzt: *Suche das Untere der Erde auf, vervollkommne es, und du wirst den verborgenen Stein finden*) sich durch die Anfangsbuchstaben zu V.I.T.R.I.O.L. zusammenfügt, dem alchemistischen Symbolwort für Transmutation (Verwandlung von unedlen in edle Metalle). Im engeren Sinne war es eine Bezeichnung für alle wasserlöslichen Sulfate und für Schwefelsäure. Symbolhaft aber steht es für die Verbindung von oben und unten und zeigt das Hinabsteigen in die eigene Seele und die Suche nach dem Wesenskern (Stein der Weisen).

Anmerkung

Die Kunst der Alchemey

Der Alchemist ist sich bewußt, daß er sich durch seine Erfahrung laufend verändert; daß er durch die zunehmend größere Bewußtwerdung seinen physischen und mentalen Körper ständig verfeinert, um sich dem Universum anzugleichen. Martin Luther schrieb: *Die Kunst der Alchemey ist recht und wahrhafftig der alten Weisen Philosophey, welche mir sehr wol gefällt, nicht allein wegen ihrer Tugend und Nützlichkeit, die sie hat mit distilliren und sublimiren in den Metallen, Kräutern, Wassern und Olitäten, sondern auch wegen der herrlich schönen Gleichniss, die sie hat mit der Aufferstehung der Toten am jüngsten Tag.*

Deutungen

Hintergrund (Alchemie)

Kunst darf hier durchaus im alten Sinne verstanden werden als eine Fähigkeit, die nicht allen Menschen eigen oder zumindest angeboren ist. Ziel der alchemistischen Kunst ist, die Materie durch Läuterung aus einem unvollkommenen Zustand in einen vollkommenen zu bringen. Dabei geht es zwar auch um den äußeren Vorgang im Labor, hauptsächlich aber um die innere Wandlung des Laboranten. »Solve et coagula« (löse auf und binde) ist dabei der alchemistische Grundsatz. Um eine höhere Ebene zu erreichen, wird die Materie zuerst in ihre Bausteine zerlegt: Körper, Seele, Geist. Dann werden die einzelnen Teile transformiert, wobei beim alchemistischen Prozeß das Gehäuse einer Pflanze (Körper) verascht wird, bis das weiße Salz herauskristallisiert, das ätherische Öl (Seele) zur Reinheit destilliert und der durch Gärung gewonnene Alkohol zum spirituellen Geist geworden ist. Dann können die so transformierten Bestandteile je nach Absichten des Alchemisten auf einer höheren Ebene wieder zusammengefügt werden, wobei alle Eigenheiten der Materie auf spiritueller Basis immer noch vorhanden sind.

Allgemein
Die Bedeutung der Karte Alchemie wird verständlicher, wenn wir sie das hohe Maß des Ausgleichs oder die richtige Mischung nennen. Harmonie, Ausgeglichenheit, Gelassenheit und Seelenfriede sind ihre Merkmale. Die Karte ist aber auch eine Umschreibung dafür, bislang ungelebte Seiten zu aktivieren und bewußt Gegensätze ins Spiel zu bringen, um das innere Spektrum um eine neue Perspektive zu erweitern.

Bewußtsein
Auf der Ebene des Bewußtseins heißt diese Karte, daß wir die Lektion des Gehängten gelernt haben, der uns zu einer anderen Sicht der Dinge zwang, und nun begreifen, wie anders und ausgeglichener die Welt aussieht, wenn wir die beiden Lichter umstellen (siehe Löwe und Adler) und sie so aus bislang ungelebten Perspektiven betrachten. So steht die Kunst für den harmonischen Einklang von Körper, Seele und Geist und bedeutet, daß wir im Für und Wider mit uns selbst ins reine kommen oder mit dem großen Ganzen im Einklang sind, weil wir die Bedeutung jeder Situation neutralisieren und sie objektiv beurteilen.

Beruf
Im beruflichen Alltag zeigt uns dieser Trumpf eine Zeit des Friedens und der ruhigen Entwicklung. Aufgaben, die zu anderen Zeiten Streß und Hektik bedeuten, können jetzt entspannt und ruhig gelöst werden, denn das Thema des Mischens und Zusammenführens läßt uns Gegensätze jetzt leichter als in anderen Lebensphasen verbinden. Gerade weil wir spüren, daß es nichts gibt, das wichtiger wäre, als irgend etwas anderes (Vulgärbuddhismus), führt uns das Gleichgewicht dieser Karte über eine Reihe von Angleichungen zum Sieg. Eine alchemistische Tradition besagt allerdings, daß niemand Aussicht auf Erfolg haben wird, der bewußt nach dem Golde strebt. Nur wer das Ziel als Vollkommenheit erfaßt, dem ist auch die Macht gegeben, Metalle zu läutern. Hat er aber diesen Zustand erreicht, wird ihm am irdischen Gold nicht mehr viel liegen.

Beziehung
Auf der sexuellen Ebene bezieht sich diese Karte auf das subtile Zusammenspiel des Alchemisten mit seiner mystischen Gefährtin, also weniger auf das direkte Eindringen, sondern mehr auf Schwingungen, wie sie durch echtes Tantra oder ähnliche Sexualpraktiken erreicht werden können. Dieser Zustand umschreibt das Gleichgewicht der Herzen, bei dem auch scheinbar Ungleiches zur sinnlichen Verbindung strebt. Nicht vordergründige Aktivität, sondern innig erlebte Intimität, nicht äußerer Glanz und Glamour, sondern anmutsvolle Bescheidenheit sind die Qualität dieses Erlebens. Im Sinne des alchemistischen Grundsatzes »Löse und binde« kann sie aber auch Aufforderung sein, von festgefahrenen Positionen zu lassen, auf Distanz zu gehen, um sich dann aufs Neue zu verbinden.

Analoge Entsprechungen

1. Archetypen und Symbole

Archetyp
Der Seelenführer; der goldene Mittelweg.

Buchstabe ס
Samekh = S (Stütze, Fundament); Zahlenwert 60. Alchemie ist die Urahnin unserer spirituellen Entwicklung, die Grundlage, Stütze und das Fundament unserer esoterischen Tradition.

Zahl
14 = 2 x 7. Zahl der Nothilfe. 14 christliche Nothelfer. 14 Helfer, die Nagal, den babylonischen Gott von Kuta, in die Unterwelt begleiten.

Lebensbaum
Die fundamentale Kraft von Yesod (Grundlage) führt in einem direkten Strahl nach Tiphareth (Sonne). Das Ergebnis der alchemistischen Operation steigt wie ein Lichtstrom aus dem Kessel empor (Yesod) und breitet sich zu einer regenbogenfarbenen Blüte aus (Tiphareth).

I Ging
15 K'ien – Die Bescheidenheit.

Runen ᛖ ᛚ

Ehwaz (Fortschritt) und Laguz (Läuterung). Ehwaz verbindet sich mit allmählicher Entwicklung und ständigem Fortschritt, mit langsamem Wachstum über zahlreiche Veränderungen und Wandlungen hin, und Laguz ist eine Rune, die das Gleichgewicht von Materie, Energie und Geist umschreibt, eine Rune des Selbst, ein Schlüssel zur Selbst-Transformation und zugleich ein Symbol für das, was die Alchemisten als »Conjunctio« bezeichneten, die mystische Hochzeit.

Tierkreis

Schütze. *Sagittarius bedeutet Bogenschütze, und die Karte ist eine Veranschaulichung der Jägerin Diana. Die Verbindung zwischen dem Mond und der Jägerin ist durch die Form des Bogens angezeigt, und das Durchbohren des Regenbogens durch den Pfeil entspricht der okkulten Bedeutung des Zeichens Schütze.* (Crowley)

Gottheiten

Iris, Göttin des Regenbogens, oder Nemesis, Herrscherin über das rechte Maß und Hüterin der göttlichen Ordnung.

Mythen

Überlieferungen vom (gegengeschlechtlichen) Verbündeten, der dem Helden/der Heldin auf dem gefahrvollen Weg beistehen wird: Odysseus/Athene, Theseus/Ariadne, Inanna/Ninshubur.

Kultstätte

Alchemistengäßchen in Prag.

Sabbat

Vom Fest der Sieben Schmerzen Mariens (Yesod) zur Auferstehung Jesu (Tiphareth).

Ritual

Alchemistische Verwandlung.

2. Assoziationen und Empfindungen

Bild

Die Kreuzigung von Raphael. Am Fuße des Kreuzes finden wir einen Engel dargegestellt, der Jesu Blut in zwei Krügen auffängt.

Schrift

Hermetische und alchemistische Schriften von Paracelsus.

Musik

Marienvesper von Monteverdi.

Düfte

Lavendel, Muskateller.

Edelsteine

Gelber Saphir, Goldtopas.

Astrologie

Merkur als Herrscher von Jungfrau und Haus 6. Ausgleich und Harmonie oder Reinigungs- und Transformationsprozesse (bisweilen auf der Ebene körperfeindlicher, steriler Triebverdrängungen).

Alchemie

Durch stetes Lösen und Verbinden (solve et coagula) vollzieht sich der alchemistische Prozeß der Wandlung vom Niederen (Blei) zum Höheren (Gold).

Zitate

Niemals wirst du aus den anderen Dingen die Einheit schaffen, wenn nicht zuvor du selbst ein einiger geworden bist.

Agrippa von Nettesheim

»Wie Sie jetzt wissen«, fuhr der Alchemist fort, »bedeutet Transmutation den Übergang von einem Zustand zu einem anderen. All dies kann erreicht werden, indem man die Teilchen austauscht und neu anordnet wie bei einer Fernsehstation. Es handelt sich um den gleichen Prozeß. Der Unterschied besteht bloß darin, daß der Austausch beim Fernsehen mechanisch vor sich geht, als Naturgesetz, während dies hier ein individuell kontrollierter Prozeß ist, der zum gleichen Ergebnis führt – und zwar zu der Auflösung und Neustrukturierung von Teilchen der Materie (...). Da dieses göttliche, kosmische, universale Bewußtsein alles einschließt, gibt es nichts Abgetrenntes oder außerhalb von ihm Liegendes. Was für den unvollkommenen Menschen so schwer zu verstehen ist, das ist die Vollkommenheit selbst. Sobald der Mensch im Prozeß der Evolution gelernt hat, seine eigene Identität zu finden, wird er fähig sein, das, was er ist, in das zu integrieren, was ist. Dabei gibt es keine Gewalt, keinen Druck, keine Bedrohung oder Bestrafung ... nur ein freiwilliges Eintauchen in das, was ›Es‹ ist.«

Frater Albertus alias Albert Riedel
»Der Alchemist von den Rocky Mountains«

XV. DER TEUFEL

el diablo

Trieb Starke Trieb- und Suggestivkraft, Machtgier, aber auch Kampf gegen das Böse.

Ziel Schwarze Magie, ritualisierte Sexualität, Ego-Transformation durch Gruppenrituale. Umgekehrt: die Inquisition, die im Namen Gottes Hexen verbrennt.

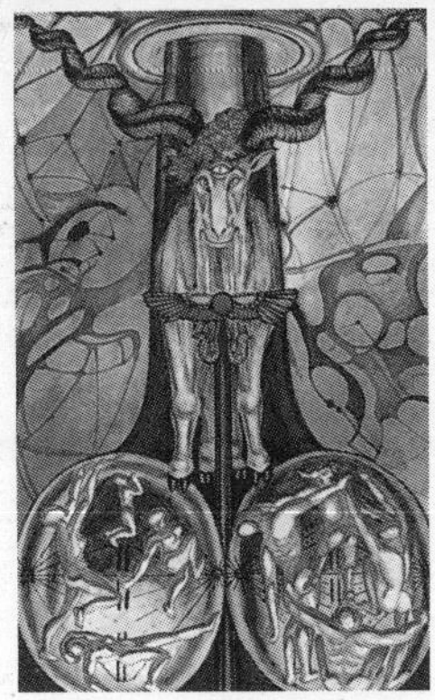

Leitbild Die Begegnung mit dem Schatten, der Summe der ungelebten Möglichkeiten.

Licht Erkenntnis des wahren, ganzen Selbst. Luzifer als Lichtbringer.

Schatten Schicksalhafte Verstrickung, (selbst-)zerstörerische Triebe. Hölle, Finsternis, dunkle Mächte, kollektive Hysterie.

Qualität Die Kraft, die stets das Böse will und stets das Gute schafft!

Grundlage

Die Karte

Das Prinzip der Finsternis (die schöpferische Energie in ihrer materiellsten Form) wird im Mittelpunkt der Karte als Steinbock (Himalaya-Ziege) dargestellt mit mächtigen geschwungenen Hörnern. Dieser repräsentiert Banebdjet, den ägyptischen Ziegengott aus Mendes, den die Griechen mit ihrem lüsternen Vegetationsgott Pan (Sohn des Hermes) identifizierten. Sein Gesichtsausdruck ist verschmitzt, weil er, der den Schatten, den dunklen Trieb oder das Un-Erhörte darstellt, ebenso ein Schlüssel zu den unbenutzten Kammern in den Urgründen der menschlichen Psyche ist: *Du bist dir nur des einen Triebs bewußt, o lerne nie den andren kennen* (Faust). Crowley schreibt: *Er erfreut sich am Derben und Unfruchtbaren nicht weniger als am Lieblichen und Fruchtbaren. Alle Dinge erhöhen ihn in gleicher Weise. Er repräsentiert das Entdecken der Ekstase in jeder Erscheinung, möge ihre Natur auch noch so anstößig oder ekelhaft sein; er transzendiert alle Begrenzungen; er ist Pan; er ist Alles.* Wir sehen ihn vor einem Stamm, der den Himmel durchstößt, Symbol des erigierten Gliedes, das in die Yoni der Nachtgöttin wächst. Die beiden Kugeln stellen einen Querschnitt der Hoden dar, in deren Räumlichkeit das neue Leben keimt. Hier ist eine Urkraft am Werk, der dunkle Pol der Schöpfung, der gefährlich, aber lebenswichtig ist. Dies wird auch durch den Stab mit dem geflügelten Knauf und den Uräusschlangen (Königssymbol der alten Ägypter) dargestellt, dessen Schaft nach unten zu den Wurzeln dringt. Zwischen den Vogelschwingen an der Spitze des Stabes verbirgt sich das ägyptische Symbol der geflügelten Sonne. Sie entspricht dem Licht im Dunkel (dem geöffneten Dritten Auge auf der Stirn von Pan), das aus der Tiefe wissend aufsteigt: *Denn reiner Wille, ungetrübt durch Absicht, entbunden vom Gelüst nach Ergebnis, ist in jeder Weise vollkommen.* (Crowley »Liber Al vel Legis« 42 – 4)

Analyse und Beschreibung

1. Motiv (Der Ziegenbock)

Der Widersacher Gottes

Der Teufel zeigt die Schattenseite Gottes, den in der Materie verborgenen oder gefangenen welterschaffenden Geist, für den der schwarze Rabe oder der gehörnte Ziegenbock ein Symbol ist. Solange Gott noch ambivalent gesehen wurde als gütiger, himmlischer Vater und als rächender, strafender und chthonischer Gott, bedurfte es keines Teufels im heutigen Sinne. So ist von ihm im Alten Testament auch kaum die Rede und wenn, dann als gefallener Engel, aber niemals als echter Widerpart Gottes. Erst in dem Maße, wie das Gottesbild einseitig mit dem Guten gleichgesetzt wurde, kristallisierte sich der Teufel als die Summe alles Bösen heraus. Wie Jung gezeigt hat, ist die archetypische Einteilung eines Ganzen die Quaternität, die Vierteilung, bei der das Vierte zwar das Ganze ausmacht, aber seiner Natur nach immer ambivalent bleibt. Als nun über die traditionelle himmlische Dreieinigkeit hinaus im Mittelalter durch den aufkommenden Marienkult der vierte Platz besetzt wurde, konnte dies nur ambivalent geschehen. Da aber Maria im Himmel zum unbescholtenen Reinen und Guten verklärt wurde, mußte notwendigerweise auf Erden das extreme Gegenbild entstehen: ein bis dato unbekannter Teufelswahn mit all seinen Exzessen in der Hexenverfolgung.

XV

Der Sündenbock (Sublimation)

In der Vergangenheit hat jede Kultur die Tatsache berücksichtigt, daß Aggression nicht unterdrückt werden darf, daß sie respektiert werden muß. Ihr muß Raum gegeben werden, damit ihre blinde Gewalt eingeschränkt und in positive Bahnen gelenkt werden kann. Die antiken Sühnerituale und Mysterienkulte boten Kanäle der Umsetzung und Sublimierung der archetypischen Kraft des Dionysos und des Asasel, des nahöstlichen Ziegengottes, des Sündenbocks. Wird das, was dem Gott gehört, geleugnet oder verdrängt, nimmt es der Teufel in Besitz, der den dämonischen Trieb in Aktivitäten wie schwarzen Messen, Hexenverbrennungen, blutiger Inquisition und Kreuzzügen auslebt. (Edward C. Whitmont)

Der kollektive Schatten

Der Teufel hat im Abendland erst durch die Abspaltung und Bekämpfung durch das Christentum Gestalt angenommen. Ihm wurde im Mittelalter von der Kirche der kollektive Schatten zugewiesen, gegen dessen Versuchungen nur ein makelloser Glaube half. So wurde die wirkliche Auseinandersetzung mit dem Bösen den Mystikern und Alchemisten überlassen, die der Finsternis objektiver gegenüberstanden. Hermes oder Hermes Psychopompos (in der griechischen Mythologie Begleiter der Seelen aus dem Diesseits ins Jenseits) galt als der Anwalt der Verdammten, weil er sich mit bohrender Klugheit und entlarvender Schläue im Reich der Schatten bewegte. Er ist der in der Materie verborgene oder gefangene welterschaffende Geist. Im alchemistischen Rosarium sagt Hermes von sich selbst: *Ich bringe das Licht hervor* (Luzifer = Lichtbringer), *aber die Finsternis gehört zu meiner Natur.* Der gehörnte Pan ist wiederum ein Sohn des Hermes, und sein Gesichtsausdruck ist verschmitzt, weil er weiß, daß sich im Teufel der Schatten des Lichts ausdrückt. Im Teufel finden wir alles, was die Welt nicht gerne bei sich selber sieht.

Der Wissende (Drittes Auge)

Darüber muß der Teufel lächeln, weil er sieht, daß die Menschen nicht sehen, wie sie selber die Realitäten schaffen, die sie anschließend bekämpfen. In gnostischen Glaubensrichtungen wurde der Teufel häufig als der wahre Freund und Gott der Menschen verehrt, im Gegensatz zum unberechenbaren und rachsüchtigen christlichen Gott, der trotz seiner Allmacht den Opfertod seines eigenen Sohnes verlangt, um sich selbst mit der Menschheit zu versöhnen. Wie immer der einzelne zu diesen Bildern stehen mag, es sollte keine Betrachtungsweise darüber hinwegtäuschen, daß das Böse, wie immer man es nennt, existiert. Wir müssen nun lernen, den Teufel nicht nur bei den anderen zu sehen, sondern begreifen, daß er seine Ursache in uns hat. Wir Menschen sind die Schwarzmagier, die nicht merken, daß es gerade die Bekämpfung unseres Schattens ist (der Kampf gegen das Böse), die zu Untergang und Zerstörung führt. Dagegen drückt das Dritte Auge auf der Stirn des Teufels das wissentliche Erkennen und das reflektierende Selbsteinbeziehen in die eigenen Bewußtseins- und Verhaltensmuster aus, denn *jedes psychologische Extrem enthält im geheimen seinen Gegensatz oder steht sonstwie mit diesem in nächster Beziehung. Es gibt keinen geheiligten Brauch, der sich nicht gegebenenfalls in sein Gegenteil verkehrt. Das Beste ist am allermeisten von teuflischer Verdrehung bedroht, denn es hat das Schlechte am allermeisten unterdrückt. Keiner steht außerhalb des schwarzen Kollektivschattens.* (C. G. Jung)

Der Gehörnte (Hörner)

Im Gegensatz zum Einhorn, dem Christussymbol, das dem Fünfstern mit der Spitze nach oben entspricht und damit das heilige Zeichen für Einheit ist (Einspitz), symbolisieren die beiden Ziegenbockhörner das kopfgestellte Pentagramm mit zwei Spitzen nach oben (im Rider-Deck als umgekehrter Drudenfuß zwischen den Hörnern des Teufels dargestellt), das Polarität und Sünde anzeigt und zum Zeichen schwarzer Magie wurde. Crowley nahm übrigens für sich in Anspruch, der britischen Regierung das durch Winston Churchill bekannte Victory-Zeichen als magische Geste empfohlen zu haben, um dem magischen Hakenkreuz der Deutschen ein wirksames Mittel entgegenzusetzen.

Der Gekrönte (Lotuskranz)

Der Lotuskranz zwischen den Hörnern erinnert an den ägyptischen Gott Nefertem, den »Ganz Vollkommenen«. Er ist zugleich Licht- und Totengott. In Ägypten galt der Lotus, der in sich die Sonne trägt, als aus dem Urwasser entstanden und war zugleich Symbol für die Entstehung der Welt aus dem Feuchten. Der Duft galt als lebenserneuernd. Die Blüten, die sich bei Sonnenaufgang öffnen und abends schließen, wurden mit dem Sonnengott und der Entfaltung des Lichtes aus dem Schlamm der mythischen Urzeit verbunden. Der Lotuskranz aber war in der ägyptischen Mythologie das Merkmal, an dem Isis erkannte, daß der von seiner Mutter Nephtys verlassene Anubis ein Kind des Osiris war. So weist der Lotuskranz seinen Träger als Sohn des Guten aus (das Böse als Teil des Guten).

2. Lebensbaum (Phallus)

Stamm (Lingam)

Der mächtige Baumstamm hinter dem Ziegenbock steht als Phallussymbol für die lebendige Kraft aktiver Sexualität, die aus der Tiefe erwächst.

Ring der Nut[1] (Yoni)

Der phallische Stamm ragt bis zum oberen Bildrand

1 Nut siehe auch Atu XVII (Stern) und Atu XX (Aeon).

hinauf und stößt durch die Yoni der Himmelskönigin Nut in jenen Teil des Ewigen hinein, mit dem Goethe seinen Faust beschließt: *Das Ewigweibliche zieht uns hinan.* Dies ist nun nicht einfach eine Darstellung des sexuellen Aktes, obwohl sich das nicht ausschließt, sondern eine Vision der Vollständigkeit durch die Verschmelzung der männlichen Kraft mit dem Weiblichen.

Wurzeln (Hoden)
Die Wurzeln des Baumes, durchsichtig dargestellt, *um das unzählbare Aufwallen und Aufspringen des Saftes zu veranschaulichen* (Crowley), entsprechen dem Längsschnitt durch die beiden Hoden, wo wir die kommenden Generationen schon vor ihrer Ausformung im Leben sehen. Wir erkennen vier männliche und vier weibliche Keime, denen das Erbgut als architektonischer Gottesplan schon eingegeben ist.

Uräusstab (Libido)
Hier wird der dunkle, chthonische und unterweltliche Teil der Schöpfungskraft dargestellt, die in Verbindung mit der Herrin der Sterne (Nut) steht. Metaphysisch stellt der Stab den Fall der ursprünglichen und uranfänglichen Materie in die grobe Materie der Erde dar (alle großen Götter der alten Zeit haben diesen dunklen Aspekt). Das drückt sich im Schaft des mit der geflügelten Sonnenscheibe und den Uräusschlangen gekrönten Stabes aus, der endlos nach unten ins Zentrum der Erde reicht. Die Verankerung in der Erde entspricht der Energie des Mannes, die aufsteigt, sobald das Ewigweibliche der Göttin lockt. Umgekehrt ist es die schöpferische Weiblichkeit der Frau, die die Form (Samen) nach oben zieht und wie ein Leuchtfeuer in den empfangenden Hafen lenkt. Auf einer höheren Ebene entspricht das auch der Erweckung der Kundalini (S. 86) oder Schlangenkraft (die Quersumme des Teufels entspricht den Liebenden), die in der Tiefe am Steißbein beginnt und über die Wirbelsäule zum Kopf aufsteigt.

Deutungen

Hintergrund (Das Böse)
Des Teufels klügster Trick ist, so sagte der drogensüchtige Charles Baudelaire, *uns davon zu überzeugen, daß es ihn gar nicht gibt.* Von allen Tarotkarten läßt sich der Teufel (seiner Natur entsprechend) am schwersten erfassen, da er für jeden ein eigenes Gesicht trägt. Allgemein äußert er sich in der Erfahrung von Abhängigkeit, Willenlosigkeit, im Scheitern guter Vorsätze sowie in Handlungsweisen, die gegen unsere Überzeugungen verstoßen. Marie-Luise von Franz schreibt: *Die beste Analogie, durch die man das vereinseitigende Wirken eines Dämons beschreiben könnte, ist das Wirken des Tollwutvirus. Gerät ein solches Virus in einen Nervenstrang des von einem tollwütigen Tier gebissenen Menschen, so wandert das Virus bekanntlich genau an jene Stelle im Hirn des Gebissenen, von wo aus es den ganzen Menschen beherrscht. Es veranlaßt ihn zur Wasserverweigerung, damit das Virus nicht aus dem Mund ausgespült werden kann, zum Herumwandern, damit er mit möglichst vielen anderen Wesen in Berührung kommt, und schließlich zur Beißwut, damit das Virus in einen neuen Träger verpflanzt wird. Wenn man also bedenkt, daß ein solches Virus einen bedeutenden Menschen wie Kant oder Goethe so weit hätte zu unterjochen vermögen, daß sie mechanisch nur noch das hätten tun können, was seiner, des Virus, Fortpflanzung dient ...! Genauso verhalten sich autonome Komplexe; sie können die ganze Persönlichkeit verbiegen oder zerstören.*

XV

Allgemein
Der Teufel gehört neben dem Tod und dem Turm zu den Karten, deren kreatives Potential man weder durch panisches Entsetzen noch durch Umkehrung ins Göttliche unfruchtbar machen darf. Sie ist mit den Liebenden verwandt, weil sie den Schatten der Liebenden, nämlich das Streben nach Vereinigung und Harmonie durch die Verwirklichung der Triebe repräsentiert; sie ergänzt den Tod, weil sich im Geschlechtstrieb das neue Leben inkarniert; sie vervollständigt die Kunst, weil sie dem Maß der Schöpfung die Maßlosigkeit des Chaos als die andere Seite Gottes gegenüberstellt. Sie verkörpert die ungezügelte Gier der Lust (XI), den dunklen Teil der Hohenpriesterin (II), das scheinheilige und dem Materialismus huldigende Gegenprinzip zum Hohenpriester (V), den bestechlichen oder selbstgerechten Schatten der Gerechtigkeit (VIII) oder die schwarzmagische Seite des Magiers (I) und zeigt den Ort der Schuld, der im Turm gesprengt und überwunden wird. Der Teufel ist immer der Tyrann, der den Reichtum des Ganzen an sich rafft und so die Vielfalt unterdrückt. Er kann der Verstandestyrann sein oder der Gefühlstyrann, immer lebt er eine Seite auf Kosten einer andern, die uns dann zur Ganzheit fehlt und so zu unserem Fehler wird.

Bewußtsein
Auf der Bewußtseinsebene zeigt diese Karte, daß wir mit unseren dunklen Seiten in Berührung kommen. Das sind Erfahrungen, in denen wir uns unserer Unfreiheit und Abhängigkeit bewußt werden.

Manchmal sind Besessenheit und Dämonie, Machtgelüste und Übergriffe angesprochen, die in ihrer kristallenen Schwärze schon wieder faszinierend erscheinen; in der Regel sind es aber die schäbigen Alltäglichkeiten, die heimlichen Laster, die kleinen Intrigen, die lästigen, spießbürgerlichen Schwächen wie Faulheit, Begierden, Geltungsdrang, Eifersucht, Aggression und ähnliche Quälgeister. Der Schatten kann aber auch in Gestalt des Oknos erscheinen, der in der Erzählung von Amor und Psyche die teuflische »Ja, aber ...«-Mentalität verkörpert und auf ewig ein Seil zusammenflickt, um es gleich danach wieder zu lösen. Sein Name bedeutet Zögern, und er symbolisiert die Verstrickungen in verzweifelter Unschlüssigkeit. Daneben steht die Karte auch für fixe Ideen, denen wir zwanghaft nachjagen, oder sie kann ausdrücken, daß wir Furcht vor dem Bösen da draußen haben, ohne zu verstehen, daß wir dabei nur in den Spiegel unserer eigenen Seele schauen. C.G. Jung sagt dazu: *Wenn man selbst auch nur 3% von jenem Bösen hätte, das man im anderen sieht oder auf ihn projiziert, und der objektiv andere die restlichen 97% besäße, wäre es dennoch weiser, die eigenen 3% ins Auge zu fassen; denn nur bei sich selber kann man etwas ändern, beim anderen bekanntlich fast nie.*

Beruf

Im beruflichen Erleben liegt der Schwerpunkt in der eigenen Ausübung von Macht oder in der Erfahrung, von anderen beherrscht zu werden. Die Karte warnt davor, sich nicht im nur Materiellen zu verlieren oder dem Kitzel der Macht zu erliegen. Sie führt uns vor Augen, daß Täter und Opfer lediglich zwei Seiten der gleichen Energiespirale sind, die sich gegenseitig ergänzen. Sie kann uns aber auch vor bedenklichen Geschäften warnen, die uns möglicherweise mit dem Gesetz in Konflikt bringen, wobei wir befürchten müssen, auch im Falle der Weigerung Geld, Freiheit oder Gesundheit zu riskieren. Immer ist sie eine Aufforderung, uns bewußt zu machen, wo und wie wir gegen unsere eigenen Überzeugungen handeln.

Beziehung

Sich seinem Schatten auszuliefern und ihn im anderen (stellvertretend) zu bekämpfen, ist nirgends so gefährlich wie im Charisma dieser Karte. Zwar kann der Teufel auch für Verführungskünste, Leidenschaft und Faszination stehen, in der Regel ist er aber warnender Hinweis auf einen tiefen Stachel, denn er beschreibt alle unglücklichen Auswüchse von Beziehungen wie seelische Verwicklungen und Hörigkeit, Tyrannei und Sado-Masochismus, die immer in der Kraft des Dunklen gründen und dem inneren Horror vor uns selbst. Mitunter sind aber auch karmische Verbindungen angesprochen, uralte Verstrickungen, die sich darin äußern, daß man immer wieder gegenseitig in alten Wunden herumstochert. Diese Karte zeigt die Chance umzulernen und in unserem Schatten die Summe der ungelebten Möglichkeiten (C. G. Jung) zu erkennen, unsere Fehler (wo uns etwas fehlt), unsere Schuld und alles Un-Erhörte in uns.

Analoge Entsprechungen

1. Archetypen und Symbole

Archetyp

Der Widersacher als dunkle Seite Gottes.

Buchstabe ע

'Ayin/Ajin, (H)Ain = Gh (Auge); Zahlenwert = 70. Das Dritte Auge verkörpert Ein-Sicht und Erkenntnis (Erkenntnis ist die Sicht der Relativität).

Zahl

15 = Zahl des Vollmondes (der 15. eines Monats = Vollmondtag).

Lebensbaum

Die Achse Tiphareth-Hod (mit dem Übergewicht auf Hod). Fühlen wir uns in den Zwangsstrukturen von Hod gefangen und ist die innere Mitte unser Ziel (Tiphareth = Harmonie), dann müssen wir uns zwischen den beiden Sephiroth den Erfahrungen des Teufels stellen, der uns mit den niederen Instinkten in unserer eigenen Psyche konfrontiert.

I Ging

36 Ming I – Die Verfinsterung des Lichts.

Runen ᚠ ᛗ ᚲ ᛉ ᛚ

Der Teufel verbindet sich mit dem Schattenteil (kopfstehend) fast aller Runen, insbesondere mit: Fehu (I), Mannaz (V), Kaunaz (VI), Algiz (VIII) und Laguz (XIV).

Tierkreis

Steinbock. Crowley beschreibt diese Karte als die schöpferische Energie in ihrer materiellsten Form bzw. maskulinsten Äußerung: *Im Zodiak besetzt Steinbock den Zenit. Es ist unter allen Zeichen am meisten erhöht, es ist die mit Lust über die Gipfel der Erde springende Ziege. Saturn, der Herrscher, ist Seth, der eselsköpfige Gott der ägyptischen Wüsten. Der Name bezieht sich auf alle diese Konsonanten beinhaltenden Gottheiten, wie zum Beispiel Shaitan, oder Satan.*

Gottheiten
Die gefallenen Engel Schemchasai, Azazel, Helel, Samael und der gestürzte Morgenstern Luzifer; der ägyptische Gott Seth (oft als Schlange oder roter Esel dargestellt); Beelzebub (von Baal-Zebul, verballhornt in Baal-Sebub, d.h. Baal der Fliegen); Pan Pangenitor, der All-Erzeuger.

Mythen
Der Verrat des Judas (Mark. 14, 17 – 21), die Versuchung Jesu in der Wüste (Luk. 4,1 – 13) oder Gottes Fluch über Adam, Eva und die Schlange.

Kultstätte
Elbrus im Kaukasus, der heilige Berg der Arier (im Zweiten Weltkrieg erkletterten SS-Alpenjäger die Spitze des Elbrus, den magischen Gipfel der Sekte Freunde Luzifers, und entrollten dort die nach ihrem Ritus geweihte Hakenkreuzfahne). Crowley vermerkt: *Wesentlich für die Symbolik dieser Karte ist die Umgebung – unfruchtbare Orte und im besonderen hochgelegene Plätze. Der Kult des Berges ist eine genaue Parallele. Das Alte Testament ist voll von Angriffen auf Könige, die auf hohen Plätzen feierlich Kulthandlungen begingen; und dies, obwohl Zion selbst ein Berg war! Dieses Verständnis erhielt sich sogar bis in die Tage des Hexensabbats, der nach Möglichkeit auf unbewohnten, wüsten Höhen abgehalten wurde, oder an einem wilden, unbewohnten Fleck, der nicht durch die Künstlichkeit des Menschen verunreinigt ist.*

Sabbat
Walpurgis.

Ritual
Schwarze Messe. Vor dem jüngeren geschichtlichen Hintergrund die fragwürdigen Rituale und Einweihungszeremonien der kämpfenden Mönche von der Totenkopf-SS oder der Kamikaze im Zweiten Weltkrieg.

2. Assoziationen und Empfindungen

Bilder
Der Garten der Lüste von Hieronymus Bosch und Höllensturz der Verdammten von P. P. Rubens.

Schrift
6. und 7. Buch Mose.

Musik
»Traum von einem Hexensabbat« (»Symphonie fantastique«, letzter Satz) von Hector Berlioz.

Duft
Schwarzer Tabak. Allegorisch: Pech und Schwefel!

Edelsteine
Feueropal, Karfunkel. Baphomet, das geheime Götzenbild der Templer, trägt als Augen zwei Karfunkelsteine.

Astrologie
Saturns Erben in ihrer Ausdrucksform als dunkle Macht (Pluto in Haus 11 oder Uranus in Haus 8).

Alchemie
Mercurius, der in der Materie verborgene oder gefangene, welterschaffende Geist.

XV

Zitat
Es ist die Zeit der Sonnenfinsternis, die dem Erdbeben vorangeht. Durch die Nacht strahlt wie Phosphor der bleiche Leib des sterbenden Gottes, aber er strahlt, ohne zu erleuchten. Auch die Sterne haben ihr Licht verloren; denn alles Helle hat ER in sich genommen.

Einsamkeit umgibt das Kreuz, und die Erde ist wie ausgestorben. Da ruft zwischen Todesröcheln der Heiland über die Öde hinweg: »Gott, mein Gott! Warum hast du mich verlassen!«

Sein Ruf findet keinen Widerhall. Die Natur erkennt die Stimme nicht mehr, wie sie das Licht nicht mehr kennt.

Aber aus der Dunkelheit ballt sich der Gegengott. Auf schwarzen Wolken thronend, schwebt er heran vor das Kreuz.

– Es ist Shiva, der Zerstörer, es ist Priapos mit dem obszönen Symbol, mit der höhnenden Fratze dessen, was man Liebe nennt. Und der Götze spricht:

»Wen rufst du? Nur wir sind noch; nur du bist und ich, dein ewiger Gegensatz, sonst nichts mehr. Du rufst nach dem Gott, den du auf dich gezogen hast. In deinem Streben nach eigener Göttlichkeit hast du die Welt entgottet; wo ist noch ein Gott außer dir?

Deinen Haß wolltest du ausrotten, aber indem du dein Schwert gegen ihn erhobst, verfielst du ihm. Nun hat sich dein Geschöpf gegen dich gewandt und dich ans Kreuz genagelt. Sieh, ich bin dein Geschöpf, die Ausgeburt deines eigenen Hasses. Vernichten wolltest du mich, aber du hast mich gemästet.

Als ich dir damals die Schätze der Welt versprach, wenn du vor mir niederfielest, da verschmähtest du sie, da hassest du schon die Werke dessen, den du jetzt rufst; denn du wolltest ihm gleichen; da entgegnetest du ver-

ächtlich: Es steht geschrieben: Du sollst den Herren, deinen Gott anbeten und nur ihm allein untertan sein.

Wer ist jetzt dein Herr, wenn nicht ich; denn nichts mehr ist außer uns beiden.

Auch ich muß vergeh'n im Augenblick, da du stirbst. Aber war das dein ganzes stolzes Lebenswerk?

Du lehrtest doch: Liebet eure Feinde! – Jetzt liebe mich, deinen ärgsten und letzten Feind.

Nur weil deine Liebe nicht vollkommen war, hast du mich geschaffen, wie du mich in meiner gräßlichen Verzerrung vor dir siehst. Damals in der Wüste war ich schön. Noch einmal befehle ich dir nun, mich anzubeten. Liebe mich! Erkenne, daß ich dein Gott, dein Vater bin.«

Da erhebt Jesus langsam das Haupt, und seine Augen heften sich an das furchtbare Antlitz des Feindes. Dann von grenzenloser Liebe verklärt, spricht er zu ihm:

»Vater, in deine Hände befehle ich meinen Geist!«

Und das Licht, das dem heiligen Leib entströmt, beginnt wieder die Erde zu erhellen. Die Sonne tritt hervor, und die schwarzen Wolken, der Thron des Gegengottes, zerfließen in nichts.

Ein tiefes Donnern erschüttert die Luft, die Erde erbebt, der Vorhang im Tempel zerreißt, und offen liegt vor den Augen der Gläubigen das Allerheiligste.

Des Heilands brechender Blick umschließt die erlöste Natur. Und laut klingt seine Stimme:

»Es ist vollbracht!«

Erwin Reisner »Der Gott und der Götze «
(aus: Vom Ursinn der Geschlechter

XVI. DER TURM

(DAS AUGE GOTTES)

el torreón

Trieb Zerstörung der Form, Aufhebung und Umbruch der Werte.

Ziel Die Wahrheit, Erleuchtung oder Erkenntnis, die wie ein Blitz einschlägt und Falschheit und fixe Ideen zerstört.

Leitbild »Das Auge Gottes« (blitzartige Erleuchtung).

Licht Selbstüberwindung (Freisetzung der Seele).

Schatten Blinde Zerstörung.

Qualität Aufbrechen von Verkrustungen; durch den Schmerz hindurch zur Neugeburt (… jedes Ende ist ein Neuanfang!).

Grundlage

Die Karte

Der Turm steht für Verhärtungen und Verkrustungen der menschlichen Seele oder für ein Bewußtsein, das sich in fixen Ideen verrannt hat; Blitz und Feuer verkörpern hingegen die sprengende Kraft, die alte Grenzen oder Normen aufbricht. Sie bringen die Ausweitung des intuitiven Erkennens auf Gebiete jenseits dieser Grenzen. Die vom Turm herabstürzenden Gestalten haben geometrische (uniformierte) Formen angenommen, was ihre Erstarrung in Normen durch äußeren Leistungsdruck darstellt. Das alles überstrahlende Auge des Horus entspricht dem Auge Shivas, durch dessen Öffnen das Universum zerstört wird (vgl. S. 118 »Horus). In nächster Nähe zum Auge sehen wir eine Taube, die einen Olivenzweig im Schnabel trägt, der die Löwen-Schlange, ein altägyptisches und gnostisches Schutzzeichen gegen das Böse, gegenübersteht. Jeder Zusammenbruch kann sich als heilsam erweisen, sofern die Zerstörung als Chance zur Erneuerung akzeptiert wird.

Die bildhafte Gestaltung

Der Turm ist die künstlerisch sicher interessanteste Karte des ganzen Decks, auch wenn sie in ihrem chaotischen Ausdruck den Betrachter zunächst irritiert. Hier ist der Prozeß der Zerstörung nicht nur dargestellt, die Zerstörung scheint in die Ausführung des Bildes selbst mit einbezogen. Die Karte wirkt durch die Vermischung verschiedenster Stile unproportional: der untere Teil ist expressionistisch, der mittlere kubistisch und der obere symbolisch-naiv. In jedem anderen Tarotdeck ist die Darstellung des Turmes schöner; aber in keinem wurde die Zerstörung inhaltlich so treffend auf den Punkt gebracht.

Analyse und Beschreibung

1. Motiv (Die Zerstörung)

Turm

Der Turm ist der Inbegriff der sich absichernd verhärteten Persönlichkeit, die nicht die höherschwingende, transzendierende Erkenntnis sucht, sondern die Sicherheit versprechende Materie, in der alle höherstrebenden Ideale, Hoffnungen und Wünsche auf ihre bloße Realisierbarkeit reduziert werden und verkümmern. Er ist Sinnbild des untauglichen Versuches, die Unberechenbarkeit des Schicksals unter Kontrolle zu bekommen und sich durch Strukturen abzusichern und zu verteidigen. Der Preis für diese Bastion aber ist, daß wir nun Gefangene unserer Vorstellungen sind und ständig um unsere Sicherheit bangen.

Flammen

Wenn der Turm das Ordnen und Strukturieren des Lebens bedeutet, dann verkörpert das feuerspeiende Riesenmaul die schöpferische Aggression, das Bestehende ohne jede Einschränkung über den Haufen zu werfen: *Die Zerstörung des alten Zeitalters durch Blitze, Flammen und Kriegsmaschinen wird im unteren Teil der Karte durch den ›Rachen des Dis‹ veranschaulicht* (Crowley). Dis Pater (reicher Vater) ist der römische Gott der Unterwelt und des Reichtums, der dem griechischen Pluto entspricht. Innerseelisch ist dieses Riesenmaul gar nicht außerhalb, sondern innerhalb des Turmes. Wenn wir im Turm die Strukturen erkennen, mit denen sich der Mensch vor seinem eigenen Wachstum »schützt«, so wird klar, daß der Turm ein selbstgewähltes Gefängnis ist, das nicht nur aus Streben nach materieller Sicherheit entsteht, sondern auch unsere Isolation aus Angst vor Verletzungen verkörpert. Erst mit dem als gefährlich erlebten Aufbrechen dieser Struktur kann sich der verborgene Reichtum (Pluto, Dis Pater) entfalten, der zuvor aus lauter Lebensangst nicht erkannt wurde.

Einstürzende Mauern
So ist der Turm Sinnbild des vergeblichen Versuches, die ständige Veränderung und den lebensnotwendigen Wandel aller Dinge zu verhindern. Aufgrund der Verzögerung äußert sich die nach Veränderung drängende Kraft aber um so explosiver. Die einstürzenden Mauern weisen auf die Erfüllung der Naturgesetze und das Ende des Glaubens hin, daß man aus der Bindung an die Materie Sinn und Sicherheit gewänne.

Stürzende Gestalten
Die Abtrennung von der Außenwelt und damit von der Lebendigkeit und Vielfalt des Lebens war zu schroff und undurchlässig, so daß die im verhärteten Körper eingesperrten Seelen sich zu unmenschlichen Gebilden verformt haben. Die Katastrophe, die immer eine Chance zum Neuanfang bereithält, wenn sich der angestaute Druck im Inneren entlädt, kann zu Befreiung und Wachstum führen. Wer aber die Zerstörung nicht als Chance zur Erneuerung akzeptiert, kann sie auch als Zersplitterung, Lähmung und Auflösung erleben.

2. Das Auge Gottes (Symbole)

Das Auge Gottes
Wenn wir die Karte betrachten, so sehen wir ein hochkompliziertes Gefüge von bruchstückhaften Andeutungen, Sehweisen und Blickwinkeln. Am obersten Rand erkennen wir das Auge des Horus, weshalb die Karte auch »Das Auge Gottes« heißen könnte. Dieses Auge überstrahlt das ganze Bild, und am besten nähert man sich der Karte, indem man aus der Perspektive des Auges (also vom Standpunkt hinter der Karte) das zerlegte Szenarium zu einem Ganzen visualisiert. Denn das Auge verweist auf die Eigenständigkeit des schöpferischen Betrachtens, das sich im Sehen selber sieht, im Erschaffen selber schafft, weil es erst durch sein Sehen Bewußtsein schafft und damit die Voraussetzung dafür, daß sich die äußeren Formen vor dem inneren Auge gestalten.

Taube
Die Taube ist von alters her der Göttin der Liebe zugeordnet: Inanna, Ischtar, Astarte, Semiramis, Aphrodite und Isis wurden mit ihr identifiziert. Der Symbolwert lag zunächst wohl vor allem in der Lüsternheit, die man sowohl dem Vogel wie natürlich auch der Göttin der geschlechtlichen Liebe zuschrieb. Es ist belegt, daß schon die leichten Mädchen Babylons »Täubchen« genannt wurden. Da nun die Venusgöttin auch die Göttin des Friedens war, wurde die Taube immer mehr zum Symbolträger des Friedens, was ihrer Natur bekanntlich nicht sehr entspricht. Der Zweig, den sie in vielen Darstellungen im Schnabel trägt, steht für den Sproß der Muttergöttin, für ihren geliebten Sohn oder ganz allgemein für neues Leben.

Löwenschlange
Auf der anderen Seite sehen wir die Löwenschlange Abraxas oder Xnoubis (Chnubis). Sie entspricht einer antiken, gnostisch-manichäischen Vorstellung, die den dunklen und den lichten Aspekt im Gottesbild vereint. Vor allem die Manichäer glaubten, die Welt sei aus einer Vermischung Gottes mit dem Teufel entstanden (Gott gab den Menschen Seelen, der Teufel gab ihnen den Körper usw.). Chnubis, der sich vom ägyptischen Urgott und Göttervater, der Schlange Kematef, ableitet, vereinte in sich den lichten Aspekt in Form von Löwe und Sonne mit dem dunklen in Form von Schlange und Mond. Abraxas ist ein anderer Name dieser Löwenschlange, der in ältesten persischen Quellen eine Mysterien-Gottheit bezeichnet, die in sich die Kraft der 7 Planeten vereint (entsprechend den 7 Buchstaben des Namens) und in 365 Erscheinungsformen auftritt. Im griechischen Alphabet entspricht der Zahlenwert der Buchstaben der Zahl 365 und ist damit gleich der Tage des Sonnenjahres. Das Wert selbst wird aus dem hebräischen »arba k'se« abgeleitet, das »die Vier des Thrones« bedeutet und damit die vier Tiere der Vision Hesekiels bezeichnet, die sich nach gnostischer Anschauung zu einem Gottesbild vereinen, das dem All- und Weisheitsgott Aión (siehe Trumpf XX) entspricht. Vermutlich ist aus dem Namen Abraxas das uralte Zauberwort Abracadabra entstanden. Crowley sagt dazu: *Durch diese Löwenschlange werden die zwei Formen des Verlangens repräsentiert; was Schopenhauer als den Willen zum Leben und den Willen zum Sterben bezeichnet hätte. Der ›Wille zum Leben‹ und der ›Wille zum Sterben‹ sind miteinander aber nicht unvereinbar. Dies wird in dem Moment klar ersichtlich, wenn Leben und Tod* (siehe Atu XIII) *als Phasen einer einzigen Energiemanifestation verstanden werden.* Sowohl Abraxas wie Chnubis waren beliebte Darstellungen auf gnostischen Gemmen und hatten eine Schutzqualität als Talisman.

Das Neue Aeon
Auf der Karte Turm zeigt die Löwenschlange das vereinte Wirken der beiden Pole von Licht und Schatten, die den Umbruch bewirken. Die Schutzqualität des Zeichens ist Hinweis auf einen möglichen günstigen Verlauf, den auch die Taube anzeigt, da ihr Ölzweig das Ende der Sintflut und Neubeginn verkündet. Zugleich ist der Zusammenhang von

Abraxas und Aión ein verborgener Hinweis, daß sich ein neues Zeitalter durch den völligen Zusammenbruch alter Werte, Strukturen und aller Selbstverständlichkeiten ankündigt (vgl. »Aeon« XX).

Anmerkung

Das Haus Gottes
In alten mystischen Überlieferungen lesen wir, wie die göttliche Offenbarung – wenn sie kommt – wie ein Blitz einschlägt, der die illusionären Bilder in einem einzigen Lichtstrahl zerstört, etwa bei Buddhas oder Mohammeds Erleuchtung, bei Paulus' Bekehrung durch die Christusvision oder bei der pfingstlichen Ausgießung des Heiligen Geistes (die erschreckten Jünger sprachen zwar »in verschiedenen Zungen«, aber alle untereinander verstanden sich). In anderer Gestalt spiegelt sich dieser Symbolgehalt in Prometheus, der die alte Ordnung zerstörte, indem er auf dem Gipfel des Olymp die Fackel an der Sonnenbahn entzündete und so den Göttern das Feuer stahl, um es den Menschen zu bringen.

Deutungen

Hintergrund (Der Sinn der Zerstörung)
Blitz und Feuer sind die äußerlichen Omen jener inneren Absicht, den Panzer aufzubrechen, wenn die Zeit dazu gekommen ist. Der Turm, der uns zu schützen scheint, solange wir glauben, daß die Bedrohung allein in der Außenwelt liegt, wird überflüssig, sobald wir erkennen, daß alle Probleme innerhalb des Turmes sind. Damit werden auch die Mauern, die unser äußeres Weltbild zusammenhalten, zum Feind, der uns inneres Wachstum verwehrt. Die Aufgabe besteht nun darin, den Turmhüter zu überwinden. Aber da dieser alle logischen und vernünftigen Standpunkte in sich vereint, hieße das, die gewohnten Abläufe auf den Kopf zu stellen. Wir müßten also wie auf einem Drahtseil ohne Netz und nur im gelassenen Vertrauen auf unser inneres Wachstum der psychischen Umwälzung begegnen. Es ist nie das Böse, sondern die notwendige Entwicklung, wenn sich uns die Veränderung in der Maske der Zerstörung in den Weg stellt.

Allgemein
Die Karte zeigt an, daß der Bereich vermeintlicher Sicherheit, in den wir uns eingemauert haben, plötzlich ins Wanken gerät. Der Turm, der unsere alten und überholten Wertvorstellungen repräsentiert, wird fallen und mit ihm unser Weltbild, das uns zu klein und eng geworden ist. Davon können Überzeugungen und Lebensgrundsätze ebenso betroffen sein wie unser Sicherheitsdenken in beruflicher, finanzieller, aber auch emotionaler Hinsicht. Was uns früher einmal in einem wohltuenden Maße Sicherheit und Geborgenheit vermittelte, ist mittlerweise nur noch ein abbruchreifes Bollwerk, das uns den Schritt zu einer neuen Weltsicht verwehrt. Im Alltag verbinden sich damit überstürzende Erfahrungen, die das alte Konzept zusammenbrechen lassen. Durch die Brille des vernunftmäßigen Denkens werden diese plötzlichen Veränderungen häufig als Katastrophen erlebt. Es wäre aber ergiebiger, zu verstehen, daß dies der Preis für unsere Unfähigkeit ist, loszulassen und das Bestehende aufzugeben. Im I Ging formuliert es sich so: *Das Gewitter mit Donner und Blitz überwindet die störende Spannung in der Natur.*

Bewußtsein
Diese Karte deutet auf jähe, zum Teil erschütternde Erkenntnisse, die bisherige, festgefügte Vorstellungen, Überzeugungen, vielleicht sogar unser ganzes Weltbild ins Wanken bringen oder umwerfen. Wenn wir aber darauf vertrauen, daß das, was mit dem höheren Willen in Übereinstimmung ist, nicht zerstört werden kann, dann können wir im Zusammenbruch der Dinge auch den Durchbruch zu uns selbst erkennen und uns neuen Lebensformen öffnen. So können wir über Verlust und Schmerz Platz für Neues schaffen in Bereichen, die wir bislang aus Angst mit altem Gerümpel verstellt hielten.

Beruf
Im beruflichen Erleben zeigt der Turm, daß wir aus zu engen Verhältnissen herauskatapultiert werden, sei es durch eine plötzliche Kündigung, durch den Zusammenbruch eines Unternehmens oder durch das desillusionierende Scheitern fester Erwartungen. Was immer wir dabei auch verlieren mögen: Diese Explosionen befreien uns zugleich aus einer Situation, die verkrustet und häufig unerträglich geworden ist. Sobald wir uns aus den Trümmern befreit haben und spätestens, wenn »der Staub sich gesetzt hat«, spüren wir mit erleichtertem Aufatmen, daß wir einem, wenn auch vertrauten, Gefängnis entkommen sind.

Beziehung
Auf der Ebene unserer persönlichen Beziehungen stehen dramatische Veränderungen bevor: Umwälzungen, die bisherige Selbstverständlichkeiten und zementierte Vorstellungen ins Wanken bringen. Dabei kann es sich um seelische Ausbrüche handeln, die sich schon länger ankündigten, aber im-

mer wieder unterdrückt wurden. Die Karte zeigt den Umbruch, wenn wir uns zu sehr festgeklammert haben oder aus falschem Sicherheitsstreben an einer Beziehung festhielten, die dadurch letztlich nur noch ein Gefängnis war. So verkörpert diese Karte in jedem Fall den Ausbruch aus festgefahrenen Situationen und erstarrten Strukturen und zeigt den Durchbruch zu einer neuen, freieren Lebensform, die auf den Trümmern der alten Beziehung entstehen kann oder zu einer neuen Erfahrung führen wird.

Analoge Entsprechunge

1. Archetypen und Symbole

Archetyp
Der Blitz; der Umbruch.

Buchstabe פ
Pé = P (»Mund«); Zahlenwert 80. Das feuerspeiende Riesenmaul oder der »Rachen des Dis« verkörpert die schöpferische Aggression.

Zahl
16 = 4 x 4 = Verhärtung.

Lebensbaum
Vom kontur- und strukturlosen Verfließen (Netzach) zur übertriebenen, detailbesessenen Struktur von Hod. Zwischen dem Ungleichgewicht von Netzach und dem Ungleichgewicht von Hod muß mit dem Zerbrechen der polarisierten Materie gerechnet werden, die sich aber oftmals gerade durch die Zerstörung psychisch in ein »höheres Gleichgewicht« transformiert.

I Ging
51 Dschen – »Der Donner« (Die Erschütterung).

Rune ᛊ
Sowelu/Sig (»Energie«) signalisiert den Blitz, der wie aus heiterem Himmel einschlägt; bei Machtmißbrauch verkörpert diese Rune das »sich durch Zerstörung wiederherstellende« Gleichgewicht.

Planet
Mars. *Der Turm bezieht sich in seiner einfachsten Auslegung auf die kosmische Energie in ihrer grobstofflichsten Form. Er zeigt die Zerstörung der Materie durch Feuer. Aus dem Grunde wird im unteren Teil der Karte die Zerstörung des alten Zeitalters durch Blitze, Flammen und Kriegsmaschinen dargestellt.* (Crowley)

Gottheiten
Shiva, der Zerstörer; die Blitzgottheiten Zeus und Thor (Donar) und der apokalyptische Weltzerstörer. *Shiva wird tanzend auf den Körpern seiner Verehrer dargestellt. Für die meisten westlichen Geister ist es nicht einfach, dies zu verstehen. Kurzgefaßt sagt diese Lehre, daß die letztendliche Wirklichkeit das Nichts ist. Somit sind alle Manifestationen, egal wie erhaben und herrlich, immer noch von Makeln behaftet. Um Vollkommenheit zu erlangen, müssen alle bestehenden Dinge vernichtet werden.* (Crowley)

Mythen
Der Untergang von Sodom und Gomorrha, die Posaunen von Jericho, der Turmbau zu Babel, der rasende Shiva oder der von plötzlicher Blindheit getroffene Saulus/Paulus (Bekehrung durch Christusvision).

Kultstätte
Das Ruinenfeld von Babylon. Als Zeugen jüngerer Vergangenheit Hiroshima, Auschwitz oder, Zeugnis jüngster Ereignisse, das zerbombte Bagdad.

Sabbat
6. August (1945). Gedenktag an den Atombombenabwurf auf Hiroshima.

Ritual
Zerstörung, Sterben. Auf therapeutischer Ebene Schmerztherapie, Bioenergetik (Aufbrechen von Verkrustungen) und Rebirthing (Loslassen durch Wiedererinnerung, Heilung durch Neugeburt).

2. Assoziationen und Empfindungen

Bild
»Guernica« von Pablo Picasso.

Schrift
»mene mene tekel u-pharsin«. Das Menetekel des Königs Belsazers, benannt nach der von Daniel (Daniel 5,25) gedeuteten Geisterschrift beim frevlerischen Gastmahl Belsazers: *Gezählt, gezählt, gewogen, zu leicht gefunden und zerteilt.*

Musik
»Tuba mirum« aus »Requiem« von Hector Berlioz. Schilderung des Weltunterganges durch Auflösung der harmonischen Gesetzlichkeit.

Duft
Rauch. Der beißende Geruch des Feuers.

Edelsteine
Augen-Malachit, Schwarzer Opal. Malachit ist ein in schwärzlich-grünen, nadligen, zu Büscheln verwachsenen Kristallen vorkommendes Mineral (wie es übrigens auch im Grünspan kupferner Kirchtürme entsteht).

Astrologie
Saturn/Uranus (zündende Erkenntnis) als das plötzliche Aufbrechen von Verkrustungen und die damit verbundene Zerstörung alter Werte.

Alchemie
Die Schwärzung (nigredo) entspricht der Verdunklung des Mercurius senex, aus dem »spiritus« und »anima« entwichen sind.

Zitat
Selbst wenn ich das Hirnverbrannteste begänne, das sich ausdenken läßt – immer noch wäre es gescheiter, als zurückzufallen in den Trott des Althergebrachten, dessen letztes Ziel ein zweckloser Tod ist.

Gustav Meyrink

XVII. DER STERN

La Estrella

Trieb	Hingabe an den Augenblick.
Ziel	Spirituelle Innenschau, Einsicht in die Vollkommenheit des Kosmos, Erneuerung und Wiedergeburt.
Leitbild	Stern von Bethlehem (Vertrauen in eine höhere Ordnung).
Licht	Kreative Hoffnung (Pflege einer Vorstellung, von dem was möglich ist).
Schatten	Destruktive Hoffnung (Leugnung der Wahrheit), Illusion.
Qualität	Unbeschwertheit, Vertrauen in die Zukunft.

Grundlage

Die Karte

Der Stern ist die Karte, die die Sehnsucht in der Tiefe unseres Unbewußten berührt, und diese Sehnsucht entspricht der Sehnsucht des Lebens nach sich selbst. Denn in den Wassern des Unbewußten, das Nut oder Isis über sich ausgießt, erkennen wir die spiralförmigen Energien um den siebenzackigen Stern, der eine genaue Abbildung des siebenzackigen Sternes am großen Sternenhimmel ist[1]. Damit sehen wir in den Wassern des Lebens den Schöpfungsimpuls des Ewigen, der für die Geburten der Menschen wie für die Geburten der Universen die Verantwortung trägt, und dieser Schöpfungsimpuls ist nicht nur das Ursymbol des Lebens, sondern auch die Hoffnung, daß aus den Trümmern (Turm) immer wieder neues Leben wächst. Die ganze Karte ist eine Vision der unbeschreiblichen Kraft, die wir das Prinzip der ewigen Erneuerung nennen, eine Rückkehr zu den Grundlagen, in der wir uns selbst als Teil eines Größeren erkennen, und dieses Größere ist der Impuls des Lebens selbst.

Analyse und Beschreibung

1. Motiv (Die Sternenfee)

Dieser verführerische Trumpf zeigt uns eine nackte, weibliche Gestalt in einem lapislazuliblauen und rosafarbenen Licht. Sie ist aus dem Weltall herabgestiegen, um die Sehnsucht in die Welt zu tragen, die Sehnsucht nach dem Leben, die sich im Mutterschoß und an der Mutterbrust erfüllt. Mit ihrem Abstieg dringt sie ein ins Licht unseres Bewußtseins, um uns mit unserer inneren Weiblichkeit zu verbinden.

Herrin der Sterne

Das Bild stellt Nut, die Herrin der Sterne, dar[2]. Sie trägt zwei Kelche, einen goldenen. aus dem sie hoch über ihrem Haupt Wasser ausgießt, und einen silbernen, aus dem die unsterbliche Tinktur ihres Lebens fließt; beide ähneln weiblichen Brüsten. Ihre Nacktheit hat nicht einfach die Anziehungskraft des Unverhüllten, sie ist die Vision des Unbeschreiblichen, in der die Wehmut letztendlicher Unerreichbarkeit mitschwingt. Diese Sehnsucht, die sich beim Neugeborenen zum erstenmal im Verlangen nach der Mutterbrust ausdrückt und dabei den unterschwelligen Wunsch in sich trägt, mit dem Kosmos zu verschmelzen (mit der Mutter eins zu sein), läßt sich im Leben nicht erfüllen. Die Sternenfee, die ihre Heimat in der Tiefe des Kosmos hat, ist Ausdruck der unbewußten Sehnsucht, die durch die Schönheit einer wirklichen Frau hindurchleuchtet. Sie ist nicht das Feuer, sie ist nur die Sehnsucht nach dem Licht, und deshalb trägt sie die Projektion unserer Suche. Wir begehren sie, aber was wir begehren, ist der Archetyp des Ewigweiblichen, und nicht das Sterbliche, dem wir im Leben begegnen.

Haar

Im langen Haupthaar, das sich wie ein Mantel um ihren Körper windet, finden wir den Hinweis, das Leben nicht zu leben, sondern zu träumen, die Sehnsucht an das geträumte Leben zu leben und uns sozusagen ungelebt den inneren Sehnsüchten zu überantworten. Einerseits symbolisiert das die Verstrickung mit den unerlösten Sehnsüchten, andererseits nähern wir uns dadurch der kosmischen Verbindung in dieser Karte an: denn die Haare sind die Verbindung zwischen Kosmos und Materie.

Haltung (Kelche)

Das, was wir durch die Sterngöttin träumen, also das, was sie an inneren Sehnsüchten in uns hervor-

1 Crowley spricht vom siebenzackigen Stern der Venus oder vom Stern von Babalon (Babylon), *denn Babalon ist eine weitere Verkörperung der ursprünglichen Idee von Nut; sie ist das Scharlachweib, die heilige Hure, die Herrin des Atu XI.*

2 *Die Gestalt der Göttin ist in manifestierter Form dargestellt, d.h., nicht als der im Atu XX gezeigte Himmelsraum* (vgl. Aeon, XX), *in dem sie die reine philosophische Idee repräsentiert. In dieser Karte ist sie eindeutig als scheinbar menschliche Gestalt verkörpert.* (Crowley)

ruft, sehen wir in ihrer Gestalt vereinigt; was aber durch den Kosmos in sie selbst hineingeträumt worden ist, das sehen wir im Inhalt des Kelches, den die Sternengöttin über sich ausgießt. Es ist Lebenswasser, das sie aus zwei großen Kelchen gießt, und damit bewässert sie nicht nur den Boden, sondern auch sich selbst im Spiegel der Elemente. So erkennen wir im Wasser des Lebens das kosmische Drängen, das sich in unserem Streben nach Erneuerung ausdrückt. Crowley schreibt: *Aus dem goldenen Kelch vergießt sie jenes ätherische Wasser, das sowohl Milch wie Öl und Blut ist, über ihr eigenes Haupt, um damit auf die immer wiederkehrende Erneuerung der Kategorien hinzuweisen, die unerschöpflichen Möglichkeiten der Existenz.*

Wasser des Lebens (Mikrokosmos)
Was eben noch nebuloses Empfinden und visionäre Sehnsucht war, bekommt durch die Berührung mit den Lebenskristallen Form und Gestalt. Die Sternengöttin erkennt sich (und wir erkennen uns in ihr) nicht als die eigentliche Göttin der Liebe, sondern als der instinktive Antrieb, die Menschen in die Liebe und damit die Kraft der Hoffnung zu verlieben; Grundlage der Erneuerung oder Wille der Schöpfung aus sich selbst. Durch das kleine Universum in den Energiespiralen, in welchem sich das große reflektiert, erkennen wir die unbegrenzten Möglichkeiten der Selbstentfaltung, die in dieser Karte vorhanden sind. Wir erkennen in den Energiekristallen die psychische Fähigkeit, unser kosmisches Selbst hervorzubringen und auf die Stufe jener universellen Ebene zu stellen, von welcher der kleine blaue Stern in den Wassern des Lebens nur ein Abbild ist.

2. Hintergrund (Kosmos)

Stern (Makrokosmos)
Umgekehrt ist der große Stern auf der universellen Ebene, der sich bei der Selbsterneuerung der Göttin in den reinigenden Wassern reflektiert (was Crowley *einen Schleier vor dem Gesicht der unsterblichen Göttin* nennt), das Prinzip der Erneuerung, welches das ganze Geflecht des Weltalls überzieht. Wenn der kleine Stern die sichtbare Liebe des Menschen verkörpert, dann ist der große die unsichtbare Liebe zu Gott. Er symbolisiert jenen grenzenlosen Teil in uns, der, von uns völlig unerkannt, die Sehnsucht nach dem Ewigen regiert. Der Stern steht für das Ausgießen höchster Inspiration, bei der die Spiralnebel der kosmischen Energien fließen. Dies zeigt sich im Bild der Göttin, die sich unter den Sternenregen stellt (die Jungfrau benetzt sich mit dem Lebenswasser).

Kugel
Der mächtige Globus im Hintergrund ist ein Symbol der sich stets erneuernden Erde; gleichzeitig zeigt sich darin aber auch die Perspektive der Sehnsucht, die die Grenzen der Materie verläßt und die Mutter allen Werdens (Erde) durch die Augen der Tochter aus der Entfernung (Sternenwelt) ansieht. Darin erkennen wir die unbegrenzten Möglichkeiten nicht nur der Hoffnungen, sondern auch der Illusionen, denn die Schäume aufsteigender Visionen lassen alle Vorstellungen Wirklichkeit werden. Es ist, als ob die Jungfrau, von der Vorstellung ihrer Göttlichkeit beseelt und von der idealen Gott-Liebe besessen, sich nicht der Erde (Materie) nähert, sondern nach der Verschmelzung mit dem Universum strebt.

3. Vordergrund (Materie)

Kelche, Kristalle (Kristallisation)
Man kann in der Verbindung zwischen den beiden Pokalen aber auch die Wechselwirkung zwischen Mond und Sonne sehen. Die Energie, die ursprünglich von der Sonne ausgeht, wird vom Mond auf die Erde gespiegelt und erhält dabei ihre kristalline Struktur. Der silberne Kelch umschreibt die physische Erneuerung der Erde und holt damit die ans Firmament entrückte Materie wieder ein Stück in die Wirklichkeit zurück. Das Wasser, das auf die Erde fließt, läßt diese fruchtbar werden. Das Wasser, das wieder ins Wasser gegossen wird, zeigt das Übermaß und die Fülle der Energie, die uns aus der Unendlichkeit des Himmels zufließt. Der goldene Kelch drückt die kosmische Ganzheit aus und die aufkeimende Hoffnung nach der Zerstörung (Turm). Daß diese Hoffnung nicht vergebens ist, drückt sich in den Kristallen am unteren Rand der Karte aus.

Rosen, Schmetterlinge (Transformation)
Damit steigen Erneuerung und Hoffnung in den Träumen auf und verbinden sich mit den Visionen des Ewigen zum mächtigen Stern der Sehnsucht. Doch ist der Stern nicht nur das Prinzip der Hoffnung allein, der aus dem Wunsch nach Erneuerung aus sich selber hervorgegangen ist, sondern er ist auch der Lockruf der Götter, der von der »Prägeform der Sehnsucht« in den »Abdruck der Seele« hineingeträumt worden ist. So beginnt das Leben im Fließen, und dort wird es auch enden, wenn alles, was wir jetzt sind, zurückströmt zu den Sehnsüchten der Natur (Crowley: *(...) der Milch der Sterne aus ihren Brustwarzen*). In den aufgewirbelten Rosen wird das Prinzip der Liebe angedeutet, und die Schmetterlinge sind das Zeichen der Erneuerung oder ein Symbol für Transformation.

Deutungen

Hintergrund (Die Offenbarung der Nut)
Entzündest du unter den nächtlichen Sternen meinen Weihrauch vor mir und rufst mich dabei reinen Herzens an, und die Schlangenflamme darin, so sollst du in meinem Busen ruhen. Für einen Kuß wirst du dann alles geben wollen; doch wer da gebet ein Quentchen Staub, soll alles verlieren zur Stunde. Bleich oder purpurn, verhüllt oder lüstern, ich, die ich alle Wonne und aller Purpur bin und die Trunkenheit des verborgenen Seins, ich begehre euch. Leget an eure Schwingen und erweckt die gewundene Schlange der Herrlichkeit in euch: Kommet zu mir! Wo immer wir zusammentreffen, soll die Priesterin sprechen – und ihre Augen sollen brennen vor Verlangen, wenn sie nackt und frohlockend in meinem Geheimen Tempel steht – und die Flamme in den Herzen aller mit ihrem Liebesgesang erwecken. Singt mir den Liebesgesang der Verzückung! Entzündet mir wohlriechende Öle! Schmückt euch für mich mit Juwelen! Trinket mir zu, denn ich liebe euch! Ich liebe euch! Ich bin die blaulidrige Tochter des Sonnenuntergangs; ich bin der nackte Glanz des wollüstigen Nachthimmels. Zu mir! Zu mir!

Crowley »Das Buch des Gesetzes«

Allgemein
Der Stern ist nicht nur die Karte der Hoffnung, des unbewußten Lebenswillens und des Einblicks in die höheren Zusammenhänge; er steht auch für das unbewußte Sehnen, sich dem Strömen fließender Wonne und heiterer Verantwortungslosigkeit hinzugeben: *Wovon träume ich? Wovon träumt mir? Wovon träumt es in mir? Denn daß der Mensch weiß, wovon er träumt, das macht ihn weder wirklich zum Menschen oder wirklich menschlich, noch bewegt er sich irgendwohin damit – sondern er wird halt zum Psychologen; zum Träumer, der seine Träume kennt.* (Aus einem Brief an einen der Autoren)

Bewußtsein
Der Stern steht für das ahnende Verstehen kosmischer Zusammenhänge und für das Vertrauen in die Gesetze des Absoluten. So wie die durch die Quersumme (17 = 1 + 7 = 8) mit dieser Karte verbundene »Ausgleichung« das bewußte, mehr verstandesbezogene Verstehen der Ordnungskräfte ausdrückt, verkörpert der »Stern« das seelische Verstehen, die innere Einsicht und das damit verbundene Vertrauen in die Gesetzmäßigkeiten der Schöpfung. So kann diese Karte den Beginn einer Zeit kennzeichnen, in der wir erleichtert feststellen, dem Sorgenturm entronnen zu sein und unbekümmert die Leichtigkeit erleben, von der die Bibel sagt: *Seht euch die Vögel des Himmels an: Sie säen nicht, sie ernten nicht und sammeln keine Vorräte in Scheunen; euer himmlischer Vater ernährt sie doch.* (Matthäus 6, 26)

Beruf
Die Karte zeigt an, daß wir Dinge planen oder beginnen, die weit in die Zukunft reichen und in deren positiven Verlauf wir berechtigte Hoffnungen setzen dürfen. Dabei sind wir uns häufig in diesem Frühstadium der weittragenden Wirkung unseres Handelns noch gar nicht bewußt. Erst der Rückblick macht uns klar, welche entscheidenden Weichen in den Zeiten gestellt wurden, die durch den Stern gekennzeichnet sind. Dabei geht es um tiefe Einsichten in größere Zusammenhänge, durch die wir über die Enge unseres unmittelbaren Gesichtskreises hinauswachsen. Es ist, als nähmen wir eine Vogelperspektive ein, von der aus sich hochgetürmte Hindernisse überschauen lassen und die uns weite Ausblicke auf eine erfreuliche Zukunft eröffnet.

Beziehung
Im partnerschaftlichen Bereich steht der Stern für die zukunftsreiche Beziehung. Er zeigt neue, weitreichende Perspektiven in einer bestehenden Verbindung oder kann Sehnsucht, Hoffnung und Aussichten auf eine neue, bleibende Partnerschaft bedeuten. Allerdings warnt die Karte auch vor der Gefahr, daß wir uns in Infantilität verstricken, da viele Ziele, die wir in der Partnerschaft anstreben, häufig nur die Wiederbelebung ungestillter Sehnsüchte sind, die wir an der nährenden Mutterbrust entwickelten. Auf dieser Ebene lehrt sie uns, daß irdische Liebe eine Kraft ist, die über sich selbst hinausweist, und der reale Partner notwendigerweise ein Versprechen verkörpert, das sich (so) nicht erfüllen kann, die aber, wenn sie uns zu transzendentem Streben animiert, dort ihre Erfüllung finden kann.

Analoge Entsprechungen

1. Archetypen und Symbole

Archetyp
Die Wasser des Lebens.

Buchstabe ה
Hé = H (»Fenster«); Zahlenwert 5. Der hebräische Buchstabe steht für Fenster: Symbol der Sehnsucht nach den Engeln und der von ihnen geträumten Sternenwelt.

Zahl
17 ist die Zahl der neuen Hoffnung. Vom letzten Vollmond an gerechnet ist es die 17. Nacht, in der nach drei finsteren, mondlosen Nächten erstmals wieder die Sichel des neuen Mondes (als Silberstreif) am westlichen Horizont zu erblicken ist.

Lebensbaum
Chokmah-Tiphareth: Chokmahs unbeschreibliche Vision schimmert durch Tiphareths Gesicht, in dem sich wiederum das Spiegelbild des Unbeschreiblichen, aber diesmal als innere Vision, ausdrückt. Chokmah (Weisheit) steht für die erste Manifestation des Göttlichen in der Berührung mit der psychischen Wirklichkeit; Tiphareth (Harmonie) umschreibt den Zustand des Gleichgewichts und ist gleichzeitig eine Spiegelung der Sternenebene (Kether-Sphäre).

I Ging
61 Dschung Fu – »Innere Wahrheit« (Inneres Vertrauen und Wahrhaftigkeit).

Runen ᚹ ᛚ
Wunjo (»Freude«) und Laguz (»Wasser«, »Lebensenergie«). Wunjo symbolisiert den »guten Stern« und Laguz/Laf die »fließende Harmonie«, die durch Fließen und Wachsen die innere Gottessehnsucht stillt (die Sehnsucht des Lebens nach sich selbst erfüllt).

Tierkreis
Wassermann. Crowley vergleicht die Karte mit dem »Wassermann«, dem Hüter des Lebenswassers, das Nut, die Herrin der Sterne, aus ihren Kelchen gießt.

Gottheiten
Aphrodite/Venus (die »Nackte Göttin«); Asherah, Astarte, Ischtar oder Isis und die sieben Orakelpriesterinnen, die sieben Weisen von Arabien (auch die sieben Säulen der Weisheit genannt).

Mythen
Der indische Mythos vom ewigen Werden und Vergehen aller Zeitalter, Welten und Schöpfungen; in der griechischen Mythologie die sieben Töchter des Atlas und der Plejone (Plejaden), die von Orion verfolgt werden, bis Zeus sie als Sternbilder an den Himmel versetzt.

Kultstätten
Garten der Eumeniden (auf dem Hügel Kolonos bei Athen); die Gärten der Hesperiden; die Insel der Seligen (Mysterien) oder der Rheinfelsen Loreley.

Sabbat
»Das Fest zur Befreiung der Frühlingsgewässer«. Tibetische Feier am ersten Vollmond nach dem Aufsteigen des Sirius (Hundsstern).

Ritual
Rituelle Reinigung (Bad) als Symbol der Lebenserneuerung und Kontemplation.

2. Assoziationen und Empfindungen

Bild
»Geburt der Venus« von Sandro Botticelli. Schon für die alten Griechen war Schönheit identisch mit Wahrheit. Der Geist sei nichts ohne die Harmonie, lehrten sie.

Schrift
Das Hohelied Salomos.

Musik
Der »Gesang der Rheintöchter« in »Rheingold« von Richard Wagner oder »Ist ein Traum, kann nicht wirklich sein«, Terzett und Schlußensemble aus dem »Rosenkavalier« von Richard Strauss. Die überirdische Schönheit der hohen Frauenstimmen gibt einen Eindruck vom berückenden Zauber dieser Karte.

Düfte
Jasmin, Rose, Ophier, Mandelöl.

Edelsteine
Aquamarin, Rosenquarz, Sternsaphir oder der an den Sternenhimmel erinnernde Lapislazuli.

Astrologie
Jupiter in Wassermann (Haus 11) im Sinne von Zuversicht und Weitblick oder Venus in den Fischen (Haus 12) als Ausdruck der Sehnsucht nach dem Unergründlichen und dem Streben nach Gott.

Alchemie
Weißung (albedo). Nach der Schwärzung (nigredo) erfolgt durch Abwaschung (ablutio, baptisma) die Weißung, bei der die durch den Tod entwichene Seele (anima) wieder mit dem Körper vereinigt wird.

Zitat
Wir, die Wasser des Lebens! Quelle, die aus sich selbst entspringt und um so reicher fließt, je mehr ihr aus uns trinkt … Trink! Trink! Tu, was du willst!
Michael Ende »Die unendliche Geschichte«

XVIII. DER MOND

La luna

Trieb Abstieg in die Unterwelt, Reise in die unbewußte Tiefe.

Ziel Der unheimliche Weg in die Abgründe der Seele, Konfrontation mit der Nacht, Begegnung mit den Ängsten. Tiefste Selbsterkenntnis.

Leitbild Der Skarabäus als Symbol der Sonne in der Finsternis.

Licht Hingabe an das intuitive Wissen.

Schatten Illusion, Hysterie, Verfolgungswahn, Halluzination, Angst, Drogenmißbrauch, Wirklichkeitsflucht.

Qualität Spiegel der Seele oder Brücke zwischen der Innen- und der Außenwelt.

Grundlage

Die Karte

Der geheimnisvolle Mond, Verbindung zwischen unbewußtem Sehnen (Stern) und bewußtem Streben (Sonne), begegnet uns als Achse zwischen Innen- und Außenwelt. Auf der spirituellen Ebene ist er der Erzähler, der die Bilderwelt der Seele beschreibt. Im unteren Drittel der Karte erkennen wir die trüben Gewässer der Unterwelt, in deren Mittelpunkt sich der heilige Skarabäus als Symbol der Auferstehung zeigt. In seinen Zangen hält er die Sonne, die er zum Aufgang führt. Ihr Licht verbindet sich mit der Dämmerung der halbbewußten Welt, denn wir sehen den Lichtkreis in den mittleren Teil der Karte hineinragen, als Beginn des Weges, der sich zwischen unheimlichen Wächtern und dunklen Türmen ins Bewußtsein drängt. Die dunkle Sonne symbolisiert nicht nur die unbewußte Sehnsucht (zwischen den Geburten) an der Schwelle zum Licht, sie ist auch Symbol der Auferstehung und Wiedergeburt. In der perspektivisch interessanten Gestaltung der Karte (der untere Teil ist flächig, der obere räumlich strukturiert) finden wir das »In-Verbindung-Bringen« der inneren mit der äußeren Welt; und im Weg, der sich aus dem inneren Licht (unterhalb der Schwelle) ins äußere Licht der Gnade windet, sehen wir die innere Sehnsucht auf dem Weg zur Bewußtheit (Sonne) dargestellt.

Analyse und Beschreibung

1. Motiv (Die Hüter der Schwelle)

Türme

Im oberen Teil der Karte stehen die beiden dominierenden Türme als Repräsentanten der beiden Pole, zwischen denen die Seele auf ihrem Weg ins Bewußtsein hindurch muß. Auf einer anderen Ebene sind sie aber auch die Seele selber, die ihre psychische Verengung erlebt. Sie sind eine Verkörperung der aus dem Unbewußten auftauchenden Angst, die sich an vermeintlich feste Werte klammert, und ein mächtiges Symbol des Egos, das sich hinter solchen Werten versteckt, aus Angst, von der inneren Sinnlosigkeit verschluckt zu werden.

Zwischen den Türmen

Die Angst also, die aus dem Unbewußten aufsteigt, muß zwischen ihrer eigenen Angst hindurch; sie muß zwischen den Säulen ihrer eigenen Maske hindurch den Weg zu sich selber finden. Psychologisch entspricht das der Notwendigkeit, die Angst vor der Angst zu überwinden. Mythologisch ist es das Passieren der Enge zwischen den beiden Ungeheuern Skylla und Charybdis (Odyssee), von denen Skylla die Reißende und Charybdis die Hinuntersaugende ist. Dieser Engpaß erinnert an das Geburtserlebnis: Aus dunkler, warmer Geborgenheit durch die Enge in das gleißende Licht der kalten Welt.

Wächter

Das größte Hindernis auf dem Weg nach Hause sind wir selber. Die Suche nach Wahrheit wird durch unsere Angst vor eben dieser Wahrheit verhindert. Deshalb wollen wir nicht Wahrheit, sondern nur unsere eigene Vorstellung von Wahrheit finden, um den vermeintlichen Vorteil einer scheinbaren Sicherheit willen. Wäre da nicht die Angst, die sich des Nachts als Alb auf unsere Brust setzte und uns das Grauen lehrte, nichts würde uns zwingen, das falsche Gebäude zu verlassen und zu tieferer Wahrheit vorzudringen. Crowley schreibt: *Es ist Anubis, der Wächter des Zwielichtes, der auf der Schwelle stehende Gott, der Schakal-Gott von Khem, der in doppelter Form zwischen den Wegen steht. Wachsam warten die Schakale zu seinen Füßen, um die Leichname jener zu verschlingen, die ihn nicht erkannt haben oder seinen Namen nicht kannten.*

Anubis

Anubis ist der Schakal, der im Osiris-Mythos (S. 79) den vom (Bösewicht) Seth zerrissenen und in alle Ecken der Welt zerstreuten Osiris wieder zusammensucht und die Körperteile Isis, der trauernden Gattin des Osiris, vorlegt, die ihn mit der Kraft ihrer Liebe zu neuem Leben erweckt. Er gilt als integrierende (weil zusammentragende) Kraft und als hilfreicher Führer der Seelen in das Jenseits. In dieser Doppelfunktion ist er ein treffendes Symbol für den entscheidenden Schritt der Seele auf dem Weg der Ganzwerdung: Er führt uns über die Schwelle der Angst in die Gefilde der Unterwelt, die in ihrer Tiefe (bei der Mitternachtssonne) den Eckstein birgt, der uns zur Ganzheit fehlt. Die dem Anubis geweihten (eigentlich weiß und rotohrigen) Hunde aber verfolgen die Seelen der Verdammten. Sie entsprechen mythologisch der Gestalt der Skylla, der Reißenden.

2. Untergrund (Die Nacht)

Der Blick ins Innere oder das Schauen in die Tiefe ist der weibliche Weg zur Wahrheit. Darum stellt sich im unteren Teil der Karte die Seele in den Vordergrund. Hier sind die Geheimnisse seelischer Innenräume versinnbildlicht, denn sobald der Geistfunke die Erde berührt, verstrickt er sich in der Materie. Damit er zur Sonne zurückkehren kann, wird er aus den Wassern des Lebens wiedergeboren.

Sonne

Unterhalb der Schwelle, im Reich des Weiblichen, finden wir die Sonne als Symbol des Männlichen, das zu seinen eigenen Quellen herabgestiegen ist. So wie die Sonne am Morgen am Horizont aufgeht, am Mittag zum Zenit aufsteigt und am Abend wieder am Horizont versinkt, so geht der Mensch bei der Geburt aus der Lebensquelle hervor, steigt im Laufe seines Lebens auf den Gipfel seiner äußeren Ziele empor, um nach Überschreiten des Lebenshöhepunktes wieder herabzusteigen und sich am Ende in den Schoß von Mutter Erde zu legen.

Skarabäus

In den unteren Gewässern sehen wir Khephra, den heiligen Käfer, der die Sonnenscheibe zwischen seinen Zangen hält. Er rollt sie schweigend dem Morgen entgegen. Plutarch schrieb: *Man nimmt an, daß diese Art von Käfern nur aus männlichen Tieren besteht, die ihren Samen in das Material ablegen, das sie zur Kugel formen. Diese rollen sie dann mit den Hinterfüßen weiter. Indem sie auf diese Art den Lauf der Sonne nachahmen, die sich von Ost nach West bewegt, scheinen sie einer dem Himmelslauf entgegengesetzten Richtung zu folgen.* Damit wurde der Skarabäus zum Symbol der aus sich selbst heraus erzeugenden Kraft (männlicher Uroboros), der hier die Sonne aus dem Reich der größten Finsternis holt, um sie zum neuen Morgen zu bringen: Zur Stunde der größten Finsternis wird das neue Licht geboren.

Elektroenzephalogramm (EEG)

Der untere Teil der Karte wird von einem Diagramm durchzogen, das die linearen Schwingungen während der Schlafphase anzeigt (die hügeligen Erhebungen erinnern an die REM-Phasen des Träumens). Die Träume der Schöpfung sind die Quellen des Lebens im Schoße des Weiblichen.

3. Hintergrund (Das Licht)

Weg (nach oben)

Der Weg, der zwischen den Türmen hindurchgeht, ist der Pfad zur Ganzheit oder zum Selbst. Wir sehen das an dem Steg, der aus der Sonne »explodiert« und so die Fortsetzung des mittleren Gipfels aus dem unteren Kartendrittel bildet. Die lineare Schwingung des unteren Diagrammes (hinter der Sonne) findet in der Auswuchtung des Wegs zu einer Form, die ihren eigentümlichen Reiz aus dem Eindringen der Fläche in den Raum gewinnt.

XVIII

Berge

Hinter den dunklen Türmen sind zwei himmelblaue Berge, durch deren Talsohle der Strom des Lebens fließt. Exoterisch erkennen wir in den beiden Bergen die angezogenen Knie einer gebärenden Frau und unter dem Abgrund ihren Bauchinnenraum. Damit wird der untere Kartenteil zum Mutterleib, in dem der Fötus ruht, und der Weg zum Geburtskanal. Das spiegelt die ägyptische Überlieferung, wonach die Himmelsgöttin Nut die Sonne jeden Abend im Westen verschlingt und am nächsten Morgen im Osten neu gebiert. Das Blut, das sie dabei verliert, sehen wir als Morgenröte.

Yod (Blutstropfen)

Vor dem dreiecksförmigen Ausschnitt im Hintergrund sieht man neun Blutstropfen in der Form des hebräischen Buchstabens Yod auf den Scheitelpunkt des Weges (Gebärausgang) fallen. Neun ist die Weisheitszahl des Mondes, und Yod ist der erste Buchstabe im hebräischen Namen Gottes und symbolisiert die Gnade, die uns Menschen auf dem Weg zum Licht zufließt.

Mondsichel (Unterwelt)

In der Mitte am oberen Rand der Karte erscheint die schwindende, nach unten gerichtete Mondsichel. Darunter erkennen wir die von unten in die Sphären des Mondes eindringende Unterwelt, die sich vor den Vollmond schiebt. Das ist die Welt der

Träumer, die sich von ihren Träumen so stark haben anziehen lassen, daß sie aus der Welt verschwanden. Was Crowley Drogenvisionen oder Wahnsinn nennt, ist das Ziel der Träumer und Schamanen, aus der Ebene der Materie zu verschwinden und jenseits der Grenzen des Bekannten zu erwachen. Die aufsteigende Welt im Dunstkreis des Mondes zeigt die in Raum und Zeit hereinbrechenden Sehnsüchte, die der Alltagsmensch bei sich verdrängt: *Das Alte stirbt, das Neue kann noch nicht entstehen, und aus diesem Interregnum erwächst eine große Vielfalt von Symptomen der Morbidität* (Antonio Gramsci). Crowley schreibt: *Hier handelt es sich um den abnehmenden Mond, den Mond der Zauberei, Hexenkunst und abscheulichen Untaten. Sein Licht ist tödlicher als die Dunkelheit, und die Stille wird durch das Heulen wilder Bestien verwundet. Dies ist die Schwelle des Lebens, und dies ist die Schwelle des Todes. Alles ist zweifelhaft, alles ist geheimnisvoll, alles ist Gift und Betörung. Nicht die wohltätige, sonnenhafte Berauschung des Dionysos, sondern der schreckliche Wahnsinn von schädlichen Drogen; dies ist die Trunkenheit der Sinne, nachdem der Geist durch das Gift des Mondes vernichtet worden ist. Dahinter verbirgt sich aber auch die gifterfüllte Dunkelheit als Voraussetzung zur Wiedergeburt des Lichts.*

Deutungen

Hintergrund (Im Schoß der Nacht)

Am Ende eines jeden Monats können wir die Sichel des alten Mondes ein letztes Mal kurz vor Sonnenaufgang am östlichen Himmel erblicken. Dann folgen drei mondlose Nächte, bevor die Sichel des neuen Lichtes das erste Mal kurz nach Sonnenuntergang im Westen zu sehen ist. Der Mond stirbt im Osten, verweilt drei Tage in der Unterwelt, bevor er im Westen wieder aufersteht. Damit wurde er zum Symbol aller Helden und Erlöser, die für drei Tage in das Totenreich gingen. Ein Eingeweihter in die Isis-Mysterien erzählt: *Ich kam an die Grenzscheide von Leben und Tod. Ich übertrat in der Unterwelt die Schwelle der Proserpina, und nachdem ich durch alle Elemente gefahren, kehrte ich wieder zurück. Zur Mitternacht sah ich die Sonne in hellem Lichte strahlen. Ich trat den Göttern der Tiefe wie den Göttern der Höhe von Angesicht zu Angesicht gegenüber und betete sie aus nächster Nähe an.* (Apulejus, Metamorphosen)

Allgemein

Die Mondkarte führt uns in die unendlichen Tiefen unserer Innenwelt und damit in die Bilderwelt der Seele. Sie gewährt uns einen Blick hinter den Spiegel, in dem wir unsere bewußte Welt den Sicherheitsbedürfnissen unserer inneren Ängste angepaßt haben, ins Reich des Unbewußten, wo uns unsere Sehnsüchte und Abgründe entgegenblicken. So lebensnotwendig der Abstieg in die Unterwelt, ins Reich des Unbewußten, ist, so wichtig ist die Rückkehr. Nur wenn die Sonne die auf der Karte dargestellte Schwelle überschreitet, kommt es zu neuer Entfaltung. Andernfalls bleibt der Persönlichkeitskern vom Nachtmeer verschluckt, und der Selbstentfaltungsprozeß ist gescheitert.

Bewußtsein

Auf der Ebene unseres Bewußtseins zeigt diese Karte eine große Chance zum Erkennen, einschließlich aller damit verbundenen Gefahren. Es geht um eine Reise in die Tiefe, von der die Mythen eindrucksvoll als Hadesfahrt oder als Abstieg in die Unterwelt erzählen. Sie wissen die Schreckensbilder unserer Seele als »die Brut der Nacht« am anschaulichsten zu beschreiben. Jenen Ungeheuern zu begegnen und sie zu überwinden, ist die schwierigste Phase jeder Heldenreise und damit auch die größte Herausforderung im Leben. Denn alle Drachen, Spinnen, Schlangen, Ungeheuer und Dämonen sind vergangene Erlebnismuster, die aus den Tiefen unserer Erinnerung aufsteigen. Sie sind archetypisch in unser Bewußtsein eingewoben und stellen einen Teil unseres seelischen Erbes dar. Die Evolution hat sie nicht ausgelöscht, sondern lediglich unter höheren Formen bewußteren Verhaltens verborgen. So wie wir einst als Kind (mit einem Stock bewaffnet) die äußere Welt erkundeten und eroberten, ist es nun an der Zeit, die Unendlichkeit der inneren Räume auszuloten. Die größte Gefahr dabei ist, von der Nacht verschlungen zu werden, was in einer milderen Form Weltflucht, in einer extremen der geistigen Umnachtung entspricht.

Beruf

In beruflicher Hinsicht bedeutet der Mond Angst und Unsicherheit am Arbeitsplatz, tiefsitzende Ängste, zu versagen, keine Anstellung zu bekommen oder nicht den passenden Beruf zu finden. Täuschungen, Lügen und Betrügereien sind zu befürchten, Unordnung an der Tagesordnung, Verwirrung und Irrationalität im Spiel. Wir machen aber auch Bekanntschaft mit unserer Intuition, die uns besser leiten kann als der Verstand, wenn wir uns ihr nicht verschließen. Fantasie, Kreativität und okkultes Wissen werden belebt, wenn wir den Weg nach innen gehen. So wie alle Künstler damit beschäftigt sind, ihre Tiefensehnsucht als Gestaltungen in die Sichtbarkeit zu bringen, drängt uns diese Karte, unserem Innenleben in der äußeren Welt Ausdruck zu verschaffen.

Beziehung
Der Mond, der sich uns allnächtlich in veränderter Form präsentiert, steht schon von alters her für das Wechselhafte und damit auch für das Unzuverlässige, für Launenhaftigkeit und Verführbarkeit. Sein widergespiegeltes Licht gilt als Symbol der Passivität, der Beeindruckbarkeit, aber auch der Willenlosigkeit und damit aller (Sehn-)Süchte. All das, was am hellen Tag vertraut und klar ist, nachts kann es zum Ringen mit infantilen Traumvorstellungen werden, die uns zu den Quellen unbewußter Sehnsüchte hinabziehen können. Der Mond hat die Bedeutungsspanne von Träumerei bis Wahnsinn und steht für Beziehungen, in denen wir mit Hysterie, Verletzbarkeit oder Verlassenheitsängsten zu kämpfen haben. Die Karte kann natürlich auch bedeuten, daß die von ihr gekennzeichnete Verbindung ein Traum ist. Dann zeigt sie ihren verträumten, romantischen Charakter, der sehnsuchtsvolle Gefühle, Träume und Luftschlösser entstehen läßt.

Analoge Entsprechungen

1. Archetypen und Symbole

Archetyp
Die Nacht.

Buchstabe ק
Qoph/Koph = K (»Hinterkopf«); Zahlenwert = 100. Wenn der nächste Trumpf, die Sonne, den Buchstaben Resch (»Kopf«) trägt, so verkörpert »Hinterkopf« das, was dahinter ist. Wenn der Kopf als Sitz des Verstandes das Tagesbewußtsein beschreibt, dann kommt der inneren Quelle (Hinterkopf) die Aufgabe zu, die Intuitionen aus der Tiefe zu heben und sie dem Bewußtsein zu erschließen, damit sie durch das Handeln in Realität umgesetzt werden können.

Zahl
Alle Mond- und Sonnenfinsternisse kehren nach 18 Jahren in der gleichen Reihenfolge wieder. Sie wurden in früheren Zeiten mit Unheil in Verbindung gebracht.

Lebensbaum
Die Verbindung zwischen Netzach und Malkuth. Crowley kommentiert diese Sphäre so: *Der Mond, der am Höchsten und am Niedrigsten teilhat und diesen Zwischenraum ausfüllt, ist der universalste aller Planeten. In seinem höheren Aspekt ist er das Verbindungsglied zwischen dem Menschlichen und Göttlichen, wie es im Atu II veranschaulicht wurde (›Hohepriesterin‹). In diesem Trumpf – ihrem niedrigsten Avatar – verbindet er die irdische Sphäre von Netzach und Malkuth, dem Höhepunkt der Verstofflichung aller höheren Formen.*

I Ging
29 Kan – »Der Abgrund« (Das Abgründige, das Wasser).

Rune ᛈ
Perth (»Das Verborgene«) ist ein Spiegel der Seele und bezieht sich auf die tiefste Schicht des Seins. Diese Mysterien-Rune verkörpert die tiefinnerste Transformation (»Uterus der Mondin«) und beschreibt die Reise in die Unterwelt bzw. den chthonischen Geburtsaspekt.

Tierkreis
Fische. *Fische ist das letzte der Tierkreiszeichen,* schreibt Crowley, *es repräsentiert das letzte Stadium des Winters. Es kann als das Tor zur Auferstehung bezeichnet werden (der Buchstabe Qoph bedeutet Hinterhaupt und steht mit den Kräften des Kleinhirns in Verbindung). Im System des alten Zeitalters geschah die Auferstehung der Sonne nicht nur vom Winter, sondern von der Nacht; und diese Karte repräsentiert Mitternacht.*

Gottheiten
Anubis, ägyptischer Totengott, mit Schakalkopf dargestellt, Khephra, der Skarabäus, der in der ägyptischen Mythologie die Sonne zum Morgenhimmel rollt, oder Hekate, die griechische Göttin der Zauberei und des Spukwesens, die nachts, von den drei Erynnien und vom Höllenhund Cerberos (»Geist des Abgrunds«) begleitet, umherzieht und in Beziehung zu Medusa, Hydra oder Kali (Kali-Uma = Formlosigkeit oder Nicht-Sein) steht.

Mythen
Hydra, die neunköpfige, menschenfressende Wasserschlange, deren Köpfe immer wieder nachwuchsen; das Labyrinth von König Minos auf Kreta oder die Unterweltsreisen von Orpheus, Odysseus, Herakles, Psyche und Aeneas. Es gibt ein eindeutiges Wechselspiel zwischen »Mond« und »Tod«, denn der Mond sehnt sich nach der Unterwelt, und die Toten werden im Mond wiedergeboren!

Kultstätte
Dakhma oder »Turm des Schweigens« (Bombay). Die zylinderförmigen Dakhmas sind vier Meter ho-

he, turmartige Gebilde. Auf ihnen werden die Leichen der toten Parsen nackt ausgesetzt und damit den Geiern zum Fraß überlassen. Wenn die Geier die Leichen aufgefressen haben, fallen die übriggebliebenen Gebeine auf der abgeschrägten Fläche schließlich in das Loch in der Mitte des Turms hinein.

Sabbat
Schwarzmond (3 Nächte).

Ritual
Somnambulismus oder rituelle Trance.

2. Assoziationen und Empfindungen

Bilder
»Die Hexen« oder »Der Schlaf der Vernunft ruft die Ungeheuer« (aus dem radierten Zyklus »Caprichos«) von Francisco de Goya. In dieser Radierung sehen wir Goyas Bild des Menschen: Wenn der Verstand abschaltet, übernehmen Monster die Macht!

Schriften
»Malleus maleficarum« (der 1487 publizierte Hexenhammer) oder »Geschichten des Grauens« von Edgar Allan Poe.

Musik
»Lélio« von Hector Berlioz, die quasi-Fortsetzung des »Hexensabbats« aus der »Symphonie fantastique« (ein weiträumiges Melodram egozentrischer Opiumträume) oder »Eine Nacht auf dem kahlen Berg« von Modest Mussorgski (beim Höhepunkt des Hexensabbats läutet aus der Ferne ein Kirchenglöckchen, das die Dämonen der Finsternis zerstreut).

Duft
Psychotrope Düfte wie Ayahuaska, Coca, Huachuma, narkotische Minzenblätter, Peyote, Ololiuqui, Opium. Bei uns als Drogen gehandelt, die Rauschzustände auslösen; bei den Indianern göttliche Pflanzen, die geistige Kraft enthalten, übersinnliche spirituelle Kräfte verleihen und die inneren Bewußtseinsräume erweitern.

Edelstein
(Mexikanischer) Wasseropal.

Astrologie
Mond in Skorpion als das dunkle Wissen um die Abgründe der Seele; Sonne in Haus 8 als der Abstieg in die Unterwelt.

Alchemie
Gelbung (citrinitas). Die Weißung (albedo) entspricht der Dämmerung vor der Morgenröte (Sonne). Den Übergang zu dieser Rötung (rubedo) bildet die Gelbung.

Zitat
Mephistopheles:
Und hättest du den Ozean durchschwommen, / Das Grenzenlose dort geschaut, / So sähst du dort doch Well auf Welle kommen, / Selbst wenn es dir vorm Untergange graut. / Du sähst doch etwas. Sähst wohl in der Grüne / Gestillter Meere streichende Delphine; / Sähst Wolken ziehen, Sonne, Mond und Sterne; / Nichts wirst du sehn in ewig leerer Ferne, / Den Schritt nicht hören, den du tust, / Nichts Festes finden, wo du ruhst.
Faust:
Nur immer zu! Wir wollen es ergründen, / In deinem Nichts hoff ich das All zu finden.
Mephistopheles:
Hier diesen Schlüssel nimm.
Faust:
Das kleine Ding!
Mephistopheles:
Erst faß ihn an und schätz ihn nicht gering. / Der Schlüssel wird die rechte Stelle wittern, / Folg ihm hinab, er führt dich zu den Müttern.
Faust (schauernd):
Den Müttern! Trifft's mich immer wie ein Schlag! / Was ist das Wort, das ich nicht hören mag? / Doch im Erstarren such ich nicht mein Heil, / Das Schaudern ist der Menschheit bestes Teil; / Wie auch die Welt ihm das Gefühl verteure, / Ergriffen, fühlt er tief das Ungeheure.

J.W. Goethe »Faust II« (Finstere Galerie)

XIX. DIE SONNE

el sol

Trieb Streben nach Licht.
Ziel Versöhnung mit der Schattenseite und Verwirklichung des innersten (höchsten) Selbst.
Leitbild Die Sonne als Quelle allen Lebens: als das großzügige, sich bedingungslos verausgabende Prinzip.

Licht Lebendigkeit, Lebensbejahung, Vitalität, Großzügigkeit, Wärme, Frische, Selbstvertrauen.
Schatten Selbstgefälligkeit, Persönlichkeitskult, Größenwahn (Blenden, Versengen, Verdörren).
Qualität Der Aufstieg zum Licht.

Grundlage

Die Karte
Die alles überstrahlende Sonne ist ein Bild der Flammen als ein Symbol der Kraft des Lebens. Sie ist der Schöpfungsnabel, dessen Strahlen alles durchdringen und auf dessen Schwingen sich der Mensch über sich selbst hinaustragen lassen kann, denn seine innere Sonne ist hier zur äußeren Lichtquelle geworden, die alle Ebenen durchströmt. Sie steht auch für die erhellenden Kräfte des Bewußtseins, mit denen wir zur Klarheit gelangen und Sorgen, Irritationen und unheimliche Ängste überwinden können. Die Alpträume der vorhergehenden Karte sind gewichen, denn die Sonne ist die sich ständig grenzenlos und bedingungslos verausgabende Kraft, deren Licht und Wärme uns unsere Schatten überwinden läßt. In ihrem Innersten erblüht eine Rose als Symbol der Verschmelzung mit dem Licht. Die Sonne als das Zentrum des Tierkreises ist ein Symbol des göttlichen Ichs. Sie ist das Ziel unserer Reise zu uns selbst und stellt den bewußten Anteil am unfaßbaren Mysterium des Lebens dar. So wie Apollo, der Sonnengott, von Latona, der Mutter Nacht, geboren wurde, sind die schmetterlingsbeflügelten Kinder aus der Verbindung zwischen Tag und Nacht hervorgegangen, aus der Morgenröte, die die aufgehende Sonne begrüßt. Die glühende Hitze kann aber auch versengen; das sehen wir im grünen Hügel, dessen Spitze von einer roten Mauer umschlossen wird. Es ist gefährlich, sie ohne die rechte Einweihung zu überschreiten.

Analyse und Beschreibung

1. Motiv (Der Sonnentanz)

Die beiden Kinder
Die beiden tanzenden und jubilierenden Kinder, die voller Wonne Sonne und Licht begrüßen, sind ein Ausdruck neu erwachender Lebenskraft. Der Sonnentanz als Ausdruck von Gnade setzt das Bewußtsein von Gott voraus, und dieses entspringt der Quelle der Väter und dem Brunnen der Mütter. Die beiden Kinder, die das Licht begrüßen, sind ein Ausdruck dieser schöpferischen Kraft, die sich selber feiert, aus der Spontaneität des Augenblicks heraus. Crowley kommentiert: *Sie repräsentieren das Männliche und Weibliche, ewig jung, ohne Scham und unschuldig. Sie tanzen im Licht, und dennoch leben sie auf der Erde. Sie stellen die nächste für die Menschheit zu erreichende Stufe dar, auf der die vollständige Freiheit der Ursache und dem Ergebnis des neuen Zugangs der solaren Energie auf der Erde gleicht.*

Schmetterlingsflügel, Medaillons
Die Schmetterlingsflügel sind Ausdruck der Leichtigkeit und ein Symbol für Transformation ähnlich dem Phönix, der aus der Asche verwandelt zum Himmel strebt. Das Streben nach Vereinigung mit dem Göttlichen trägt die Kinder empor. Sie verkörpern das Potential der Zukunft, das sich aus den Wurzeln der Vergangenheit im Augenblick der Gegenwart erhebt. Zu ihren Füßen sehen wir zwei Embleme, welche die Symbiose von Rose und Kreuz bebildern. Crowley schreibt: *Es sind die allerheiligsten Siegel des alten Zeitalters, die Verbindung von Rose und Kreuz, aus der sie emporgestiegen sind, die jedoch immer noch ihre Stütze bilden. Die Karte selbst symbolisiert diese Ausdehnung der Idee der Rose und des Kreuzes. Das Kreuz hat sich nun zur Sonne entwickelt, aus der es ursprünglich abgeleitet wurde.*

2. Zentrum (Die Sonnenrose)

Sonne (Kreuzsymbol)
Die Symbolik des Kreuzes leitet sich aus der Sonne ab: Im Laufe eines jeden Jahres wandert sie durch den Tierkreis, der sie auf dieser Karte umgibt und gliedert diesen Kreis dabei an den vier heiligen Stationen in vier gleiche Teile. Durch den kürzesten und den längsten Tag entsteht die Sonnenwendachse, und der Frühlingspunkt bildet mit dem Herbstpunkt die dazu quer verlaufende Tag- und Nachtgleichen-

XIX

linie. Wenn nun der Kreis das Absolute oder als Himmelsbahn die göttliche Hemisphäre symbolisiert und seine jährliche Vierteilung in Form der vier Jahreszeiten das irdische Leben bestimmt, so wird der Kreis mit dem Kreuz zum Symbol ⊕ für das göttliche Gesetz auf Erden. Da sich die vier Punkte natürlich auch zum Quadrat verbinden lassen, entsteht das Zeichen ◎, auf das das Bild von der »Quadratur des Kreises« zurückgeht. Das sich drehende Kreuz symbolisiert den Sonnenlauf. Aus vier kreuzweise zusammengebundenen, brennenden Fackeln, die gedreht wurden, ist die Swastika (Hakenkreuz) hervorgegangen. Die brennenden Feuerräder (siehe S. 68, »Stern«), die an manchen Orten heute noch zur Sommersonnenwende die Berge herunterrollen, haben den gleichen solaren Charakter. Ebenso deuten die geschwungenen zwölf Strahlen auf der Sonnenkarte diese Drehbewegung der Lebenskraft an.

Rose

Von der roten Rose berichtet die Überlieferung, daß sie aus dem Blut des Adonis entsprungen sei, dem unwiderstehlich schönen Liebhaber der Göttin Aphrodite, der von seinem eifersüchtigen und aufgebrachten Nebenbuhler Ares in Gestalt eines schwarzen Ebers getötet wurde. Später wurde die rote Rose auch mit dem Blut Christi gleichgesetzt. Dabei verkörpert die Blüte das Prinzip der Liebe, und die Dornen symbolisieren den Tod. In verschiedenen Traditionen wurde sie als aus dem Lebensbaum wachsend dargestellt und war somit ein Symbol der Wiedergeburt. Im Mittelpunkt des Kreuzes stellt sie den Berührungspunkt und die Vereinigung der vier Elemente dar.

Sonnenrose und Rosenkreuz (Vereinigung der Gegensätze)

Da die Sonne als das lichte, sich verausgabende und das Universum durchflutende Prinzip ein Symbol des Männlichen ist, die Rose dagegen als die mit ihrem Duft lockende und sich den Sonnenstrahlen öffnende und hingebende Kraft für das Weibliche steht, ist die Vereinigung der beiden zu einer Sonnenrose Ausdruck für die Vereinigung der Gegensätze. Gleiches spiegelt sich in den Rosenkreuzen zu Füßen der Kinder. In der Symbolik der Rosenkreuzer steht die so dargestellte mystische Rose für Rad und Kreuz. Dabei verkörpert die Rose (Rad) das göttliche Licht und das Universum, das Kreuz aber die zeitliche Welt des Leidens. Diese Vereinigung der Gegensätze drückt die Sonnenkarte aber auch in einem ganz anderen Lichte aus: Während die einstelligen Karten (Atu I bis IX) den männlichen Weg der Bewußtwerdung zeigen, der im Bild des Eremiten als der höchsten Entfaltungsstufe gipfelt, stellen die diesen Trümpfen durch Quersummenbildung entsprechenden zweistelligen Karten (von X bis XVIII) den weiblichen Weg in das Verborgene, Mysteriöse, Dunkle und Tiefe dar, wobei die dem Eremit (9) entsprechende Mondkarte (18 = 1 + 8 = 9) hier wiederum das tiefste Ausloten des Unbewußten bedeutet. Die Sonne nun zeigt, daß die Vereinigung dieser Gegensätze alchemistisch wie mythologisch gelungen ist. Das Zwillingspaar, das in verschiedenster Gestalt schon mehrfach auftauchte, ist hier von gleicher Natur (mythologisch entspricht das der Aussöhnung der verfeindeten Geschwister). Das Gleiche wird auch durch die Ellipse ausgedrückt, die die Sonne umgibt: Sie ist der vollkommene Kreis, der zwei Brennpunkte in sich vereint (vgl. »Zodiak«).

3. Hintergrund (Das Paradies)

Hügel und Mauer

In der Schöpfungsgeschichte der ägyptischen Stadt On, die die Griechen Heliopolis (= Sonnenstadt) nannten, wird erzählt, daß am Anfang der Sonnengott Atum, der »Vollendete«, aus den Urwassern auftauchte und an dieser Stelle als erstes den Urhügel erschuf, den später der Tempel von Heliopolis krönen sollte. Die Mauer begrenzt den Tempelbezirk und stellt auf einer anderen Symbolebene die Mauer des Paradieses dar, die den in die Polarität gefallenen Menschen vom Gipfel der Einheit trennt. Für Nikolaus von Kues besteht diese Mauer des Paradieses, die Gott vor dem Auge des Menschen verbirgt, im *Zusammenfall der Widersprüche*, und ihre Pforte *bewacht der tiefgründigste Verstandes-Geist. Wird dieser nicht besiegt, öffnet sich der Eingang nicht.*

Der innere Gott (Das zukünftige Paradies)

In der alchemistischen Darstellung der heiligen Hochzeit aus dem »Rosarium philosophorum« (1550) verschmelzen Sol und Luna zu einem Hermaphroditen, dessen eine Seite männlich, die andere weiblich ist und der zwei Köpfe verschiedenen Geschlechtes hat, eine für die Sicht der Außenwelt und einen für den Blick nach innen (vgl. S. 51, »Chymische Hochzeit«). Aber auch der Hermaphrodit muß sterben, und dabei schwebt seine Seele als Mädchen und sein Geist als Knabe aus der Doppelgestalt heraus: Das sind die Kinder auf der Karte »Sonne«, die aber noch nicht im »Universum« (Karte XXI) sind. Denn auch Seele und Geist müssen sich nochmals verwandeln, bevor sie die Sonne in sich selber finden; sie müssen sich über ihre Trennung erheben, um Gott in sich selber zu erleben und die erlöste Schöpferseele (den göttlichen Hermaphroditen) in ein neues »Aeon« zu gebären, nämlich in den (erlösten) Garten Eden (»Der tanzende Kosmos«, S. 118), auf dem die Mauern (auf der Karte »Sonne«) durch die Posaunen des »Jüngsten Gerichtes« (Trumpf XX in der traditionellen Darstellung) gefallen sind.

Deutungen

Hintergrund (Der Zodiak)
Seit der Urfrühe der Menschheit erkennen wir in der Sonne das kraftvolle Prinzip, das nach nächtlichem Kampf mit den Mächten der Finsternis jeden Morgen mit unverminderter Kraft wieder aufersteht und seine siegreiche Bahn über den Himmel zieht. Ihre Qualität ist die grenzenlos fließende Lebensenergie, die sie aus dem Kosmos zieht. Im Zentrum ihrer Strahlen (Energiekanäle), die den Tierkreis bilden, versinnbildlicht sie den göttlichen Willen, der sich selbst in den Mittelpunkt des Universums stellt: *Sie repräsentiert Heru-ra-ha*[1]*, den Herrn des Neuen Zeitalters, in seiner Manifestation für die menschliche Rasse als Sonne in ihrem spirituellen, moralischen und physischen Aspekt,* schreibt Crowley (von oben betrachtet ruht die Tierkreis-Ellipse auf den Strahlensäulen einer in der Tiefe brodelnden Feuerrose). Im Unterschied zum Kreis, der für das Individuum steht, ist die Ellipse Symbol der Ganzheit, da sie in einem vollkommenen Kreis zwei Brennpunkte vereint. Das Gesetz des Kreises besagt, daß jeder Brennstrahl, der vom Zentrum ausgeht, vom Kreisrand auf das gleiche Zentrum zurückgespiegelt wird. Nach dem Gesetz der Ellipse dagegen wird jeder Brennstrahl, der von einem Brennpunkt ausgeht, vom Rand in den anderen Brennpunkt geworfen. Als Symbol der Ganzheit zeigt sie so den steten Austausch zwischen Bewußtem und Unbewußtem.

Allgemein
In der Sonnenkarte finden wir das kraftvolle, lebensbejahende, alles erhellende Prinzip, das Lebenslust, Vitalität und jugendliche Frische zum Ausdruck bringt. Das gilt sowohl für äußere Erfahrungen, die uns auf die Sonnenseite des Lebens führen, wie auch für innere Erkenntnisprozesse, bei denen uns »ein Licht aufgeht«, oder wir bisherige engstirnige und spießige Verhaltensmuster und Grenzen überwinden und zu einer großmütigen, versöhnenden Geste bereit sind.

1 Besser unter dem Namen Horus bekannt. Eine Doppel-Gottheit: seine extrovertierte Form ist Ra-hoor-khuit, und seine passive oder introvertierte Form ist Hoor-pa-kraat (vgl. Horus, die Doppelgestalt, S. 114).

Bewußtsein
Auf der Ebene unseres Bewußtseins hat diese Karte eine besonders große Bedeutung. Sie zeigt das Erwachen, Aufblühen und Reifen unserer sonnenhaften Natur und die Versöhnung mit der Schattenseite. Es ist eine Zeit, in der es gilt, das eigene Wesen zu entfalten und nicht länger die hohlen Rollen auszufüllen, die wir als Zugeständnis an die Gesellschaft gespielt haben. Damit kann die Karte einen enormen Zuwachs an Selbstbewußtsein und Selbstsicherheit bedeuten und zu einem völlig neuen Lebensgefühl führen. Auf der Erkenntnisebene steht sie für die wohltuende Erfahrung, die ein nigerianischer Medizinmann einmal so beschrieb: *Wenn dir die Wahrheit aufgeht, ist das, wie wenn die Sonne aufgeht und all die grauen Mauern rosig gefärbt werden.*

Beruf
Auf der beruflichen Ebene steht diese Karte der Zuversicht für gute Aussichten, erfreuliche Erfahrungen, zukunftsreiche Neubeginne und für »Tauwetterperioden« in bislang verfahrenen Situationen. Sie zeigt, daß Großzügigkeit oft der beste Weg ist, wenn es darum geht, durch eine versöhnende Geste starre Fronten zu überwinden und einen Schlußstrich unter alte Streitereien und Meinungsverschiedenheiten zu ziehen. Sie steht auch für selbstbewußtes Auftreten und eine warme, positive Ausstrahlung, für die Kraft, andere zu motivieren und deren Vertrauen zu gewinnen.

Beziehung
Im Bereich unserer persönlichen Beziehungen ist die Sonne Ausdruck gelebter Großzügigkeit. Sie hat häufig einen versöhnenden Charakter, der es uns ermöglicht, unsere »Kriegsbeile« endgültig zu begraben und einen echten Neuanfang zu finden, der wohltut wie ein Sonnenaufgang nach einem erfrischenden, nächtlichen Regen. Aber auch dort, wo keine Brücken geschlagen werden müssen, steht diese Karte für wohltuende Wärme, gegenseitiges Vertrauen und für die Aussicht, in der Beziehung die Sonnenseite des Lebens zu erfahren. In diesem Bereich zeigt die Sonne ihre eigentlich großartige Natur: Sie ist die Kraft, die grenzenlos gibt, ohne sich selbst dabei aufzugeben.

Analoge Entsprechungen

1. Archetypen und Symbole

Archetyp
Der Tag; das Licht.

Buchstabe ר
Resh = R (»Kopf«); Zahlenwert 200. Der Kopf als Sitz des Gehirns ist ein Symbol für Bewußtheit und Tageshelle.

Zahl
19 = 1 + 9 = 10 = 1, weist auf die Verwandtschaft mit dem Magier (I) hin. 19 ist die Zahl der siegreichen Sonne: Nach 19 Jahren, dem metonischen Zyklus, fallen alle Mondphasen wieder auf dieselben Wochentage des Sonnenjahres.

Lebensbaum
Die Achse Hod-Yesod. Die Verbindung zwischen Hod (die Tat des Helden in seiner unverfälschten Absicht) und Yesod (die Idee der Materie in ihrer fundamentalen Bedeutung) umschreibt Gott als eine Gedankenform, projiziert vom Geist des Menschen.

I Ging
64 We Dsi – »Vor der Vollendung«.

Rune ᛝ
Inguz (»Feuer«) charakterisiert Ing, den Gotthelden, der das Begonnene vollendet. Als Fruchtbarkeitsgott entspricht er dem männlichen Aspekt der Erdmuttergöttin und damit dem Gesetz des Lebens aus der Verbindung der Gegensätze.

Planet
Sonne. Das Licht als Lebensquelle.

Gottheiten
Die großen Sonnengötter Apollo, Helios, Hyperion, Huitzilopochtli, Krishna, Legba, Lug, Ra, Rama, Semesh, Sol, Vishnu und die mit ihnen verbundenen Mächte des Lichts.

Mythen
Alle Heldensagen (Achill, Theseus, Herakles, Phoebus Apoll), Abraham (sein Bündnis mit Gott), die Versöhnung der ungleichen Brüder (Gilgamesch und Enkidu, Jakob und Esau, Parzival und Feirefis) oder die Rückkehr des verlorenen Sohnes.

Kultstätten
Heliopolis, die ägyptische Sonnenstadt, der Apollotempel in Delos, das griechische Zentrum der Sonnenverehrung, oder Tenochtitlán, Hauptstadt des Aztekenreiches, auf deren Ruinen das heutige Mexiko City errichtet wurde (umgeben von Hochhäusern, erheben sich die Ruinen der Tempelpyramide des Sonnengottes Huitzilopochtli und des Regengottes Tlaloc. Sie herrschten, als das Sonnenlicht noch nicht durch Smog getrübt und der Regen nicht sauer war).

Sabbat
Sonnenwendfeier in Stonehenge. Zwei hufeisenförmige Steinsetzungen um einen Altar; nördlich der Öffnung ein einzelner Menhir, über dem einst am Morgen des Sonnenwendtages die Sonne aufging.

Ritual
Sonnengebet (Verbindung mit Gott).

2. Assoziationen und Empfindungen

Bild
»Die Erschaffung Adams« von Michelangelo. Adam wird durch eine sanfte Berührung der Fingerspitze mit Gottes Geist zum Leben erweckt.

Schrift
»Sonnengesang« von Franz von Assisi.

Musik
»Missa solemnis« von Ludwig van Beethoven. Gloria in excelsis deo.

Duft
Lorbeer.

Edelstein
Diamant.

Astrologie
Sonne im 5. Haus als Ausdruck von Lebensfreude, Kreativität und schöpferischer Überzeugungskraft.

Alchemie
Rötung. »Rubedo« bedeutet Sonnenaufgang. Das flüssige Gold (Elexier) ist entstanden.

Zitat
Seid umschlungen, Millionen! / Diesen Kuß der ganzen Welt! / Brüder – überm Sternenzelt / Muß ein lieber Vater wohnen.
Was den großen Ring bewohnet, / Huldige der Sympathie! / Zu den Sternen leitet sie, / Wo der Unbekannte thronet.
Ihr stürzt nieder, Millionen? / Ahntest du den Schöpfer, Welt? / Such ihn überm Sternenzelt! / Über Sternen muß er wohnen.
Froh, wie seine Sonnen fliegen / Durch des Himmels prächtgen Plan, / Wandelt, Brüder, eure Bahn, / Freudig wie ein Held zum Siegen.
F. v. Schiller »Hymne an die Freude«

XX. DAS AEON

el ultimo tribunal

Trieb	Geburt, Erneuerung, Erweckung.
Ziel	Die Verwirklichung von Utopia.
Leitbild	Kosmische Erneuerung; Geburt des Neuen.
Licht	Erkenntnis der großen Zusammenhänge, erweiterte Wahrnehmung und Befreiung bislang verborgener Fähigkeiten.
Schatten	Fehlidentifikation, Selbsttäuschung, Größenwahn.
Qualität	Transformation.

Grundlage

Die Karte
Die Sternengöttin Nut, von Crowley »Symbol der unbegrenzten Möglichkeiten« genannt, ist hier im Gegensatz zur verführerischen Gestalt der »Sternenfee« (S. 100) keine figürliche Gestalt, sondern ein Stück Himmel. Räumlich zeigt sich uns die Himmelsgöttin als die leuchtendblaue Umrahmung eines auf den Kopf gestellten Lichteies. Dieser Wesensnatur entsprach ihre Hieroglyphe, die zugleich Uterus oder Krug bedeutete. Das kopfgestellte, geflügelte Lichtei symbolisiert laut Crowley den Gefährten der Nut, den er Hadit, den allgegenwärtigen Gesichtspunkt, nennt: *Er wird durch eine Feuerkugel repräsentiert, ein Symbol der immerwährenden Energie; mit Flügeln versehen, um seine Kraft des Gehens zu veranschaulichen.* Abweichend von der gängigen Überlieferung schreibt Crowley das im Vordergrund stehende Kind Harpokrates (= Horus das Kind) der Verbindung von Nut und Hadit zu. Dieses Kind verkörpert aber nicht nur die Verbindung zwischen Vorstellung (Hadit) und Möglichkeit (Nut), sondern ist zugleich ein Längsschnitt durch die Zeit (Verbindung zwischen Vergangenheit und Zukunft), denn wir erkennen im Hintergrund die verkleinerte, aber geschärfte Gestalt des Haroëris (= Horus des Älteren), die aus der Vergangenheit in der noch unentschlossenen Gegenwart aufdämmert, die ihrerseits wieder Zukunft werden kann. So ist auf einer tiefen Ebene die Doppelgottheit Horus ein Symbol für den Anfang, der sich aus dem Ende schöpft, und für das Ende, das aus dem Anfang keimt: Das Wesen der Zeit.

Aeon (Die neue Zeit)
Nut, Hadit und Hoor-pa-kraat (= Harpokrates = Horus das Kind) sind die drei Götter, die Crowley durch Aiwass – eine außerirdische Intelligenz – das »Buch des Gesetzes« diktierten, das er in den Mittagsstunden der Tage vom 8. bis 10. April 1904 in Kairo empfing und das den Anbruch eines neuen Zeitalters verkündet: das Horuszeitalter, das nun das Zeitalter des sterbenden Gottes (Osiris) ablösen wird. Der persische Gott Aión, auf den unser Wort Aeon – der Name der Karte – zurückgeht, war als Urgottheit eine Personifikation der Weltzeit, bedeutete aber ebenso Menschenalter wie Ewigkeit. Alljährlich feierte man am 6. Januar im Kore-Heiligtum in Alexandreia ein großes Fest, weil Kore an diesem Tag Aión, den Gott der Ewigkeit, gebar. Von ihm sagt Heraklit: *Er ist ein Kind, spielend wie ein Kind, die Brettsteine setzend. Die Herrschaft gehört einem Kind.*

XX

Analyse und Beschreibung

1. Motiv (Das Himmelsei)

Nut, Hadit, Hoor-pa-kraat- und Ra-hoor-khuit
Ganz in der Tradition ägyptischer Überlieferung hat Crowley hier ursprünglich verschiedene mythologische Gestalten miteinander vermischt. Horus (griech. Apollon) war ursprünglich der Sohn, den die Himmelsgöttin Nut (griech. Rhea) ihrem Gatten, dem Erdgott Geb (griech. Kronos), gebar. Da Nut bei dieser Geburt Fünflinge zur Welt brachte, war Horus der Bruder von Isis, Osiris, Seth (griech. Typhon) und Nephthys. Als solcher wird er mit dem Falken identifiziert und ist Welt-, Licht- und Himmelsgott. Sein ägyptischer Name Heru (das heißt: »der oben ist«) wird zu Harachte (»Horus vom Horizont«) und kennzeichnet ihn als den Gott der aufgehenden Morgensonne. Später wird er mit dem Sonnengott Re zu einer Gestalt verschmolzen und trägt den Namen Re Harachte, was Crowley mit Ra-hoor-khuit transkribiert. Andererseits erzählt uns der Osiris-Mythos, daß Horus der Sohn ist, den Isis vom sterbenden – nach manchen Quellen vom bereits verstorbenen – Osiris empfangen hat. Sein Name Hoor-pa-kraat (griech. Harpokrates) bedeutet »Horus das Kind«. Er wird als Sonnenkind dargestellt, das daumenlutschend in der Lotusblüte sitzt, häufiger aber – wie auf dieser Karte – als stehender Knabe mit dem Zeigefinger am Mund. So wie in

der späteren ägyptischen Mythologie die Himmelsgöttin Nut mit der Himmelskuh Hathor und der Göttin Isis immer mehr zu einer großen Göttin wurde, verschmelzt Crowley diese Überlieferungen, indem er Nut/Isis als Mutter nennt, die den Horusknaben zur Welt bringt, der nun in zwei Aspekten, als »Horus das Kind« und »Horus der Ältere«, erscheint. Bleibt nur die Frage der Vaterschaft zu klären. In Frage kommen: Osiris, der sterbende Erzeuger des Harpokrates, Geb, der Gatte der Nut oder Re, der Sonnengott und Liebhaber der Nut, der nach Plutarch zwei der Fünflinge, nämlich Osiris und Horus, zeugte. Einiges spricht für Geb, dessen Name im Ägyptischen manchmal mit dem Symbol für »Ei« geschrieben wird und der von manchen als der Urgott angesehen wird, der das Weltei legte, was seiner Darstellung als Ei auf der Karte entspräche. Für den Sonnengott Re spricht die geflügelte Sonne an der Spitze des kopfgestellten Eis. Crowley nennt den Vater Hadit und sagt, er sei der Gefährte der Nut. Uns ist aber keine mythologische Gestalt dieses Namen bekannt: »Hatît« heißt im Altägyptischen Licht und ist sprachlich verwandt mit Hai, was als »der Leuchtende« den Sonnengott bezeichnet; »Hadîd« nannten die arabischen Alchemisten das Eisen, das seinerseits wieder Seth entsprach. Vielleicht liegt darin eine versteckte Anspielung Crowleys, der damit den »Bösewicht« Seth zum Geliebten der Nut macht, was durch die Darstellung ihres gemeinsamen Kindes als Schlange in Atu XXI unterstützt würde (vgl. S. 118).

Nut/Isis
Nut, die mit Hathor und Isis gleichgesetzt wurde, ist die Personifikation des Himmelsgewölbes. Sie ist die Himmelskuh, die sich am Tage über ihren Gatten, den Erdgott Geb, beugt und sich des Nachts auf ihn herabsenkt, um sich mit ihm zu vereinigen. Sie ist es, die die Götter gebar, und von ihr erzählten die Ägypter, daß sie jeden Abend im Westen durch ihren Mund die Sonne verschlingt und sie am nächsten Morgen aus ihrem Leib neugebiert. Das Blut, das sie dabei vergießt, färbt den Himmel der Morgendämmerung rot. Sie ist die Große Mutter, die das Leben schenkt und wieder in sich zurücknimmt. Sarg und Grabmal wurden ebenfalls Nut genannt, weil sich der Tote darin wieder im Leib der Nut befindet. Auf der Karte sehen wir sie als blaue Figur, die wie eine Glocke geschwungen, das goldene Ei umgibt. Sie ist die Herrin, die auch die Äonen hervorbringt und wieder zurücknimmt.

Hadit
Das goldene Ei galt den Ägyptern als die Frucht der Isis (Nut). Hier ist es das Lichtei oder die Feuerkugel, die in der Geborgenheit der Himmelsgöttin ruht. Diese leuchtende Kugel, die das gesamte Himmelsgewölbe und damit das Universum ausfüllt, ist Hadit, von dem Crowley sagt, er sei *der allgegenwärtige Gesichtspunkt, die einzige philosophisch haltbare Vorstellung von Wirklichkeit,* was hier im wahrsten Sinne des Wortes einem universellen Standpunkt gleichkommt.

2. Horus (Die Doppelgestalt)

Aus der Vereinigung dieser Gegensätze, der feurigen, männlichen Kraft Hadits mit dem bläulichwäßrigen Schoß der Nut, wird Horus geboren, der Herrscher des neuen Zeitalters, der in seiner Doppelgestalt die beiden Seiten des Menschseins spiegelt. Auf der materiellen Ebene ist er Re-Harachte, der sich im Lichtei des Hadit befindet, und auf der spirituellen Ebene die luzide, noch junge Kraft des Harpokrates, der zum Schweigen mahnt.

Horus der Ältere (Ra-hoor-khuit/Re-Harachte)
Auf der inneren Ebene (Solarplexus) sehen wir Rahoor-khuit als ein Symbol gefestigter, autoritärer Macht. Mit dem Falkengott identifizierten sich die ägyptische Pharaone, die als seine Verkörperung verehrt wurden. Auf dem Kopf trägt er die Sonnenscheibe, und er ist der, der nach den Worten Crowleys von sich sagt: *Ich bin der Herr des Doppelstabes der Macht und des Stabes der Kraft von Coph Niah – doch meine linke Hand ist leer, denn einen Kosmos habe ich zermalmt, und nichts verbleibt.*

Horus das Kind (Hoor-pa-kraat/Harpokrates)
Harpokrates ist das Kind, das Isis vom sterbenden – nach anderen Überlieferungen vom schon verstorbenen – Osiris empfing. Es galt als krank und schwächlich, und sein Leben wurde immer wieder bedroht. Als rechtmäßiger Erbe des Thrones hatte das Kind einen schweren und langwierigen Kampf gegen seinen (bösen) Onkel Seth auszufechten, der ebenfalls Anspruch auf den Thron erhob. Letztlich war es eine List seiner Mutter Isis, die zum entscheidenden Durchbruch führte und ihm den Thron sicherte. Harpokrates wurde meist als stehender Knabe dargestellt mit der Seitenlocke des Jünglings und dem Zeigefinger an den Lippen. Daher wurde er von Griechen und Römern als Gott des Schweigens gedeutet, was die Ägypter allerdings stets energisch bestritten. Sie behaupteten, er sei eben ein Kind, das am Finger lutsche. Merkwürdig ist dabei nur, daß er üblicherweise mit dem Zeigefinger an den Lippen und weniger mit dem Daumen im Mund

dargestellt wird. Es scheint, daß er eine Geste der Einweihung macht. Die zwei Uräusschlangen auf seinem Kopf schützen den stets gefährdeten Knaben, der eine neue, bessere Zeit und, gemäß Crowleys Offenbarung, das neue, heranwachsende Zeitalter verkörpert. In der Antike verehrte man ihn als Schlangenbezwinger, göttlichen Heiler, Gott des Polarsterns, Überwinder von Finsternis und Dürre, als Verkörperung ewiger Jugend, als das frische Grün der Bäume und als die Kraft, die die Seele aus Nacht, Tod und Unwissenheit in das Haus der Seligen führt. Darüber hinaus symbolisiert er hier die noch junge, schwache, unfertige, aber im Vordergrund stehende spirituelle Dimension des neuen Zeitalters, dergegenüber die manifest-autoritäre Kraft des älteren Horus zurücktreten muß.

3. Umfeld (Weitere Symbole)

Shin

Im unteren Teil der Karte sehen wir die drei Zinken des hebräischen Buchstabens ש Shin (»Zahn«) in der Form von Staubgefäßen, deren Beutel mit drei menschlichen Figuren »gefüllt« sind: einem Kleinkind, einem Erwachsenen und einem Greis. Sie sind ein Symbol des Lebens und bezeichnen Körper, Seele und Geist (das Unbewußte, Bewußte und Über-Bewußte). Mit seinem Zahlenwert 300 steht der Buchstabe Shin für den »Geist Gottes«, und die Beutel symbolisieren die Mutterschöße, in deren schützenden Hüllen sich der Geist Gottes dem Bild des Menschen – oder umgekehrt – angleicht: *Gott schuf also den Menschen als sein Abbild; als Abbild Gottes schuf er ihn.* (1. Moses 1,27) Bedenken wir aber auch, was ein Skeptiker an der Schwelle zum neuen Zeitalter befürchtet: *Das Embryo der Zukunft schwebt schon in der verpesteten Luft unter einem mit Ozonlöchern bestückten Himmel. Nur Gottes trauriger Blick mit seiner kosmischen Strahlung durchstößt die durchlöcherte Atmosphäre und beobachtet resigniert unser irdisches Treiben. Wenn das Embryo gleich nach der Geburt vergiftet wird, entpuppt sich die Hoffnung als leeres Hoffen ohne Erfüllung.* (Zoltán Szabó)

Wellenlinien (Waagesymbol)

Hinter dem Buchstaben Shin ist eine symbolische Darstellung des Waagezeichens, eine Vorahnung des auf das gegenwärtige Zeitalter folgenden Aeons, das in zweitausend Jahren – *zum Anbruch der Großen Sonnenwende, wenn Hrumachis sich erhebt und jene mit dem Doppelstab Horus' Thron und Platz einnimmt* (Crowley) – die Himmelsmitte beherrschen wird.

Anmerkung

Die neue Zeitrechnung

Für Crowley begann mit seiner Offenbarung des »Buches des Gesetzes« im Jahre 1904 das Horuszeitalter, das das 2000 Jahre währende Osiriszeitalter ablöste. Der Bedeutung dieses Ereignisses entsprechend führte er eine neue Zeitrechnung ein, die von seinen Anhängern, den Thelemiten, fortgeführt wird. Dabei werden die Jahre, in Einheiten von 22 zusammengefaßt, als »I« bezeichnet, und der jeweilige Rest mit den bewährten römischen Zahlen erfaßt. 1990 ist demzufolge IIIxx (III = 3 x 22 = 66, xx = 20, daraus ergibt sich 1904 + 66 + 20 = 1990). Da diese Methode zugegebenermaßen nicht gerade einfach ist, hat sich die Praxis eingebürgert, die traditionelle Zeitrechnung mit dem Zusatz »e.v.« (»era vulgari« = gemeine Zeitrechnung) zusätzlich anzugeben.

Deutungen

Hintergrund (Das Jüngste Gericht)

Die traditionelle Darstellung dieser Karte heißt »Das Gericht« oder »Der Engel« und zeigt den Engel der Auferstehung, der die Trompete bläst, an der eine Fahne mit dem Symbol des Kreuzes hängt. Im unteren Teil der Karte sind offene Gräber zu sehen, aus denen die Toten auferstehen. Crowley identifiziert die Kreuzfahne als das Symbol des Osiriszeitalters (das Zeitalter des gekreuzigten oder gehängten Gottes) und stellt fest, daß mit dem Anbruch des neuen Horuszeitalters im Jahre 1904 diese alte Darstellung durch eine neue ersetzt werden muß, die den Herrn zeigt, der für die nächsten 2000 Jahre herrschen wird.

Allgemein

Auf der höchsten Ebene hat Trumpf XX mit der Zeit und den Wandlungen durch Zeit zu tun; somit sind nicht nur Ende und Zerstörung, sondern auch Hoffnung, Erlösung und Befreiung angesprochen. Wo die traditionelle Karte das ergreifende Erlebnis der Auferstehung und der Befreiung dessen, was zuvor verschüttet oder gefangen war, anzeigt, geht es hier mehr um das Neue, das Zukünftige, um das Verwirklichen von Utopia. Daß dabei die spirituelle Erfahrungsebene von großer Bedeutung ist, zeigt uns die luzide Figur im Vordergrund, der gegenüber der manifeste ältere Horus zurücktreten muß. Damit hat die Karte eine durch und durch beglückende Bedeutung. Sie zeigt den entscheidenden Schritt zur Selbstwerdung, den fortwährenden Prozeß alchemistischer Wandlung, der aus dem Niederen das Höhere entstehen läßt.

Bewußtsein
In den Urgründen der Seele steht »Das Aeon« für eine Zeit tiefster Einsicht in die ewigen Zyklen von Werden und Vergehen. Es zeigt den Beginn des Neuen, das sein Ende jedoch bereits in sich trägt, weil sich im Untergrund schon die Kraft des Zukünftigen regt. Die Karte richtet unseren Blick auf eine neue Entwicklung, auf ein neues Leben und betont dabei die Bedeutung der transzendenten Dimension, die die Verbindung mit dem höheren Selbst ermöglicht: *Die völlige Erlöstheit vom Leiden dieser Welt müssen wir wohl der Illusion überlassen. Schließlich endete das symbolisch-vorbildhafte Menschenleben des Christus auch nicht in gesättigter Seligkeit, sondern am Kreuz. Das Ziel ist nur als Idee wichtig, wesentlich aber ist das opus, das zum Ziele hinführt. Es erfüllt die Dauer des Lebens mit einem Sinn.* (C. G. Jung)

Beruf
Im beruflichen Erleben weist diese Karte auf ein neues Denken hin. Sie taucht gerne im Zusammenhang mit Neuerungen und Neubeginn auf. Veraltete und überholte Positionen werden abgebaut. Das Augenmerk gilt nicht mehr den einzelnen Teilen eines Ganzen, sondern der Vermittlung zwischen ihnen, damit die Kooperation untereinander reibungslos funktioniert. Aber auch dort, wo diese Karte ohne den Hintergrund einer beruflichen Veränderung erscheint, ist sie ein Hinweis auf »ein neues Zeitalter«.

Beziehung
In unseren persönlichen Verbindungen steht die Karte für Wiederbelebung und Erlösung und ist ein Hinweis auf die Kraft, die Neues entstehen läßt, wenn alte Gegensätze harmonisch miteinander vereint werden. Sie ist stets Hinweis auf einen Neubeginn, der in einer bestehenden Beziehung liegen kann oder in der Verbindung mit einem neuen Lebensgefährten. Auf einer anderen Ebene kann diese Karte natürlich auch bedeuten, daß die Partnerschaft durch ein Kind bereichert wird.

Analoge Entsprechungen

1. Archetypen und Symbole

Archetyp
Phönix aus der Asche; die Geburt des göttlichen Kindes.

Buchstabe ש
Shin/Zin = Z/S/Sch (»Zahn«); Zahlenwert 300.

Zahl
20 = Zwillingszahl der 10 (der Zahl des sichtbaren Universums). Vereinigt das Diesseits mit dem Jenseits.

Lebensbaum
Der Weg von Hod nach Malkuth. Das rationelle Streben (Hod) erschöpft sich in der irdisch-materiellen Ebene von Malkuth, wo aber gleichzeitig der Geist des Göttlichen als Zeichen der Rückkehr zu den Sphären des Ewigen aufsteigt.

I Ging
24 Fu – »Die Wiederkehr« (Die Wendezeit).

Rune ᛃ
Jera (»Jahres-Zeit«) verkörpert die Vollendung eines Zyklus. Aber im Gegensatz zu Hagalaz (X. Schicksal) oder Dagaz (XXI. Weltall) ist Jera der sichtbare Aspekt des sich aus sich selbst heraus verwandelnden Schöpfungsrhythmus und damit Ausdruck für die Veränderung der Materie durch die Zeit.

Element
Feuer.

Gottheit
Der Messias (Gottessohn).

Mythen
Genesis (Schöpfungsgeschichte) oder die indischen Schöpfungsmythen, die vom ewigen Werden und Vergehen unzählbarer Kosmen berichten.

Kultstätte
Bethlehem, Geburtskirche. Oder Kairo, wo Crowley bei einem Besuch im Boulaq-Museum (heute im ägyptischen Nationalmuseum untergebracht) Horus den Älteren auf einer Stele fand, die zudem noch die Ausstellungsnummer 666 trug.

Sabbat
Das Fest der Kikellia (24./25. Dezember). Das Fest galt ursprünglich der Isis, die aufs Meer hinausgefahren war, um den wiedergefundenen Osiris zurückzubringen. Später feierte man an diesem Tag die Geburt des Harpokrates-Horos. Schon Plutarch meinte, daß Harpokrates zur Zeit der Wintersonnenwende geboren wurde, und Epiphanios, haer. 51,22 (II 284 Holl), schrieb: *Am 25. Dezember feiern die Heiden ein Fest, das bei den Römern Saturnalia genannt wird, bei den Ägyptern Kronia, bei den Alexandrinern Kikellia.* Die Heliosreligion des 3. Jh. v. Chr. feierte an diesem Tag die Geburt des Son-

nengottes. Das Christentum hat das Sabbatfest belassen, aber gleichzeitig in scharfer Abrede erklärt: Nicht Helios, sondern Christus ist die wahre Sonne.

Ritual
Prophetie. Stimmen und »innere Gesichter«, Erlebnisse von Wiedergeburt.

2. Assoziationen und Empfindungen

Bild
»Geburt Christi« von Sandro Botticelli. Die griechische Inschrift auf diesem Gemälde besagt: *Dieses Bild malte ich, Alessandro, am Ende des Jahres 1500 während der Wirren Italiens, in der halben Zeit nach der Zeit, gemäß dem elften Kapitel S. Johannis, im zweiten Wehe der Apokalypse.*

Schrift
Völuspá (»Weissagung«), die gewaltige mythische Schau vom Weltbeginn und Weltende, die in Island im 12. Jh. entstanden ist.

Musik
»Weihnachtsoratorium« von J. S. Bach; »Das Buch mit 7 Siegeln« von Franz Schmidt (Johannes-Offenbarung).

Duft
Myrrhe.

Edelstein
Feuriger Hyazinth (orangefarbener Zirkon).

Astrologie
Jupiter/Saturn (»die disziplinierte Vision«) im Wassermann als Ausdruck der Befreiung und Erlösung.

Alchemie
Festigung (coagulation). Das flüssige Elexier wird fixiert. Der erreichte Zustand muß verfestigt werden.

Zitat
Die Welt, Freund Govinda, ist nicht unvollkommen oder auf einem langsamen Wege zur Vollkommenheit begriffen: Nein, sie ist in jedem Augenblick vollkommen, alle Sünde trägt schon die Gnade in sich, alle kleinen Kinder haben schon den Greis in sich, alle Säuglinge den Tod, alle Sterbenden das ewige Leben. Es gibt in der tiefen Meditation die Möglichkeit, die Zeit aufzuheben, alles gewesene, seiende und sein werdende Leben als gleichzeitig zu sehen, und da ist alles gut, alles vollkommen, alles ist Brahman.

Hermann Hesse »Siddhartha«

XXI. DAS UNIVERSUM

el universo

Trieb Kosmische Vereinigung (Symbiose von Eros und Spiritualität).
Ziel Ganzheit, Vollendung.
Leitbild Das wiedergefundene Paradies.

Licht Lösung von Gebundenheit, Beendigung von Karma.
Schatten Straße nach nirgendwo, trügerische Erscheinungswelt, endogene Depressionen.
Qualität Vollendung und Heimkehr (der Wanderer vor dem Thron Gottes).

Grundlage

Die Karte
Im Mittelpunkt der Karte sehen wir die mit der Schlange tanzende jungfräuliche Göttin vor dem Hintergrund des Himmelsrades, das als Drehscheibe des göttlichen Schöpfungsplans das ewige Werden und Vergehen verkörpert. Sie ist die nackte Göttin Eurynome, von der uns die Pelasger erzählen, die im Anfang der Zeiten mit der Schlange Ophion tanzt und das Weltei hervorbringt (vgl. »Orphisches Ei«, S. 63). So wie ihr Tanz zu stets neuen Figuren führt, die die gerade vorhergehenden ablösen und verschwinden lassen, ist alles Leben im Universum einem steten Wandlungsprozeß unterworfen. Die vier Cherubim in den Ecken der Karte tragen die geöffnete kosmische Vulva – oder querliegend betrachtet das Auge Shivas –, aus der ein neuer Kosmos hervorgeht, deren Schließen die Schöpfung aber auch wieder vernichtet. Gleichbedeutend damit ist das geöffnete Auge am oberen Rand des Kreises, das sein Licht auf die Schlange wirft. Diese letzte Trumpfkarte zeigt uns das Ziel, das stets wieder vergehen muß, um aufs Neue zu werden. *Dann sah ich einen neuen Himmel und eine neue Erde; denn der erste Himmel und die erste Erde sind vergangen, auch das Meer ist nicht mehr. (...) Er, der auf dem Thron saß, sprach: Seht, ich mache alles neu. (...) Ich bin das Alpha und das Omega, der Anfang und das Ende.* (Offenb. des Johannes 21, 1 – 6.)

Am Ende (Ende und Anfang)
Da das Ende den Anfang gebären und der Anfang die Voraussetzungen für das Ende bereitstellen muß, ist das Universum das Ziel, das schon im Narren als geistige Anlage vorhanden war. Vergegenwärtigen wir uns das an jener Blume, die uns schon beim Narren als Beispiel diente: Durch unsere raum-zeitliche Perspektive existieren Keimling und Blume nacheinander, d.h. die Blume geht aus dem Keimling hervor, aber spirituell existieren sie gleichzeitig. Denn woher wüßte der Keimling, »wann« er die Blume »wie« auszutreiben hätte, wenn er nicht schon die »Erfahrungen der Blume« in sich trüge? Denn der Keimling ist ja selber gar kein Anfang, sondern die Frucht einer vorangegangenen Blüte. Genauso weiß der »Narr«, daß das »Universum« in ihm schon lebendig ist, weil es dem Ziel seines inneren Werdens entspricht, aber er braucht noch die Dimension Zeit, um den Weg, auf dem er sich zum Ziel bewegt, aus sich hervorzutreiben.

Analyse und Beschreibung

1. Motiv (Der tanzende Kosmos)

Jungfrau
Im Mittelpunkt der Karte sehen wir ein erotisches Motiv: die jungfräuliche Göttin (Eva), die sich im Tanz mit der Sündenschlange versöhnt. In ihr erfüllt sich der Weg, der im Narren begann, um schließlich wieder in einen neuen Weg zu münden, und damit entfällt die Frage nach dem Sinn. Der Sinn liegt in sich selber, in der Befreiung von Sinn, denn der Weg ist das Ziel. Dies ist das Paradoxon allen Werdens, und auf der Karte wird dies durch die jungfräuliche Göttin dargestellt, die sich im Tanz mit dem Kosmos verbindet. Wenn wir das Auge als das Gesetz des Kosmos erkennen (im rechten oberen Teil des Bildes), dann sehen wir auch, wie ihm die Schlange (sozusagen als verlängerter Blick) entströmt und wie das Weib, indem es sich mit der Schlange versöhnt, sich von der Ursünde für immer erlöst.

Schlange
Die Schlange, die sowohl Symbol des Lebens (Äskulapstab) wie auch des Todes (Paradiesschlange) sein kann, ist hier nicht von ihrer dunklen Seite zu verstehen. Crowley interpretiert sie als das Kind von Nut und Hadît, worin – wie wir sahen (S. 114) – eine versteckte Anspielung auf die dunkle Natur dieses Wesens liegt. Die Schlange ist damit aber nicht der Widerspruch zu Gott, sondern die eine dunkle Sei-

te, die wir von Gott abgetrennt haben, damit Gott für uns als das nur Gute existieren kann. Das Problem ist unsere Verdrängung des Bösen, weil wir immer nach dem Guten zu streben trachten und dabei nicht wahrhaben wollen, daß viel Licht viel Schatten bewirkt. Erst wenn wir verstehen, daß jede lichte Seite nur in Verbindung mit dem dunklen Gegenpol eine wahre Einheit darstellt, haben wir die Botschaft dieser Karte begriffen.

Das tanzende Paar
Göttin und Schlange verkörpern die Polaritäten im menschlichen Erleben, die durch ihren Tanz die Trennung zwischen Licht und Schatten aufheben, um den göttlichen Geist aus sich selber zu gebären und damit ins Paradies zurückzukehren (vgl. S. 110, »Der innere Gott«). Damit ist die Rückkehr zu den Anfängen gefunden und das letztendliche Ziel erreicht: *Ich und der Vater sind eins.* (Joh. 10, 30). Crowley schreibt: *In diesem Sinne entspricht das Abbild des Universums dem eines jungfräulichen Mädchens. In ihren Händen handhabt sie die strahlende spiralförmige Kraft, das Aktive und Passive, jedes im Besitz seiner doppelten Polarität. Ihr tanzender Gefährte wird als Heru-Ra-Ha vom Atu XIX dargestellt.*

2. Zentrum (Der Ring der Steine)

Kreis
Den Mittelpunkt umschließt ein Ring aus Sternen, genauer: ein aus zweiundsiebzig Kreisen gebildeter Kreis, der die in die Unendlichkeit wachsenden Räume, Galaxien, Welteninseln, alle auf dem Weg ins Nirgendwo, darstellt. Die Zahl 72 ist 1/5 des Kreises. Gleichzeitig ist sie Symbol der Präzession, da der Fixsternhimmel alle 72 Jahre um 1 Grad weiterwandert, wodurch alle 2160 Jahre ein neues Zeitalter beginnt. Für die Kabbalisten war 72 die Zahl des göttlichen Namens, der entweder aus 72 Buchstaben oder in 72 Formen bestand, deren Gesamtheit Shemhamphorasch (hebr. = »der Name ist gut ausgesprochen«) genannt wurde.

Kreis-Inneres
Im Zentrum leitet ein Rad die Form des Lebensbaumes ein, schreibt Crowley, *es zeigt die zehn hauptsächlichen Körper des Sonnensystems. Dieser Baum ist nicht sichtbar, außer für jene, die vollkommen reinen Herzens sind. Dafür erkennen wir eine in sich verwickelte Schlinge oder einen Schlund, Symbol für das gebärende und verschlingende Unfaßbare. Denn das Werdende strebt nach Zerfall, aber mit dem Zerfall schwillt gleichzeitig das Werden an, welches das Zerfallende wieder zu binden sucht: Das unendlich sich Bildende zerstäubt nicht ins Grenzenlose, es formt sich zu immer neuen Schöpfungsmustern. Diese ständig expandierende und kontrastierende, überall gegenwärtige Energie, die sich im ewigen »Stirb und Werde« verwirklicht, ist das, was wir das Universum nennen.*

3. Umfeld (Weitere Symbole)

Das Haus der Materie
In der Mitte des unteren Teils der Karte ist die Skizze zur Errichtung eines Tempels dargestellt als Ausdruck des Schöpfungsplanes und der vorgegebenen Struktur, die jeder Neuentdeckung zugrunde liegt.

Die vier Cherubim
In den Ecken der Karte befinden sich die vier Cherubim, die das bestehende Universum umfassen. Beim »Hohenpriester« sind sie uns noch als Masken der zu Dogmen erstarrten Prinzipien des alten Zeitalters begegnet, nun aber sind sie mit neuem Leben erfüllt. Sie sind geflügelte Wesen, Träger der vier himmlischen Altäre (Hesekiel 11, 22; Ps. 18, 11), deren Bilder die Gegenwart Gottes ausdrücken.

Anmerkung

Die Werkstatt Gottes
Das Werden, das sich aus sich selber schöpft, also die Zeit, ist mehr Trumpf XX zugehörig, der unsichtbare Gott aber, der die Zeit lenkt (Urknalltheorie, Einsteins Relativitätstheorie), damit sich das Ewige auf der Bahn der Zeit in den Raum hineintastet, ist der letzten Karte vorbehalten[1]. Sie umschreibt die begrifflichte Vorstellung von der höchsten, im Verborgenen wirkenden Schöpfungsenergie, die Schwingung des Geistes, der aus der Leere schöpfend und ins Nichts ausfließend den Traum des Ewigen (Zeit und Raum) erschafft. Aus diesem Grunde gibt es keinen Anfang und kein Ende und genauso, wie das Ei die Erfahrungen der Henne in sich trägt, so birgt jede Geburt die Erfahrungen des Todes schon in sich. Alle Formen von Entwicklung existieren gleichzeitig, getrennt nur durch das Raum/Zeit-Verständnis unseres Bewußtseins, denn das Universum repräsentiert das Ende, das seine Erfah-

1 Wie das Universum bereist und die riesigen Entfernungen überwunden werden könnten, darüber haben Astrophysiker schon lange nachgedacht. Albert Einstein und Nathan Rosen entwikkelten die Theorie der Raum-Zeit-Reisen. Sie basiert auf dem Modell, daß das All von jenseitigen oder zeitlosen Querverbindungen durchwoben ist und daß es einen mehrdimensionalen Hyperraum gibt. In diesem könnte man sich vorwärts im Raum und gleichzeitig rückwärts in der Zeit bewegen und sich ohne Zeitverlust von einer Region des Universums in eine andere begeben.

rungen aus der Zukunft in die Vergangenheit einprägt. Und sich dadurch im Wissen um das Ende auf einer neuen Schleife inkarniert. Crowley schreibt: *Der Narr stellt die aus dem Negativen hervortretende Manifestation dar; diese Manifestation ist das Universum, sein vollendetes Ziel, bereit, zum Anfang zurückzukehren. Die zwischen diesen zwei Karten befindlichen zwanzig Karten offenbaren das Große Werk und seine wirkenden Kräfte in verschiedenen Stufen.*

Deutungen

Hintergrund (Das Werk ist vollbracht)

Wenn wir die zweite Dekade der Grossen Arkana betrachten, erkennen wir, daß in Crowleys Aufbau der Karten 13 bis 21 deutliche Hinweise auf alchemistische Stationen gegeben sind[1]. So verkörpert diese Karte im alchemistischen Werk die Befreiung der »anima mundi« aus der »prima materia«. Der Tod bedeutet den Abstieg des Geistes in die Materie (13). Das alchemistische Werk beginnt (14). Im »Rosarium« sagt Hermes von sich selbst (15): *Ich (der Stein) bringe das Licht hervor, aber die Finsternis gehört zu meiner Natur.* Von 16 bis 19 haben wir die vier klassischen Phasen des alchemistischen Prozesses, die den bei Heraklit erwähnten ursprünglichen Malerfarben entsprechen: melanosis (Nigredo, Schwärzung), leukosis (Albedo, Weißung), xanthosis (Citrinitas, Gelbung), iosis (Rubedo, Rötung). Die Schwärzung (16) entspricht dem Anfangszustand, der Verdunklung des Mercurius senex, aus dem »spiritus« und »anima« entwichen sind. Aus der Schwärzung führt die Abwaschung (ablutio, baptisma) entweder direkt zur Weißung, oder die beim Tod entwichene Seele (anima) wird dem toten Körper zur Belebung wieder vereinigt (17). Die Weißung ist gewissermaßen die Dämmerung; erst die Rötung ist der Sonnenaufgang (19). Den Übergang zur Rötung bildet die Gelbung (18). Das Aeon (20) gebiert den »Phönix aus der Asche«, und damit ist das Große Werk vollbracht (21).

Allgemein

»Das Universum« ist Ausdruck der Ganzheit, in der sich das Göttliche in seinen 3 Aspekten als Auge, Jungfrau und Schlange harmonisch mit dem Irdischen verbindet, das durch die 4 Cherubim zum Ausdruck kommt. Die Zahl 7, die sich daraus als Summe ergibt, ist Ausdruck einer Zeitgrenze, die im Zahlenwert der Karte (21) 3mal enthalten ist. So steht die Karte für das erreichte Ziel, für den Höhepunkt einer Entwicklung und damit in manchen Fällen für das Lebensziel selbst und für unseren Platz in dieser Welt, den Ort, an den wir gehören.

Bewußtsein

Aus psychologischer Sicht verkörpert das Universum das erwachende Bewußtsein und die selbstregulierende Kraft des schöpferischen Selbst, die es uns erlaubt, in einem gesellschaftlichen Umfeld sozial zu handeln und die schöpferischen Wehen ewiger Verwandlung seelisch zu verarbeiten: *Das Selbst zu erfahren heißt, daß wir uns immer unserer eigenen Identität bewußt sind. Wir wissen dann, daß wir niemals etwas anderes sein können als wir selbst, daß wir niemals uns selbst verlieren und niemals von uns selbst entfremdet werden können. Dies ist so, weil wir erkennen, daß das Selbst unzerstörbar ist, daß es immer ein und dasselbe ist, nicht aufgelöst oder gegen etwas anderes ausgetauscht werden kann. Das Selbst befähigt uns, unter allen Umständen unseres Lebens derselbe zu bleiben.* (C. G. Jung)

Beruf

Die Karte bedeutet Erfolg, das Erreichen eines Zieles oder zumindest die Gewißheit, daß neu in Angriff genommene Projekte zu einem guten Ende führen. Dazu kommt die harmonische Übereinstimmung zwischen äußeren Aktivitäten und inneren Lebenszielen. Im beruflichen Erleben heißt das, daß wir den Platz gefunden haben, an dem es unsere Aufgabe sein wird, unsere Berufung zu erkennen. Auf der Ebene einer inneren Erfahrung zeigt diese Karte, daß wir einen bedeutenden, vielleicht sogar den entscheidenden Schritt zur Selbstwerdung, zu wahrer Authentizität und Ganzheit gemacht haben. Auf der Ereignisebene steht sie für glückliche Zeiten, in denen wir offen und voller Lebendigkeit unser Dasein genießen: sie kann auch bedeuten, daß wir internationale Kontakte pflegen oder reisen.

Beziehung

In unseren persönlichen Verbindungen liegt die Bedeutung der Karte in der Aussage, daß wir in unserer Beziehung glücklich sind, oder in der Ankündigung, daß wir kurz vor der entscheidenden Erfahrung stehen, auf den Partner zu treffen, der uns ein Lebensgefährte sein wird. Partnerschaft wird zum kosmischen Erlebnis, und was immer wir darin verwirklichen wollen, die Bereitschaft, ohne Vorbehalte zu lieben, verbindet uns im kosmischen Tanz. Spirituell steht die letzte Stufe der Entwicklung zwar immer für das Tor zur Erlösung im Sinne der Befreiung von der Wiedergeburt, aber auf der materiellen Ebene kann diese Karte auch eine Geburt an-

1 Vgl. dazu Atu XII bis XXI unter dem Stichwort »Alchemie«

zeigen als Elixier der Verbindung zwischen Mann und Frau.

Analoge Entsprechungen

1. Archetypen und Symbole

Archetyp
Die Krönung des Helden; der gefundene Gral.

Buchstabe ת
Tau = T (T verkörpert das Zeichen des Kreuzes oder die Spiegelung des Sichtbaren im Unsichtbaren); Zahlenwert 400. *Das Universum ist die Ergänzung des Narren (›Aleph‹). Sie ist dem Buchstaben ›Tau‹ zugeordnet. Diese beiden Karten bilden demgemäß das Wort ›Ath‹, das Essenz bedeutet. Die gesamte Wirklichkeit ist infolgedessen in der Reihe zusammengefaßt, von der diese zwei Buchstaben den Anfang und das Ende bilden. Dieser Anfang war das Nichts; das Ende muß somit auch das Nichts sein, jedoch das Nichts in seiner vollständigsten Ausfaltung.* (Crowley)

Zahl
21 = 3 x 7. Symbol der Ganzheit. Die Summe der möglichen Wurfkombinationen mit 3 Würfeln.

Lebensbaum
Der Pfad von Yesod nach Malkuth. Die Achse zwischen der »Idee des Lebens« (Yesod) und dem »Prinzip der Materie« (Malkuth) zeigt das »Uhrwerk des Kosmos«, welches das Leben durch seine biologischen Regeln (Fortpflanzung) und physikalischen Gesetze (Raum und Zeit) in Gang hält.

I Ging
63 Gi Dsi – »Nach der Vollendung«.

Runen ᛞ ᛟ
Dagaz (»Tag«) und Odal/Odil/Odin (»Gral«) sind die letzten Zeichen: Dag (24) in der überlieferten Reihe (150 v. Chr. bis 800 n. Chr.) und Odil (18) in der neu eingerichteten Achtzehn-Runen-Reihe von Guido von List (Anfang 20. Jh.). Sie markieren nicht nur den Höhepunkt, sondern auch den Beginn des Niedergangs, denn sie sind die Runen des ewigen Wandels, ohne in sich selber verändert zu werden.

Flegetanis, der Heid' erkannte,
Wenn er den Blick zum Himmel wandte,
Geheimnisvolle Kunde.
Er sprach mit scheuem Munde
Davon: Ein Ding wird Gral genannt;
Im Gestirn geschrieben fand
Er den Namen wie es hieß.
Edda

Planet
Saturn. *Saturn ist der alte Gott, der Gott der Fruchtbarkeit, die Sonne im Süden; gleichermaßen jedoch die Große See, die Große Mutter; und der Buchstabe Tau im Lebensbaum erscheint als eine Ausströmung des Mondes von Yesod, das Fundament des Baumes und Repräsentant der reproduktiven Prozesse und des Gleichgewichts zwischen Wandel und Beständigkeit.* (Crowley)

Gottheit
Das Ur-Licht oder der kosmische Geist.

Mythos
Alpha und Omega oder die »Alchemistische Hochzeit der Gestirne« als Höhepunkt und Ziel des schöpferischen Anfangs. Auf der physikalischen Ebene ist die Schöpfungsgeschichte (»Es werde Licht!«) auch eine Umschreibung für die Kernfusionsprozesse in der Sonne oder die gigantischen Leuchtfeuer der quasistellaren Objekte (»Schwarze Löcher«) am Rande des Universums, hinter denen man die Geburtswehen oder den Todeskampf von Galaxien vermutet. Dann wäre das Phänomen, wenn interstellare Materie und ganze Sternenhaufen von der sexualmagischen Anziehungskraft komplementärer Gegensätze in die monströsen »Staubsauger« der Gravitationsfallen hineingezogen werden und in der Umwandlung der Schwerkraftgesetze ihr Himmelsfeuer entflammen, die universale Krönung, die kosmische Verschmelzung oder die »Alchemistische Hochzeit der Gestirne«.

Kultstätten
Der Thron- oder Hundertsäulensaal in der Burg von Persepolis (»Thron Gottes«); ebenso die Ruinen der Sonnenpyramide von Teotihuacán, nach alten Überlieferungen die Wiege des Himmels. Die Legende berichtet von der Erschaffung von Mond und Sonne, die durch das Opfer der Götter, die sich vor der Mondpyramide in die Flammen geworfen hätten, entstanden wären. Die viereckige Opferstätte ist immer noch ein Ort der Kraft; vielen wird auf dem Opferplatz schwindlig, und einige glauben, ins Bodenlose zu fallen.

Sabbat
Sonnenwendfeier auf der Treppe der Sonnenpyramide (Teotihuacán), Symbolik der Erhebung des Menschen zum Göttlichen sowie die Herabkunft

des Geistigen in das Leibliche. Am Abend der Sommersonnenwende bildet die untergehende Sonne mit der Stirnseite der Pyramide eine Opposition.

Ritual
»Nicht-Tun«. *Dieser Stein hier wird durch ›Tun‹ zum Stein. ›Tun‹ ist das, was den Stein zu einem Stein macht. ›Tun‹ ist das, was dich zu dir selbst und mich zu mir selbst macht. Dieser Stein ist ein Stein durch all das, was du in bezug auf ihn zu ›tun‹ weißt. Die Welt ist die Welt, weil du weißt, welches ›Tun‹ erforderlich ist, sie dazu zu machen. Würdest du sie nicht durch ›Tun‹ zu dem machen, was sie ist, dann wäre die Welt anders.* (Carlos Castaneda »Der Ring der Kraft«)

2. Assoziationen und Empfindungen

Bild
Unbedeckter Sternenhimmel.

Schrift
Kosmologie, moderne Physik.

Musik
Harmonie der Sphären.

Duft
Lichtwellen, Äther (Himmelsluft).

Edelstein
Elektron.

Astrologie
Neptun (kosmische Einheitserfahrung, geistige Allwissenheit, die Zwischenwelt ätherischer Seelenbilder) und Pluto (zentrifugale Schöpfungskraft, Umwälzung, geistiger Wille) als Prozeß der Vereinigung durch immerwährende Verwandlung.

Alchemie
Das große Werk ist vollbracht. Die ultima materia, der Lapis (Stein), der Hermaphrodit, das Lebenselexier wurde erschaffen.

Zitat
Das Geheimnis der verborgenen Kraft des Lautes oder der Vibration, der schöpferischen Kraft, wie es die Natur der Dinge und der Lebensphänomene enthüllt, war den Sehern alter Zeiten wohlbekannt: den Weisen, die als Rischis an den Abhängen des Himalaya wohnten, den Magiern Persiens, den Adepten Mesopotamiens, den Priestern Ägyptens und den Mystikern Griechenlands. Pythagoras, selbst ein Eingeweihter östlicher Weisheit, sprach von der ›Harmonie der Sphären‹, wonach die Himmelskörper – und das trifft auch auf jedes Atom zu – auf Grund ihrer Bewegung, ihres Rhythmus oder ihrer Schwingungen einen besonderen, ihnen eigentümlichen Ton hervorbrachten. Alle diese Töne und Schwingungen bildeten eine universelle Harmonie, in der jedes Element, obwohl es seine eigene Funktion und eigenen Charakter beibehält, zur Einheit des Ganzen beitrug. Jedes Atom singt ständig sein Lied, und der Ton schafft in jedem Augenblick dichte und feine Formen.

Lama Anagarika Govinda

Die 56 Karten der Kleinen Arkana

AS DER STÄBE

As de los bastones

Den Funken der Inspiration

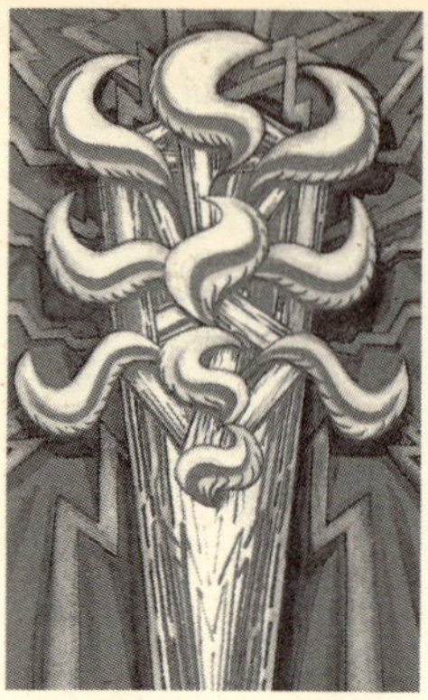

Trieb Energie, Initiative, Leidenschaft, Risikobereitschaft.
Ziel Selbstverwirklichung, neue Ziele.

Licht Mut, Entschlossenheit, Potenz.
Schatten Zerstörung durch Übertreibung, Scheitern durch Übermut.
Qualität Pioniergeist (das As ist immer als eine Chance zu verstehen, die in uns liegt und genutzt werden will).

DAS BILD zeigt einen flammenden Stab (das »phallische« As) als Symbol kreativer Feuerkraft, die als unsichtbarer innerer Antrieb allen äußeren Bestrebungen zugrunde liegt. Die Fackel symbolisiert die innere Schöpferkraft, die sich »aus sich selber« zeugt und sich an der Umwelt immer wieder neu entzündet: Wir sehen einen Flammenausbruch, dessen Kraft der Sonne gleicht, dessen überschäumende Gewalt aber die eigene Form auch zum Bersten bringen kann, wenn diese Energien nicht in konstruktive Bahnen geleitet werden.

ENERGETISCH entspricht diese Karte *der sich in der Materie manifestierenden uranfänglichen Energie des Göttlichen* (Crowley), die in die Formenwelt eindringt. Es ist der Geist des Willens, der nach Verwirklichung im Leben strebt, der Geist der Blume, der sich im Samenkorn befindet, der göttliche Funken, der sich in jeder Form verbirgt; es ist die Geburt der Dinge aus dem unveränderlichen, vollkommenen, göttlichen Einen, die Essenz des Feuers in ihrem unergründlichen Ursprung. In der kabbalistischen Tradition ist es die Welt des reinen Geistes (»Aziluth«), die Brücke zwischen Gott und Seele, Geist und Idee.

IM INNEREN ERLEBEN müssen wir die hektische Unruhe akzeptieren, die mit den äußeren Veränderungen und Umwälzungen einhergeht. Die innere Unrast entspringt einem schöpferischen Drang, den Rahmen zu sprengen, der für den erwachten Feuergeist zu eng geworden ist. Dabei ist diese Karte häufig Hinweis auf ein zentrales Thema, das die Chance großer Selbstentfaltung bietet.

AUF DER BERUFLICHEN EBENE unterstreicht das As der Stäbe, daß das Schicksal für uns Chancen bereithält, die uns unsere Ziele erkennen lassen und auch die Kraft und die Motivation zu deren Verwirklichung geben. Noch sind die Pläne nicht ganz ausformuliert und die Möglichkeiten nur zum Teil erkannt. Dieses As aber ist Hinweis auf eine Gelegenheit, die beruflich weiterhilft und wichtige Entfaltungen ermöglicht, dabei jedoch häufig Mut und Risikofreude verlangt.

IM BEZIEHUNGSLEBEN bedeutet diese Karte Wärme, Lebendigkeit, Engagement und große Chancen, bestehende Verbindungen entweder neu zu beleben oder Wege zu neuen Beziehungen zu finden.

Astrologie Die Feuerzeichen.
Lebensbaum Kether (Ursprung) durch Feuer: Der erste Schöpfungsfunke (Atziluth) als Vater der schöpferischen Idee.
I Ging 1 Kiân – »Das Schöpferische«.
Analogien Adam, Prometheus, Luzifer, Zeus; »Gott schuf den Menschen nach seinem Bilde«.
Bild Der Funke der Schöpfung.
Stichworte Anfang, Bewegung, Entfaltung, Kraft, Idee, Intuition, Lebenslust, Zukunftspotentiale.

ZWEI STÄBE

(HERRSCHAFT) el imperio
Die Flammen des Willens

Trieb Durchsetzung.
Ziel Eroberung und Herrschaft.

Licht Antrieb, Mut zur Tat.
Schatten Destruktivität.
Qualität (Kreativer) Wille.

DIE KARTE führt uns die Doppeldeutigkeit vor Augen, die sich in jedem Symbol verbirgt. Wir sehen zwei gekreuzte Dorjes oder tibetanische Dolche, die als Donnerkeil die göttliche Kraft der Zerstörung des Guten wie des Schlechten bedeuten. An ihren Enden tragen sie dämonische Masken, die sowohl Angst wie auch deren magische Überwindung ausdrücken. Auf einer anderen Ebene sind die Dolche ein Phallussymbol und zeigen die zeugende wie die zerstörende Kraft der Sexualität. Auf jeder Spitze steht ein Schlangenpaar, dessen Gift töten und heilen kann. Die Schlangen verbinden Leben und Tod, Triebhaftes und Geistiges und künden damit die aus der Zerstörung hervorgehende Erneuerung an. Aus dem Zentrum der gekreuzten Dolche züngeln sechs Flammensäulen, die Energie und Kraft anzeigen, aber auch unkontrollierte Leidenschaft mit zerstörerischen Tendenzen.

ENERGETISCH entspricht die Zwei der ersten Ausformung des Feuers aus den noch unformulierten Urgründen der Ideen (As). Damit beschreibt die Karte die spontane Energie des Feuers oder den unbändigen, ziellosen Feuergeist. Diesem ist das Wollen wichtiger als das Handeln. Im Ausdruck seines Willens sieht er seine Aufgabe, nicht so sehr im Erreichen irgendwelcher Ziele; dabei wird er von einer ungerichteten (marsischen) Kraft getrieben, die ohne Rücksicht auf mögliche Scherben neue Wege geht, auf denen nicht selten interessante Entwicklungsmöglichkeiten liegen. Kluges Abwarten und strategisches Verhalten sind seine Sache nicht, er will mit dem »Kopf durch die Wand« (Mars in Widder: die Römer nannten den Sturmbock, mit dem sie die Tore belagerter Festungen einrammten, »aries«, was im Englischen – »ram« – wiederum das Wort für Widder ist).

AUF DER INNEREN EBENE regt diese Karte zur Auseinandersetzung mit dem Thema Gewalt an, das nicht erst in unserer Zeit, sondern schon bei den Olympiern geächtet war. Die anfangs geschilderte Doppelsymbolik der Karte führt anschaulich vor Augen, daß auch in der spontan sich entzündenden und sich entladenden Gewalt ein segensreicher Aspekt liegen kann, dem wir durch tabuisierende Verdrängung bestimmt nicht gerecht werden.

IM BERUFLICHEN ERLEBEN fühlen wir uns im Geist dieser Karte stark herausgefordert. Um aufgestaute Aggressionen loszuwerden, sind wir schneller als sonst bereit, mit allen Leuten Streit anzuzetteln. Das Ziel dieser Kraft ist nicht der Frieden, sondern ein aktiver Ausdruck von Kampfbereitschaft und Angriffslust. Am besten ist es, dabei dem olympischen Gedanken nachzueifern, wonach es alle Konkurrenten zu übertrumpfen gilt.

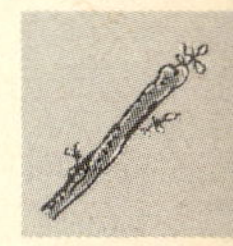

IN DEN BEZIEHUNGEN zeigt die Stab-Zwei ein »Hoppla-jetzt-komm-ich«-Verhalten, das sich mit Überzeugung nehmen will, was niemand geben kann (»alles«), und damit oft das Gegenteil bekommt (»nichts«). Durch die Brille dieser Karte sehen wir nur unseren eigenen Durchsetzungswillen und die Lust zu erobern. Selbst wenn wir uns für den anderen einsetzen, tun wir das meistens im falschen Glauben, daß der andere die Welt so wie wir selber sieht. Das entspricht dem »idealistischen« Egoisten, der in allem nur sich selber wahrnimmt.

Astrologie Mars in Widder.
Lebensbaum Chokmah (Energie) durch Feuer: Der spontane Wille.
I Ging 43 Guai – »Der Durchbruch«.
Analogie Vertreibung aus dem Paradies.
Bild Die sich fauchend entzündende Flamme.
Stichworte Aktivität, Männlichkeit, spontane Entschlußkraft; Streitlust, Ungeduld, wenig Ausdauer.

DREI STÄBE

(TUGEND) la virtud

Die Flammen der Entfaltung

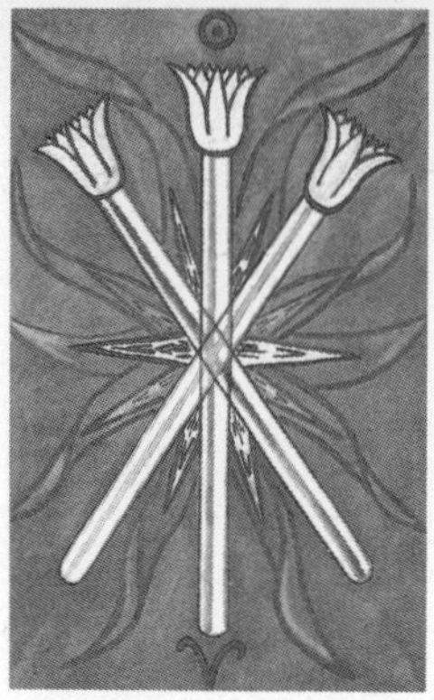

Trieb Kreativität, Selbstvertrauen, Neubeginn.
Ziel Zuversicht, Sicherheit, Erfolg.

Licht Gefestigte Kraft und Stärke; Vertrauen, Lebendigkeit und Harmonie.
Schatten Launenhaftigkeit und Imponiergehabe (Überschätzung der eigenen Energie).
Qualität Wille und Herrschaft im Einklang mit den kosmischen Gesetzen.

AUF DEM BILD sehen wir drei Stäbe – zwei gekreuzt und einen aufrecht –, die die Form eines erblühenden Lotus angenommen haben. Die Flammen am Kreuzungspunkt bilden einen Feuerstern und repräsentieren die Grundlage der schöpferischen Energie. Der sichtbare Austausch zwischen dem inneren und dem äußeren Erwachen (Flammenkranz und Blüten) charakterisiert den kosmischen Einklang von Körper, Seele und Geist. Wir befinden uns in einer Harmonie, die alles Entstehende zum Blühen und Gedeihen bringt.

ENERGETISCH zeigt sich hier das Frühlingserwachen, wenn die Sonne die knospende Natur drängt, sich dem Licht zu öffnen. Der unruhige Feuergeist der vorangegangenen Karte (Zwei Stäbe), der die Natur aus ihrem lethargischen Winterschlaf scheuchte, hat sich in die kräftige Frühlingssonne verwandelt, die die auskeimenden Triebe in ein leuchtendes Lichtmeer hüllt. Wie die Frau, die den Samen des Mannes empfängt, fließt die Idee jetzt in die Form, die ihr Gestalt verleiht. Der gelb-orangene Hintergrund der Karte unterstreicht den lichtdurchfluteten Akt des Werdens und zeigt die aufgehenden Lotosblüten in einer Flüssigkeit aus feurigem Licht, welche die gegenseitige Befruchtung der himmlischen und irdischen Kräfte verdeutlicht.

IM INNEREN ERLEBEN verkörpert diese Karte den Beginn eines neuen Zyklus. Sie entspricht der Sonne, die im Widder ihren Siegeszug beginnt: *Der Stab hat die Form eines erblühenden Lotus angenommen, denn die Sonne hat die Große Mutter entflammt* (Crowley). Die Knospen springen auf, die ersten Blätter sprießen, die Tagkraft wächst, und die Natur beginnt sich wieder zu entfalten.

AUF DER BERUFLICHEN EBENE ist es jetzt an der Zeit, mit neuen Ideen zu beginnen, während das Innere von den Schlacken des Vergangenen gereinigt wird. Zwischen dem inneren Wollen und den Kräften des Schicksals entwickelt sich eine große Harmonie, durch die sich viele Türen öffnen, die bisher verschlossen waren. Wer sich in der Vergangenheit in sein Schneckenhaus zurückgezogen hat, der sollte nun wieder herauskommen, um neue, vielversprechende Kontakte zu knüpfen und aussichtsreiche Vorhaben zu beginnen.

IN UNSEREN PERSÖNLICHEN BEZIEHUNGEN bedeutet die Karte, daß zwischen inneren Wünschen und äußerem Erleben eine harmonische Übereinstimmung entsteht. Unsere innere Haltung hat sich zum Vorteilhaften gewendet, neue Kontakte entwickeln sich leicht, und diese Verbindungen erschließen neue Bereiche von großer persönlicher Bedeutung. Neue Aktivitäten und neue Zielsetzungen verknüpfen sich mit einem tiefen Selbstvertrauen in unsere innere Mitte.

Astrologie Sonne in Widder.
Lebensbaum Binah (Form) durch Feuer: Die innere Kraft.
I Ging 11 Tai – »Das Gedeihen«.
Analogie Gottes Verheißung an Abraham, seine Nachkommen so zahlreich wie den Staub auf Erden zu machen (Gen. 13,16).
Bild Die Knospe (der aus dem Samen hervorbrechende Keim).
Stichworte Belebende Pläne, Gestaltungswille, Initiative, starke seelische Impulse, Unternehmungsgeist.

VIER STÄBE

(VOLLENDUNG)
Die Flammen der in Erscheinung tretenden Dinge

el acabamiento

Trieb Ordnung (Vereinigung, Vervollständigung, Überwindung von Gegensätzen).
Ziel Kontrolle (das Gesetz der Macht).

Licht Vollendung, innere Erfüllung, geistige Ideale.
Schatten Selbstüberschätzung, Blasphemie, Sinnlosigkeit.
Qualität Die innere Ordnung der verschiedenen Lebensformen als mikrokosmischer Ausdruck der kosmischen Schöpfungsordnung.

AUF DER KARTE berühren die acht Enden der vier (zu zwei Kreuzen aufeinandergelegten) Stäbe einen Kreis; damit zeigen sie gleichermaßen Vollendung wie Begrenzung der schöpferischen Tat an. Diese Aussage wird von acht Flammenzungen um das Zentrum unterstrichen, die eine achtarmige Sonne darstellen. Der Achtstrahl gilt als die Verbindung zwischen irdischem Quadrat und göttlichem Kreis. Damit repräsentiert er die Krönung des menschlichen Willens, der von der irdischen Sphäre (Quadrat) zum Göttlichen (Kreis) strebt. Die eine Spitze der Stäbe ist mit einem Widderkopf verziert als Ausdruck der Marskraft, am anderen Ende finden wir eine Taube, das Symbol der Venus. Das entspricht der Balance zwischen den Geschlechtern und der Ausgeglichenheit der Kräfte.

ENERGETISCH symbolisiert diese Karte die Idee der kosmischen Ordnung (auf einer anderen Ebene: die Entstehung der Welt). Der Zyklus ist vollendet, der Kreis hat sich geschlossen. Der ursprüngliche Wille der Zwei wurde durch die Drei seelisch verankert (befruchtet) und wird in der Vier räumlich fixiert (materialisiert): Die Karte repräsentiert den Herrn aller in Erscheinung tretenden Dinge und verkörpert die Ordnung, die Materie und das Gesetz der Macht.

AUF DER INNEREN EBENE ist die Karte ein Hinweis, daß wir Einblick gewinnen in die ursprüngliche Schöpfungsordnung und deren vollständiges Gleichgewicht. Dabei wird klar, daß, wann immer alte Texte einen Zustand beschreiben, der »Im Anfang ...« war, damit kein zeitlich zurückliegendes Phänomen gemeint ist, sondern ein Urzustand im Sinne von »ursprünglich«. Erst wenn uns bewußt wird, wieweit wir von dem eigentlichen, ursprünglichen Zustand abgewichen sind, kann es zur Rückbindung kommen. Das ist wahre Religion (relegare = Rückwende).

IM BERUFLICHEN UMFELD zeigt die Karte den Beginn einer neuen Aufgabenstellung oder eines neuen Projektes, das nun – vielleicht nach Zeiten langer Vorbereitung – in die Welt gesetzt wird. Oder wir erleben die Krönung einer mit Fleiß und Mühe aufgebauten Angelegenheit, da sich nun das Kreuz aus Arbeit und Leiden harmonisch mit dem Eifer und der Leidenschaft des Feuers verbindet.

AUCH IN UNSEREN BEZIEHUNGEN können wir große Harmonie finden, wenn wir unseren Partner als Spiegel unserer selbst erkennen. Es ist ein energetisches Gesetz, daß wir jeweils auf der seelischen Ebene einen uns ergänzenden Menschen anziehen, auf der wir uns gerade befinden. Durch die Erfahrungen mit diesem Partner können wir viel über uns lernen, indem wir ihn als Verkörperung unseres gegengeschlechtlichen Seelenbildes (Anima/Animus) erkennen. So gelebt kann die Verbindung zu innerer Harmonie und zu einem lebendigen Miteinander führen.

Astrologie Venus in Widder.
Lebensbaum Chesed (Verdichtung) durch Feuer: Die stabilisierende Energie.
I Ging 50 Ding – »Kosmische Ordnung« (Der Tiegel).
Analogie Die Schöpfungsordnung.
Bild Goldener Schnitt (Symbol der inneren Verbindung aller in Beziehung zueinander stehenden Schöpfungsdinge).
Stichworte Konzentration, Stabilität und Zusammenfassung (Energie + Struktur = Fundament).

FÜNF STÄBE

(STREBEN)
Die Flammen des Streites

los esfuerzos

Trieb Herausforderung, Spannung, Impulsivität.
Ziel Das Lösen der Spannung (meistens durch Streit).

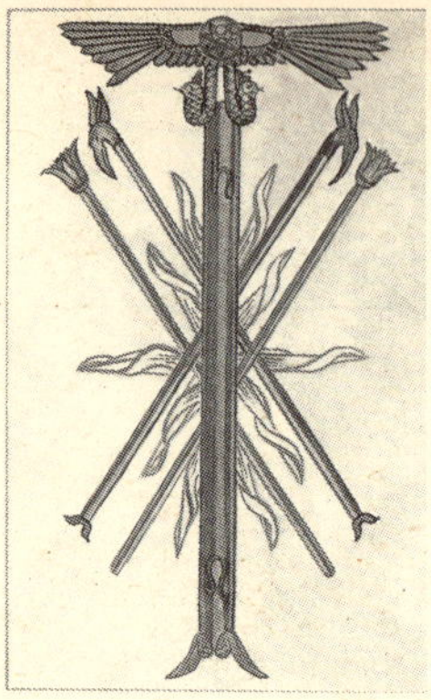

Licht Das eigene Können unter Beweis stellen (sportlicher Wettkampf).
Schatten Unbesonnenheit (kopfloses Handeln).
Qualität Das Austragen und Bewältigen von Konflikten, *Der Streit ist der Vater aller Dinge!* (Heraklit).

DIE FÜNF zeigt vier überkreuzte Stäbe, der fünfte steht aufrecht in der Mitte. Die beiden oberen gekreuzten Stäbe werden von einem Phönixhaupt gekrönt; das entspricht der Läuterung durch das Feuer und der Wiedergeburt aus der Asche (siehe Zwei Stäbe). Die beiden unteren Stäbe tragen das Lotus-Symbol der schöpferischen Energie der Großen Mutter (siehe Drei Stäbe), die alles Entstehende zum Blühen und Gedeihen bringt. Der mittlere, verdickte Stab trägt das Uräuszeichen, das sonnenhafte Königssymbol der alten Ägypter (Crowley spricht vom Stab des Obersten Adepten). In den Karten Magier und Teufel symbolisierte der Uräusstab die höchste Entfaltung (Atu I) und deren chthonische Wurzeln (Atu XV). Hier ist der Stab in der Form eines ägyptischen Zepters dargestellt, einem Symbol höchster solarer Macht, dessen forkenähnliche untere Öffnung ursprünglich zum Hirtenstab gehörte und dazu diente, Schlangen zu fangen.

ENERGETISCH entspricht die Fünf der Stäbe der revolutionären Erneuerung – als Folge der Überschreitung der vorhergehenden Karte »Vollendung« – und der Zerschlagung des sich im Gleichgewicht befindenden stabilisierten Systems. Im Lebensbaum läßt sich Geburah (5) mit der Bewegung vergleichen, die die Fixierung auf sich selbst zerstört. Es ist die Kraft der Evolution, welche die Begrenzung durch Vollkommenheit (Vier Stäbe) sprengt.

IM INNEREN ERLEBEN spüren wir die aggressive Energie des Feuers, die nach außen drängt. Sie zerstört die ruhige Vollkommenheit (Vier Stäbe) und zwingt uns zur Konfrontation. Entwicklungspsychologisch steht diese Karte für das Erwachen des Geschlechtstriebes und das Bewußtwerden der Eigenperson (Pubertät) und fordert zu einer Neubestimmung des eigenen Verhältnisses zur Umwelt auf.

AUF DER BERUFLICHEN EBENE werden wir mit Widerständen konfrontiert. Alte Positionen stehen auf der Kippe und müssen oftmals aufgegeben werden. Es geht darum, gegensätzliche Strömungen und Standpunkte auszufechten, um so zu einer neuen Haltung oder Vorgehensweise zu kommen. So steht die Karte für die kaufmännische Grundregel, derzufolge Konkurrenz das Geschäft belebt.

IM BEREICH UNSERER BEZIEHUNGEN sehen wir uns in Rangeleien und Widersprüche mit dem Partner verstrickt, die viel Anstrengung erfordern, um die entgegengesetzten Impulse unter einen Hut zu bringen. Die Reibungswärme, die dabei entsteht, kann sich explosiv entladen oder/und uns mit unserem Partner enger zusammenschmieden. In jedem Fall beinhaltet die Karte die Möglichkeit der Erneuerung.

Astrologie Saturn in Löwe.
Lebensbaum Geburah (Umwälzung) durch Feuer: Die Gegenkraft oder die korrigierende Stärke.
I Ging 6 Sung – »Der Streit«.
Analogien Der Kampf der verfeindeten Brüder (Kain/Abel, Gilgamesch/Enkidu, Parzival/Feirefis).
Bilder Vulkanausbruch oder der Streit als folgerichtige (Aus-)Lösung angestauter Spannungen.
Stichworte Ehrgeiz, Übermut, Zerstörung; Kräftemessen, Rauflust, Streit.

SECHS STÄBE

(SIEG)
Die Flammen des Lichts

el triunfo

Trieb Freude, Optimismus, siegreicher Kampf.
Ziel Triumph und Krönung, Höhepunkt.

Licht Seelische Wärme, sonniges Naturell.
Schatten Überheblichkeit, Pathetik, Persönlichkeitskult.
Qualität Glaube an das Leben, schöpferische Kraft.

Auf der Karte sind die Stäbe der Lotusblüten, der Phönixköpfe und der geflügelten Sonnenscheiben mit den Uräusschlangen harmonisch miteinander vereint. Zwei Dreiergruppen liegen überkreuz, und an den Kreuzungspunkten brennen neun leuchtende Flammen als Ausdruck der stabilisierten und fließenden Energie. Sie repräsentieren den Geist in seiner höchsten Form. Der Geist Gottes (As-Stäbe) ist um die materielle Form erweitert und spiegelt den Schöpfer in den Hervorbringungen seiner Geschöpfe.

Energetisch bedeutet die Stab-Sechs Sieg. Die Karte ist erfüllt von einem Gefühl innerer Stärke, welche uns auf allen Ebenen zum Sieg verhilft; sie verkörpert Harmonie und strahlenden Glanz. Nach der Sprengung der Form und dem evolutionären Schritt in den freien Raum (Fünf Stäbe) hat sich die Sechs mit dem Vater (Zwei Stäbe), der Mutter (Drei Stäbe) und der kosmischen Harmonie (Vier Stäbe) wieder versöhnt und symbolisiert den Menschen im Mittelpunkt des Kosmos (Crowley spricht vom *Sohn der Sonne*).

Auf der inneren Ebene lehrt uns diese Karte, daß die zurückliegenden Konflikte, Auseinandersetzungen und Herausforderungen notwendig waren, damit ein neuer Aufschwung einsetzen konnte, der uns weit über den alten Reifegrad hinauswachsen läßt. Sie zeigt, daß wir nun mit neuem Optimismus und voller Lebensmut unseren Weg gehen.

Im beruflichen Leben repräsentieren die sechs Stäbe eine Phase des Triumphes und der öffentlichen Anerkennung. Die Widerstände, Konflikte und Herausforderungen der vorhergehenden Karte sind hier erfolgreich überwunden und haben neue Möglichkeiten eröffnet und bisherige Positionen erheblich verbessert. Damit verbinden sich Möglichkeiten wie Beförderung, bessere Bezahlung, interessante Aufgabenstellungen und dadurch eine tiefere Befriedigung im beruflichen Alltag.

Im Bereich der Liebe verbindet sich die Sonnenglut des Löwen mit dem milden Licht des Jupiters und stellt damit eine beglückende, intensiv-glühende Erfahrung in Aussicht. Sie zeigt, daß wir auf einen Höhepunkt zusteuern, der sich zu einer prächtigen, dauernden Flammenglut entwickeln kann oder zu einem sich selber zerstörenden Flächenbrand.

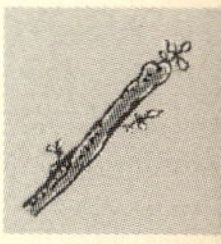

Astrologie Jupiter in Löwe.
Lebensbaum Tiphareth (Mittelpunkt) durch Feuer: Der alles überstrahlende Gipfel.
I Ging 30 Li – »Das Feuer«; 55 Fong – »Die Fülle«.
Analogie Der Einzug in Jerusalem (Mark. 11, 1–11); oder Nike, die geflügelte Siegesgöttin.
Bild Das Licht der Sonne.
Stichworte Begeisterung, Vertrauen, Loyalität.

SIEBEN STÄBE

(TAPFERKEIT)
Die Flammen der Verwegenheit

el valor

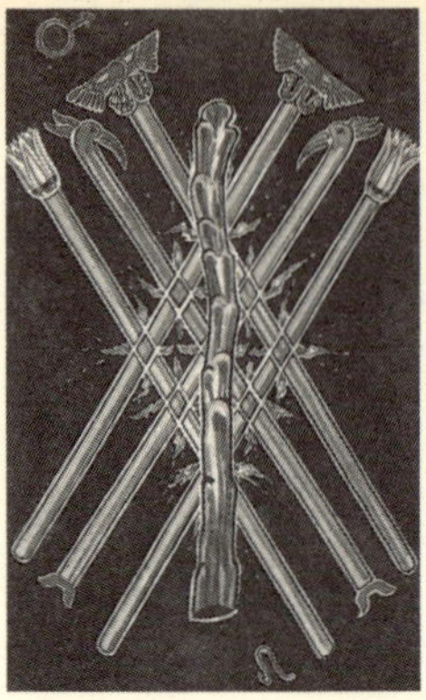

Trieb	Wagemut (Angriff aus der Defensive).
Ziel	Widerstand gegen die Außenwelt.
Licht	Tapferkeit, Mut, Kämpfertum.
Schatten	Unentschlossenheit, Unwissenheit, Diskrepanz zwischen Trieb (Mut) und Geist (Sinn).
Qualität	Heldenhafter Persönlichkeitseinsatz (Tollkühnheit, Übersichhinauswachsen, Regenerationskraft).

AUF DEM BILD erkennen wir sechs Stäbe, zwei mit Lotusblüten, zwei mit Phönixköpfen und zwei mit geflügelten Sonnenscheiben und den Uräusschlangen; je drei und drei überkreuzt. Ihre Wirkung ist abnehmend, und sie bilden den Hintergrund zu einem senkrechten, verbogenen Stock in der Mitte, der die Form einer unbehauenen Keule hat. Dieser Stock ist die Waffe des Helden (Mars in Löwe), der seine Tapferkeit beweisen will. Crowley schreibt: *Die Armee ist in Unordnung geraten, wenn der Sieg noch errungen werden soll, wird dies durch die Kraft individueller Tapferkeit geschehen – die Schlacht des einfachen Soldaten.*

ENERGETISCH überlappen Tapferkeit und Durchsetzung Entartung und Schwäche. Crowley sieht die Sieben in Bezug zum Lebensbaum als schwache, irdische, weibliche Zahl und spricht von einem Abschied vom Gleichgewicht und einem Verlust an Vertrauen. Selbst die Unterstützung durch Mars (in Löwe) reiche nicht aus, der Entartung der Energie entgegenzuwirken, und es brauche schon gewaltige Tapferkeit, um sich gegen das Schicksal zu wehren, dem man letztendlich unterliegen werde.

AUF DER EBENE UNSERES BEWUSSTSEINS stehen wir vor der Erkenntnis, daß es im Leben Situationen gibt, in denen selbst unser Bestes nicht gut genug zu sein scheint. Statt darüber zu resignieren, fordert uns die Karte auf, uns durch ein verwegenes Bravourstück selbst zu übertreffen und so den Durchbruch zu schaffen.

IM BERUF kündigt diese Karte Auseinandersetzungen mit Gegenkräften an, denen wir auf die Dauer kaum gewachsen sind. Wir werden angegriffen und zeichnen uns zunächst durch schnelles Reagieren, vielleicht aber auch durch Überreaktionen aus, die dann zu weiteren Aggressionen der Außenwelt führen. Nur ein wagemutiges Manöver bietet eine Chance zum Sieg.

AUCH IM BEREICH UNSERER BEZIEHUNGEN werden wir in unserer »Zweisamkeit« gestört. Die Sieben der Stäbe ist als eine Entwicklungsphase in unserem emotionalen Wachstum zu verstehen, die nicht Liebe und Harmonie, sondern Konflikte – oft ausgelöst durch rivalisierende Dritte – zum Ausdruck bringt. Auch hier gilt es, durch einen mutigen Schritt nach vorn die Chance zu einer positiven Lösung zu suchen oder aber zu verlieren.

Astrologie Mars in Löwe.
Lebensbaum Netzach (Zersetzung) durch Feuer: Der sinnlose Widerstand.
I Ging 33 Dun – »Der Rückzug«.
Analogien Davids Kampf gegen Goliath; Hektors Kampf vor Troja.
Bilder Duell unter der Sonne; die rote Glut.
Stichworte Herausforderungen, Schwierigkeiten und Hindernisse ebenso wie der Mut, ihnen zu begegnen.

ACHT STÄBE

(SCHNELLIGKEIT)

Die Flammen der Gedanken

la rapidez

Trieb Ideen, Bewegung und (schnelle) Kommunikation.

Ziel Wissen, Fortschritt, Entwicklung (neue Wege) oder die Aufarbeitung bzw. Neubearbeitung alter Ziele (Problemlösungen).

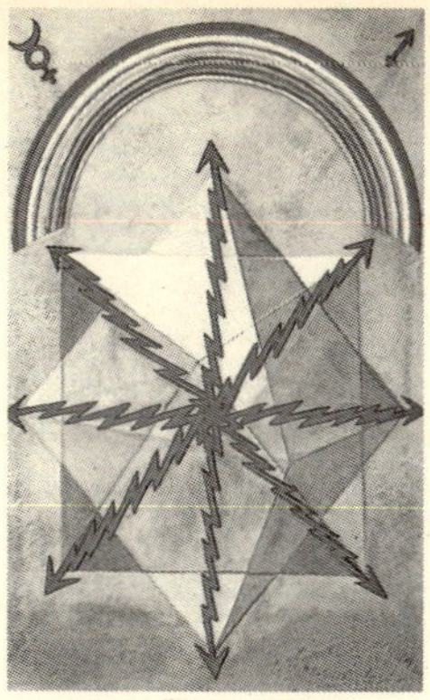

Licht Beweglichkeit, Erweiterung, intellektuelle Kraft.

Schatten Hitzigkeit, Voreiligkeit, Oberflächlichkeit.

Qualität Unerwartete Impulse; geistige Aktivität.

Die Karte zeigt, daß sich die acht Stäbe in Gehirnwellen verwandelt haben. Sie entspringen dem Streben nach Freiheit, das allem Denkerischen innewohnt: dem Drang nach Einsicht in die wahren Abläufe der Dinge. Sie stehen für die Überwindung der Schwierigkeiten der vorangegangenen Karte (Sieben Stäbe). Crowley spricht von der *Verwandlung in elektrische Wellen, von Energie in ihrer feinsten Form und damit von Elektrizität als der zu Licht werdenden Spannung.* Das zweidimensionale Quadrat als Symbol für Begrenzung weicht hier dem dreidimensionalen Achtflächner, der die Mitte zwischen irdischem Quadrat (Würfel) und göttlichem Kreis (Kugel) symbolisiert. Oberhalb dieses Körpers erstrahlt ein Regenbogen als Zeichen der Vergeistigung des Feuers.

Energetisch stellt die Acht der Stäbe Energie in Lichtgeschwindigkeit dar. Merkur in Schütze symbolisiert aber auch das Phänomen der Gehirntätigkeit (Gedächtnisbildung), das bioelektrischer und biochemischer Natur ist. Der schnelle Austausch verläuft über elektrische Impulse (chemische Übertragungsstoffe) innerhalb der Nervenzellen im Gehirn. Crow-ley bringt diese Karte mit den Phänomenen der Sprache, des Lichts und der Elektrizität in Verbindung. Merkur herrscht über die Acht Stäbe und drückt damit Entwicklung und Fortschritt aus.

Auf der inneren Ebene zeigt diese Karte, daß plötzliche Ideen und Geistesblitze unsere bisherigen Denkgewohnheiten sprengen und wir damit zu Lösungen gelangen, die möglicherweise schon immer greifbar nahelagen, von uns aber nicht als zusammengehörig erkannt wurden. Damit steht sie für Zeiten, die wir nutzen sollten, um die Enge fixer Vorstellungen zu überwinden und zu neuen geistigen Horizonten zu gelangen.

Im beruflichen Erleben bedeutet die kreative Freisetzung des Feuerelementes (Stäbe) durch das Denken (Merkur), daß uns Ideen nur so zufliegen. Dabei ist es unsere Aufgabe, sie zu einem systematischen, schöpferischen Ganzen zu formen und Wirklichkeit werden zu lassen, was dann zu Erfolg (neue Aufgaben) und Anerkennung (Beförderung) führt.

In unserem Beziehungsleben ist die Acht des Feuers ein Sinnbild für die Flammen der Leidenschaft, die züngelnd ein Objekt ihrer Sehnsucht begehren. Sie steht damit für schwärmerische Phasen, für Euphorie und Begeisterung in der Beziehung. Sie kann aber auch Vorbote von Lösungen sein, mit denen sich alte Konflikte und starre Fronten überwinden lassen.

Astrologie Merkur in Schütze.

Lebensbaum Hod (Struktur) durch Feuer: Die elektrische Schwingung (Licht) als der Maßstab für Zeit.

I Ging 35 Dsin – »Der Fortschritt.«

Analogien Hermes, Ikarus, Pegasus, Prometheus; auf historischer Ebene Archimedes *(Heureka! Ich hab's gefunden).*

Bild Der Blitz als Symbol des zündenden Einfalls.

Stichworte Spontaneität, Vielseitigkeit, Wissensdrang, Zielstrebigkeit.

NEUN STÄBE

(STÄRKE) la fuerza
Die Flammen des Einklangs

Trieb Geistige Wahrheit (die drängende Suche nach dem Andersartigen).
Ziel »Hochzeit zwischen Himmel und Erde« (Vereinigung bewußter und unbewußter Kräfte).

Licht Geistige und seelische Harmonie.
Schatten Widersprüche, psychische Verletzung.
Qualität Kosmische Vernetzung (Architektur eines esoterischen Weltbildes).

DIE NEUN STÄBE haben sich auf dem Bild in Pfeile verwandelt. Sie sind von der Idee (Merkur) über die Gehirnwellen (Acht Stäbe) ins Reich der Intuition (Schütze) vorgedrungen und nun bei den Urquellen des Weiblichen angelangt. Wir sehen je vier und vier Pfeile übereinander gekreuzt, mit der Pfeilrichtung nach unten als Symbol der Einbindung in das Unbewußte (Mond). Die senkrechte Lanze in der Mitte mit der Spitze nach oben ist das Zeichen des Willens, sich zu entfalten und dabei das in die Tat umzusetzen, was in uns angelegt ist. Da die Sonne den Drang des Menschen widerspiegelt, sich in seiner Schöpferkraft zu verwirklichen, verbindet sie sich mit der obersten Spitze; die tiefen Geheimnisse jedoch, in denen die Sonne gründet, finden wir am Ende der Lanze in der Nachtseite des Mondes dargestellt.

ENERGETISCH verkörpert diese Karte die Berührung mit den inneren Schöpferkräften. Mond und Sonne möchten beide Prinzipien (weiblich/männlich) zur Entfaltung bringen. Ihr Ziel ist es, die göttlich-intensive Dimension des Feuerelementes (Tag) mit der inneren Sehnsucht (Nacht) wiederzuvereinen.

INNERLICH spüren wir den Einklang von bewußtem Wollen (Sonne) und unbewußtem Streben (Mond), was psychisch ein gesteigertes Lebensgefühl auslöst und in der Außenwelt zum überzeugenden Ausdruck führt, wodurch sich Schöpferisches manifestieren kann.

AUF DER BERUFLICHEN EBENE symbolisiert die Neun Stabilität durch Wandlung, und das bedeutet eine stete und willentliche Veränderung am Arbeitsplatz, ohne dadurch mit wesentlichen Grundsätzen in Konflikt zu geraten. Um dieses Gleichgewicht zu halten, ist es notwendig, daß wir uns auf unsere innere Stärke besinnen, aus der heraus wir gelassen auf die äußeren Veränderungen reagieren können. Diese Karte verbindet wache Aufmerksamkeit mit raschem Reagieren.

IM BEREICH UNSERER BEZIEHUNGEN entfaltet sich in uns die Kraft, die sich aus der Verbindung des Männlichen mit dem Weiblichen ergibt. Das kann ein Hinweis auf eine neue Begegnung mit dem anderen Geschlecht sein oder ein Ausdruck dafür, daß wir innerseelisch die Verbindung zu der uns innewohnenden Gegengeschlechtlichkeit (Animus/Anima) suchen und finden.

Astrologie Mond in Schütze.
Lebensbaum Yesod (Reflexion) durch Feuer: Das spirituelle Feuer als Zeichen der seelischen Fülle.
I Ging 61 Dschung Fu – »Innere Wahrheit«.
Analogien Die Flammen des Heiligen Geistes oder der Stern von Bethlehem als Symbole innerer Führung.
Bild Das wärmende Kaminfeuer als Ausdruck der inneren Glut.
Stichworte Energie und Spannkraft, die aus der Verbindung des Männlichen und Weiblichen entsteht.

ZEHN STÄBE

(UNTERDRÜCKUNG)
Die Flammen der Selbstbestimmung

La supresión

Trieb Machtstreben, (Selbst-)Gerechtigkeit, Recht und Ordnung (unterdrückte Aggressionen).
Ziel Strukturiertes Wachstum.

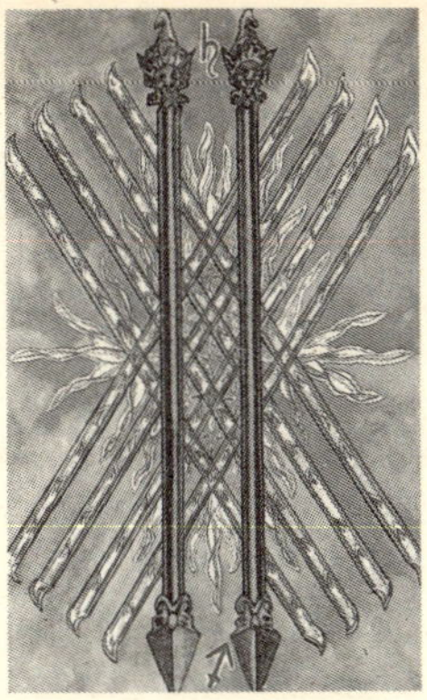

Licht Geistige Differenzierung der Materie; kristallisierende Vertiefung der Wirklichkeit.
Schatten Dogmatismus, Fixierung, Autoritätsprobleme (die ungelösten Themen der Vaterbeziehung).
Qualität Verantwortung und Selbstbestimmung.

AUF DER KARTE sehen wir im Vordergrund die zwei schrecklichen Dorjes oder tibetanischen Dolche, die uns schon auf der Zwei der Stäbe begegnet sind und die sich nun zu Stäben verlängert haben. Doch während jene miteinander verbunden waren, sind diese voneinander getrennt und bilden einen Abwehrriegel. Die acht Stäbe im Hintergrund sind immer noch gekreuzt und weisen auf die enorme Kraft feuriger Energien hin, doch sie werden von den senkrechten Stäben blockiert und können ihre Lebensimpulse nicht entfalten. Deshalb sind verstandesmäßige Verarbeitung der Realität, Strukturierung des Lebens und Strategien zur Bewältigung des Alltags hier das Thema. Es gilt, sich von den angenehmen Selbsttäuschungen zu verabschieden, von den betörenden Illusionen der Gefühle, und sich statt dessen dieser zunächst bitter zu erfahrenden Strahlenkälte des kristallinen Geistes zu stellen.

ENERGETISCH weist dieses Bild auf Unterdrückung und Einschränkung hin. Das geistige Höhenfeuer ist erloschen, denn die Sonne ist nach der Konfrontation mit ihrem Schatten (Saturn) wieder auf dem Boden der Materie gelandet. Saturn ist die Verkörperung des alten Ichs, das zwischen den lebendigen Kräften des Unbewußten (Mond) und Bewußten (Sonne) aufgerieben worden ist und nun die starre Sicherheit zum Prinzip erklärt. Da der Durchsetzungstrieb des Feuers aber damit nicht verschwunden ist, sondern unter dem Diktat der erdhaften Verhinderung (Saturn-Prinzip) nur umgedreht wird, wendet sich die Energie gegen uns selber und blokkiert so den Entwicklungsprozeß.

AUF DER INNEREN EBENE werden wir von schweren Sorgen bedrückt, die scheinbar von außen kommen, ohne daß wir unser seelisches Problem dahinter sehen. In solchen Zeiten ist es notwendig, Abstand zu gewinnen, um diese Verstrickungen zu erkennen und sie in positiver Weise lösen zu lernen, statt sie in äußeren Spiegelbildern überwinden zu wollen.

IM BERUFLICHEN UMFELD zeigt diese Karte das Ringen um Erfolg und Macht und in der Folge Streß und Überforderung durch allzu große Pflichten und Verantwortung. Wir muten uns mehr zu, als uns guttut, und werden zu Opfern eines inneren Zwanges, dem wir auf die Dauer nur schwerlich gewachsen sind.

IM BEZIEHUNGSBEREICH entwickeln sich innere Blockaden zu einer spürbaren Versteifung der Situation. Anstelle gelebter Lebendigkeit treten immer häufiger Sicherheit vorspiegelnde Verhaltensweisen, die auch intakte Beziehungen in starre, leblose Verbindungen verwandeln können. Statt Lust und Freude erwarten uns Ernst und Verantwortung in einseitiger und übertriebener Form.

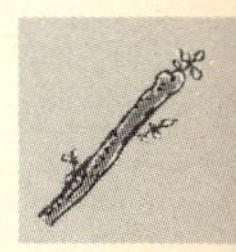

Astrologie Saturn in Schütze.
Lebensbaum Malkuth (Ursprung) durch Feuer: Das unterdrückende Universalbewußtsein oder der Vater-Komplex.
I Ging 28 Da Go – »Des Großen Übergewicht«.
Analogie Jahwe als harter und strafender Übervater (Symbol der patriarchalischen Schutzmacht Gottes).
Bild Der versteinerte Gott.
Stichworte Abgrenzung, Abweisung, Ich-Fixierung; Lebensängste, Kontaktschwierigkeiten, Triebprobleme.

PRINZESSIN DER STÄBE

Die Tochter der Feuerflammen

La princesa de los bastones

Trieb	Leidenschaft und sexuelle Ausstrahlungskraft (gefühlsmäßige Extraversion).
Ziel	Lebensfreude, Liebe, Lebenslust.
Licht	Begeisterung, Mut, Schönheit, Kraft.
Schatten	Reduziertes Einfühlungs- und Hingabevermögen, sexuelle Probleme (launenhaft, überheblich und egozentrisch).
Qualität	Enthusiasmus und leidenschaftliche Liebeskraft.

Analyse und Beschreibung

Das Bild

Die weibliche Gestalt auf der Karte charakterisiert das Feuer der Leidenschaft als Ausdruck stürmischer, jugendlicher Verliebtheit. Sie ist vollkommen nackt und tanzt in einer wogenden Flamme, die in ihrer Gestalt an den Buchstaben Yod erinnert. Die Flamme symbolisiert die Glut, an der sich die Männerherzen entzünden, und ihr unbekleideter Zustand verkörpert die Bereitschaft zur sexuellen Verbindung. Ihre Hingabe ist aber ambivalent; wo immer sie auftaucht, sorgt sie für Unruhe, grübelt in den Tiefen der anderen und provoziert leidenschaftliche Verstrickungen, ohne sich gefühlsmäßig zu binden. Die überdimensionalen Fühler ihrer Kopfbedeckung (Crowley spricht von den *Federn der Gerechtigkeit, die wie Flammen aus ihren Augenbrauen entspringen*) symbolisieren die inneren Konflikte: die Unfähigkeit zu echtem Austausch, die sich hinter großer sexueller Begierde verbirgt. Dies drückt sich auch im Bild des Tigers aus, der Leidenschaftlichkeit und katzenhafte Geschmeidigkeit genauso wie die Abspaltung der Triebinstinkte vom Gefühlsleben anzeigt. Psychologisch verkörpert sie das sexuelle Lustprinzip: den spontanen, kindlichen Impuls, den instinkthaften Trieben nachzugeben, ohne sich um deren Einbindung in die Gefühle zu kümmern. In der Wahl ihrer Mittel zur Erlangung ihrer Wünsche ist sie rücksichtslos und unersättlich; das setzt einen schwindelfreien Partner voraus. Sie ist die Herrin schneller Gefühlsentzündung, die wie eine Stichflamme emporfaucht und das Objekt ihrer Begierde in Glut einhüllt, wenigstens so lange, bis eine neue Liebe zündet, worauf sie die alte schnellstens abstößt. Ihre emotionale Entwicklung ähnelt der Nervosität einer Fieberkurve. Sie ist die Priesterin des Feuers, die auf dem goldenen Altar die Libido schürt (Widderköpfe) und mit einem Sonnenstab die Energien aufflammen läßt.

Der Mythos

In dieser temperamentvollen Dame begegnen wir den unstabilen, unbeherrschten, introvertierten Flammen des Feuers oder der inneren Glut der Gefühle, die verzehrend, bodenlos und unkontrollierbar sind. Sie werden durch die schöne Helena versinnbildlicht, eine Gestalt aus der griechischen Mythologie, Tochter des Zeus und der Leda, Gemahlin des Menelaos, deren Entführung durch Paris zum Anlaß des Trojanischen Krieges wurde. Ihre verführerische Schönheit verbindet sich mit einem stark magnetisierenden Eros, der jeden, der sie sieht, sich in sie verlieben läßt. Sie drückt aber mehr als nur verführerische weibliche Reize aus; sie verkörpert die hypnotische Kraft weiblicher Instinkte, verbunden mit einer inneren Unfähigkeit zu echter Bindung. Helena ist die menschliche Verkleinerung der archetypischen Aphrodite, die aus der Pose erotischer Selbstdarstellung handelt, ohne bindende Absicht, immer nur solange die züngelnde Flamme der Leidenschaft anhält[1].

Deutungen

Diese Karte kann für eine Person, ganz gleich in welchem Lebensbereich, stehen, aber ebensogut für eine Erfahrung im jeweiligen Fragebereich.

Als Person

Die Karte personifiziert eine leidenschaftliche, junge Frau, die sich nach Anerkennung und äußerem Glanz ausrichtet, auch wenn sie innerlich verwundbar und unsicher ist. Sie repräsentiert den feurigen Bereich der Erde, der sich in Tanz und Bewegung ausdrückt, und ist ein Bild für die Seite in uns, die, überwältigt vom unbändigen Verlangen nach Liebe, sich den Triebinstinkten überläßt. Sie verkörpert Unbekümmertheit, Lebenslust, Freude am Sex,

1 Crowley schreibt: *Die Prinzessinnen verkörpern jene elementaren Menschen, die wir durch ihren Mangel an jeglicher Verantwortlichkeit erkennen und deren moralische Qualitäten das ›ins Tiefe Eindringende‹ vermissen lassen.*

Ungebundenheit und erfrischende Spontaneität ebenso wie eine manchmal rücksichtslos wirkende Sorglosigkeit.

Allgemein
Die Karte symbolisiert den ersten Impuls, der etwas in Bewegung bringt, ohne den nie etwas geschehen würde. In ihr zeigt sich eine schöpferische Periode des Umbruchs, des ungestümen Neubeginns, ein unbekümmertes Vorwärtsstreben, das aber auch Züge von Verantwortungslosigkeit tragen kann.

Bewußtsein
Die Tochter der Flammen entspricht dem Feuer in seinen spontanen, ungeduldigen Anfängen. Deshalb ist diese Karte Vorbote von Neuanfängen und steht für die kreative Kraft eines noch unsichtbaren Willens, bevor sich dieser zur konkreten Absicht verdichtet hat. Sie drückt damit die spannungsvolle Erwartung auf nichts Bestimmtes aus.

Beruf
Im beruflichen Umfeld herrscht vage Unzufriedenheit mit den herrschenden Bedingungen, was früher oder später zu einem Wechsel führt. Der Änderungsaspekt dieser Karte ist die erste starke Regung eines inneren Bestrebens, neue Ideen in die Welt zu tragen und damit etwas zu bewegen; doch sind es oft zu viele Ideen, die hier gleichzeitig auf uns einstürmen.

Beziehung
Im Bereich unserer Beziehungen erscheint uns die Prinzessin oft als Verführung und Einladung zum prickelnden Abenteuer. Darin liegt sowohl ein bereichernder und belebender Aspekt für eine bestehende Partnerschaft als auch der Reiz, in eine neue, aufregende Beziehung zu treten, bei der sich die Dinge rascher entwickeln, als es sich der alte Herr Knigge je hätte vorstellen können.

Astrologie Venus in den Feuerzeichen oder Feuerhäusern.
Element Erde im Element Feuer.
I Ging 16 Yü – »Die Begeisterung«.
Person Eine lebendige, begeisterungsfähige, impulsive und häufig verliebte junge Frau, die aber auch launisch, eigenwillig und egozentrisch ist.
Analogien Adonis und Aphrodite; Amor und Psyche; das Urteil des Paris.
Kraftort Die Allee von Sphingen mit Widderköpfen, die Karnak mit Luxor verbinden.
Kraftfarben Frisches Hellrot, leuchtendes Orange.
Kraftstein Rote Koralle.
Räucherwerk Moschus (Polyantharose).

PRINZ DER STÄBE

Der Sohn der Willenskraft

El Príncipo de los bastónes

Trieb	Aktivität, Übermut, Erlebnishunger.
Ziel	Erlebnisfülle (Reisen und Abenteuer).
Licht	Anziehungskraft, Offenheit, Begeisterungsfreude.
Schatten	Unruhe, Ungeduld, Destruktivität.
Qualität	Sturm und Drang.

Analyse und Beschreibung

Das Bild

Die männliche (auf der Karte eher androgyne) Gestalt repräsentiert das Feuer des Willens in seinen spontanen, ungeduldigen Anfängen. Wir sehen auf dem Bild einen nackten Krieger, der Lebenskraft und Durchsetzungsmut anzeigt. Der Prinz, der mit ausgebreiteten Armen auf seinem Streitwagen sitzt, symbolisiert den auf die Handlungsidee (Prinzessin der Stäbe) folgenden Handlungsbeginn. Die Strahlenkrone entspricht dabei der Kraft des Schöpferwillens, das geflügelte Löwenhaupt der archaischen Triebenergie, und in beiden stellt sich die den Sonnenwagen ziehende Löwenkraft dar, die wild und unverfeinert ins Leben drängt (der feurige Löwe ist der Willensimpuls, der die menschliche Intuition weitertreibt). Das Hervorzüngeln der Flammen hinter der Schöpferkrone deutet auf das Hervorbrechen kreativer Energie. Es ist der Wille zur schöpferischen Tat, der sich als Antrieb hinter dem Prozeß der menschlichen Entwicklung offenbart. Der Prinz steht für den ersten Ausdruck zukünftiger Möglichkeiten; das zeigt der Phönixstab in seiner rechten Hand. Er beschreibt die Läuterung durch das Feuer und die Wiederauferstehung aus der Asche.

Der Mythos

Die Luftseite des Feuers symbolisiert das positive männliche Prinzip, dessen Elemente Licht und Feuer sind. Sie ist verkörpert in Phoebus Apoll, dem Herrn des Sonnenwagens, der über das Himmelsgewölbe rast. Apoll ist der Sohn des Zeus und zeigt den Drang zum Licht, der allem Lebendigen innewohnt. Die Flammen, die die Lebenskraft versinnbildlichen, sind nur für denjenigen erschreckend, der dem Leben ausweicht oder seinen persönlichen Willen dem höheren Sinn der Schöpfung entgegenstellt. Deshalb erkennen wir im Prinzen außer Apoll auch Herkules, einen anderen Sohn des Zeus, der nach dem Sieg über den nemeischen Löwen dessen Kopf als Helm trägt. Es könnte aber auch Siegfried sein, der germanische Held, der durch eine riesige Feuerlohe treten muß, um Brünnhilde aus ihrem Zauberschlaf zu wecken (vgl. S. 51, »Anmerkung«, »Siegfried & Brünnhilde«).

Deutungen

Diese Karte kann für eine Person, ganz gleich in welchem Lebensbereich, stehen, aber ebensogut für eine Erfahrung im jeweiligen Fragebereich.

Als Person

Der Stab-Prinz verkörpert einen heldischen Jüngling mit feurigem Temperament, der forsch, unternehmungslustig, risikofreudig, spontan, impulsiv und begeisterungsfähig ist. Ein junger Mann, der weiß, was er will, und der voller Optimismus und Selbstvertrauen im Leben steht. Manchmal begegnet er uns auch in der Gestalt eines offenen und spontanen jungen Menschen, dem wir aber nicht unbedacht vertrauen dürfen, weil er zwar ein guter Selbstdarsteller, aber sehr wankelmütig in seinen Gefühlen ist. Falls diese Karte für eine Frau steht, entspricht die Beschreibung ihrem männlichen Wesensanteil (Animus).

Allgemein

Der Sohn der Stäbe steht für eine warme bis hitzige Atmosphäre, in der Lebenslust, Leidenschaft und schwärmerische Begeisterung zu finden sind, aber auch Ungeduld, Heißblütigkeit, Impulsivität und ungestüme Übertreibung. Deshalb kommt es sehr auf die Art des von dieser Karte gekennzeichneten Lebensbereiches an, ob wir ihre Wärme genießen dürfen oder ihre Hitze und ihre Unbeständigkeit fürchten müssen. Die Ungeduld, die diese Karte ausdrückt, heißt: Wir wollen alles, und zwar sofort. Wenn dies nicht gelingt oder wir dies nicht bekommen, reagieren wir aufbrausend, zornig und aggressiv. Andererseits ist die dem Stab-Prinzen eigene Wärme belebend und mitreißend und kann manche frostige Atmosphäre entspannen und neuen Schwung in festgefahrene Situationen bringen.

Bewußtsein

Im innerseelischen Erleben bedeutet diese Karte, daß wir uns in einer »Sturm-und-Drang«-Phase befinden, in der wir himmelwärts nach Idealen streben oder fundamentale Überzeugungen herausbilden und vertreten, ohne daß uns viel an ihrer objektiven Rechtfertigung liegt oder wir nachhaltig und ernsthaft nach den Möglichkeiten der Verwirklichung fragen.

Beruf

Auf der beruflichen Ebene fällt es uns nicht schwer, die Umwelt von unseren Fähigkeiten zu überzeugen. Es ist nicht eine, es sind hundert Ideen, die wir gleichzeitig verwirklichen möchten. Das macht uns zu wahren »Unternehmer-Genies«, die mit immer neuen Absichten brillieren, von denen sich viele aber als Fehlzündung erweisen werden, wenn wir vor lauter Ungeduld vergessen, den Zeitfaktor zu berücksichtigen. Ohne Ausdauer und Geduld wird alles nur Strohfeuer sein, das sich in seiner schnellen Hitze verzehrt, und wir gleichen dem Gaukler, der mit Seifenblasen jongliert, sich aber als erfolgsgewohnter Selfmademan maskiert.

Beziehung

Im Bereich unserer persönlichen Gefühle kann diese Karte die Glut der Liebe und wilde Leidenschaft ausdrücken, aber auch unberechenbare und launische Stimmungen wie das Wetter im April. Emotionell verkörpert sich im Prinz der Stäbe das Lustprinzip oder das innere Kind, das rasch nach neuem Spielzeug greift, um es im Handumdrehn wieder in die Ecke zu werfen. In der Liebe sind wir zwar aufgeschlossen und stets zu neuen Kontakten bereit, aber ohne die tiefe seelische Bereitschaft, gewachsene Gefühle gegen äußere Verführungen längerfristig zu verteidigen.

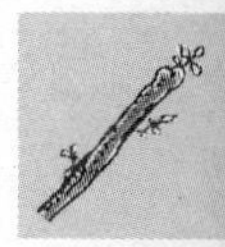

Astrologie 21° Krebs bis 20° Löwe.
Element Die Luftseite des Feuers.
I Ging 10 Lü – »Das Auftreten«.
Person Der begeisterungsfähige, leicht erregbare und dadurch oft überschäumende junge Mann.
Analogien Iason und das Goldene Vlies; Kadmos und die Drachensaat; Herkules und der nemeische Löwe.
Kraftort Kadmeia in Theben.
Kraftfarbe Zinnoberrot.
Kraftstein Hämatit (Blutstein).
Räucherwerk Pinie, Zypresse.

KÖNIGIN DER STÄBE

Die Mutter der Liebe und der Sexualinstinkte

La reina de los bastones

Trieb	Wandlung und Transformation (starke Willenskraft).
Ziel	Bewußtwerdung; gereifte Liebe und Sexualität.
Licht	Unabhängigkeit, Naturverbundenheit, Würde und Mitgefühl (Wärme, Beharrlichkeit, Loyalität).
Schatten	Intoleranz, Eifersucht (»das herrische Weib«).
Qualität	Magnetische Anziehung und schöpferische Vision.

Analyse und Betrachtungen

Das Bild

Die Königin auf ihrem Flammenthron symbolisiert die in die Tiefe gehende Gefühlsverbindung. Sie entspricht der reifen Form der Prinzessin, die auf der spirituellen Ebene das »Feuer der Schlange« (vgl. »Kundalini«, S. 86) aufsteigen läßt und aus dem »Feuer der Verliebtheit« die »Flamme seelischer Verschmelzung« zieht, im vulgären Erleben aber einen »sexuellen Flächenbrand« entfacht. Der Leopard neben ihr ist ein Symbol der Triebe und der Stärke, und ihre sanfte Hand drückt liebendes Einbeziehen der Instinkte in die seelische Gefühlswelt aus. Die Strahlenkrone mit dem geflügelten Löwenhaupt steht für die Potenz der Schöpferkraft, der wir auf der vorhergehenden Karte (Prinz der Stäbe) schon begegnet sind. Aber im Unterschied zu jener Energie, die sich im Äußeren entfaltet, haben wir es hier mit einer inneren Reise zu tun (das symbolisieren die meditativ geschlossenen Augen); es ist eine Entdeckungsreise in die inneren Bezirke der Seele, von der die äußere Welt nur ein Abbild ist. Die unmittelbare Erkenntnis, daß die Liebe die Verbindung zum Göttlichen ist und die Sexualität Ausdruck des Schöpferwillens in uns, läßt uns in einen Zustand der Entrückung geraten, der alle Schranken unserer Vorstellung sprengt. Im Feuer der Erleuchtung, wenn *sich die Seele selbst verliert in einer wunderbaren Verzückung* (Meister Eckehart), erfahren wir uns als eins mit der einen und einzigen Urkraft. *All you need is love*, haben es die Beatles 1967 umschrieben.

Der Mythos

Als Mutter der Liebe begegnet uns Aphrodite, die als Schaumgeborene den wäßrigen Bereich des Elementes Feuer verkörpert. Sie, die griechische Liebesgöttin, gebot über jene Macht, deren treibende Kraft die Liebe ist. Die Mythen schildern sie uns von vielen Seiten. Als die Unwiderstehliche, der kein Mann einen Wunsch abschlagen kann (Paris), als glühend-leidenschaftliche Frau, die mit ihren Liebhabern Ares und Adonis ständig ihren Mann Hephaistos betrog, als die die Sehnsucht Stillende (Pygmalion), aber auch als das krankhaft eifersüchtige Zerrbild einer bösen Schwiegermutter (Psyche). Nur über drei Göttinnen hatte sie keine Macht: Athene, Artemis und Hestia. Alle anderen Götter und Göttinnen waren ihrer Anziehungskraft unterlegen.

Deutungen

Diese Karte kann für eine Person, ganz gleich in welchem Lebensbereich, stehen, aber ebensogut für eine Erfahrung im jeweiligen Fragebereich.

Als Person

Als Person kann uns die Liebesgöttin als temperamentvolle, energische, charismatische, aber auch egoistische und rücksichtslose Frau voller Lust und Lebenshunger begegnen, deren Hitze die Leidenschaften ihrer Partner entflammt. In der Regel aber steht sie für die selbstbewußte und selbstbestimmte reife Frau.

Allgemein

Während Prinz oder Prinzessin der Stäbe oberflächlich, launisch und kindlich erscheinen können, gründet die Königin viel tiefer. Sie repräsentiert die weibliche Kraft des Feuerelements und ist aufgeschlossen, willensstark und unternehmungslustig. Ihr Stolz gibt ihr große innere Kraft und Stärke, macht sie andererseits aber auch empfindsam gegenüber Kritik und verweigerter Anerkennung oder Bewunderung. Sie sucht den gesellschaftlichen Kontakt, der ihr ein anregendes Lebensgefühl vermittelt. Im Gegensatz zu den Erd- und Wasserzeichen strebt sie nicht so sehr nach ewiger Liebe, sondern nach impulsiver Leidenschaft, durch die sie ihr aktives Liebesleben ausleben kann.

Bewußtsein
Die Göttin der Liebe (Mutter der Triebe) repräsentiert den Willen (Feuer), sich in der materiellen Welt zu behaupten, aber sie besitzt auch die Visionen (wäßriger Bereich des Feuers), um durch die Verschleierungen der Materie hindurchzusehen. Damit ist es ihre Aufgabe, die beiden subjektiven Elemente Feuer und Wasser zu verbinden und zu entfalten, was zu einem sehr eigenen, persönlichen Weltbild führt.

Beruf
Im beruflichen Erleben steht die Königin der Stäbe für den Wunsch nach mehr Selbständigkeit und Selbstverantwortung. Sie zeigt, daß wir ansprechbar und aufgeschlossen sind, größere Aufgaben zu übernehmen, um diese mit Kraft und Zuversicht zu bewältigen. Sie verkörpert unsere Bereitschaft, zu reifen und uns zu entfalten, wodurch wir neuen Aufgaben gewachsen sind.

Beziehung
Die Selbstbestimmtheit, die diese Karte ausdrückt, bedeutet, daß wir in unseren Beziehungen mündig werden und damit auch bislang überlegenen Partnern künftig Paroli bieten. Die aktive, temperamentvolle Feuergöttin und Liebeszauberin versteht es, sich durchzusetzen, und wo es sein muß, auch gegen den Widerstand des Recken, den sie sich zur Seite wünscht. Wenn für den Stab-König der Widerspruch zutrifft, daß er eine »gleichberechtigte« Partnerin sucht, die sich seinen Wünschen fügt, dann sucht sich die Stab-Königin einen »überlegenen« Helden, der sich ihren Vorstellungen unterwirft.

Astrologie 21° Fische bis 20° Widder.
Element Der wäßrige Bereich des Feuers.
I Ging 31 Hiân – »Die Anziehung« (Die Gefühlserregung).
Person Eine impulsiv-leidenschaftliche, dominierende Frau.
Analogien Geburt der Venus; Gott erschuf Eva; Shakti, die Urkraft.
Kraftort Alabastersphinx (Memphis).
Kraftfarbe Granatapfelrot.
Kraftsteine Granat; Rosenquarz.
Räucherwerk Rosenblüten.

RITTER DER STÄBE

Der Vater der schöpferischen Vorstellungskraft

El caballero de los bastones

Trieb	Ausdehnung und Weite (Führungsanspruch).
Ziel	Das Ausschöpfen des individuellen Potentials.
Licht	Humanitäre Ideale, geistige Aktivität (Dynamik, Begeisterungsfähigkeit, Willensstärke).
Schatten	Herrschsucht, Egoismus, Intoleranz.
Qualität	Schöpferanspruch (Einswerden mit den inneren Bildern; Identifikation mit Gott).

Analyse und Beschreibung

Das Bild

Der Ritter verkörpert die feurige Kraft, um den inneren Schöpfergeist aus sich hervorzubringen und in der Umwelt zu entzünden. Das drückt die lodernde Fackel in seiner Linken aus (vgl. As der Stäbe, S. 124), ein Symbol der Vision, neue Sichtweisen in die Welt hineinzutragen. Auf dem Kopf (Kronen-Chakra) wird er von einem geflügelten Pferd geschmückt, dem Sinnbild der Erneuerung und der Kraft, zu neuen Zielen aufzubrechen, während er selbst auf einem sich aufbäumenden, wilden Rappen sitzt. Das geflügelte Pferd am Scheitelzentrum verbindet sich mit dem äußeren Pferd, denn dieses trägt das Horn des Einhorns auf der Stirn, ein Zeichen gezähmter Instinkte. Das Pferd ist ein Symbol der Triebe, das Einhorn wiederum ist nur zu fangen, wenn es sich in den Schoß einer Jungfrau flüchtet. Der rote Mantel des Königs aber, der den flammenden Hintergrund bildet, vor dem er selber reitet, zeigt die kreativ aus sich selber hervorgebrachte Form: Es ist seine karmische, in den Hintergrund des Alltags eingewobene persönliche Struktur, die die Fäden seines Handelns zum Schicksalsteppich verknüpft, auf dem er sich gleichzeitig bewegt (»Wanderer und Weg sind eins!«). Das Schicksal ereilt ihn nicht, er ist das Schicksal selbst, denn der schöpferische Wille Gottes ist in jedem seiner Teile vorhanden, oder, wie die Mystiker und Physiker übereinstimmend sagen: *Das kosmische Ganze verändert sich laufend durch die Initiative seiner Teile.* Somit steht der Stab-König für den ›erschaffenen Schöpfer‹ oder das ›erschaffende Geschöpf‹, das die Verantwortung für seine Ziele zu übernehmen bereit ist.

Der Mythos

Diesem gewaltigen Urstrom der Kraft kann nur der Göttervater Zeus selbst gerecht werden. Er ist ein Symbol jener Urkraft, die – stets auf ihre Unabhängigkeit bedacht – zu neuen Ufern eilt, um alte Grenzen zu überwinden und neue Möglichkeiten zu erschließen. Zeus entmachtete die durch seinen Vater Kronos verkörperte veraltete und lebensfeindlich gewordene Herrschaftsstruktur. Bevor er Athene aus seinem Kopf gebären konnte, durchlebte und durchlitt er das ganze Spektrum seelischer Möglichkeiten von völliger Erweichung bis zur totalen Verhärtung. Als schöpferisch zeugende Kraft liebt er die Freiheit, um seinen Genius an alle Enden der Welt zu tragen.

Deutungen

Diese Karte kann für eine Person, ganz gleich in welchem Lebensbereich, stehen, aber ebensogut für eine Erfahrung im jeweiligen Fragebereich.

Als Person

Der Ritter der Stäbe charakterisiert einen Menschen von großem Selbstbewußtsein und ideellem Streben. Großmut und Großzügigkeit sind für ihn keine leeren Worte: Auch wenn sich in seinem Wesen bisweilen Merkmale von Selbstüberschätzung zeigen, so ist er doch immer von einem Streben nach besseren Lösungen beseelt. Er ist ein reifer Mann, stolz, stark, klug und ehrenhaft, mit starker Motivations- und Durchsetzungskraft, kurz: der geborene Unternehmer, Organisator, Politiker oder Chef.

Allgemein

Als Ereignis repräsentiert diese Karte die männliche Seite des Feuerelements, dessen Entfaltungskraft uns am Bild des Sonnenkönigs Ludwig XIV. deutlich werden kann. Er ist der Inbegriff des Selbstvertrauens, der Lebensbejahung und der Freude an Reichtum und Glanz. Daneben steht er für eine gute Nachricht, einen guten Rat, für eine unerwartete Chance oder eine große Tat. Sie steht für ein gestärktes Selbstbewußtsein, für Lebensmut und ein hohes Maß an Selbstbestimmtheit.

Bewußtsein
Das Bild eines nach außen projizierten Gottvaters mag zwar tröstlich und hilfreich sein, verwickelt uns aber in unsere eigenen Vorstellungen, weil das Ego statt nach überpersönlichen Werten viel lieber nach seiner eigenen Göttlichkeit strebt. Erst im spirituellen Erleben verbindet sich mit dieser Karte das »Ich will« mit der schöpferischen Einsicht »Es will in mir« oder »Ich werde gewollt«. Es geht nicht nur darum, Idealvorstellungen und persönlichen Willen zum Ausdruck zu bringen, sondern auch der eigenen Nichtigkeit zu begegnen. Dieser König ist Ausdruck großer Reife, und die verlangt, daß wir uns auch jener Seiten in uns bewußt werden, die uns peinlich sind oder derer wir uns schämen.

Beruf
Auf der beruflichen Ebene bedeutet diese Karte selbstbewußtes, überzeugendes und bestimmtes Auftreten. Sie steht für Zeiten, in denen es darum geht, uns an neue Vorhaben zu wagen, aber auch unseren Arbeits- und Führungsstil zu überprüfen, die eigene Motivation zu steigern und damit eine ansteckende, mitreißende Wirkung auf andere zu haben.

Beziehung
So wie die Stab-Königin einen »überlegenen« Helden sucht, der sich ihren Bedürfnissen anpaßt, so sucht der Stab-König eine »gleichberechtigte« Partnerin, die sich seinen Wünschen fügt. Erst wenn wir diese Schwäche überwinden können, spielt der Zauber der Liebe in uns, mit uns und durch uns hindurch. Dann erleben wir, daß diese Karte zugleich Ausdruck von Wärme, Großzügigkeit und ehrlichem Engagement ist.

Astrologie 21° Skorpion bis 20° Schütze.
Element Das Feuer des Feuers.
I Ging 1 Kiân – »Das Schöpferische«.
Person Der aktive, nach Entwicklung drängende, aber reife und wohlwollende Mann.
Analogien Zeus und alle Verkörperungen des höheren Selbst (Gottvater).
Kraftorte Olymp, Sitz der Götter; Helikon, Musenberg der alten Griechen.
Kraftfarbe Rotgold.
Kraftsteine Rubin; Diamant.
Räucherwerk Neroli, Orange (»Sonne des Herzens«) oder Olibanum.

AS DER KELCHE

As de las copas

Der Quell der Seele

Trieb Sehnsucht nach Vereinigung (Zuneigung).
Ziel Verschmelzung (Hingabe, die das »Geheimnis des Lebens« berührt).

Licht Empfänglichkeit, Hingabe, Harmonie.
Schatten Diffusität, Irrationalität, Hysterie.
Qualität »Das Mysterium der Liebe« (Mystische Einswerdung, Erlebnis der Gnade, Glaube, Wandlung, Erleuchtung, Vollendung).

Die Karte zeigt einen wunderschönen Kelch (die Yoni-Schale) als Sinnbild der Liebe und Empfänglichkeit. Damit ist sie das weibliche Pedant zum As der Stäbe und repräsentiert das Element Wasser in seiner weiblichsten Form als die Fähigkeit zur Hingabe. So wie Feuer die Schöpferkraft verkündet, die sich »aus sich selber zeugt«, so symbolisiert das Wasser das Gefühl des Herzens, das sich »in das Ewige ergießt«. Die Schale als Bild der liebevollen Offenheit wächst aus einem weißen Lotus hervor, der seinerseits wie eine Fontäne aus der Tiefe emporströmt und den Kelch von innen her mit Lebenswasser füllt. Umgekehrt symbolisiert der senkrecht von oben einfallende Lichtstrahl das Hinabtauchen des Schöpfergeistes zu den »Quellen der Liebe«, wo er sich mit den aufsteigenden Sphären der Tiefe zu jener aufbrechenden Kraft (Hintergrund) verbindet, die dem kollektiven Unbewußten entspringt und die Sehnsucht der Liebe nach Hingabe und nach Verschmelzung mit Gott darstellt. Crowley identifiziert den Kelch mit dem heiligen Gral, ein Symbol für das höchste dem Menschen erreichbare Gut. Nach der Überlieferung hat dieser Kelch einen mystischen Ursprung. Jesus und seine Jünger tranken daraus beim letzten Abendmahl. Joseph von Arimathia fing darin das Blut auf, das nach der Kreuzigung aus der Speerwunde Jesu floß und brachte diese Reliquie nach Europa, wo sie in der legendären Gralsburg (Montsalvat oder Avalon) seitdem aufbewahrt wird. Die wundertätige Kraft des Kelches wird jährlich zu Ostern erneuert, wenn der Geist Gottes als Taube herabsteigt und den Gral heiligt.

Energetisch stellt das As der Kelche den »Geist Gottes« dar, das »Mysterium der Liebe« oder das »Fließen der Gefühle«, das der »Quelle allen Lebens« entströmt und sich nach Einswerden mit dem anderen sehnt. Von den vier kabbalistischen Welten korrespondiert es mit »Briah«, dem Bereich des reinen Fühlens, der nicht nur den Körper betrifft, sondern auch Seele und Geist miteinbezieht.

Auf der Ebene unseres Bewusstseins bedeutet diese Karte, daß wir in die Tiefen der Seele vordringen und dort Urvertrauen, Urglauben und Urgeborgenheit finden können, die Vorbild sind für die alltäglicheren Formen der Liebe: Nächstenliebe, Elternliebe, sinnlich-erotische Liebe, Selbstliebe und Liebe zu Gott. Darüber hinaus lehrt uns die Karte, daß das Schöne und das Häßliche als zwei Pole zusammengehören: Es ist Moder und Schlamm, woraus der Lotus in aller Schönheit erblüht.

Im beruflichen Erleben zeigt das As der Kelche die vielleicht einmalige Chance, den Bereich des Lebensnotwendigen mit der Erfahrung tiefster Erfüllung in harmonischem Einklang zu verbinden und so den Weg zu unserer wahren Berufung einzuschlagen. Da dieses Erleben jenseits äußerer Werte ist, liegt die Bedeutung der Karte in sinnerfülltem Tun und der daraus entspringenden tiefen Zufriedenheit.

Im Bereich unserer persönlichen Beziehungen sind wir zur großen Liebe bereit (die Karte beschreibt die Reise zum Herzen). Die Chance, die sich hier bietet, reicht vom Gefühl spontaner Verliebtheit bis hin zu dem tiefsten Glück reifer Liebe und einer vertrauensvollen Gewißheit der Geborgenheit und des Aufgehobenseins im anderen.

Astrologie Die Wasserzeichen.
Lebensbaum Kether (Ursprung) durch Wasser: Der Quell des Lebens (Briah) als Mutter der Liebe und der seelischen Hingabe.
I Ging 2 Kun – »Das Empfangende«.
Analogien Die empfangende Eva, der Garten Eden, die Insel der Seligen, der heilige Gral.
Bild Das Meer der Liebe.
Stichworte Grenzenlosigkeit, Freiheit, Glückseligkeit, Licht (Der Weg des Herzens als Inbegriff des höchsten Tuns).

ZWEI KELCHE

(LIEBE) El Amor
Die Wasser der Anziehung

Trieb Vereinigung von Mann und Frau.
Ziel Seelischer und körperlicher Austausch.

Licht Harmonische Gefühlsbetonung.
Schatten Desillusionierung, Trennung, Interessenkonflikt.
Qualität Liebesglück (Ausgleich der Polaritäten).

DAS BILD stellt im Vordergrund zwei überfließende Kelche dar. Sie werden im Unterschied zur vorherigen Karte (As der Kelche) nicht mehr von innen, sondern von außen gespeist; das drückt die erste Kanalisierung (Chokmah) der richtungslos fließenden Urenergie (Kether) aus. Die ziellose Liebe, die beim As noch ungehindert zum Ausdruck kam, hat sich differenziert: Die Kelche werden vom »abgespaltenen« Lotus gespeist, aus dem ein weiterer Lotus wächst, um dessen Stiel sich zwei Delphine winden (Crowley spricht von Delphinen, obwohl sie auf dem Bild eher wie Karpfen aussehen). Die Symbolik des Delphins ist vielfältig. Im Zusammenhang mit dieser Karte aber tritt seine Liebessymbolik in den Vordergrund. Schon die Ägypter betrachteten ihn als Tier der Isis, und die Griechen verbanden ihn mit ihrer Liebesgöttin Aphrodite, weil im Griechischen die Worte delphis (Delphin) und delphys (Schoß) gleichklingen.

ENERGETISCH bedeutet die Zwei die Polarisierung der ungeformten Urströme der Asse. Im Bereich der Gefühle (Kelche) handelt es sich um die Anziehungskraft zwischen Mann und Frau. Die androgyne Seele (As) hat sich in der Außenwelt gespalten, und die beiden Teile streben nun wieder nach Vereinigung. Deshalb ist erotische Anziehung nicht nur sexueller, sondern vor allem spiritueller Natur, denn sie beinhaltet die Suche nach dem verlorenen Teil.

IM DIALOG MIT DER INNEREN EBENE verstehen wir – dem Zuvorgesagten entsprechend –, daß das alchemistische Grundprinzip von »Löse und verbinde« die elementare Voraussetzung jeder Weiterentwicklung ist. Diese Karte legt dabei den Schwerpunkt auf das Binden. Sie zeigt, daß wir uns mit Gedanken der Liebe und der Harmonie befassen. In der körperlichen Nähe zu einem geliebten Menschen verbinden sich die unbewußten Sehnsüchte mit der bewußten Liebe der Seele, und in der Vereinigung mit dem Partner des Herzens fließen die Ströme der Unsterblichkeit.

AUF DER BERUFLICHEN EBENE kann diese Karte Vorbote einer wichtigen, positiven Begegnung sein. In jedem Fall steht sie für Harmonie, Freude und gegenseitiges Vertrauen, ein angenehmes Umfeld, gute Zusammenarbeit und ein herzliches Arbeitsklima.

IM BEREICH UNSERER BEZIEHUNGEN geht der Abendstern (Venus) im Zeichen des Mondes (Krebs) auf, und beide begünstigen mit ihrem Licht die Kräfte der Liebe. Die Karte steht für Phasen der Verliebtheit, des Flirts, aber auch recht häufig für einen neuen, sympathischen Menschen, der plötzlich die Bühne unseres Lebens betritt.

Astrologie Venus in Krebs.
Lebensbaum Chokmah (Energie) durch Wasser: Die Gefühlspolarisierung und das damit verbundene Anziehungsprinzip.
I Ging 31 Hiân – »Die Anziehung«.
Analogie Shiva und Shakti, das vollkommene Liebespaar (die Zeugungs- und Urkraft, aus der Götter und Kosmos hervorgehen).
Bild Liebesgarten (der Pfeil des Amor).
Stichworte Liebe, Sinnlichkeit, Harmonie.

DREI KELCHE

(FÜLLE) la plenitud

Die Wasser der Empfängnis

Trieb Zeugung und Empfängnis (das Annehmen und Erwidern des Gefühls, »von einem anderen Menschen geliebt zu werden«).

Ziel Inneres Wachstum und Erfüllung.

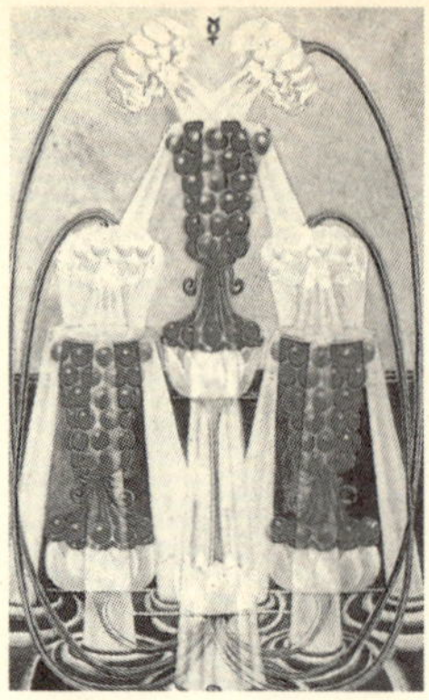

Licht Glück (in der Liebe), Freude und Harmonie.

Schatten Begierde, Genußsucht, rohe Sinnlichkeit.

Qualität Liebeserfüllung.

AUF DER KARTE sehen wir drei randvolle Kelche aus Granatäpfeln in der Form eines nach oben gerichteten Dreiecks. Sie werden von einem zweimal vierblütigen Lotus umschlungen; je eine Blüte neigt sich von jeder Seite über den erhöhten Kelch, zwei gießen ihr Wasser in die unteren Kelche aus. Dabei strömt der obere Kelch als Ausdruck erfüllender Liebe in die beiden unteren über, und die beiden unteren fließen in den *dunklen, ruhigen See von Binah* (Crowley), den spirituellen Urquell der Fruchtbarkeit. Die anderen vier Blüten dienen als Grundlage der Kelche, und zwar je eine für die beiden seitlichen, und eine, die aus der anderen hervorwächst, als Unterlage für den mittleren Kelch.

ENERGETISCH symbolisiert die Drei der Kelche die göttliche Wachstumskraft und zeigt, daß die in Erscheinung getretene Liebe (Zwei) hier die Dritte Dimension erreicht: *Die Idee der Liebe ist fruchtbar und zum Genuß geworden* (Crowley). Crowley bringt diese Karte mit dem Mythos von Persephone in Beziehung: *Der Granatapfel stellt jene Frucht dar, die Persephone im Reich des Pluto aß und die ihn befähigte, sie in der Unterwelt festzuhalten.* Darin liegt eine Anspielung auf die Ambivalenz venusischer Freuden, wie sie durch die Doppelsymbolik des Apfels zum Ausdruck kommt (vgl. »Fünfecke«, S. 45).

IM INNEREN ERLEBEN zeigt diese Karte häufig, daß wir zutiefst berührt wurden, daß wir uns in Dankbarkeit und voller Freude dem Leben in seiner ganzen Fülle öffnen und dabei vielleicht die Erfahrung sublimer Glückseligkeit und wahrer Erfüllung machen dürfen.

IN BERUFLICHER HINSICHT tragen uns innere Ströme auf die Gipfel äußeren Gelingens. Wesentliches, das erreicht werden will, ist in Sichtweite; die Geschäfte verlaufen günstig, und über unseren Plänen und Projekten waltet die lächelnde Fortuna, die ihr Glück in diesen Zeiten voller Großzügigkeit gewährt.

IN UNSEREN BEZIEHUNGEN verspricht diese Karte Wohlbefinden und deutet auf wahre Hoch-Zeiten hin, in denen wir uns einer liebevollen und harmonischen Partnerschaft hingeben. Sie zeigt die Dankbarkeit, mit der wir diese Verbindung selbst erleben oder mit der wir einen »Zuwachs« begrüßen.

Astrologie Merkur in Krebs.

Lebensbaum Binah (Form) durch Wasser: Der innere Zuwachs.

I Ging 58 Dui – »Die Freude«.

Analogie Die Musen oder die drei Grazien als die helle Seite der drei Gevatterinnen (Nornen), die bei der Geburt über das Schicksal des Menschen bestimmen.

Bild Freudenfest (Empfängnis als Ausdruck des Liebesglücks).

Stichworte Frohsinn, Wonne und überfließendes Glück.

VIER KELCHE

(ÜPPIGKEIT)

Die Wasser der entfalteten Weiblichkeit

la abundancia

Trieb Beschützerinstinkte, emotionale Stärke, umsorgende Mütterlichkeit.

Ziel Häusliche Ideale (Sicherheit, Wohlstand, emotionaler Reichtum).

Licht Liebe, Gefühle (affektives Fundament).

Schatten Besitzergreifende Zuneigung (Einengung anderer durch ein Übermaß an Zuwendung).

Qualität Die Stabilität der Gefühle und seelische Dominanz (Mutterschaft).

Auf dem Bild haben sich die Energien stabilisiert – wir sehen das an der Ausgewogenheit der Anordnung der Kelche –, aber sie haben sich gleichzeitig vom Urquell getrennt, denn die »Wasser des Lebens« fließen aus den beiden unteren Kelchen nicht mehr in das Meer zurück. Der Lotus, der aus dem Gewässer sprießt, besitzt einen viergeteilten Stil, auf dem eine mächtige Blüte thront. Er symbolisiert die Verdichtung der Zwei, die in der Vier zur Vollendung gelangt, aber gleichermaßen auch die Begrenzung anzeigt, weil diese Stabilität keine Weiterentwicklung mehr ermöglicht. Das Meer ist in Unruhe, denn der Kreislauf hat hier seinen Endpunkt erreicht; das Gleichgewicht ist aber durch die Stabilität der Kelche (noch) hergestellt.

Energetisch charakterisiert diese Karte die Seele der Mutter, die für die innere Grundlage des Wachstums steht. Der Fruchtbarkeitsgedanke ist im Begriff, sich zu vollenden, und wir befinden uns im Reich der sich ausformenden Leiblichkeit (vgl. »Reich des Lebens«, S. 36). Das ist eine Zeit sanfter Verschmelzung, zärtlicher Aufmerksamkeit und großer Verklärung. Es ist aber auch eine Periode besitzergreifender Zuneigung (das Kind reift im Bauch der Mutter heran), denn in der »Stabilität der Vier« lauert bereits die »Blockade der Fünf«, das Versiegen der Lebensquelle. Im Mythos droht Demeter (Mutter Erde) mit Zerstörung (sie macht die Erde unfruchtbar), falls Persephone, ihr verlorenes Kind, nicht wiederkehrt (Kelch-Fünf).

Auf der inneren Ebene kann uns die Karte vor Augen führen, daß unser Wunsch nach stabilen Gefühlen, emotionaler Sicherheit und Liebe ohne Risiko uns dazu verleitet, Mittelmäßigkeit anstelle intensiver Gefühle zu leben. Die Neigung des Verstandes, kontrollierend in die Welt der Gefühle einzugreifen, mag zwar in manchen Fällen berechtigt sein, in der Regel aber führt die Haltung schnell zur Vermeidung echter Anteilnahme, zu »verdünnter Liebe« und in der Folge zu gähnender innerer Leere.

Im beruflichen Erleben sind wir schon über den Höhepunkt einer Entwicklung hinaus. Noch erfreuen wir uns zwar der Hochgefühle, müssen aber erkennen, daß es sich dabei im eigentlichen Sinne um ein »Auskosten« (d.h. das »Verbrauchen eines alten Bestandes«) handelt. Wenn wir nicht Sklaven einer freudlosen Routine werden wollen, wird es bald nötig sein, neue Ideen zu entwickeln und Aufgaben und Projekte zu beginnen, die uns aufs neue fordern.

In unseren persönlichen Beziehungen steht diese Karte für ein Zuhause, das trotz aller Geborgenheit bereits die Tendenz hat, zu klein zu werden. So liegt ihr tiefer Sinn wohl darin, den inneren Frieden wertzuschätzen, aber zugleich zu verstehen, daß Sattheit gefährlich werden kann und deshalb neue Wachstumsprozesse notwendig werden, die Unsicherheiten mit sich bringen, da andernfalls die stehenden Wasser (Gefühle) schnell zu abgestandenem, totem Wasser werden.

Astrologie Mond in Krebs.

Lebensbaum Chesed (Verdichtung) durch Wasser: Die Quelle des Lebens als Symbol der Geburt.

I Ging 8 Bi – »Die Einheit«; 48 Dsing – »Der Brunnen«.

Analogie Die Große Mutter.

Bilder Die üppig sprudelnde Quelle, das satte Grün saftiger Wiesen, ein Baum voll reifer Früchte oder ein blühendes Weizenfeld am Wasser.

Stichworte Fürsorge, Zuwendung, Sättigung, emotionale Stabilität.

FÜNF KELCHE

(ENTTÄUSCHUNG)
Die Wasser des Stillstands

la desilusion

Trieb Enttäuschung und Schmerz.
Ziel Abschied, Tränen, neue Hoffnung.

Licht Trennung, Ernüchterung, große Veränderungen.
Schatten Bitterkeit, Öde, Verharren in der Krise.
Qualität (Schmerzhafte) Erkenntnisse, Neubesinnung.

AUF DER KARTE ist der Urquell versiegt, der See ausgetrocknet, und die kristallenen Pokale sind leer. Wir befinden uns in einem Zustand der Niedergeschlagenheit, das Bild reflektiert das düstere Gefühl von Enttäuschung und Einsamkeit. Der dieser Karte zugeordnete Skorpion deutet *in seiner übelsten Form die Fäulnis bringende Kraft des Wassers* (Crowley) an und damit den alchemistischen Prozeß der gärenden Verwandlung, aus dem irgendwann wieder neues Leben keimt (die Wurzeln des Lotus bilden eine Schmetterlingsform, Symbol der Wandlung zu höheren Formen). Diese Karte markiert jedoch vorerst den Beginn des Niedergangs. Die fünf Kelche sind in Form eines umgekehrten Drudenfußes angeordnet, dem Zeichen für schwarze Magie oder den Sieg der Materie über den Geist.

ENERGETISCH ist die Verbindung mit dem Urweiblichen verlorengegangen, die einst fruchtbare weibliche Kraft ist unfruchtbar geworden. Die versiegende Quelle zeigt die Verhärtung der inneren Gefühlswelt an, das versickerte Wasser Niedergang.

IM INNEREN ERLEBEN kann diese Karte als Erfüllung unbewußt negativer Wünsche gedeutet werden. Denn so schrecklich Zerstörung auch sein mag, sie ist nie sinnlos, da sie immer der Folgerichtigkeit eines Prozesses entspricht, der letztlich zu einem neuen Aufbau auf festeren Strukturen führt. Sie kann uns aber auch klarmachen, daß dort, wo unsere Fühlnatur so sehr gestört ist, daß wir sie gänzlich durch den kontrollierenden Verstand ersetzt haben, die Wasser des Lebens versiegen und die einstmals blühende Pracht vertrocknet und zu Pulver zerstäubt.

IM BERUFLICHEN ERLEBEN steht die Karte für Enttäuschung und Schmerz angesichts eines gescheiterten Projektes. Sie kann bedeuten, daß wir Prüfungen nicht bestehen, unsere Bewerbungen abgelehnt werden oder Geschäfte, von denen wir uns viel erhofften, mit Verlusten enden. In diesem Zusammenhang kann sie eine Aufforderung sein, zu prüfen, ob unsere Ziele und Vorgehensweisen auch mit unseren Grundsätzen im Einklang waren oder ob sie überholt oder vielleicht unlauter und fragwürdig geworden sind.

IN DER LIEBE stellt die Karte Enttäuschung, Niedergeschlagenheit und Verzweiflung dar; alte Wunden brechen auf, die oft bis in die Kindheit zurückreichen, und alte Leidensmuster werden wach, die wir längst überwunden glaubten. Quellen versiegen und Gefühle zerbrechen, doch im Unbewußten keimt eine neue Hoffnung auf, denn im Wurzelgeflecht des welkenden Lotus bildet sich bereits ein Schmetterling heran, das Symbol für Wandlung und Neuerung.

Astrologie Mars in Skorpion.
Lebensbaum Geburah (Umwälzung) durch Wasser: Die gärende Fäulnis.
I Ging 12 Pi – »Die Stockung«.
Analogie Pluto raubt Persephone, und Demeter macht die Erde unfruchtbar.
Bild Das öde Land.
Stichworte Trauer, Verzweiflung, Niedergeschlagenheit.

SECHS KELCHE

(GENUSS) el placer

Die Wasser der Lebensfreude und der inneren Harmonie

Trieb Gefühlsreichtum (tiefe und enge Gefühlsbindungen).

Ziel Seelischer Wille und Schöpferkraft (Balance und Harmonie durch Rückkehr zu den inneren Quellen).

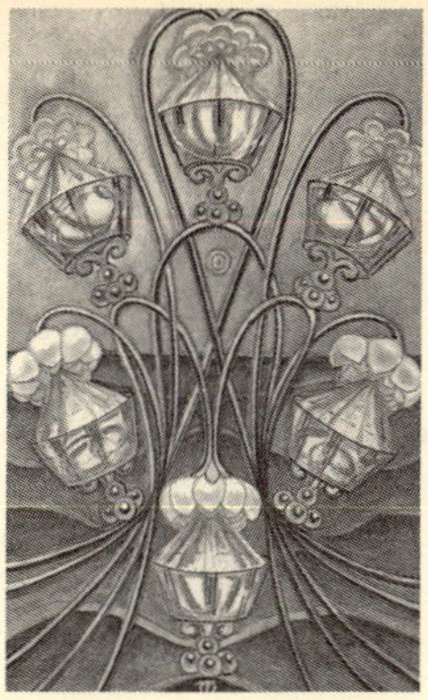

Licht Karmische Verwurzelung, emotionale (sexuelle) Stärke, starke suggestive Ausstrahlung.

Schatten Seelische Verhaftung (Kindheit) oder Realitätsflucht durch das Aufbrechen negativer Vergangenheitsprägungen.

Qualität Die innere Mitte als Quelle der seelischen Kraft.

Das Bild zeigt uns ein barockes Arrangement gebündelter Zweige mit sechs Lotusblüten (Crowley spricht von einer Tanzbewegung), von denen sich jede über einen der sechs Kelche neigt. In ihrer prächtig geschwungenen Form sehen wir die in das Licht der Sonne sich ausdehnende Schmetterlingsbewegung (bei der Fünf noch in den Wurzeln dargestellt), das neue Leben, das aus der Verwesung keimt. Die Gefühle sind nicht wie bei der Drei oder Neun als überströmende Fülle dargestellt, da die Kelche nicht überfließen, aber im Gegensatz zur vorigen Karte sind die Wasser wieder in Bewegung, womit das Gleichgewicht hergestellt ist.

Energetisch steht die »Sechs der Quellen« für die Zyklen des Lebens, die Veränderungen der Welt, die so zeitlos sind wie alles in den Tiefen des Unbewußten. Es sind die Wasser des Lebens, die, von der Sonne durchdrungen, die ihnen innewohnenden Kräfte freigeben.

In der Tiefe des inneren Erlebens ist diese Karte weit mehr als eine Beschreibung erotischer Erfüllung (Genuß): Sie steht für die Begegnung mit dem Urweiblichen. Diese »Quelle der Mütter« ist es, die Faust suchte, und die Goethe sagen ließ: *Das Ewigweibliche zieht uns hinan!* Das Licht (Sonne), das die unergründlichen Wasser (Skorpion) durchdringt, ist ein altes Symbol für die Befruchtung des Unbewußten, wodurch die inneren Quellen wieder fließen. Damit ist zwar auch, aber nicht nur die Zeugung eines Kindes angesprochen (Drei Kelche), sondern die kollektive Bedeutung jener sexuellen Kraft, die durch das Weibliche hindurchleuchtet und alles Männliche anzieht, damit die Quelle (Libido) nie versiegt, in deren Strömen sich die Schöpfungsidee manifestiert.

Auf der beruflichen Ebene steht die Sechs Kelche für Phasen freudigen Schaffens und das Erleben tiefer Zufriedenheit. Sie kann zeigen, daß uns unsere Aufgabe Spaß macht, oder ein Hinweis sein, daß gute Zeiten vor uns liegen. Dazu kann eine notwendige Änderung im Berufsalltag oder im Berufsziel zugunsten einer tieferen Wahrheit wesentliche Voraussetzung sein.

Im Bereich der Gefühle spricht diese Karte von Erfüllung, Freude und Befriedigung. Damit ist zweifellos auch der sinnliche Genuß gemeint, wichtiger ist aber die mit der inneren Mitte verbundene Erfahrung, zu den tiefen Gefühlen von Geborgenheit, wahrer Freude und aufrichtiger Dankbarkeit zu kommen. Nach Phasen kritischer Auseinandersetzung zeigt diese Karte die Chance zu tiefgreifender Veränderung und echtem Neuanfang.

Astrologie Sonne in Skorpion.

Lebensbaum Tiphareth (Mittelpunkt) durch Wasser: Die innere Mitte.

I Ging 11 Tai – »Der Frieden«; 42 I – »Die Mehrung« (Die Zunahme).

Analogie Das Goldene Zeitalter als paradiesischer Urzustand.

Bilder Der Venusberg als Symbol des Mutterleibes oder der unergründliche Brunnen der Mondgöttin (Frau Holle), der in die innere Welt der Träume führt.

Stichworte Freude, Erfüllung und emotionale Erneuerung (auch Wünsche, Erinnerungen und Nostalgie).

SIEBEN KELCHE

(VERDERBNIS) la depravación
Die Wasser der Täuschung

Trieb Rausch, Sehnsucht, Wirklichkeitsflucht.
Ziel Auflösung, Betäubung (»die Suche nach dem Goldtopf am Ende des Regenbogens«).

Licht Warnung vor trügerischen Hoffnungen und falschen Versprechungen.
Schatten Lust, Sucht (das Abgleiten in den Sumpf falschen Vergnügens), Lüge und Irrtum.
Qualität Die verführerische Süße vergänglicher Freude.

Auf der Karte haben sich die Lotusblüten (Sechs Kelche) in Tiger-Lilien verwandelt und verseuchen die See mit ihrem giftigen Nektar (Crowley spricht von einem *malariaverseuchten Morast).* Damit repräsentiert die Sieben die Schwäche aus Mangel an Gleichgewicht, die eine auflösende, von innen nach außen fließende Verderbnis bewirkt, was Crowley *äußeren Glanz und innere Fäulnis* nennt. Er schreibt: *Diese Karte repräsentiert den Wahn des Delirium Tremens und der Drogensucht, sie stellt das Versinken in den Schlamm von trügerischen Freuden dar. Sie ist besonders übel, weil es nichts gibt, um sie auszugleichen.*

Energetisch verkörpert sie das unbewußte Sehnen, wieder zum Säugling zu werden, oder das infantile Streben nach dem Eintauchen in die Tiefensümpfe. Das Streben des Menschen nach den Urgründen entspricht der Sehnsucht nach grenzenloser Wonne, wie sie das Neugeborene in den Armen der Mutter empfing. Wenn diese Sehnsucht, statt zur Weiterentwicklung zu inspirieren, zum Rückfall in kindliche Verhaltensweisen und Vorstellungen führt, entspricht das den vergifteten Wassern, die alles zu verschlingen drohen, was nicht wirklich geerdet ist.

Auf der inneren Ebene führt uns diese Karte die Gefahren vor Augen, die in einer leichtfertigen oder falsch verstandenen Auseinandersetzung mit den Kräften des Unbewußten lauern. Der sogenannte bewußtseinserweiternde Rausch ist oft nicht mehr als eine ängstliche, lebensvermeidende Weltflucht, die sogenannte Suche nach transzendenter Erfahrung oder das Ergründen der Tiefe unserer Träume nur ein wirklichkeitsfeindliches Ausweichen in eine trügerische Scheinwelt.

Im beruflichen Umfeld führt uns diese Sieben vor Augen, daß wir Luftschlösser bauen, Illusionen nachlaufen und in eine gefährliche Phase schwärmerischer Täuschung und unkritischer Verführbarkeit geraten, wenn wir nicht beginnen, die Dinge zu sehen, wie sie sind, unsere Erwartungen herabzuschrauben und uns auf das Machbare zu beschränken. Die Karte ist Ausdruck von Scheingeschäften, trügerischen Zielen und in manchen Fällen eine Warnung vor unsauberen Machenschaften und unlauterem Verhalten.

Im Bereich der Liebe steht sie für trügerische Gefühle, Schwärmerei und leidenschaftliche Verstrickungen, deren Lösung ein schmerzvoller, ernüchternder Prozeß ist. Sie sagt nicht, daß die von ihr gekennzeichnete Beziehung von vorneherein zum Scheitern verurteilt ist, wohl aber, daß es höchste Zeit ist, eine vergiftete Atmosphäre zu verlassen, zur Aufrichtigkeit zu kommen und eine stabile emotionale Basis zu schaffen.

Astrologie Venus in Skorpion.
Lebensbaum Netzach (Zersetzung) durch Wasser: »Delirium tremens« oder die zerfließende Wirklichkeit.
I Ging 29 Kan – »Das Abgründige«.
Analogien Circe, Sirenen, Loreley oder die Büchse der Pandora.
Bilder Der vergiftete Apfel, Klingsors Zaubergarten, das Irrlicht oder die böse Fee.
Stichworte Tagträume, Luftschlösser, Weltflucht.

ACHT KELCHE

(TRÄGHEIT) la indolencia
Die Wasser der Resignation

Trieb	Entsagung, Verzicht, Schicksalsergebenheit.
Ziel	Sinn- und Bedeutungsfindung in der Tiefe der Abgeschiedenheit (Verinnerlichung).
Licht	Aufgabe der Kontrolle (»Loslassen!«), Transformation.
Schatten	Depression, Suizid, Selbstmitleid.
Qualität	Aufhebung der Werte; Zerstörung der Form.

Die träge Acht zeigt als Resultat der giftigen Sieben (»malariaverseuchter Morast«) einen vermoderten See, dessen letztes Wasser in den Schlammlöchern verfault. Durch die Luft zieht der Geruch von Fiebersümpfen, in denen ansteckende Viren lauern; giftige Dünste steigen zum Himmel auf, und am Horizont dämmert ein bleiches, schwefliges Licht. Der Lotus ist welk, es sind nur noch zwei Blüten zu sehen, die sich über Kelche neigen, deren Ränder Sprünge zeigen und deren Henkel zerbrochen sind. Zwar strömt noch Wasser in die Schalen und fließt von dort nach unten ab, doch das Ackerland hat sich längst in eine Kloake verwandelt, und das frische Wasser wird vom Morast aufgesaugt.

Energetisch befinden wir uns in der dunklen Nacht der Seele, in der nicht das kleinste Zeichen darauf hindeutet, daß irgendwann ein neuer Morgen dämmert. Das entspricht der Ausweglosigkeit der Lage, dem Ende eines Abnützungskampfes, wenn man an der Übermacht der anderen zerbricht. Die Krise ist der wahre Hauptdarsteller dieser Karte, die auf völliges Scheitern ausgerichtet ist. Erst aus diesem Mißlingen kann die Einsicht erwachsen, das persönliche Ego zurückzunehmen und sich in der Heiterkeit des »Geschehenlassen-Könnens« neu zu finden.

Innerlich warnt uns das Bild vor den faulen Sümpfen, denen wir uns nähern oder in denen wir uns bereits verlaufen haben. Es zeigt, daß unsere Sicht der Welt, unsere Lebenseinstellung modrig geworden ist und dringend neuen Wassers bedarf. Sei es, daß wir an selbstgefälliger Trägheit zu verderben drohen oder uns in ein gefährliches Sektierertum verrannt haben: Die Umkehr ist dringend geboten.

Auf der beruflichen Ebene zeigt die Acht, daß wir uns in einem Sumpf befinden, der im Inneren wie im Äußeren liegen kann. Entweder arbeiten wir am bereits Verdorbenen, oder aber unsere innere Einstellung zu unserem Tun ist verdorben. Insofern ist die Karte häufig Vorbote einer notwendigen beruflichen Veränderung und beschreibt den Abschied vom Arbeitsplatz. Zwar kann sie auch für weniger weitreichende Veränderungen stehen, bedeutet aber in jedem Fall, daß es dringend eines frischen Windes bedarf, der die verpestete Luft vertreibt.

Im Bereich unserer persönlichen Beziehungen warnt uns diese Karte davor, im Morast verdorbener, falscher und giftig gewordener Gefühle zu ersticken. Sie zeigt, daß eine vielleicht zuvor lebendige Beziehung sich in eine abgestandene Kloake verwandelt hat, oder sie warnt vor einem solchen Niedergang. Sie weist darauf hin, wie dringend notwendig es geworden ist, tödliche Routine und innere Faulheit zu überwinden, um neuen Schwung in die Beziehung zu bringen.

Astrologie Saturn in Fische.
Lebensbaum Hod (Struktur) durch Wasser: Das Zerbrechen der Hoffnung (Die Phase des Untergangs).
I Ging 36 Ming I – »Die Verfinsterung des Lichts.«
Analogie Der Untergang von Sodom und Gomorrha.
Bilder Die Gaskammern in den Konzentrationslagern oder der Atombombenabwurf auf Hiroshima.
Stichworte Schwermut und Trübsinn, Verseuchung, Sumpf, Stau oder Quälerei.

NEUN KELCHE

(FREUDE) la alegria

Die Wasser des Glaubens und der Liebe zu Gott

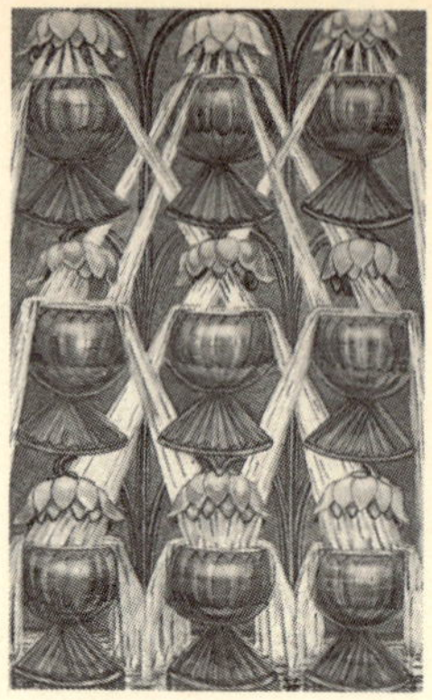

Trieb Die alles öffnende Liebe: Optimismus und Vertrauen in die Zukunft; Suche nach Erfüllung im höheren Lebenssinn.

Ziel Das Ideal der Selbstlosigkeit: Buddhaschaft, Erlösung (Gral) oder Einswerden mit Gott.

Licht Wohltätigkeit, inneres und äußeres Glück.

Schatten Selbstgefälligkeit, Eitelkeit, Dünkel.

Qualität Das innere Bekenntnis zur Liebe; Zufriedenheit und große Lebensfreude.

Auf dem Bild erkennen wir neun Kelche, alle bis zum Überfließen gefüllt. Über jedem Kelch hängt eine Blüte, aus der sich Wasser in den Kelch ergießt. Die neunte Karte, die mit Yesod im Wasser korrespondiert, stellt die in der siebten (Netzach) und achten Karte (Hod) verlorengegangene Stabilität wieder her. Die Kelche sind nun gleichmäßig zu einem Rechteck angeordnet, und Jupiter in Fische ist Ausdruck spiritueller Liebe und männlicher Hingabe an die weiblichen Gefühle. Crowley schreibt: *Es handelt sich hier um die vollendetste und wohltätigste Erscheinungsform der Kraft des Wassers. Der Wein wird durch Ganymed selbst ausgeschenkt, unbegrenzter Wein vom echten Nektar der Götter, übervoll und überfließend, ein wohlgeordnetes Fest der Freude, sich selbst erfüllende wahre Weisheit in vollkommener Glückseligkeit.*

Energetisch ist dies die Karte der höchsten Liebe, der Liebe zu Gott, und höchste Ausdrucksform eines tiefen und unerschütterlichen Glaubens an die Schöpfung. Das Meer, in dem sich alle Formen vereinigen und wieder auflösen, in dem alle Farben zerfließen und alles uneindeutig und verschwommen ist, symbolisiert die unergründlichen Tiefen des Verlangens und der Sehnsucht, die sich erst zaghaft in den Träumen melden und, während sie langsam ins Bewußtsein vordringen, die inneren Quellen zum Überfließen bringen.

Auf der inneren Ebene symbolisiert sie den Menschen, der sein tiefstes Sehnen auf ein höheres Ziel ausrichtet. Statt sich in unrealisierbare Wünsche und überschäumende Gefühle hineinzusteigern oder ängstliche Weltflucht zu betreiben, ist diese Karte Ausdruck für den echten Mystiker, der inständig um seine Erlösung ringt und, wie Jakob, sagt: *Ich lasse Dich nicht, Du segnest mich denn.*

Im beruflichen Erleben drückt die Neun der Kelche eine Zeit großer Zufriedenheit aus, in der es uns manchmal so scheint, als würde Fortuna jeden Tag ein neues Füllhorn über uns ausgießen. Die Arbeit macht Spaß, und wo immer Kontakte zu knüpfen oder zu pflegen sind, stoßen wir auf Sympathie, ein warmes Echo und auf Erfolg.

In unseren persönlichen Beziehungen weist diese Karte auf eine glückliche Zeit tiefen Genießens hin. In Überfluß und Fülle erleben wir, wie sich über bestehende Verbindungen eine neue Woge warmer Gefühle ergießt, wir uns aber auch neuen Kontakten öffnen können und so eine Zeit erleben, die uns sinnlich und geistig zutiefst befriedigt. Auf der höchsten Ebene bedeutet diese Karte, daß in einer liebevollen Begegnung (wie zwischen Amor und Psyche) der Weg zum göttlichen Wesen liegt.

Astrologie Jupiter in Fische.

Lebensbaum Yesod (Reflektion) durch Wasser: Die seelische Tiefe oder das innere Licht.

I Ging 55 Fong – »Die Fülle«.

Analogien Amor führt Psyche zur Schau des absolut Schönen.

Bild Eucharistie (das Dankgebet des Abendmahls).

Stichworte Liebe, Freude, Glück und Erfüllung.

ZEHN KELCHE

(SATTHEIT) satisfecho

Die Wasser der Vollendung und der inneren Erfüllung

Trieb Suche nach dem Weg zur inneren Vollendung.
Ziel Seelische Erfüllung in geistigen Idealen.

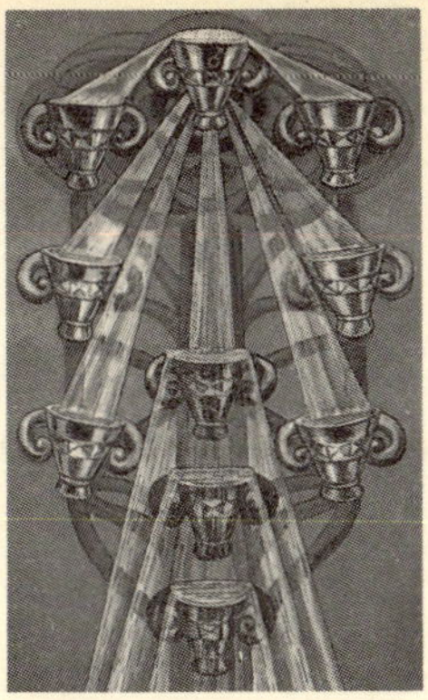

Licht Optimismus, Selbstbewußtsein, Herzenswärme.
Schatten Sentimentalität, Pathos, innere Leere.
Qualität Die Sehnsucht nach dem Ewigen und das langsame Aufdämmern des Endes; die Kraft, den Höhepunkt zu genießen und loszulassen.

AUF DER KARTE sind die zehn Kelche in Form eines Lebensbaumes angeordnet. Die Stärke der Neun hat sich nicht verflüchtigt, und der »Baum des Lebens« (Lotuspflanze), an dem die Kelche wie Christbaumkugeln hängen, zeugt von der geistigen Verwurzelung im Leben, der inneren Erfüllung oder der milden Dämmerung der Abendröte. In der Zehn ist die Arbeit der Seele vollendet, die größtmögliche Ausformung der in der Kraft der Gefühle ruhenden Möglichkeiten (As der Kelche) erreicht. Nun lösen sich die erreichten Grenzen wieder zum Unfaßbaren hin auf (wir sehen das an der Instabilität der Kelche), und aus der verfestigenden Erde (Malkuth) fließen die Gefühle (mittlere Säule) wieder in den grenzenlosen »Ozean der Liebe« (Kether) zurück.

ENERGETISCH stellt diese Karte das Ende und die Erfüllung der seelischen Entwicklung dar, die im triebhaften, ich-orientierten Widder (Mars) ihren Anfang nahm und in den »Schleiern der Erkenntnis« (Fische) kulminiert. Da aber der Fische-Archetyp in seiner letztendlichen Erkenntnis auch den Nährboden für einen neuen Zyklus stellt, ist das Ende (Fische) auch gleichzeitig der Ur-Anfang (Mars in Fische), getrennt nur durch eine Stufe in der Spirale des Ewigen. Namenlose Freude oder beziehungsloses Unverständnis – auf der Skala des Lebens sind sie eins!

IM SEELISCHEN ERLEBEN ist es die Sehnsucht nach Unendlichkeit, die uns beschäftigt, die Verschmelzung mit Gott und die Suche nach der inneren Wahrheit. Die Jagd nach äußeren Werten füllt uns nicht länger aus, denn zu oft haben wir erfahren, daß wir nur wollen, was wir nicht bekommen können, und daß wir mit dem, was wir bekommen, nicht glücklich werden. Wenn wir nun erkennen, daß unsere tiefste Sehnsucht sich auf Erden nicht erfüllen kann, eröffnet sich uns die Einsicht, daß in dieser Sehnsucht die Kraft liegt, die über uns selbst hinaus zum Göttlichen führt. Zuvor aber gilt es, das Ichbewußtsein zu stärken. Denn wenn wir uns dem Unbewußten (Fische) öffnen, ohne vorher unser Ego (Mars) durch strukturierte Grenzen (Saturn) gegen das Grenzenlose hin abgesichert zu haben, begeben wir uns in Gefahr, verschlungen zu werden.

AUF DER ÄUSSEREN EBENE bedeutet diese Karte, daß wir eine gute Zeit erleben, daß aber der Höhepunkt dieser Erfahrung schon überschritten ist und die Entwicklung keine Steigerung mehr zuläßt. Damit ist sie eine erste Aufforderung, sich mit allen Gefühlen der Dankbarkeit innerlich bereits auf den bevorstehenden Abschied einzustellen und sich nach und nach neuen Aufgaben zu öffnen.

IM BEREICH DER LIEBE zeigt die Zehn der Kelche, daß sich bei allem scheinbaren äußeren Frieden eine innere Kraft aufbaut, die eine neue Intensität entfesselt. Crowley schreibt: *Das Wasserzeichen (Fische) ist in einen stagnierenden Traum versunken, doch in ihm brütet die hitzige Qualität des Mars, um es in Fäulnis zu bringen.* Daraus kann sich sowohl Unruhe wie neuer Schwung in einer bestehenden Verbindung ergeben oder der Ausbruch aus einer zu harmlos und bedeutungslos gewordenen Partnerschaft. In jedem Fall zeigt diese Karte das Ende des Dornröschenschlafes.

Astrologie Mars in Fische.
Lebensbaum Malkuth (Urgrund) durch Wasser: Die Frucht der Liebe oder die immer wieder aufgehende Saat.
I Ging 63 Gi Dsi – »Nach der Vollendung«.
Analogie Die Hochblüte mit dem sich ankündigenden Verfall von Atlantis.
Bilder Die Sonne, die den Zenit überschritten hat. Oder: Der wieder entschwindende, ewig leuchtende, doch im Leben unerreichbare Gral.
Stichworte Erfüllung, Vollendung, (nachlassende) Hochgefühle.

PRINZESSIN DER KELCHE

Die Tochter der Wasserfluten

la princesa de las copas

Trieb Sehnsucht nach Vereinigung mit dem Kosmos (göttliche Vereinigung mit dem anderen; Transzendierung sexueller Zwänge).

Ziel Erschließung der inneren Welten; furchtloses Eintauchen in die Tiefen der Seele.

Licht Ästhetik, Fantasie, Intuition, Medialität, Poesie, Sanftheit, Sensibilität.

Schatten Liebesmißbrauch, Täuschung, Verführungszauber, Seifenblasen.

Qualität Die geheimnisvolle, unergründliche Tiefe und die beflügelnde Sehnsucht unserer Gefühls- und Traumwelt.

Analyse und Beschreibung

Das Bild

Vor unserem Auge bildet sich eine bezaubernde, tanzende Gestalt in einem sehr transparenten, kühlen Licht heraus. Sie ist aus den Tiefen der Wasserfluten emporgestiegen, um den Archetypus der tiefsten Sehnsucht in die Welt zu tragen, der sich im unwiderstehlichen Entzücken ihrer Schönheit und zugleich in der Wehmut ihrer letztlichen Unerreichbarkeit widerspiegelt (vgl. Mythos). Wir finden die Prinzessin in ein fließendes, wehendes Gewand gehüllt, an dessen Säumen sich Kristalle bilden. Sie ist die Tochter der inneren Welt, die den Schritt in die äußere Materialisation darstellt (Erde im Element Wasser). Sie tanzt auf dem schäumenden Meer der Gefühle und Empfindungen, in dem sich ein Delphin als Symbol unserer Wahrnehmungs- und Empfindungswelt vergnügt, und ein Schwan mit ausgebreiteten Flügeln erhebt sich über ihrem Kopf (Krone) als Zeichen der Erneuerung und Wiedergeburt. Die Schildkröte in ihrer Rechten ist eine Verkörperung der geschützten Innenwelt, die im Begriff steht, sich vorsichtig nach außen zu öffnen. Die Prinzessin versinnbildlicht die Erschließung der inneren Bilder und das tiefe Eintauchen in die unbewußten Bereiche des Selbst. Es ist, als ob sie sich selbst in die Quelle zurückverwandelt hätte, in deren Spiegelung alle Menschen ihrem Seelenbild begegnen, dabei ist sie in ihrem Inneren flüchtig und ungreifbar; sie ist die Verführung und gleichzeitig die Kraft, die der Verführung widersteht. Ähnliches wird durch die Lotusblüte in ihrer Linken bebildert, denn diese ist nicht das Symbol der körperlichen Liebe, sondern das der göttlichen Vereinigung mit dem Selbst, wo die körperliche Sehnsucht in die Freude der Erfahrung tiefer Entspannung und medialen Bewußtseins mündet.

Der Mythos

In der Prinzessin der Kelche begegnen wir Undine, dem weiblichen Wassergeist, die ihre unsterbliche Seele erst dann erhält, wenn sie unter den Menschen ein Opfer (Gatten) gefunden hat. Auf der allegorischen Ebene entspricht sie der lieblichen Verführerin, die aber weniger für Liebe, sondern mehr für die unerlösten Sehnsüchte in uns selber steht, und die uns wieder zu den Urquellen hinunterziehen will. Psychologisch betrachtet verkörpert sie das unberührbare Kind, das Männer verführt (in die Tiefe lockt), aber nicht, weil es ihnen schaden will, sondern weil es aus seiner inneren Arglosigkeit nicht sieht, was es gefühlsmäßig im anderen auslöst. Die Prinzessin verkörpert den Archetypus der Jungfrau, die sich allen öffnet und doch allen widersteht.

Deutungen

Diese Karte kann für eine Person, ganz gleich in welchem Lebensbereich, stehen, aber ebensogut für eine Erfahrung im jeweiligen Fragebereich.

Als Person

Die Karte personifiziert eine sensible, schillernde junge Frau, die uns emotional anspricht, einen sanften, weichen, femininen Mann, der unsere Gefühle entzündet, ein mediales Wesen mit hohen Idealen und großem Einfühlungsvermögen, das uns entflammt, oder ein liebes, empfindsames Kind, das uns berührt und unsere inneren Herzensströme wie die Frühlingsgewässer nach dem kalten Winter wieder zum Fließen bringt.

Allgemein

Die Tochter der Fluten repräsentiert das Bild der Seele, die vertrieben von den Gestaden des Alltags in den Gewässern des Unbewußten träumt. Sie ist nicht ohne weiteres bereit, den Alltag anzunehmen, schon weil sie nicht bereit sein dürfte, ihre Träume als weltfremd oder exotisch zu bezeichnen, denn sie spürt in ihnen die zeitlose Wahrheit, die aus den verborgensten Schichten des Unbewußten aufsteigt. Damit steht diese Karte für Phasen romantischer Träume, grenzenloser Sehnsucht und tiefer Gefühle, aber auch für Zeiten, in denen wir eine musische Begabung entdecken und entfalten können.

Bewußtsein

Zwar kann diese Karte auf negative Art das ausdrücken, was wir mit Weltflucht, Spinnerei und Selbstbetrug beschreiben, andererseits sind selbst diese negativen Auswirkungen ein Anzeichen dafür, daß der Mensch beginnt, sich von der Ausrichtung auf materielle Dinge abzukehren und auf seine inneren Regungen zu hören, auch wenn er sie meistens noch falsch interpretiert.

Beruf

Die geheimnisvolle Nymphe verkörpert die Ausweitung des seelischen Empfindens, welches neue Perspektiven in die Arbeitswelt einbringt. Der »Lotus des Flutenpalastes« ist so etwas wie ein Seismograph, der die erste Regung einer Veränderung schon registriert, lange bevor diese im Leben wirksam wird. Im persönlichen Erleben bedeutet diese Karte, daß wir neue Impulse bekommen, die uns in unserer Situation weiterhelfen. Im Sinne des durch die Kelche symbolisierten Wasserelements kann es sich auch um einen weisen Rat oder um eine mediale Botschaft handeln.

Beziehung

In unseren partnerschaftlichen Verbindungen ist diese Prinzessin ein Hinweis, daß auf der Gefühlsebene bald etwas Neues entstehen wird. Sie kann die erste warme Brise nach einer Zeit von Streit und Kälte sein oder ein Impuls, der unser Herz wissen läßt, daß es wieder an der Zeit ist, die Liebe neu zu entdecken.

Astrologie Venus in den Wasserzeichen oder Wasserhäusern.

Element Erde im Element Wasser.

I Ging 44 Gou – »Die Berührung« (Das Entgegenkommen); 57 Sun – »Das Eindringliche« (Das Sanfte).

Person Eine bezaubernde, irisierende, sich immer wieder entziehende, seelisch ungreifbare junge Frau.

Analogien Wassernixen, Quellnymphen, Nereiden, Totenseelen.

Kraftort »Die 7 Jungfrauen«, Quarzklippen im Rhein (gegenüber der Loreley), nur bei Niedrigwasser sichtbar.

Kraftfarben Algengrün, Meerschaumweiß.

Kraftstein Aquamarin.

Räucherwerk Benzoe; Huele de Noche (Mexiko).

PRINZ DER KELCHE

Der Sohn der Transformation

el principe de las copas

Trieb Selbstaufopferung und Hingabe.

Ziel Verbindung mit dem höheren Selbst (Kreuzigung = »Rückkehr zum Vater«).

Licht Liebe, Mitgefühl, Herzlichkeit, Wärme.

Schatten Selbstsucht, Empfindungslosigkeit, Naivität.

Qualität Brücke zwischen Gefühl und Geist.

Analyse und Beschreibung

Das Bild

Wir sehen einen nackten Krieger, der mit geflügeltem Helm auf einem von einem Adler gezogenen Wagen sitzt. Der Adler, der die Erhöhung über den festen Zustand der Materie repräsentiert, wurde hier an den Platz des das Wasserelement vertretenden Skorpions gestellt (der erlöste Skorpion steigt als Adler über alles Irdische auf). Nach Crowley erläutert diese Karte die Idee der Putrefaktion (faulige Gärung), die auf dem Bild indirekt dargestellt wird durch das stillstehende Wasser eines Teiches, in das ein schwerer Regen fällt. Der Adler ist Symbol des höheren Willens oder jener Instanz, die unser Ziel kennt; er ist der in die Zeitlosigkeit hineinreichende Teil in uns, der uns unbewußt führt. Indem er eine Brücke zwischen Mutter (Wasser) und Vater (Himmel) schlägt, ist der Prinz der Strom, der den Abwärtssog, der von der Tiefe ausgeht, zu seinem Vorteil wenden kann. Indem er den regressiven Inzest (Verlangen nach der Mutter) in einen Akt der Verwandlung und Erneuerung (Schlange) transformiert, kann er die Urenergien (Adam und Eva) wieder verbinden. Der Lotus, der mit dem Kopf nach unten hängt, zeigt, daß dieser Schritt noch nicht vollzogen ist. Wäre er in voller Pracht nach oben erblüht, würde er die Kraft verkörpern, die die dunkle, schlammige Tiefe mit der Schönheit lichter Höhe verbindet. Der Prinz hat sich mit dem Weiblichen (in sich) noch nicht versöhnt; noch ist er von den sexuellen Lockrufen der Sirenen (Kelch-Prinzessin) besessen, die für die unerlösten Sehnsüchte stehen und ihn wieder zu den Urquellen hinunterziehen wollen; gleichzeitig ist er schon auf dem Weg zum Großen Geist, denn der »höhere Wille« (Adler) zieht den muschelförmigen Wagen (»das Ewigweibliche«) erlöst oder unerlöst aus den »Wassern des Unbewußten« in den »Himmel des Erkennens« hinauf (Luft in Verbindung mit Wasser).

Der Mythos

Der Prinz der Kelche zeigt uns nicht den vollkommenen, sondern den leidenden, sich opfernden Mann, der durch sein Opfer zum (un)wissenden Erlöser wird. Das entspricht dem Mythos vom Gralsritter Lohengrin, Sohn des Parzival. Er kämpft für Elsa von Brabant, muß sie aber nach der Hochzeit wieder verlassen, da sie ihn trotz strikten Verbotes nach seiner Herkunft fragt. Lohengrin, ein Gesandter der Gralsburg, deren Ritter stets helfend eingreifen, die aber nur, solange sie unerkannt bleiben, ihre guten Werke zu Ende führen können, entspricht auf der höchsten Skorpion-Ebene der Entsagung oder der »einzig erlösenden Verneinung des Egos«. Das entspricht der Überwindung der eigensinnigen Autorität des Ichs und der Bereitschaft, sich von einer höheren Kraft führen zu lassen. Die tiefgreifende Charakterentwicklung des Prinzen, die ihren Gipfel in der Erlösung findet, ist das Ziel der vom Skorpion symbolisierten Kraft der Transformation[1].

Deutungen

Diese Karte kann für eine Person, ganz gleich in welchem Lebensbereich, stehen, aber ebensogut für eine Erfahrung im jeweiligen Fragebereich.

Als Person

Hier begegnen wir dem Herzensritter, dem romantischen Geist, dem einfühlsamen Helden, Beschützer der Liebe und Bewahrer hoher Ideale ebenso wie dem schwindelnden Hochstapler und betrügerischen Verführer, kurz: dem einfühlsamen, herzlichen, zärtlichen, möglicherweise aber auch falschen und treulosen jungen Mann. Falls durch diese Karte eine Frau verkörpert wird, entspricht diese Beschreibung ihrem männlichen Wesensanteil (Animus).

1 Siehe dazu auch Ritter der Kelche auf S. 158, wo Parzival durch Liebesverzicht den heiligen Speer als Symbol der verlorenen Libido zurückerobert und ihn in den Akt des Glaubens und die Kraft des Geistes einbindet.

Allgemein

Der geflügelte Prinz, der in einem muschelförmigen, von einem Adler gezogenen Wagen steht, dessen Emblem auch seine Kopfbedeckung krönt, repräsentiert den luftigen Bereich des Wassers, wohin sein Geist sich aufschwingt, um die Gefühle der Tiefe mit den Höhen der Erkenntnis zu verbinden. So betrachtet zeigt er eine Entwicklungsphase, in der wir uns den Anforderungen des Lebens stellen (kein Zurücksinken in die Wassertiefen) und dennoch mit unseren Gefühlen in Verbindung bleiben (keine bloßen intellektuellen Höhenflüge betreiben).

Bewußtsein

In Zeiten, die von dieser Karte gekennzeichnet sind, geht es darum, unsere tiefen Gefühle (Wasser) zu erkennen, zu formulieren und durch Worte (Luft) zum Ausdruck zu bringen. Damit kann sowohl ein inneres Suchen angezeigt sein wie auch der Ausdruck unserer Gefühle in einem Gedicht, einem Brief oder einfach durch ein Wort.

Beruf

Auf der beruflichen Ebene steht diese Karte für eine Person, die Intuition (Wasser) und Erkennen (Luft) wirksam miteinander verbindet und damit nicht nur neue Möglichkeiten ausmacht, sondern auch über Wissen und Geschick verfügt, sie zu verwirklichen. Sie kann auch einen Menschen darstellen, der bereit ist, sich sozial zu engagieren.

Beziehung

Der Prinz der Kelche verleiht grenzenlose Fantasie, die in allen Bereichen emotionaler Bindung ihren Niederschlag findet. Unter seinem Einfluß reagieren wir in unserem Gefühlsleben sehr sensibel und neigen zu schwärmerischer Ekstase. Damit stehen romantische Zeiten bevor, in denen wir in warmen Gefühlen baden und denen wir in fantasievollster Weise Gestalt verleihen können: durch eine liebevolle Geste, einen geheimnisvollen Brief, eine ungewöhnliche Einladung oder ein sehr persönliches Geschenk.

Astrologie 21° Waage bis 20° Skorpion.

Element Die Luftseite des Wassers.

I Ging 49 Go – »Die Umwälzung« (Die Wandlung); 61 Dschung Fu – »Innere Wahrheit«.

Person Ein charismatischer, undurchsichtiger und tiefgründiger junger Mann.

Analogien Gralsritter oder andere Erlöser; Psyches Erlösung durch Amor und ihre Aufnahme in den Olymp.

Kraftort Das Assisi des heiligen Franziskus.

Kraftfarbe Blauviolett.

Kraftsteine Lapislazuli; Amethyst.

Räucherwerk Lotus.

KÖNIGIN DER KELCHE

Die Mutter der Quellen und der inneren Mysterien

la reina de las copas

Trieb Entgrenzung zwischen Traum und Wirklichkeit (der Drang nach Grenzüberschreitung und Grenzauflösung).

Ziel Mediales Wissen, innere Weisheit (»Aufgehen im Nichts«).

Licht Einfühlungsvermögen, Erlebnistiefe (visionäres Sehen, inneres Licht).

Schatten Diffusität, Versponnenheit, Irrationalität.

Qualität Die Weisheit des Weiblichen (der Ozean des kollektiven Unbewußten).

Analyse und Beschreibung

Das Bild

Auf der Karte sehen wir eine geheimnisvolle Gestalt auf dem Wasser sitzen, in ein sphärisches blaues Licht getaucht, das in elliptischen Bögen aus dem Urgrund aufsteigt, sich im Scheitelzentrum spiralförmig verdichtet und den Kopf proportional zum Ganzen merkwürdig klein erscheinen läßt. Dieser ist hinter den astralen Schleiern nur vernebelt sichtbar. Wir sollten ihn weniger mit dem äußeren Blick ertasten als vielmehr mit dem inneren Auge erahnen, denn er ruht in jenen Mysterien, die sich hinter den Erscheinungen der äußeren Welt verbergen. Der ruhige See ist ein Symbol des Unbewußten, und im Spiegel der Wasseroberfläche erkennen wir nicht nur die kollektiven Träume, die aus dem Unbewußten aufsteigen, sondern auch das gespiegelte Kraftfeld um den Kopf der Frau. Sie ist die Orakelfee, die in steter Verbindung mit den inneren Bildern lebt, um sich so aus der eigenen Tiefe inspirieren und führen zu lassen. Der Reiher zu ihrer Rechten ist ein Symbol für Wachsamkeit und Besonnenheit. Ähnlich dem Storch und dem Kranich wird er dem Sonnenprinzip zugeordnet, da er aber in der Wasserwelt zu Hause ist, ist er zugleich auch ein Vertreter des Mondprinzips. Indem er so Tag und Nacht in sich verbindet, ist er ein Sinnbild für die Wiedergeburt. Muschel und Kelch – hier der Muschelkelch – verkörpern das weibliche, feuchte Prinzip, den nährenden Mutterboden. Schon bei den Kelten waren Muschelschalen beliebte Grabbeilagen, weil ihre Ähnlichkeit mit der Vulva sie zum Zeichen der Wiedergeburt werden ließ. Der Krebs, der diesem Muschelkelch entsteigt, ist astrologisch dem Mond zugeordnet und so seinerseits ein Ausdruck des urweiblichen, mütterlichen Prinzips. Die Lotusblüten stehen hier wiederum für die Schönheit, die aus dem schlammigen Urgrund emporsteigt und sich dem Licht öffnet.

Der Mythos

So wie wir in der Tochter der Kelche Undine, die individuelle, aber unerreichbare Anima des Mannes sehen, erkennen wir in der Königin oder Mutter die »anima mundi«, die Seele (Anima) der Welt. Sie ist die Herrscherin über unsere unbewußten Seelenkräfte, die gute Fee und weise Zauberin in uns, die hellsichtige Deuterin unserer Träume und die die Nebel durchdringende Seherin. Im Mythos wird sie auch als Erda, Urmutter oder Ur-Wala beschrieben, wobei hier die Betonung weniger auf der Mütterlichkeit der Natur (Erde) als vielmehr auf ihrer instinktiven inneren Weisheit (Wasser) liegt. Sie wird als die Dunkle, Geheimnisvolle beschrieben, weil die Quellen ihrer Weisheit im Verborgenen fließen und sich dem Zugriff wissenschaftlicher Vernunft dauerhaft entziehen. Sie ist die ewig Rätselhafte, die ihr Wissen nur in dunklen Bildern und Orakelsprüchen preisgibt, wie es von der Sphinx, der Seherin Kassandra, der Pythia und den Sibyllen bis zu den drei Hexen in »Macbeth« bekannt ist.

Deutungen

Diese Karte kann für eine Person, ganz gleich in welchem Lebensbereich, stehen, aber ebensogut für eine Erfahrung im jeweiligen Fragebereich.

Als Person

Als Person zeigt diese Karte die liebevolle Gefährtin, die gütige Frau, die Künstlerin, das Medium, die Heilerin, die emotionale Mutter oder die unergründliche, hypnotische Zauberin, die als verführerische Circe in unser Leben tritt und in unseren Gefühlen verborgene Tiefen aufbricht, die uns gleichermaßen faszinieren wie seelisch verwirren.

Allgemein

Die Mutter der Kelche verkörpert die weibliche Seite des Wasserelements und steht für Feingefühl, Einfühlungsvermögen, Medialität und Bereitschaft zur überpersönlichen Hingabe. Sie ist Ausdruck helfender, heilender Kräfte wie auch der inneren Schau und zeigt, daß wir uns den Bildern des Unbewußten öffnen, unseren Wünschen und Ahnungen nachgehen, aber auch unseren Alpträumen und Ängsten. Sie deutet auf inneres Finden hin und steht für tiefe Gefühle und visionäre Erfahrungen. Sie kann Quelle steter Inspiration sein, die vor allem für unser künstlerisches Schaffen zum Segen wird und uns in andere Welten versetzt; sie kann aber auch Hinweis dafür sein, daß wir uns auf dem Weg der Ganzwerdung unserer dunklen Seite nähern oder einem dunklen Hinweis aus den Tiefen des Unbewußten folgen, ohne den Grund zu kennen.

Bewußtsein

Die Kelch-Königin ist die Karte der Wasserfee, die einerseits Schwindel und Verwirrung beschreiben kann, andererseits aber den Weg zu den Wurzeln zeigt, der zu den Geistern der Tiefe und zu den Quellen der Träume unter die Schwellen des Bewußten hinabführt. Der Gang durch diese Wasser läutert und verfeinert die Seele und fördert damit mediale Begabungen, Instinktsicherheit und Feingespür in allen Lebenslagen.

Beruf

Im äußeren Leben bedeutet diese Karte, daß wir uns in einer stillen, abwartenden Phase befinden, in der wir nach innen lauschen, um Klarheit über unsere weiteren beruflichen Wünsche und Pläne zu erhalten. Oder daß wir unsere Medialität zum Beruf werden lassen in den Bereichen der Esoterik, des Okkulten, des Helfens und Heilens.

Beziehungen

Im Bereich von Liebe und Partnerschaft steht die Mutter und Königin für eine Zeit feinfühliger und liebevoller Nähe, anschmiegsamer Hingabebereitschaft und des miteinander Versponnenseins. Menschen unter ihrem Signum fühlen sich stark zu allem Mystischen hingezogen und spüren eine nahezu unstillbare Sehnsucht nach Verschmelzung und Einswerden mit dem anderen. Darin liegt aber auch die Gefahr, sich in unerfüllbaren Wunschbildern zu verlieren. Statt spirituellen Wachstums würde das aber nur wiederholtes Leiden bedeuten, weil jeder (!) Partner an übermenschlichen Erwartungen letztlich scheitern muß.

Astrologie 21° Zwilling bis 20° Krebs.
Element Der wäßrige Bereich des Wassers.
I Ging 2 Kun – »Das Empfangende«.
Person Eine tieffühlende und unergründliche, manchmal auch verwirrende Frau.
Analogien Die weisen Frauen des Altertums (Moiren, Parzen, Nornen) oder der Jungfrau-Mutter-Archetyp des Mittelalters.
Kraftorte Avalon als spirituelles Zentrum weiser Frauen, oder die Erscheinungsorte der heiligen Jungfrau, Lourdes und Fatima.
Kraftfarben Milchiges Grün, schleierndes Blau.
Kraftsteine Jade, Smaragd und Wasseropal.
Räucherwerk Amber; Opium.

RITTER
DER KELCHE

Der Vater der Gnade und der inneren Erleuchtung

caballero de las copas

Trieb Selbstaufopferung bzw. Triebverzicht (Lösung von der Mutter, Verlangen nach Erlösung aus erotischer Schuldverstrickung).

Ziel Selbsterlösung durch Verzicht.

Licht Einfühlungsvermögen, Mitleid, Hilfsbereitschaft, Fürsorglichkeit, Weisheit.

Schatten Verführbarkeit, Falschheit, Haltlosigkeit, Helfersyndrom.

Qualität »Unio Mystica« (die geheimnisvolle Vereinigung der Seele mit Gott).

Analyse und Beschreibung

Das Bild

Der Ritter der Kelche verkörpert als feuriger Bereich des Wassers unsere Suche nach transzendenter Erfahrung, Erlösung und mystischer Einswerdung mit dem Urgrund, dem Numinosen oder wie immer die Sprache das Unbenennbare zu umschreiben versucht. Diese Verbindung wirkt auf den ersten Blick paradox, weil das Wasser, das für den weiblichen Bereich der Gefühle steht, sich nicht immer glücklich mit der feurigen Energie des Königs verträgt; wenn sich das Feuer aber auf einer höheren Ebene bewegt (der Ritter wird von den mächtigen Flügeln seines Geistes emporgetragen) und er mit dem Ewigmännlichen in das Ewigweibliche eingeht (wenn er das Ego als das zu Verwandelnde in den Strom des höheren Selbst eingießt), dann leuchten aus der Verschmelzung der Wasser mit den Flammen die Strahlen des Grals in seiner Hand. Aus dem Gralskelch tritt ein Krebs hervor, das kardinale Zeichen des Wassers und Symbol der inneren Versenkung, die nach außen, d.h. ins Bewußtsein tritt. Als Meerestier hat er weiblich-sexuelle Bedeutung wie der Fisch (Ausdruck der lebensspendenden und -erhaltenden Kraft), sein Rückwärtsgang und die verborgene Lebensweise deuten jedoch zugleich auf dunkle, innere Mysterien hin. Der Kelch ist das weibliche Gefäß der Wandlung. Der Pfau in der rechten unteren Ecke der Karte, der von Crowley *als ein Hinweis auf das Phänomen der Fluoreszenz des schimmernden Wassers* gedeutet wird, ist ein Hinweis auf »Klingsors Zaubergarten, wo Amfortas durch Kundry willenlos gemacht und durch Klingsor mit der eigenen Waffe überwunden wird« (Parzival). Er deutet also auf ein Sexualverhalten, das weniger der seelisch-geistigen Vertiefung als vielmehr der Befriedigung von Selbstgefälligkeit dient.

Der Mythos

Der Vater der Kelche zeigt das Gewahrwerden und die Verfeinerung unserer medialen Veranlagung und steht auch für intensive Auseinandersetzung mit spirituellen Sphären. Auf der mythologischen Ebene können wir ihn mit Parzival vergleichen, dem Helden der Artussage, der Gralskönig wird, nachdem er durch langjährige Prüfungen die Reife für dieses Amt erlangt hat. Seine wichtigste Prüfung war der Liebesverzicht: Er widersteht der Verführungsabsicht durch die Frau und gewinnt damit den heiligen Speer (Libido) zurück, der die Wunde schließt, die sich Amfortas, der Gralskönig, zuzog, als er den Verführungskünsten Kundrys erlag. So schildert die Legende von Parzival unter anderem die Lösung aus der seelischen Verstrickung mit der Mutter, die nur durch den Akt der Entsagung überwunden wird. Dabei geht es nicht um Sexualität als solche, sondern um die zwanghafte Abhängigkeit von der Sexualität als Befriedigungsgier und Muttersatz, die es zu überwinden gilt. Parzival, der König der Kelche, ist der verwundete Heiler, der »reine Tor«, der »durch Mitleid wissend« geworden ist: die Lanze in seiner Hand berührt und heilt die Wunde des Amfortas, weil er jetzt erkennt, daß es auch seine eigene Verletztheit ist.

Deutungen

Diese Karte kann für eine Person, ganz gleich in welchem Lebensbereich, stehen, aber ebensogut für eine Erfahrung im jeweiligen Fragebereich.

Als Person

Der Ritter der Kelche zeigt den weisen Ratgeber und Heiler, der sich von seiner vortrefflichen Intuition leiten läßt. Er begegnet uns in der Rolle des »verletzten Heilers« häufig als Arzt, Therapeut oder Seelsorger, der entweder seine eigenen Verletzungen vor sich selber versteckt hält und kompensierend im anderen »therapiert« oder durch eigenes Leiden Weisheit fand und zum wahren Heiler wurde.

Allgemein

Diese Karte repräsentiert den Willen, unseren Gefühlen und unseren medialen Fähigkeiten mehr Raum zu geben, indem wir den Schwingungen, die wir empfangen, Gestalt verleihen. Dies kann sich ausdrücken in Form von Musik, Dichtung oder anderen Künsten und nicht zuletzt in der Heilkunst. Dort aber, wo mit diesen Kräften dilettantisch oder einfach unbedacht umgegangen wird, entsteht das Zerrbild des lächerlichen Stümpers, des weltfremden Spinners und des hochgradig unzuverlässigen, nicht selten auch unaufrichtigen Menschen. So kann uns die Karte davor warnen, nicht aufgrund mangelnden Abgrenzungsvermögens zum Spielball fremder Kräfte zu werden und uns womöglich in ungute Verstrickungen oder Intrigen hineinziehen zu lassen.

Bewußtsein

Das Feuer (König) des Wassers (Kelche) steht für den Menschen, dessen Aufgabe es nun ist, die schwierigste Vereinigung, nämlich die Vereinigung der gegensätzlichen Elemente Feuer und Wasser, zu vollbringen und so einen Ausgleich zwischen dem ideellen Streben des Willens (Feuer) und dem instinkthaften inneren Drängen (Wasser) zu finden. Die Karte zeigt auch, daß wir uns gezielt unserem Innenleben zuwenden und die Kräfte des Unbewußten erfahren und entfalten. Sie kann Hinweis sein, daß wir uns die Bilderwelt der Seele erschließen, indem wir uns unseren eigenen Träumen widmen oder den Mythen, den Traumbildern des kollektiven Unbewußten.

Beruf

Im äußeren Erleben stecken wir mitten in einer Phase, in der wir unseren Seelenkräften vermehrt Ausdruck verleihen wollen. Wir versuchen verstärkt, Gefühle in unserem Arbeitsalltag auszuleben, indem wir uns über Schranken hinwegsetzen und spontane Ideen und Wünsche in unser Tun einfließen lassen. Das bedeutet auch, daß wir einfach lustbezogener auf unsere Aufgaben zugehen. Der Ritter kann aber ebenso anzeigen, daß wir vor einer Berufswahl stehen oder an einem Neubeginn, wobei wir Aufgaben übernehmen wollen, in denen wir unsere seelischen Kräfte mehr zum Ausdruck bringen können. Hier geht es vor allem um musische, therapeutische und soziale Berufe.

Beziehung

Diese Karte zeigt eine gefühlsbetonte Zeit, in der wir uns mehr als sonst in die Wünsche, Sehnsüchte, aber auch in die Ängste unseres Partners einfühlen können. Damit weist sie auf eine Beziehung hin, in der wir unsere Gefühle zeigen und für neue Erfahrungen offen sind. Eine Gefahr liegt aber in unseren hohen Idealen: Wir wollen eine Welt leben, die idealer sein soll, als es die Realität zuläßt. Das kann zu schweren Enttäuschungen führen, besonders, wenn wir uns in unserer Hilfsbereitschaft vom anderen unverstanden und nicht angenommen fühlen.

Astrologie 21° Wassermann bis 20° Fische.

Element Das Feuer des Wassers.

I Ging 18 Gu – »Die Wiederherstellung« (Die Arbeit am Verdorbenen).

Person Ein sensibler, einfühlsamer, seelisch oft verletzter und dadurch tiefgründig gewordener Mann (Künstler, Seelsorger, Therapeut).

Analogien Der von den Toten auferstandene Lazarus, der siechende Amfortas oder der tragische Lear, der verletzte Chiron und alle Heiligen und Hüter der Geheimnisse (Gral).

Kraftorte Chartres, Neuschwanstein oder, auf der symbolischen Ebene, die Gralsburg.

Kraftfarben Das Resonanzleuchten von Gasen (der Schweif des Kometen) oder die Reflexion des Sonnenlichts.

Kraftsteine Alexandrit; Brillant.

Räucherwerk Wacholder, Wermut und Vetiver.

AS DER SCHWERTER

Die Wurzel des Bewußtseins

as de las espadas

Trieb Geistige Aktivität (von Gefühlen mitgetragene Gedanken als Wurzeln des Denkens, Unterscheidens, Trennens und Organisierens).

Ziel Erkenntnis, Klarheit, geistige Veränderung.
Licht Objektivität.
Schatten Ruhelosigkeit, voreiliges und subjektives Denken, Streitlust, Verhärtung, Willensschwäche.
Qualität Die Fähigkeit des Geistes, Ideen und Überzeugungen zu formen und zu formulieren.

Die Karte zeigt uns ein mächtiges, nach oben weisendes Schwert, das eine Krone durchbohrt. Dies symbolisiert den Geist, der durch die Muster des Denkens zur ewigen Wahrheit vorstoßen will. Der Griff des Schwertes ist von einer Schlange umschlungen und wird von zwei Halbmonden begrenzt, die darauf hinweisen, daß der Geist mehr ist als nur abstrakter Verstand, nämlich auch Vermittler der Gefühle. Auf der Klinge ist das magische Wort für Willen θελημα (Thelema) eingraviert, wodurch sich der Himmel im Hintergrund öffnet und das Gold der Sonne wie Feuer erscheint. Da das Schwert für den menschlichen Verstand steht, die Sonne für den göttlichen Geist der Natur und die goldene Krone aus zweiundzwanzig Sonnenstrahlen für Kether, das höchste Prinzip im kabbalistischen Lebensbaum, drückt dieses Bild aus, daß die aus den Tiefen der Gefühle (Mond) gespeiste Verstandeskraft zur allerhöchsten Erkenntnis (Krone) vordringen kann.

Energetisch stellt die Karte die Grundlagen des Denkens oder den Ursprung der Gedanken dar. Was wir in der Religionsphilosophie als »Geist Gottes« umschreiben oder mit Platos Worten als »die Idee der Welt«, bezeichnet die formative Welt bzw. die Welt der Strukturen hinter der Materie: »Yetzirah«. Sie steht für die Geschichte von der menschlichen Entwicklung, die mit der Geburt des Intellekts beim As beginnt und in der Zehn der Schwerter endet, der Karte »Untergang«.

Auf der inneren Ebene ist das Schwert-As ein Symbol der erkennenden Kraft, die aus dem unüberschaubaren Meer des Unfaßbaren einen Ausschnitt des Sichtbaren herauszirkelt, den wir bewußt ausmessen und mit dem Verstand ausloten können. Ohne diesen denkerischen Zuschnitt, der uns die Bilder festhalten läßt, sozusagen die Schätze aus dem Meer des Unbewußten an Land zieht, wäre jede Erfahrung verloren, weil sie sogleich wieder in der unfaßbaren Wirklichkeit des Ewigen versänke. Ohne dieses Erfassen des zuvor Unbekannten, ohne diese Bündelung von Erfahrungen, die wir miteinander vergleichen, wäre keine menschliche Entwicklung denkbar.

Im beruflichen Erleben bedeutet diese Karte, daß sich – möglicherweise aus einer Konfliktsituation heraus – ein neuer, kreativer Standpunkt entwickeln wird. Das As der Schwerter entspricht dem Prinzip der höheren Vernunft, die hier als erkennende Kraft zu Klarheit, Eindeutigkeit und Entschiedenheit führt. Es kann darum gehen, mit aller gebotenen Schärfe ein Problem zu durchdringen, zu analysieren und kompromißlose Konsequenzen zu ziehen, ohne dabei den Blick für das Ganze zu verlieren. In jedem Fall zeigt diese Karte das Wirken des Verstandes in einer in höchstem Maße erhellenden, klärenden und befreienden Art.

Im Bereich unserer persönlichen Beziehungen kann das Schwert-As für ein ergiebiges, aber auch unverblümtes Gespräch stehen oder die Lösung und Überwindung tiefliegender Probleme anzeigen. Es trennt die Dinge, teilt Himmel und Erde, männlich und weiblich, Geist und Natur und hilft mit, etwas zu klären und besser zu verstehen. Damit verbindet sich allerdings manchmal auch eine Desillusionierung (verdrängte Wahrheit), die zu Lösungen in jeder Hinsicht führen kann.

Astrologie Die Luftzeichen.
Lebensbaum Kether (Ursprung) durch Luft: Die formative Sphäre (Yetzirah) oder die Grundlage des Denkens.
I Ging 46 Schong – »Das Empordringen«.
Analogie Das Schwert (der erkennenden Kraft), mit dem Alexander den Gordischen Knoten (der seelischen Verstrickung) zerschlug.
Bild »...und es ward Licht!« als Ausdruck der sich bewußt werdenden Schöpfung.
Stichworte Offenheit, Wissensdrang, zielstrebiges Denken, Entscheidungskraft.

ZWEI SCHWERTER

(FRIEDEN) el paz

Der Geist des Gleichgewichts

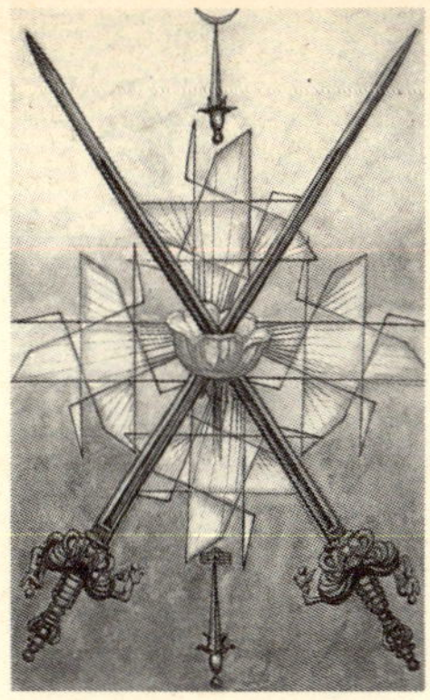

Trieb Dualistischer Erkenntnisdrang.
Ziel Ausgleich durch Erkenntnisfindung.

Licht Beilegung von Differenzen.
Schatten Ungelöste Spannungszustände (da ein Gleichgewicht der Kräfte besteht, kann die Spannung nicht abgebaut werden).
Qualität Ausgleichende Gerechtigkeit.

AUF DEM BILD sehen wir zwei gekreuzte Schwerter, die eine Rose durchbohren. Indem die erste Offenbarung des Denkens aus den sprudelnden Quellen der Urbilder (As) in die formgebenden Abgrenzungen der Polaritäten einfließt (Zwei), verkörpert diese Karte die Ruhe vor dem Sturm (Drei). Noch aber bleibt sie von den äußeren Einflüssen unberührt dank der Balance ihrer inneren Gegensätze. Auf zwei kleinen Schwertern ruhen der Mond, Zeichen für die Gefühle, und das Symbol der Waage, Zeichen des Ausgleichs. Die beiden großen Schwerter treffen sich im Zentrum der blauen Rose (blaue Blume), die symbolisch für das Unerreichbare steht. Die dieser Rose entströmenden gleichförmigen weißen Muster zeigen, wie – trotz aller scheinbaren Unmöglichkeit – der dualistische Verstand ein Gleichgewicht von Harmonie und Frieden erzeugen und bewahren kann.

ENERGETISCH charakterisiert die Zwei der Schwerter das Denken, das die Welt polarisiert, um sie zu begreifen. Diese Vorstellung von der Wirklichkeit hat sich nun als unerschütterlicher Grundsatz durchgesetzt, der alle Denkmuster entsprechend strukturieren will. Der so Suchende ist bemüht, die von ihm erkannte Welt auszumessen und alles auf die Urformel Yin/Yang zurückzuführen.

IM INNEREN ERLEBEN zeigt diese Karte, daß wir die wohltuende Kraft des Verstandes erfahren, die darin liegt, in den Kern der Dinge einzudringen und auch in scheinbar ausweglosen Situationen Klärungen und Lösungen herbeizuführen, die wohlbemessen und ausgewogen sind und so zur friedlichen Beilegung strittiger Fragen und zur Harmonisierung nach Phasen der Zersplitterung führen können.

AUF DER BERUFLICHEN EBENE bringt die Polarisierung des Denkens (Schwert-Zwei) Fortschritte dank kluger, ausgewogener Strategien. Die Karte kann für die Klärung bislang strittiger und widersprüchlicher Positionen stehen, für die Beilegung eines Konflikts oder für die bedachte und wohlbemessene Planung eines neuen Vorhabens. Sie zeigt, daß wir mit einer fairen Bewertung rechnen dürfen und/oder daß wir aufgefordert sind, andere ebenso zu behandeln und zu beurteilen.

IN UNSEREN PERSÖNLICHEN BEZIEHUNGEN bedeutet die Zwei, daß bislang unterschiedliche und strittige Standpunkte vereint werden können, indem die Mitte zwischen beiden Extremen aufgesucht wird. Sie steht für ein wohlbedachtes Beziehungsmodell in der Art eines Mobiles, das eine gute Chance hat, auch größere Stürme zu überdauern.

Astrologie Mond in Waage.
Lebensbaum Chokmah (Energie) durch Luft: Der kontrollierte Frieden.
I Ging 19 Lin – »Die Annäherung«.
Analogie Hermes als Symbol der Ganzheit und Paradoxität des Selbst.
Bild Die gegensatzvereinigende Natur, die Helles und Dunkles, Weibliches und Männliches, Geistiges und Körperliches umfaßt.
Stichworte Balance, Gerechtigkeit, Unparteilichkeit.

DREI SCHWERTER

(KUMMER) la pena
Der Geist der Schwermut

Trieb Trauer, Tränen, Hilflosigkeit, Schwäche, Ausgeliefertheit.
Ziel Kluge, wenn auch schmerzhafte Einsichten.

Licht Erkenntnis, Lebenssinn, Ganzheit und Gegenwart durch Verzicht.
Schatten Zerrüttung, Trennung, Entfremdung und Selbsttäuschung.
Qualität Ernüchterung, Ent-Täuschung.

Die Drei der Schwerter ist eine düstere Karte, weil der Sturm zum Ausbruch kommt und das Gleichgewicht zerstört; da der Sturm aber letztlich von innen kommt und uns zwingt, über die eigene Form hinauszuwachsen, zeigt dieses Bild, so schmerzlich es auch sein mag, doch eine Freisetzung von Energie, die innerhalb unserer Entwicklung (folge)richtig sein kann[1]. Das grüne Schwert ist das magische Schwert aus der ersten Karte des Satzes (As der Schwerter). Hier hat es zusammen mit den zwei krummen Schwertern durch einen zu heftigen Stoß die goldene Rose – Symbol der Vollkommenheit – zerstört. Ihre Blätter fallen herab, und im Hintergrund braut sich ein Unwetter zusammen.

Energetisch symbolisiert die Schwert-Drei die auf die Denkmuster (Schwert-Zwei) folgenden Handlungsmuster. Wir können uns in der Welt nur bewegen, indem wir handeln, aber bewußt handeln können wir nur innerhalb der Bilder, die wir uns von der Welt gemacht haben. Ein über das Maß hinausschießender Erkenntnis- oder Tatendrang hat eine zerstörerische und bisweilen verheerende Wirkung.

Auf der inneren Ebene zeigt die Drei Schwerter, daß wir uns in einem desillusionierenden Entwicklungsprozeß schmerzhafter Erkenntnis befinden und uns von bislang vertrauten Sehweisen oder Gewohnheiten lösen und innere Trägheiten überwinden müssen. Dabei warnt die Karte vor einem Mißbrauch der (männlichen) Verstandeskraft, die mit Gewalt in die (weibliche) Rose eindringen will, um ihr die Mysterien des Lebens zu entreißen. Am Ende ist die Rose zerstört, das Geheimnis weiterhin verborgen, aber die Naturgewalten verbünden sich drohend gegen den gewaltsamen Eindringling in die Mysterien.

1 In der Analytischen Psychologie C.G. Jungs entspräche das einer Erfahrung des Individuationsprozesses, bei der sich der Mensch durch das schmerzhafte Eingeständnis der eigenen Hilflosigkeit und Schwäche den schöpferischen und die Gegensätze vereinigenden Impulsen des höheren Selbst öffnet.

Im beruflichen Erleben kann dies bedeuten, daß wir gekränkt oder verletzt werden und schmerzvolle Erfahrungen machen, die vom Mißerfolg bis zu einer Kündigung reichen können. Ändern läßt sich daran wohl kaum noch etwas. Alles, was wir tun können, ist, zu begreifen, was uns in diese bedrükkende Erfahrung gebracht hat, um eine unnötige Wiederholung zu vermeiden. Der häufigste Grund ist dabei ein zu kalter, berechnend und einseitig eingesetzter Verstand.

In der Liebe zeigt diese Karte Enttäuschungen, Kränkungen, Verletzungen und nicht selten das Ende einer Beziehung an. Aber auch hier kann sie eine positive Bedeutung haben: die Entschlossenheit, mit der wir uns allen Schmerzen zum Trotz aus einer Beziehung lösen, die uns negativ beeinflußt und krank gemacht hat.

Astrologie Saturn in Waage.
Lebensbaum Binah (Form) durch Luft: Die endogene Depression.
I Ging 23 Bo – »Die Zersplitterung«.
Analogie Der blinde Ödipus.
Bild Wermutstropfen (Schierlingsbecher).
Stichworte Gram, Harm, Qual, Jammer, Betrübnis, Bedrängnis, Kümmernis und Schmerz.

VIER SCHWERTER

(WAFFENRUHE) la tregua
Der Geist der Kontemplation

Trieb Verfestigung und Stillhalten.
Ziel Ruhe und Frieden (Selbsterkenntnis und Erneuerung durch Leidenserfahrung).

Licht Soziale Gerechtigkeit, Toleranz.
Schatten Zwangsweiser Rückzug (Krankheit), Isolation.
Qualität Die Kampfpause mit Aussicht auf Frieden.

Auf dem Bild berühren sich die Spitzen der vier Schwerter im Herzen einer Rosenblüte und bilden mit den Griffen die Ecken eines quergestellten Andreas-Kreuzes, dem Sinnbild des Leidens und des Märtyrertums. Damit schaffen sie eine magische, dominierende Raumform, einen geschützten Raum, in dem sich die Energien regenerieren können. Die Vier der Schwerter ist eine Karte der kraftvollen Unausweichlichkeit; sie gibt dem Kummer (Schwert-Drei) freien Lauf, führt aber durch Selbsterkenntnis und Verständnis für den Sinn des Leidens über ihn hinaus. Es ist eine Zeit schmerzvoller Erlösung mit nachfolgender Heilung, denn die Kraft wird gebündelt, zentriert und durch die Stellung der vier Schwerter (ihre Spitzen stützen den neunundvierzigblättrigen Rosenhimmel) zu einem geistigen Gewölbe des »In-sich-gekehrt-Seins« verankert. Die Erkenntnis zeigt, daß unverdrängter Kummer am Ende seine eigene Heilung mit sich bringt. Das Wesen dieser Karte ist die innere Sammlung, verbunden mit der Bereitschaft, schmerzhafte Erfahrungen zu durchschreiten, um daran zu wachsen.

Energetisch steht die stabilisierende Vier für eine Pause, in der sich von selbst nichts ändert, sondern in der die Probleme nur vertagt werden. Waffenruhe ist noch kein Frieden. Lösungen gibt es nur, wenn die Pause sinnvoll zur Gewinnung neuer Erkenntnisse genutzt wird, ansonsten sind die Probleme nur auf Eis gelegt. Auf der merkurialen Ebene verkörpert die festigende Vier der Schwerter aber auch das Kausalitätsprinzip des Denkens (»Gleiche Ursachen haben gleiche Wirkungen«), das die gesamte Gesetzmäßigkeit des kausal-mechanistischen Weltbildes enthält. Das unfaßbare kosmische Bewußtsein wird in einem persönlichen Brennpunkt fokussiert. Aus dieser individuellen Perspektive erscheint jedes Ding als eine separate Einheit, die in sich selber und außerhalb jeder anderen Einheit existiert. So sind wir im Raum-Zeit-Rahmen gefangen, den wir der Wirklichkeit übergestülpt haben und der im Zustand innerer Versenkung sozusagen »aus sich selbst heraus« überwunden werden will.

Im inneren Erleben reflektiert die Karte das Bedürfnis, sich in sich selbst zurückzuziehen und sich nach außen schützend zu verteidigen. Weil das Ich noch nicht erkennt, daß die wirklichen Hindernisse von innen kommen und die äußeren Umstände nur Auslöser dafür sind, riegelt es sich ab und igelt sich ein, um eine Niederlage zu verhindern. Das aus den vier Schwertern gebildete Andreas-Kreuz steht für scheinbare Festigkeit, bedeutet aber auf tieferer Ebene, daß wir durch Leiden lernen, bis wir erlöst werden.

Auf der beruflichen Ebene zeigt die Karte einen Augenblick der Ruhe und des scheinbaren Friedens nach Zeiten großer Widerstände. Es wäre aber verfrüht zu glauben, daß die Schwierigkeiten der Vergangenheit nun behoben seien. Sie können jederzeit wieder aufbrechen, und der Fragende ist gut beraten, die derzeitige Phase zu nutzen, um neue Strategien zu entwerfen.

Im emotionalen Bereich ziehen wir uns vorübergehend zurück, um unser Liebesleben aus einem geschützten Winkel, vielleicht mit Hilfe eines Therapeuten, neu zu ordnen. Wenn es uns dabei gelingt, das Beziehungsfeld von bislang unbewußten Störfeldern zu bereinigen, und wir uns gegenseitig Platz einräumen, um uns über die Gefühle zum anderen klar zu werden, kann diese Phase der Besinnung in ein friedvolles Miteinander übergehen.

Astrologie Jupiter in Waage.
Lebensbaum Chesed (Verdichtung) durch Luft: Die innere Erkenntnis (Der geistige Raum).
I Ging 9 Siau Tschu – »Des Kleinen Zähmungskraft«.
Analogie Barbarossas verzauberter Schlaf im Kyffhäuser.
Bild Das Tempelinnere.
Stichworte Der schmerzvolle Eingriff mit nachfolgender Erholung, Genesung und Erkenntnis.

FÜNF SCHWERTER

(NIEDERLAGE) la derrota

Der Geist der Demütigung

Trieb Passives Ertragen der Schmerzhaftigkeit einer negativen Erfahrung.

Ziel Erkenntnis der eigenen Grenzen.

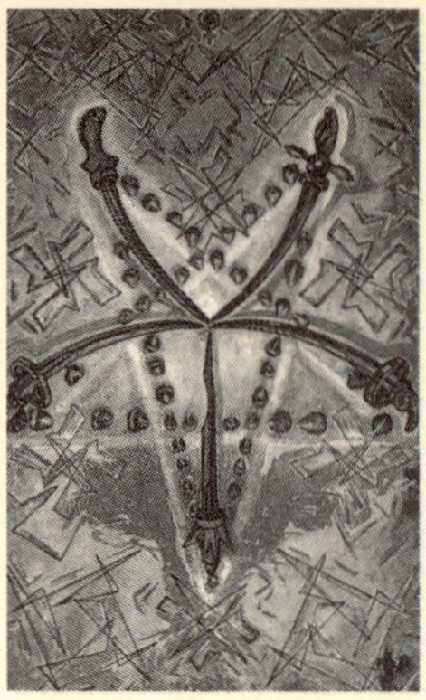

Licht Der Einblick in die Zusammenhänge führt zur Wandlungsabsicht.

Schatten Unheil, Bosheit, Wendung zum Schlechten.

Qualität Einsicht in die Notwendigkeit, aggressiven Regungen rechtzeitig einen angemessenen Ausdruck zu ermöglichen.

Auf der Karte bilden die fünf Schwerter ein umgekehrtes Pentagramm, das unheilvolle Zeichen schwarzer Magie. Die Rose der vorhergehenden Karte (Vier Schwerter) hat sich vollständig aufgelöst, und ihre neunundvierzig Blätter zeichnen die Verbindungslinien zwischen den Spitzen des Fünfsterns (Schwertgriffe) nach. Dieser umgedrehte Drudenfuß bedeutet einen zugespitzten Konflikt, Auseinandersetzungen, Tiefschläge, Niedertracht, einen Fluch, eine aggressive Phase destruktiven Denkens oder unerklärliche Dinge, die der Verstand nicht zu entziffern vermag und die direkt an unsere Urängste rühren: die Furcht vor Verlust, Verlassensein, vor hilflosem Ausgeliefertsein oder tödlicher Bedrohung. Wirklichkeit und Wahn verfließen ineinander, und das Vertrauen in die Wirklichkeit wird zunehmend zerstört. Das den Fünfstern von innen her durchdringende weiße Licht deutet aber auch die Fähigkeit des Geistes an, den Schrecken anzunehmen und selbst die Tragödien des Lebens in fruchtbare Lernprozesse zu verwandeln.

Energetisch führt Niederlage in einem tieferen Sinn zu Erkenntnis. Wir leiden nicht aus Lust am Leiden, sondern brauchen Leiden und Scheitern als notwendige Erfahrung, um an seiner Überwindung zu wachsen. Der Wunsch nach Wissen ist der Wunsch nach Erlösung. Crowley sieht diese Karte als *Konsequenz einer zu friedlichen Einstellung*, wobei die Niederlage der Preis einer überzogenen Konfliktvermeidung sei. Er schreibt: *Der Intellekt ist durch übertriebene Empfindsamkeit entkräftigt worden. Schuld an der Niederlage hat die pazifistische Einstellung. Es kann auch Verrat miteingeschlossen sein.*

Auf der inneren Ebene ist diese Karte, die das Scheitern in sich trägt, der Schlüssel, um unserem Schicksal zu begegnen. Sie repräsentiert den Zusammenbruch des alten Weltbilds auf dem Weg zur inneren Erkenntnis, das Scheitern als notwendige Voraussetzung dafür, zu einer größeren Wahrheit zu gelangen. Sie verheißt den Lohn, der allein in der Niederlage liegt.

Im beruflichen Leben zeigt die Fünf Schwerter, daß wir uns in einer sehr schwierigen Phase befinden, in der wir Opfer von Verleumdungen, Bösartigkeiten oder gemeinen Demütigungen werden. Es ist eine Zeit, in der wir gut beraten sind, uns »warm anzuziehen«, denn es gilt, durch ein Tal klirrender Kälte und eisiger Anfeindungen zu gehen.

Im gefühlsmässigen Erleben verbindet sich damit eine Beziehung, die entweder bereits gescheitert ist oder kurz vor dem Schiffbruch steht. Das illustriert einen Zustand, der von Herzlosigkeit, Haß, Verbitterung und Machtgelüsten regiert wird; die Beteiligten begegnen sich aggressiv und fügen sich gegenseitig tiefe Wunden zu. Nicht selten werden wir hier Opfer unserer eigenen ängstlichen Konfliktvermeidung, die nun ihren hohen Preis verlangt, indem sie alle unterschwellig angestauten Aggressionen auf einmal zum Ausbruch bringt.

Astrologie Venus in Wassermann.

Lebensbaum Geburah (Umwälzung) durch Luft: Die Angst vor der Angst (Der zugespitze Konflikt).

I Ging 49 Go – »Die Wandlung«.

Analogie Passionsmystik (Jesu Todesangst und Gefangennahme).

Bild Dornenkrone.

Stichworte Verlust, Angst, Schmach, Verrat.

SECHS SCHWERTER

(WISSENSCHAFT) la ciencia

Der Geist des Wissens

Trieb Suche nach Wahrheit (Aufbruch zu neuen Ufern und Einsicht in die Geheimnisse der Welt).

Ziel Ausgleich zwischen Geist und Natur.

Licht Objektive Erkenntnis, Gerechtigkeit, Verständnis, umfassende Sichtweise.

Schatten Mißtrauen, Skepsis, Vorurteile (z.B. Ablehnung von Spritualität).

Qualität Ganzheitliches (vernetztes) Denken; Annäherung an die sichtbaren Auswirkungen des Unfaßbaren.

Auf dem Bild sind die sechs Schwerter zu einem Hexagramm vereint (Sechsstern aus zwei ineinandergeschobenen Dreiecken), Sinnbild der Durchdringung von sichtbarer und unsichtbarer Welt[1]. Ihre Spitzen berühren sich in der Herzmitte einer roten Rose, die sich im Zentrum des aus sechs Quadraten bestehenden goldenen Rosenkreuzes befindet: Symbol der Harmonie und Sinnbild des Bestrebens, durch äußere Beobachtungen innere Einsichten zu gewinnen. Dieses äußere Streben (Quadrat) nach innerer Wahrheit (Kreis) entspringt dem Drang nach Freiheit, der allem Denkerischen innewohnt: der Sehnsucht nach Befreiung durch die Erkenntnis der inneren Gesetze der Natur. Die Sechs der Schwerter verkörpert wissenschaftliches Streben, das sich den Respekt vor den Mysterien des Lebens bewahrt hat.

Energetisch weist der wassermännische Merkur (Schwert-Sechs) über das Kausalitätsprinzip der stabilisierenden Vier (Schwert-Vier) hinaus: »Wie oben, so unten« heißt, es gibt außer Ursachen und Wirkungen auch analogische Abläufe. Das entspricht der Lehre vom sinnvollen »Zufall« und von der sinnvollen Zeitgleichheit, der Synchronizität (C.G. Jung), und bedeutet auf der spirituellen Ebene die Verbundenheit allen Seins. Wir sind also Teil des Ganzen und zugleich in gewisser Weise auch das Ganze selbst. Mahmud Shabistari sagte einmal: *Diejenigen, denen die Einheit offenbart wird, sehen das absolute Ganze in den Teilen. Betrachte die Welt als ganz in dir enthalten!*

In der Tiefe des inneren Erlebens führt diese Erkenntnis zu einer umfassenden und ganzheitlichen Denkweise, wodurch auch vermeintlich unvereinbare Gegensätze und Gesichtspunkte miteinander versöhnt werden können. Wir erleben uns als Botschafter des Zeitgeistes, Kurier eines neuen Zeitalters, als Träger einer höheren Ordnung und spüren den Drang, andere an diesem Wissen teilhaben zu lassen.

Auf der beruflichen Ebene dominiert die Vermittlungs- und Kommunikationsfähigkeit und der damit verbundene Abbau von Konfliktsituationen am Arbeitsplatz. Neue Einsichten helfen, alte Widersprüche zu überwinden, und führen oft zu unkonventionellen Lösungen von bislang scheinbar unlösbaren Problemen.

Im Bereich unserer Beziehungen deutet diese Karte auf eine Phase optimaler Ausgewogenheit zwischen emotionalen Bedürfnissen und den Vorstellungen des Verstandes hin. Diese Zeiten sind günstig, um alte Unklarheiten zu beseitigen und ein harmonisches Beziehungsleben auf- oder auszubauen.

Astrologie Merkur in Wassermann.

Lebensbaum Tiphareth (Mittelpunkt) durch Luft: Das geistige Gleichgewicht.

I Ging 35 Dsin – »Der Fortschritt«; 46 Schong – »Der Aufstieg« (Das Empordringen).

Analogie »Tabula smaragdina«, die sagenhaften Smaragd-Tafeln mit den Weisheitslehren des Hermes Trismegistos.

Bild Der Stein der Weisen.

Stichworte Analyse, Objektivität, umfassendes Denken, schöpferische Intelligenz.

1 Ebenso wie das Pentagramm (Fünf Schwerter) ist das Hexagramm ein weitverbreitetes, magisches Symbol, das z. B. in der Alchemie die Vereinigung von Feuer und Wasser symbolisiert oder bei den Theosophen die ineinander verflochtenen Trinitäten des Geistes und der Materie.

SIEBEN SCHWERTER

(VERGEBLICHKEIT) inútil
Der Geist der Schwankung

Trieb List bzw. Naivität und törichtes Vertrauen.
Ziel Selbstentlarvung bzw. Entlarvung anderer.

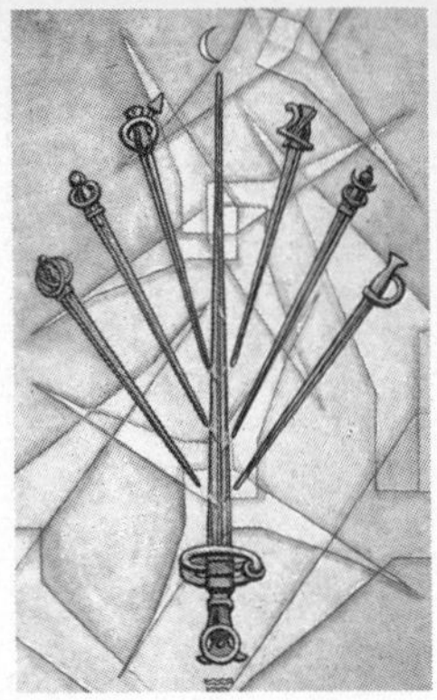

Licht Gerissenheit, Schläue, geistreiche Überrumpelung.
Schatten Hinterlist, Intrigen, Unaufrichtigkeit.
Qualität Schlauheit (Diplomatie), Verführung, Zauberei oder die »merkurische« Amoralität des Geistes.

Auf der Karte sehen wir sechs Schwerter, deren Griffe mit den Planetensymbolen verziert sind. Sie richten sich bedrohlich auf ein größeres, nach oben stoßendes Schwert, das das Sonnensymbol trägt und dessen empordringende Spitze den durchdringenden Verstand verkörpert. Seine Schneide symbolisiert die intellektuelle Schärfe, zu trennen und zu ordnen und damit eine klare und eindeutige Vorgehensweise zu ermöglichen. Die kleinen Schwerter sind der unbewußte Schatten dieser Kraft (Mogelei, Intrigen, Gerissenheit, Verlogenheit, Lebenslügen und Verrat), die, vom Ganzen abgespalten, sich gegen die eigene Zielsetzung wenden. Crowley nennt dies *den Kampf zwischen den vielen Schwachen und dem einen Starken;* in Wirklichkeit verkörpert dieses Bild unsere Neigung, einfachere Scheinlösungen den wirklichen, aber schwierigeren Lösungsschritten vorzuziehen und uns und anderen etwas vorzumachen.

Energetisch charakterisiert die Sieben Schwerter das an den eigenen Gefühlen scheiternde Denken; also die Ohnmacht des Verstandes gegenüber den unbewußten Verhinderungsmechanismen der Seele und das damit verbundene Selbstmitleid (Mond in Wassermann). Wer ihm verfällt und seine Zeit damit verbringt, seine Ziele, die sich ihm hartnäkkig verweigern, zu erzwingen, erreicht nichts. Wer aber ein gewisses Maß an ungewollter Enttäuschung als notwendige Folge dieser Karte akzeptieren kann, dem verleiht sie Mut, Schläue, geistreiches und schnelles Reagieren gegenüber der Umwelt sowie Überlegenheit durch Überraschungsmanöver.

Auf der inneren Ebene zeigt diese Karte, daß wir bestimmte Erkenntnisse nicht wahrhaben wollen und uns vor Auseinandersetzungen scheuen. In einer solchen Situation versuchen wir möglicherweise, jemanden zu übervorteilen oder »auszutricksen«; meistens ist es aber die Unaufrichtigkeit gegenüber uns selber, die tiefe Einsichten verhindert oder sich zur krassen Lebenslüge ausformt.

Im beruflichen Umfeld bedeutet die Sieben, daß wir Gefahr laufen, getäuscht oder betrogen zu werden, oder selbst auf unsauberen Wegen versuchen, Geschäfte zu machen und Vorteile zu erlangen. Die fragwürdigen Künste der Heuchelei, Verschlagenheit und Gerissenheit sind dabei tonangebend, oder, andersherum ausgedrückt: Diese Karte zeigt den dosierten und diplomatischen Einsatz von Schläue, Gerissenheit und Mogeleien, die zum Erreichen bestimmter Ziele bisweilen notwendig erscheinen.

Im Bereich unserer Gefühle reicht das Spektrum dieser Karte von verführerischer List bis zur passiven Opferhaltung, von kleineren Gemeinheiten wie Schadenfreude und Heuchelei bis zu groben Lügen und üblem Betrug. Sie kann auch ein warnender Hinweis darauf sein, daß wir, statt Probleme zu lösen, wie die Katze um den heißen Brei schleichen und dabei Gefahr laufen, uns von einem beabsichtigten geraden Weg abbringen zu lassen.

Astrologie Mond in Wassermann.
Lebensbaum Netzach (Zersetzung) durch Luft: Die ständige Veränderung.
I Ging 44 Gou – »Die Versuchung« (Das Entgegenkommen).
Analogien Die Listen des Odysseus, die Verleugnungen des Petrus oder der Verrat des Judas.
Bild Das Trojanische Pferd.
Stichworte Innere Zweifel und Unentschlossenheit (Fluktuation).

ACHT SCHWERTER

(EINMISCHUNG)
Der Geist der Ruhelosigkeit

la intervencion

Trieb Nervöse Unruhe und innere Getriebenheit (übersteigerte Gedanken).

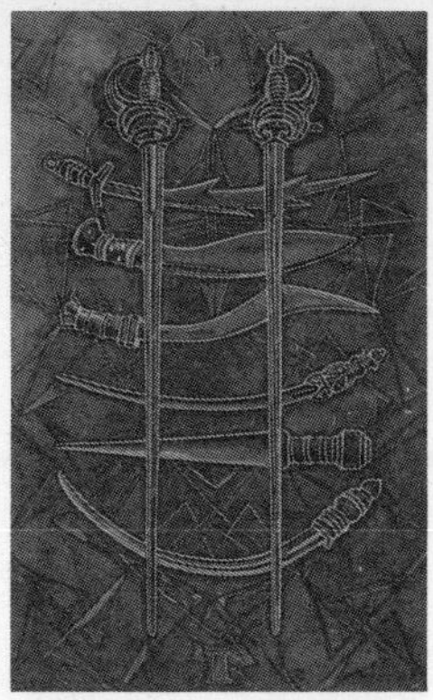

Ziel Einsicht in die Gesamtzusammenhänge (Relativität von Zeit und Raum).
Licht Interessenvielfalt, dialektisches Geschick und schnelle Auffassungsgabe.
Schatten Verworrenheit und geistige Blockaden (chaotischsubjektives oder unorganischstarres Denken).
Qualität Strukturierung von Bewußtsein und Gedächnis.

Die Acht stellt zwei parallelstehende, nach unten gerichtete Schwerter dar, die von sechs kleineren Krummsäbeln, je drei auf jeder Seite, gekreuzt werden. Das zeigt, daß die Gradlinigkeit der beiden Hauptschwerter von lästigen Querläufern gestört wird, was auf Unruhe und gedankliche Verworrenheit (Zwillinge) hindeutet, die den Menschen immer wieder von höheren Zielen (Jupiter) ablenken. Dabei handelt es sich aber nur um Störungen, die den Ablauf beeinträchtigen und verzögern, nicht aber den Weg insgesamt verhindern können.

Energetisch verkörpert diese Karte Störfelder und Bremsklötze. Wenn die beiden Hauptschwerter für zwei sich verbündende Kräfte (z.B. Erkenntnis und Wille) stehen, die gradlinig ein Ziel erreichen wollen, so sind die (magischen) kleinen Schwerter die Störfelder und Quertreiber auf diesem Weg. Aber weil sich der breite Entwicklungsfluß durch Einengung, Einschränkung und alle anderen Formen von Hemmnissen nicht aufhalten lässt, erkennen wir in der Acht der Schwerter auch den Geist einer höheren, übergeordneten und bewußtseinsvertiefenden Struktur, der die Entwicklung zwar verlangsamt, ohne jedoch die große Zielrichtung und das Erreichen unserer Ziele grundsätzlich in Frage zu stellen.

Im inneren Erleben bedeutet diese Karte, daß wir unruhig und zerstreut sind und uns immer wieder (gerne) von einem Vorhaben oder einem wichtigen Erkenntnisschritt ablenken lassen. Dadurch bleibt manche Einsicht vorübergehend stecken. Ebenso kann sie bedeuten, daß wir uns fortgesetzter Kritik ausgesetzt sehen. In diesem Fall liegt die Aufgabe darin, unseren Willen und unsere Überzeugung an diesem Störfeuer zu schärfen.

Auf der beruflichen Ebene zeigt die Schwert-Karte, daß uns Knüppel zwischen die Beine geworfen werden und ein an sich schönes Vorhaben auf eine holprige Bahn gerät. Nicht selten finden wir uns plötzlich in einer Situation wieder, wo sich auch uns sonst wohlgesonnene Menschen zu unserer Überraschung berufen fühlen, uns bei Dingen hineinzureden, die sie nun wirklich nichts angehen. Glücklicherweise aber wird durch diese Störmanöver kein Vorhaben nachhaltig zu Fall gebracht.

In unseren persönlichen Beziehungen sind wir blockiert und tun uns schwer, unsere Ziele zu erreichen oder einen Plan zu verwirklichen. Sei es, daß uns diese Hemmnisse daran hindern, aufeinander zuzugehen, sei es, daß ein Vorhaben, das wir gemeinsam mit dem Partner durchsetzen oder erreichen wollen, ins Stocken gerät. In jedem Fall gilt es, die Störquellen zu überwinden und die ursprüngliche Zielrichtung beizubehalten.

Astrologie Jupiter in Zwillinge.
Lebensbaum Hod (Gesetz) durch Luft: Die einengende Struktur.
I Ging 39 Giân – »Das Hemmnis« (Das Hindernis).
Analogien Die großen Ewigsuchenden und Ruhelosen: Odysseus, der fliegende Holländer oder Ahasver, der Ewige Jude.
Bild Das Labyrinth.
Stichworte Zersplitterung, Trubel, Unrast, Qual der Wahl.

NEUN SCHWERTER

(GRAUSAMKEIT)
Der Geist der Inquisition

la crueldad

Trieb Aggressive Destruktivität.
Ziel Verzweiflung, Trostlosigkeit und Leiden.

Licht Angst als Wegweiser auf dem Weg zur Reife.
Schatten Scham, Schuld, Schrecken, Schande, Elend, Haß.
Qualität Begegnung mit dem Schatten; Märtyrertum; die Schreckensherrschaft der Inquisition.

Auf der Karte blicken uns neun schartige und rostige Schwerter entgegen, die alle mit der Spitze nach unten gerichtet sind. Das von ihren Klingen rinnende Blut und Gift verdeutlicht den Schmerz und die Gefahr, die in dieser Situation liegen. Quälende Ängste, Sorgen oder Schuldgefühle, die in unser Bewußtsein dringen und zum Alptraum anwachsen, werden von dieser Karte ebenso angezeigt wie reale, von außen kommende Bedrohungen. Crowley schreibt: *Das Bewußtsein ist in einen von der Vernunft unerleuchteten Bereich herabgesunken. Dies ist die Welt der unbewußten primitiven Instinkte, des Psychopathen, des Fanatikers.*

Energetisch illustriert die Neun der Schwerter die klassischen »Abwehrmechanismen«, nämlich Verdrängung, Projektion (Exorzismus), Aggression (Verlagerung seelischer Verletzungen nach außen), Regression (das Zurückfallen auf frühere, kindliche Stufen der Triebvorgänge) oder Ungeschehen- bzw. Wiedergutmachung (Streben nach Bestrafung) durch Sühneopfer und Hingabe, was Crowley als *Annahme des Märtyrertums* oder *Weg des passiven Widerstands* bezeichnet.

Innerlich werden wir von Dämonen gequält, die eine Personifizierung eines drohenden Verderbens sind, das allerdings nicht unbedingt als konkretes Ereignis eintreten muß, sondern sich auch in Befürchtungen, Schuldgefühlen und Ohnmachtserlebnissen ausdrücken kann. Nur Erkenntnis und Verständnis können den Teufelskreis von Versagenserlebnissen, Lebensängsten und inneren Aggressionen durchbrechen. Der Weg dahin führt durch den Schmerz direkt in das Zentrum der Angst. Jede Vermeidung macht den Zustand nur noch schlimmer.

Im beruflichen Erleben zeigt diese Karte, daß uns die Umstände quälen, daß wir mutlos und negativ eingestellt sind und unter unserer Aufgabenstellung, unserem Vorgesetzten oder dem Arbeitsklima leiden. Sie kann die Angst vor Versagen angesichts besonderer Belastungen durch Aufgaben mit ungewohntem Risiko ausdrücken, auch Prüfungsängste oder Lampenfieber vor öffentlichen Auftritten. In jedem Fall gilt es, diesen Qualen ein Ende zu setzen. Entweder, indem wir uns aus der Situation befreien und fortgehen, besser aber dadurch, daß wir sie hinter uns bringen, indem wir mutig auf die angstmachende Situation zugehen und uns stellen.

Auf der Beziehungsebene drückt diese pessimistische Karte vor allem Verlassenheitsängste und Trennungsschmerzen aus. Das kann sowohl die Bedrückung der Einsamkeit sein wie auch die Angst und die damit verbundenen Gefühle und Qualen des Selbstzweifels, einen geliebten Partner zu verlieren. Die Karte kann aber auch eine extrem gestörte Beziehung kennzeichnen, in der die Atmosphäre vergiftet ist und die vor allem davon lebt, daß man sich gegenseitig Schmerzen zufügt. Damit ist die Karte eine Aufforderung, aufzuwachen und dem Alptraum ein Ende zu setzen.

Astrologie Mars in Zwillinge.
Lebensbaum Yesod (Reflexion) durch Luft: Das destruktive Trauma (Der seelische Schock).
I Ging 47 Kun – »Die Bedrängnis« (Die Erschöpfung).
Analogie Die als Gewissensbisse personifizierten Erinnyen/ Furien: Allekto (die Unablässige), Teisiphone (die den Mord Rächende) und Magaira (die Neidische).
Bilder Der Alptraum, der Fluch, die Inquisition.
Stichworte Schuldgefühle, Ängste, »die Dämonen der Nacht«.

ZEHN SCHWERTER

(UNTERGANG)
Der Geist der Verneinung des Willens zum Leben

el hundimiento

Trieb Abschied, Verwandlung, Abbruch.
Ziel Schlußstrich.

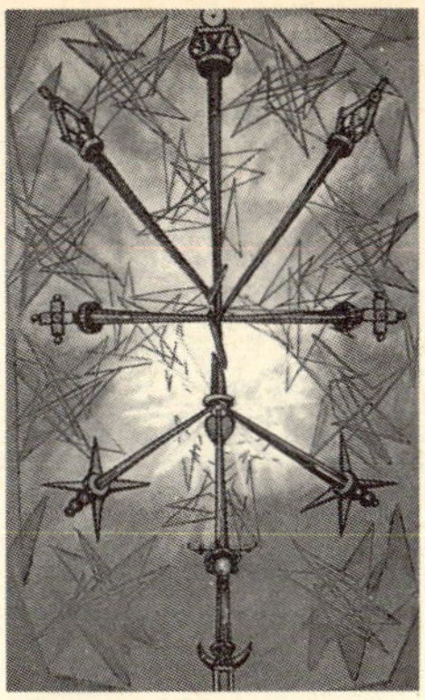

Licht Abkehr und Trennung als Akt der Befreiung.
Schatten Widriges (willkürliches) Ende, Ruin, Katastrophe, Gewalt.
Qualität Abschluß; Ende eines Zyklus.

Auf dem Bild können wir in der Anordnung der zehn Schwerter die Form eines Lebensbaums erkennen, d.h. die Schwertgriffe besetzen den Platz der neun äußeren Punkte (Sephiroth), und die Spitzen stechen in den Mittelpunkt (Tiphareth). Das zehnte Schwert im Zentrum des Gebildes, das am Griff das Symbol des Herzens trägt, wird von den anderen Schwertern zertrümmert. Da es den Mittelpunkt und in dieser Funktion die Verbindung zwischen oben und unten (der geistigen und der materiellen Welt) darstellt, versinnbildlicht diese Karte den Untergang, oder, wie Crowley sagt: *Sie veranschaulicht das Auseinanderbersten und die Zerrüttung der harmonischen und gleichgewichtigen Energie.*

Energetisch stellt die Zehn der Schwerter einen Abschluß dar und steht wie die Karten Tod (XIII) und Turm (XVI) entweder für das große Loslassen oder wie das Aeon (XX) für Erneuerung und apokalyptische Visionen, die zu einem Neuanfang bzw. zur Wiederbelebung alter Werte führen. Crowley sagt dazu: *Die Ernüchterung ist endgültig; aber da es nichts mehr zu verlieren gibt, kann man ebensogut einen Neuanfang wagen.* So charakterisiert die Karte »Untergang« die notwendige Beendigung eines Prozesses, der beim As begann und die intellektuellen Entwicklungsmuster auf den verschiedenen Ebenen in den zehn Karten an die Oberfläche brachte, die immer wieder ins Erleben drängen, weil sie erkannt und ausgeschieden werden wollen.

Auf der inneren Ebene begegnen wir in dieser Karte der geistigen Autorität, die unter die Entwicklung einen gewaltsamen Schlußstrich zieht. Es ist der Geist *der Verneinung des Willens zum Leben* (Schopenhauer). Im Unterschied zum natürlichen Ende einer Entwicklung, die von der Karte Tod angezeigt wird, handelt es sich hier immer um einen willkürlichen Schluß. Das allein läßt jedoch weder eine Aussage darüber zu, ob dieser Schritt richtig oder falsch ist, noch ob er zu einem schmerzhaften oder zu einem langersehnten, befreienden Ende führt. Die Karte läßt offen, ob wir ihr Thema aktiv oder passiv erleben. Im ersteren Fall sind wir aufgefordert, unsere Absicht, etwas mit Gewalt abzubrechen, zu überprüfen; das Ergebnis aber kann uns durchaus in unserem Vorhaben bestätigen.

Im beruflichen Leben bedeutet die Karte des willkürlichen Endes, daß wir kündigen oder zumindest einen klaren Schlußstrich unter ein Projekt, ein Vorhaben oder einen Erfahrungszeitraum ziehen. Damit ist natürlich nicht selten das schmerzhafte Gefühl verbunden, (vorzeitig) aufzugeben. Dennoch kann es sich um einen klugen, notwendigen Schritt handeln. Angesichts seiner Unwiderruflichkeit und der Tatsache, daß jedes willkürliche Ende dem natürlichen Ende zuvorkommt, sollten wir diese Konsequenz nie unbedacht, sondern erst nach sorgfältiger Überlegung als echte Notbremse in Betracht ziehen. Diese Überlegungen erübrigen sich natürlich dort, wo uns die Karte vor keine Wahl stellt, sondern ein Thema anzeigt, das uns schicksalhaft ereilt.

Im Bereich unserer persönlichen Beziehungen steht die Karte vor allem für das, was die Umgangssprache »Schluß machen« nennt. Ob es sich aber dabei um den schmerzhaften Abbruch einer wertvollen Beziehung handelt oder um den Schlußstrich unter eine ungute seelische Verstrickung, liegt außerhalb der Karte. Gerade in letzterem Fall gleicht diese Erfahrung einem notwendigen chirurgischen Eingriff, der zugleich schmerzhaft und heilsam ist und dessen wohltuende Folgen sich mit der Zeit immer deutlicher erkennen lassen.

Astrologie Sonne in Zwillinge.
Lebensbaum Malkuth (Urgrund) durch Luft: Der folgerichtige Zusammenbruch (Der kalkulierte Ausstieg).
I Ging 51 Dschen – »Das Erschüttern« ; 40 Hiâ – »Die Befreiung«.
Analogien Die Sintflut, das versunkene Atlantis oder der Untergang von Pompeji.
Bilder Sonnenfinsternis, Weltuntergang.
Stichworte Vernichtung, Verlassenheit, Tiefpunkt.

PRINZESSIN DER SCHWERTER

Die Tochter der Luftaltäre

la princesa de las espadas

Trieb	Impulsivität, Ungestüm, Voreiligkeit (die »Absicht zur Tat« in einem Wirbelwind von Gedanken).
Ziel	Selbstverwirklichung (»die Festigung des Flüchtigen«).
Licht	Klarsicht, Einsicht, Objektivität.
Schatten	Aggressivität, Zersplitterung, Destruktivität.
Qualität	Rebellion, Revolution, (gedankliche) Erneuerung.

Analyse und Beschreibung

Das Bild

Die Prinzessin der Schwerter verkörpert die irrationale Zielgerichtetheit der weiblichen Kraft und repräsentiert den Bereich der Erde im Element Luft, *die Verdichtung oder Fixierung des Flüchtigen* (Crowley). Diese junge und unwiderstehliche Lebensenergie, die sich in der energischen Armbewegung manifestiert, ist rücksichtslos und überstürzt, dabei naiv und unschuldig mit einem kindlichen Selbst vergleichbar, das noch nicht dem bewußten Willen, sondern mehr den unbewußten Wünschen entspricht, die aber einen größeren Teil der wirklichen Ziele umfassen als unser rationaler Verstand. Crowley schreibt: *Sie steht vor einem leeren Altar, als wäre sie im Begriff, seine Entheiligung zu rächen, und mit ihrem Schwert führt sie einen Streich nach unten.* Diese äußere Haltung steht in einem gewissen Widerspruch zum Altar selber, der ja ein Symbol der Geistigkeit, Besinnung und inneren Reifung ist und im allgemeinen auf eine verinnerlichte Persönlichkeitsentwicklung fern aller Rachegelüste hindeutet. Ihre kämpferische Haltung entspricht der einer Amazone (Tochter der Schlachtfelder), Himmel und Wolken sind von Zorn erfüllt, und auf dem Kopf trägt sie einen Helm, der von der schlangenhaarigen Medusa gekrönt ist. Damit ist sie ein Symbol ungestümer Impulsivität und steht für die spontane Reaktion, die sich unmittelbar in die Welt einbringt, für das »innere Kind«, das die Welt über die rechte (unbewußte) Gehirnhälfte wahrnimmt; dieser Impuls setzt das angeborene Wissen in Kraft, nicht nur auf die Umgebung zu reagieren, sondern direkt auf sie einzuwirken; wie ein moderner Mystiker schreibt: *Es ist dieser Durchbruch der Erkenntnis, der unser Wesen zur Entfaltung bringt. Man fühlt, daß sich das eigene Wesen über lange Zeit auf diesen Moment der Entfaltung vorbereitet hat. Vielleicht gibt es eine lange Zeit der Inkubation, in der wir mit uns unzufrieden sind, da wir unbewußt in uns die Fülle der Möglichkeiten spüren, die zwar vorhanden sind, aber nicht in Erscheinung treten. Und dann brechen sie mit einem Schlag durch.* (Pir Vilayat)

Der Mythos

Die Prinzessin symbolisiert die Idee, die sich zur Tat verdichten oder zur Wirklichkeit ausformen will; sie verkörpert die reine und ursprüngliche Handlungsabsicht. In griechischen Mythen finden wir diese Energie in den Amazonen personifiziert, deren Königin Penthesilea, Tochter des Ares und der Otrera, durch die Hand des Achilles fällt; im nordischen Mythos sind es die Walküren, germanische Kampfjungfrauen, die sich am Krieg beteiligten, den Sieg verleihten und die dem Tode geweihten Krieger auswählten.

Deutungen

Diese Karte kann für eine Person, ganz gleich in welchem Lebensbereich, stehen, aber ebensogut für eine Erfahrung im jeweiligen Fragebereich.

Als Person

Als Person zeigt diese Karte eine junge Frau, die es versteht, ihren Verstand (und ihre Zunge) stets weiter zu schärfen. Dabei kann sie durch Esprit, Charme und eindrucksvolle Logik brillieren oder, in der übersteigerten Form, den Typ der animusbesessenen Frau verkörpern, wie ihn C.G.Jung beschreibt. Das ist die Frau, die mit metallisch scheppernder Stimme teils völlig haltlose Meinungen (zumeist gleich mehrere) verkündet, mit dem einzigen Ziel, das Gegenüber mundtot zu machen. Insofern zeigt diese Karte eine durchaus streitlustige Person.

Allgemein

Wie alle Prinzessinnen verweist auch die Tochter der Luft (Sturmwolken) auf einen Überschuß an reiner Energie, der sich sowohl negativ wie positiv auswirken kann. Sie verkörpert entweder die drohende Auseinandersetzung, einen heraufziehenden Konflikt, oder sie zeigt umgekehrt die Chance, einen bestehenden Konflikt durch ein klärendes Gespräch beizulegen, in dem uns die Objektivität und der analytische Verstand des anderen hilft, Klarheit in unsere eigenen Verstrickungen zu bringen.

Bewußtsein

Auf der Ebene des Bewußtseins neigen wir zu Voreiligkeit und Unruhe, Provokation und nervöser Aggression. Konfliktsituationen werden angezogen, in denen wir angegriffen werden und aufgrund unserer bisherigen Denkgewohnheiten und Betrachtungsweisen in Schwierigkeiten geraten. Ob uns daraus eine Niederlage oder eine bereichernde Erkenntnis erwächst, ist letztlich eine Frage unserer Reife, unserer Bereitschaft zu lernen und umzudenken.

Beruf

Im beruflichen Erleben heißt diese Karte, daß wir uns auf Konflikte, Anfeindungen, Unfrieden, vielleicht auch polemische Angriffe einstellen müssen. Vor diesem Hintergrund kann sie den Anfang vom Ende unserer bisherigen Tätigkeit anzeigen, aber auch den frischen, möglicherweise beißenden Wind bedeuten, der »dicke Luft« vertreibt und eine Klärung unseres Arbeitsumfeldes mit sich bringt.

Beziehung

Im Bereich unserer persönlichen Verbindungen befinden wir uns in einem Konflikt, der entweder von einem der Partner ausgeht oder als Bedrohung der Beziehung selbst erlebt wird. Zu oft lassen wir den Takt im Umgang mit dem anderen Geschlecht vermissen und zwingen ihm unsere Neurosen auf. In dieser Hinsicht kann die Karte eine klärende Auseinandersetzung anzeigen, häufiger aber handelt es sich um einen vom Zaun gebrochenen Streit, der zu keinen neuen Standpunkten oder Erkenntnissen führt.

Astrologie Venus in den Luftzeichen oder Lufthäusern.
Element Erde im Element Luft.
I Ging 3 Dschun – »Die Anfangsschwierigkeit«.
Person Die jugendliche Rebellin.
Analogien Amazonen, Walküren, Sylphiden oder die Priesterinnen der Athene.
Kraftort Erechtheum, Korenhalle (Akropolis).
Kraftfarben Schwefelgelb, Eisblaugrün.
Kraftstein Türkis.
Räucherwerk Lavendel.

PRINZ DER SCHWERTER

Der Sohn des Rösselsprungs

el príncipe de las espadas

Trieb Sprunghafte Veränderungen.
Ziel Suche nach Erkenntnissen und Lösungen.

Licht Durchschneiden von Fesseln, Überwinden von Hindernissen.
Schatten Voreiligkeit, Kurzsichtigkeit, Destruktivität.
Qualität Erfindergeist (sprudelnde Ideen und Gedanken).

Analyse und Beschreibung

Das Bild

Im Prinz der Schwerter begegnen wir der noch ungeordneten Kraft des Denkprinzips, seiner planlosen und wechselhaften Komponente, die sich ständig zwischen den Zielen hin- und herbewegt, ohne zu einem klaren Standpunkt zu kommen. Diese Turbulenz im Geiste (der luftige Bereich der Luft!) wird durch den Streitwagen charakterisiert, dessen Vorderseite eine Doppelpyramide zeigt, die als geometrisches Muster Ausdruck analytischer Wahrnehmung und damit Sinnbild der linken (rationalen) Gehirnhälfte ist. Der Prinz ist aber unfähig, seine Gedanken in einer festen Zielrichtung zu halten; das stellen die geflügelten Gestalten dar, die den Wagen ziehen, aber nicht den Zügeln gehorchen, sondern in allen Himmelsrichtungen herumpurzeln. So springt er von einer Sache zur anderen und weiß nicht, was er einen Augenblick vorher noch wollte. Gleichzeitig drücken sich in dieser Karte aber auch die Denkansätze neuer Paradigmen (Sprung ins Wassermannzeitalter) aus. Die Theorie der dissipativen Strukturen (Mechanismus scheinbar chaotischer Abläufe und Prozesse), für die der Biochemiker Ilya Prigogine den Nobelpreis erhielt, gehört zu den wichtigsten modernen wissenschaftlichen Erkenntnissen. Er schreibt: *Tatsächlich stellt unsere ganze Welt ein Nichtgleichgewichtssystem dar. Eine einzelne Strömung, die ihre Kraft mit der anderer Strömungen verbindet, kann stark genug werden, um das ganze Muster umzuordnen. Der Weg, den sie in diesem unstabilen Zustand wählt, ist unvorhersagbar, spontan, vermutlich schöpferisch. Hier brechen die deterministischen Gesetze zusammen. Dies ist das ›solve et coagula‹ (löse und binde) der Alchemie.*

Der Mythos

In den Mythen ist dieser Typus in den Frühlingsgöttern als der ewige Jüngling dargestellt, der Heilsbringer der Menschheit, der Verkünder des Erlösungsweges aus dem Leiden. Er ist der Genius, das göttliche Kind, dessen Schicksal es jedoch stets ist, früh zu sterben, wohl um ihm das Erlebnis zu ersparen, wie auch seine frohe Kunde im Laufe der Zeit in Dogmen erstarrt, wie auch er dem Alterungsprozeß unterliegt und wie seine Botschaft rissig wird, wenn er selbst in leidvolle Phasen gerät. Der Prinz der Schwerter verkörpert mehr die unreife Form dieses Archetyps, den neunmalklugen Besserwisser, den Luftikus, dessen Patentlösungen sich zwar allesamt interessant anhören, aber der Praxis in aller Regel nicht standhalten. Crowley schreibt: *Die Einwirkungen seiner logischen mentalen Prozesse haben die Luft, die sein Element ist, in viele verschiedene geometrische Muster verwandelt, doch diesen liegt kein echter Plan zugrunde; es sind Kundgebungen der Kräfte des Geistes ohne bestimmte Zielsetzung. In seiner rechten Hand ist ein erhobenes Schwert, mit dem er erzeugen kann, doch in seiner linken Hand ist eine Sichel, mit der er das von ihm Erschaffene im gleichen Moment wieder vernichtet.*

Deutungen

Diese Karte kann für eine Person, ganz gleich in welchem Lebensbereich, stehen, aber ebensogut für eine Erfahrung im jeweiligen Fragebereich.

Als Person

Der Prinz der Schwerter verkörpert einen jungen Mann mit klarem, scharfem Verstand, *fähig, jedes vorstellbare Argument aufrechtzuerhalten und vorzubringen, unempfänglich für Bedauern oder Gewissensbisse, zungenfertig im ›Zitieren aus den Schriften‹, geschickt und schlau, jede nur denkbare These zu unterstützen, gleichgültig gegenüber dem Schicksal eines zwei Minuten vorher erwähnten widersprüchlichen Arguments, unmöglich zu besiegen, weil jeder Stand-*

punkt so gut wie irgendein anderer ist, immer bereit, mit dem naheliegendsten Element in Verbindung zu treten (Crowley).

Allgemein

Der Sohn der »Luftsprünge« ist ein gewöhnlicher junger Mann in unserer ungewöhnlichen Zeit, in der Paranoia keine Krankheit mehr ist, sondern ein wahnsinniger Normalzustand. Seine Geschichte handelt von den Auswirkungen des aggressiven, ausbeuterischen, männlich-technokratischen Denkens in seinen clownesken Verkleidungen. Zwar mag der technische Fortschritt, den er anzeigt, auch ein gewisses Maß an Klarheit und nüchterner Erkenntnis mit sich bringen, in der Regel jedoch repräsentiert er die negative Seite des Denkens. Ob als eiskalter Technokrat, hybrider Spötter, Lästermaul oder vorwitziger Besserwisser, immer ist er ein Opfer seiner zerstörten Gefühlsebene. Trotzdem dient er auch einem positiven Zweck, denn mit den gefühlsmäßigen Bindungen, die er zerstört, reißt er Menschen aus alten Verhärtungen und läßt sie neue Räume betreten; solchermaßen erzeugte Bewegung ist nicht zuletzt Voraussetzung für Wachstum und den Zugang zu neuen seelischen Dimensionen.

Bewußtsein

Im denkerischen Ansatz zeigt diese Karte eine Phase der Leichtigkeit, in der wir uns für theoretische Lösungen begeistern und dabei eine Menge Luftschlösser bauen. Wo dieser Neigung spielerisch nachgegangen wird, kann sie sehr bereichernd sein, da auch brauchbare Einsichten auftauchen. Wer allerdings alle Ideen und Erkenntnisse dieser Zeit für genial hält, wird diese sträfliche Naivität später bereuen.

Beruf

Im beruflichen Leben stehen wir in Situationen, die schnelle Entscheidungen verlangen. Dabei warnt uns diese Karte davor, in Scheinlösungen steckenzubleiben. Sie zeigt, daß unsere Pläne und Konzepte oft nur Schall und Rauch sind und daß wir gut beraten sind, sie kritisch zu überprüfen und auf realisierbare Maße zurechtzustutzen.

Beziehung

Hinter diesem »Klugschwätzer« verbirgt sich der Wunsch nach persönlicher Unabhängigkeit. Um diesem Drang entsprechen zu können, wird in diesen Zeiten gerne am Beziehungsmodell gebastelt. So heißt es dann oft, man müsse nochmals über die »Spielregeln« reden. Zweifellos kann der Luft-Prinz auf diese Art frischen Wind in eine verstaubte Beziehung bringen. Oftmals aber wird man erkennen müssen, daß seine Lösungen nur theoretisch funktionieren, in der Praxis aber scheitern und schmerzhafte Wunden reißen, weil Wesentliches (zumeist die Gefühle) übersehen wurden.

Astrologie 21° Steinbock bis 20° Wassermann.
Element Die Luftseite der Luft.
I Ging 4 Mong – ›Die Jugendtorheit‹.
Person Der Einfallsreiche und der Klugschwätzer.
Analogie Der Flug des Ikarus.
Kraftort Olympieion, Athen.
Farben Blitzlichtfarben.
Edelstein Pyrot (Schwefeleisenerz).
Duft Bohnenkraut.

KÖNIGIN DER SCHWERTER

Die Mutter des Lichtes und des göttlichen Wissens

la reina de las espadas

Trieb	Freiheitsdrang, Selbstbestimmung.
Ziel	Unabhängigkeit.
Licht	Ideenfülle und schnelles Auffassungsvermögen.
Schatten	Berechnende Kühle, unüberwindbare Distanz (das eiskalte Weib und die Heuchlerin).
Qualität	Klugheit, Weisheit, Einfallsreichtum.

Analyse und Beschreibung

Das Bild

Die Schwert-Königin symbolisiert die reine, umfassende Klarheit der Gedanken und repräsentiert den wäßrigen Bereich der Luft, *die Elastizität dieses Elements und seine Kraft der Übertragung* (Crowley). Wir sehen eine streng blickende Frau auf einem Berg aus Wolken sitzen, die runden Brüste von einem transparenten Seidengewebe umspannt und von der Hüfte abwärts in ein schlichtelegantes Kleid gewandet. In der einen Hand trägt sie ein silbernes Schwert, in der anderen einen großen, bärtigen Männerkopf. Darin kann einerseits ein Befreiungsakt gesehen werden, durch den sie sich aus Bevormundung und Gängelung löst; zum anderen aber ist sie die von Erich Neumann beschriebene Frau, *die den Mann im Bereich seiner oberen Männlichkeit kastriert,* d.h. mundtot macht (im Bereich der unteren Männlichkeit würde die Kastration bedeuten, sich ihm zu verwehren). Die Kristalle hinter ihrem Haupt versinnbildlichen das Einfließen der Ideen in die Form; Crowley spricht von *himmlischem Tau, von dem durchdringende Lichtstrahlen ausgehen;* die Sufis nennen es *das Licht der reinen Intelligenz* und der Physiker David Bohm *das Potential aller Dinge* oder *die fundamentale Aktivität, in der die Existenz gründet.* Darüber (als Helmschmuck) sehen wir den Kopf eines Kindes als Symbol der Erneuerung und der schöpferischen Lebenskraft: In ihm verkörpert sich der Geist des Vaters, der sich durch die Unschuld des Kindes als echte innere Weisheit freisetzt.

Der Mythos

Jede Königin ist Symbol für die reife, ausdrucksstarke Frau im Leben oder die »innere Frau« des Mannes. Die Königin der Schwerter jedoch ist kein direkter Ausdruck des Mutterbildes (kein Archetyp, der unsere Projektion der Mutterimago berührt), sie wird hier eher durch die Augen des Mannes als ein Aspekt der männlichen – und weniger der weiblichen – Erfahrung des Ewigweiblichen gesehen. Diese Eigenschaften – die seelische Anlage des Männlichen in der Frau – finden wir in Hera vereinigt, Hüterin der Ordnung (Ehe) und alte Hauptgöttin von Argos, dann Schwester und Gemahlin des Zeus. Als Repräsentantin der kritischen Vernunft hat sie zwar einen klaren Verstand, ist aber gefühlsmäßig ambivalent, weil sich ihre Weiblichkeit (Wasser) mit dem ausgeprägt männlichen Element der Luft nicht in allen Teilen verträgt. Eine andere, kopfbetonte Göttin, die ebenso Unabhängigkeit verkörpert, ist Athene, die Kopfgeborene. Zeus hatte sie mit der alten Weisheitsgöttin Metis gezeugt. Aus Furcht vor einem zu mächtigen Sohn verschlang er Metis und neun Monate später entsprang Athene in voller Rüstung seinem Haupt. Sie ist die Erfinderin des Alphabets und vieler anderer wertvoller Errungenschaften. Und sie ist die Göttin von Frieden und Krieg.

Deutungen

Diese Karte kann für eine Person, ganz gleich in welchem Lebensbereich, stehen, aber ebensogut für eine Erfahrung im jeweiligen Fragebereich.

Als Person

Die wortgewandte Königin des Verstandes, der kühlen, klaren Betrachtungsweise und des scharfen Intellekts ist eine stolze und würdevolle, durch ihre hohen Ansprüche aber auch isolierte Gestalt, die sich von den Gefühlen distanziert. Sie ist vernünftig, kritisch und verstandesbetont und besitzt im positiven Fall die rationalen, methodischen Fähigkeiten eines Generals; im negativen Fall verkörpert sie falsche Logik, schroffe Anmaßung und pedantischen Starrsinn. Im Gegensatz zum Verständnis dieser Karte in älteren Tarots, wo man in der Schwert-Königin nur die böse Frau, günstigstenfalls die Witwe erkannte, zeigt uns das neue Bild, daß es hier um die Frau geht, die sich Kraft ihres Verstandes aus Bevormundungen befreit hat. Damit entspricht sie der Journalistin, der Managerin und selbständigen Unternehmerin, der Anwältin, eben der Frau, die sich in sogenannten Männerberufen einen Namen macht, und natürlich der unabhängigen, alleinstehenden Frau.

Allgemein
Auf der inneren Ebene symbolisiert diese Karte die Absicht, sich mit denjenigen Bereichen in uns auseinanderzusetzen, welche für die weibliche Form des Luftelements stehen und Klugheit, Wachsamkeit, Unabhängigkeit, Ideenreichtum und ein schnelles Auffassungsvermögen verkörpern. Sie ist Ausdruck unserer Fähigkeit, mit Hilfe des Verstandes Probleme zu lösen und zu Erkenntnissen zu gelangen, ohne daß wir uns dabei in der Fülle der Ideen verzetteln und hängenbleiben. Dabei gelingt es unserem Einfallsreichtum, auch tiefliegende Probleme zu lösen.

Bewußtsein
In den Verstandessphären steht diese Karte für die Kraft der klaren Erkenntnis, mit der wir uns unserer Gebundenheit und unserer Abhängigkeiten bewußt werden, um uns daraus lösen und befreien zu können. Es wird uns nach und nach gelingen, mit der reinen Erkenntniskraft Annäherungen an den ungreifbaren Gefühlsbereich zu finden, wo sich Fühlen und Denken nicht mehr gegenseitig ausschließen oder behindern. So kann diese Karte einen wichtigen Prozeß des Erwachens und der Selbsterkenntnis anzeigen.

Beruf
Auf der beruflichen Ebene bedeutet die Schwert-Königin, daß wir eine hohe Lernbereitschaft haben, mit wachen Augen alles um uns herum wahrnehmen, klug und geschickt reagieren und uns in Gesprächen und Verhandlungen freimütig, klar und wendig verhalten. Sie zeigt aber auch ein Perfektionsideal, durch das gefühlsmäßige Belange in Gefahr geraten, zu kurz zu kommen.

Beziehung
Im Bereich unserer Partnerschaft zeigt die intellektuelle Distanz dieser Karte eine Beziehung, die von den Beteiligten gerne als »erwachsen« qualifiziert wird. Damit soll ausgedrückt werden, daß jeder versucht, die Beziehung von den Niederungen eifersüchtiger Gefühle ebenso frei zu halten wie von den Auswüchsen der Bevormundung und der Macht. In manchen Fällen mag der Versuch gelingen. Häufig aber handelt es sich dabei nur um die kräftig »verdünnte« Liebe einer recht kühlen Vernunft- oder Zweckbeziehung. Ist mit dieser Karte die Partnerin als »kastrierende Frau« dargestellt (siehe »Person«), wird die Beziehung zum Kriegsschauplatz.

Astrologie 21° Jungfrau bis 20° Waage.
Element Der wässrige Bereich der Luft.
I Ging 22 Bi – »Die Vornehmheit« (Die Anmut).
Person Die kühle, dem Intellekt verpflichtete Frau.
Analogien Athene/Minerva (Göttin der Weisheit), Iris (Regenbogen) oder Astrae (die Sternengleiche).
Kraftorte Der Tempel der Athene (Parthenon); der Ölbaum im Hain der Taugöttin Pandrosos (Akropolis).
Kraftfarben Die Wasser der Luft (Regenbogenfarben).
Kraftstein Geschliffener Kristall (das göttliche Licht).
Räucherwerk Majoran (anaphrodisierend).

RITTER DER SCHWERTER

Der Vater der Erkenntnis

caballero de las espadas

Trieb Aktivität, Scharfsinn, Klugheit, Erkenntnisdrang, »der Geist des Sturmwinds«.

Ziel Intellektuelle Strategien, Gedankenschärfe, die Dinge erkennt und sie verändert.

Licht Aufklärung, wissenschaftliche Methodik, geistige Wendigkeit, gute Händlermentalität, Wortgewandtheit, Urteilskraft.

Schatten Kopflastigkeit, Gefühlskälte, beißende, zynische Kritik, schillernde Zweideutigkeit, flatterhafte Unbeständigkeit, die Falle des Denkens.

Qualität Geisteskraft (Intellekt, Intelligenz, abstraktes Denken).

Analyse und Beschreibung

Das Bild

Es ist der Ritter der Schwerter, der *die Grenzen des Geistes sprengt* (Crowley), der für die dynamische, ideenreiche und objektive Dimension der Luft steht, die den ganzen Raum durchdringt. In der einen Hand das Schwert und in der anderen den Dolch bewegt er sich auf einem wild dahinrasenden Schlachtroß am Himmel; die Bewegung ist so schnell, daß er mit dem Geist des Sturmwinds verschmilzt und die *sich ausbreitende Flamme des Geistes* (Crowley) repräsentiert. Sie entspricht dem kosmischen Bewußtsein, das alles miteinander verbindet, was zusammengehört, und in dem alles Sichtbare nur flüchtige Formen sind, die auftauchen und wieder verschwinden. Dieser Luftgeist steht für den Stoff, aus dem die Bilder geformt werden, und gleichzeitig für jene Dimension des Sehens, die in der Lage wäre, in den Objekten der sichtbaren Welt die Projektion einer darunterliegenden Realität zu erfassen. Statt aber nach der Wahrheit zu forschen, die sich hinter den Projektionen verbirgt (denn hinter jeder Projektion verbirgt sich ein Teil des Bewußtseins dessen, wovon sie eine Projektion ist), will der Luft-Ritter die Wahrheit oft mit denkerischen Mitteln ergründen und die Gefühle als Projektionen der Instinkte durch bewußtes Erkennen überwinden; wir sehen diesen Widerspruch in dem Propeller auf dem Helm (Symbol des Höhenflugs) dargestellt, der den Helden samt Pferd (animalische Triebenergie) über den »Ozean der Hingabe« trägt. Die drei Schwalben symbolisieren die Fähigkeit des Geistes, sich hoch in die Lüfte (Erkenntnis) zu erheben; da sie aber dicht über dem Wasser (Gefühle) fliegen, sind sie ein Zeichen dafür, daß die Instinktnatur die Richtung bestimmt.

Der Mythos

Der Ritter der Schwerter (König der Lüfte) steht für das Vermögen, sich zu höchsten und einsamen Gipfeln geistiger Erkenntnis aufzuschwingen und in der Kühle und Einsamkeit dieser Gipfelwelt zu leben. Seine Ambivalenz liegt in seiner Distanz zu den Gefühlen, wodurch dieser Ritter des Verstandes gleichzeitig auch listenreich und falsch erscheinen kann. Im Mythos ist er in den vielen Facetten des Hermes/Merkur dargestellt: als Loge (Loki), germanischer Gott der Lügen und Schutzherr der Diebe, von dem die Edda schreibt: *Als erster Vater der Falschheit kannte er Listen für alle Gelegenheiten. Stets brachte er die Asen in schlimme Unbill und befreite sie dann mit listigem Rat;* und als Hermes (Merkur), Seelenführer und Götterbote, der in alchemistischen Bildern auch als himmlischer Tau, Regen der Gnade oder Feuer des Heiligen Geistes erscheint.

Deutungen

Diese Karte kann für eine Person, ganz gleich in welchem Lebensbereich, stehen, aber ebensogut für eine Erfahrung im jeweiligen Fragebereich.

Als Person

Das Feuer der Luft begegnet uns im Ritter der Schwerter als die Mischung zwischen einem Verstandesmenschen, der die Fähigkeiten des menschlichen Geistes wie kein zweiter beherrscht (Philosoph, Mathematiker, Literat), und einem unzuverlässigen Standpunktwechsler, dessen scharfer Geist keine Wahrheit anerkennen kann, sondern sie mit gekonntem, teils brillantem Wortspiel süffisant so lange dreht, bis von der ursprünglichen Erkenntnis allenfalls Fragmente übriggeblieben sind (Reporter, Jurist, Rhetoriker, Kritiker, Diplomat). In diesem Sinne ist er mit der mythologischen Gestalt des Odysseus verwandt, der gegen alle Prinzipien verstieß, wenn ihm dies zum Erreichen seiner Ziele notwendig erschien.

Allgemein
Odysseus ist das Symbol für die Kraft des klugen, schnellen, gewitzten Verstandes, die hier in ihrer ideenhaften, geistreichen, vielseitigen, durchaus widersprüchlichen, aber auch in ihrer listigen, ironischen und gerissenen Art dargestellt ist. Wenn diese Karte auftaucht, ist es Zeit, in uns die ambivalente Gabe der Verstandeskraft zu nutzen und zu entfalten. Sie hilft uns, zu verstehen, zu erkennen und zur Klarheit zu gelangen. Ihr Mißbrauch aber führt in die Kälte, zu abgetöteten Gefühlen, herzlosen, heimtückischen Schachzügen und allen üblen Auswirkungen der Tyrannei des Verstandes.

Bewußtsein
In der Antike wird Hermes/Merkur nicht nur als Gott der Diebe und der Händler oder Handeltreibenden dargestellt, sondern auch als Mittler zwischen der olympischen und der irdischen Welt. Seine Heimat ist das schnelle Denken, das blitzschnelle Erfassen von Zusammenhängen. Innerhalb von Widersprüchen fühlt er sich wohl, weil jegliche Realität für ihn sowieso immer nur Resultat gedanklicher Vorstellung ist, und niemand weiß besser als er, daß Widersprüche nur in unseren Köpfen existieren. Bei alledem ist er der Treppenbauer zur Weisheit, der uns bei der Suche nach der Formel hilft, die hinter allen Dingen steckt. In dieser Zeit entwickeln wir große analytische Fähigkeiten, mit deren Hilfe wir unsere Probleme, uns selbst und unsere Umwelt besser verstehen lernen.

Beruf
Im beruflichen Umfeld steht diese Karte für geistige Wendigkeit, Klugheit, Kontaktfreude und eine gute Händlermentalität. Sie zeigt, daß wir geschickt, flexibel und taktisch klug unsere Aufgaben lösen. Im Umgang mit Kollegen, Vorgesetzten, Geschäftspartnern und Kunden drückt sie Redegewandtheit, Geistesgegenwart und geistreichen Charme aus. Sie kann aber auch eine Warnung vor Übertreibungen sein, vor eiskalter Raffinesse, Schlitzohrigkeit und skrupelloser Gerissenheit.

Beziehung
In unseren persönlichen Beziehungen haben wir ein Bedürfnis nach aufregenden Partnern bzw. Partnerinnen, die uns weniger seelisch als äußerlich ansprechen müssen. Dabei fühlen wir uns besonders unter »Paradiesvögeln« wohl: das sind schillernde Persönlichkeiten, die aber – wie dieser Vogel – verkümmern und schließlich sterben, wenn man sie einsperrt. Damit sind Lebensphasen, die der Schwert-Ritter anzeigt, eher von Aufregung und Abwechslung gekennzeichnet. Tiefe Gefühle, Hingabe und seelisches Verschmelzen müssen in diesen Zeiten zurückstehen, wahrscheinlich aus der inneren Angst heraus, uns zu verlieben und uns im anderen zu verlieren. Dort, wo wir uns in alten Abhängigkeiten befinden oder in schier unlösbar erscheinenden Verstrickungen, kann jetzt der Trennschnitt des erkennenden Verstandes segensreich, wenn auch schmerzhaft sein. Wo aber die Gefühle zum Gegenstand sezierender Neugierde werden, tritt Klügelei an die Stelle warmer Herzlichkeit.

Astrologie 21° Stier bis 20° Zwilling.
Element Das Feuer der Luft.
I Ging 56 Lü – »Das Reisen« (Der Wanderer).
Person Der ideenreiche, wetterwendische Mann.
Analogien Hermes, der Trickster, und seine »Söhne«: Odysseus, Sisyphus und Ikarus.
Kraftorte Hermupolis Magna, die Stätte des Hermes; als moderne Entsprechung die Raketen-Abschußbasis Kap Kennedy.
Kraftfarbe Das durchsichtige Blau des Äthers.
Kraftstein Tektit (Folgeprodukt eines Meteoriteneinschlags, aber auch im Umfeld von Atombombenversuchen gefunden).
Räucherwerk Pfefferminzkampfer (Menthol).

AS DER SCHEIBEN

Der Ursprung der Materie

As de los discos

Trieb Die nach Verwirklichung drängende Erdenergie.
Ziel Das große Glück (die Idee in physischer Form).
Licht Innerer und äußerer Glanz

Schatten Materialismus und Geiz als die üble Seite des Reichtums.
Qualität Wohlstand und Macht (die Wurzel der Materie als manifeste, greifbare Energieform).

Auf der Karte sehen wir im Mittelpunkt einer bewegten Sphäre – einem System von sich drehenden Flügeln und Scheiben – eine goldene Münze, deren Inneres mit geheimnisvollen Zeichen beschriftet ist. Das innerste Zentrum der Münze bilden drei Ringe, die das Gesetz des Lebens symbolisieren, wonach nur durch die Vereinigung von Gegensätzen (1+2) neues Leben (3) entsteht. Darin finden wir die »1« als Symbol des Eins(einig)-Seins, der Einheit, der Welt der Urbilder, der Weltseele, der höchsten Weisheit oder der Quelle allen Lebens (As), und die geheimnisvolle und unergründliche »666«, von vielen als Stigma des Teufels bezeichnet, von Crowley selbst »Zahl der Verblendung« genannt. Die drei Ringe sind von einem Heptagramm (Siebeneck) umschlossen, und dieses wird von zwei ineinanderverschlungenen Pentagrammen umrahmt, aus deren Spitzen sich ein zehnspeichiges Rad bildet, dessen Abschluß ein Zehneck ist. Hierbei handelt es sich um das heilige Siegel des Ordens A∴ A∴ (Astrum Argentum = der silberne Stern), der von Crowley gegründet wurde. Die Zahl 666 in der Mitte bezieht sich auf das große Tier der Apokalypse, das mit dem Antichrist gleichgesetzt wird, mit dem sich Crowley zeit seines Lebens identifizierte. Die griechische Inschrift ΤΟ ΜΕΓΑ ΘΗΡΙΟΝ (To Mega Therion) heißt »Das große wilde Tier« und war einer der vielen Titel, die Crowley gerne trug. Wenn man die Zahlenwerte dieser griechischen Buchstaben addiert, erhält man die Summe 666. Addiert man zu 666 die darüberstehende 1, so erhält man laut Crowley die Zahl des Scharlachweibes, das auf dem großen Tier reitet (siehe dazu Atu XI. Lust).

Energetisch symbolisieren die Scheiben das Element Erde; das entspricht der Welt der Materie, der Sphäre »Assiah« der Kabbalisten, die hinter der Goldmünze erscheint. Gold oder Geld sind nicht nur Mittel, um in der Außenwelt Macht und Herrschaft zu gewinnen, sondern auch materialisierte Libido oder Lebenskraft. Einseitig materiell betrachtet kann Gold als Tod der Liebe wirken, denn hinter der Aussage, daß das Verlangen nach Gold und Macht die Wurzel allen Übels ist, steckt die Erkenntnis, daß alles Machtstreben die Liebe vergiftet. Auf spiritueller Ebene hingegen ist Gold Ausdruck des höchsterreichbaren Gutes.

Im inneren Erleben zeigt diese Karte, daß wir uns mit der Frage befassen, was das Element Erde für uns bedeutet und wie wir mit den Themen Wirklichkeitsnähe, Sicherheit, Stabilität, Ausdauer und Vermögen umgehen. Vielleicht erkennen wir dabei die sonnenhafte Natur der in patriarchaler Zeit mit allem Negativen (Irdischen) belasteten Mutter Erde. Das zumindest ist der Zusammenhang, den Crowley mit dieser Karte herstellt.

Im beruflichen Leben deutet dies daraufhin, daß wir uns mit den Werten unseres Tuns auseinandersetzen, wodurch und wobei sich gute Gelegenheiten ergeben, in der angestrebten Richtung voranzukommen. Ob wir dabei mehr auf äußere oder innere Werte setzen, liegt ganz bei uns. Die Karte beinhaltet beide Möglichkeiten.

Im Bereich unserer persönlichen Beziehungen steht dieses As für die Chance, zu dauerhaften, wertvollen Erfahrungen und Verbindungen zu kommen. Diese Chance kann sich sowohl in einer neuen Begegnung ergeben wie auch zur Vertiefung einer bestehenden Verbindung führen. Vor dem Hintergrund, den Crowley mit den Zahlen 666 und 667 in die Karte brachte, erfährt die leidenschaftliche Seite der Beziehung eine bemerkenswerte Intensivierung (das große Tier und das Scharlachweib).

Astrologie Die Erdzeichen.
Lebensbaum Kether (Ursprung) durch Erde: Die Sphäre der sichtbaren Form (Assiah).
I Ging 34 Da Dschuang – »Des Grossen Macht«.
Analogien Das Große Elixier, das Rheingold *(Nur wer der Minne Macht versagt, kann zwingen das Gold ...)*.
Bild »Sesam öffne dich!«
Stichworte Macht, Erfolg, Magie des Geldes

ZWEI SCHEIBEN

(WECHSEL) el cambio

Die Kraft der Gegensätze

Trieb Veränderung.
Ziel Wandel.

Licht Flexibilität als positive Seite von Veränderung.
Schatten Unbeständigkeit.
Qualität Polarisation (auf einer höheren Ebene sind alle Gegensätze nur Illusion bzw. verschiedene Ausformungen eines gleichen Energiestromes).

Das Bild zeigt eine große, phallische Schlange in der Gestalt der Acht, die sich in den Schwanz beißt und mit ihrem Leib das Unendlichkeitszeichen bildet. So drückt diese Gestalt den ewigen Austausch von zwei unterschiedlichen, aber untereinander verbundenen Bereichen aus. Ähnlich der Polarität der Lebens- und der Todesschlange im Caduceus (vgl. »Schlangenstab«, S. 27) ist dieser Uroboros ein dämonisch-göttliches Wesen, das Leben und Tod, Animalisches und Geistiges verbindet und auf geistig-seelische Entwicklung, Wandlung, Tod und Wiedergeburt hinweist. Die zwei Scheiben symbolisieren die Ur-Polarität, die Grundmuster der Urkräfte: Yin und Yang (weiblich und männlich). Als die sich ausdehnende und sich zusammenziehende Kraft, als die stets gegenläufigen Prinzipien, die aber zusammengenommen eine Einheit bilden, sind sie hier als zwei sich in entgegengesetzte Richtung drehende Räder dargestellt. Sie zeigen die allem Sein zugrundeliegende Wahrheit, daß sich das Leben nach stabilen Gesetzen dauernd wandelt und das einzig Beständige die stete Veränderung selber ist.

Energetisch beschreibt die schlangenförmige Acht den ewigen Wechsel der Gegensätze und somit einen Zustand der ständigen Fluktuation und Veränderung. In der Zwei hat sich die noch ungeteilte Urkraft des Asses polarisiert; zwei Scheiben bedeuten Wende, Wandel, Umschlag, Umschwung, Umbruch, Abwechslung und Vielfalt. Das As zeigt die Materie als »die verdichtete Form der Gefühle«, die im Symbol des Goldes erscheint; in der Zwei wird dieses Urgefühl entzweit, wodurch Veränderung und Wechsel entstehen, auch wenn das taoistische Emblem (Yin/Yang) darauf hinweist, daß Gegensätze nur die in Erscheinung tretenden Ausprägungen (Jupiter) einer einzigen in sich unveränderlichen Urform (Saturn) sind.

Auf der inneren Ebene bedeutet diese Karte ein tiefes Verständnis für die Volksweisheit, wonach alle Dinge zwei Seiten haben. In diesen Zeiten geht es darum, sich aus Einseitigkeiten zu lösen und die zum Spiel der Kräfte notwendige andere Seite zu ergründen. Erst ein derart erweitertes Gesichtsfeld, das Tag und Nacht als die zwei (notwendigen) Pole einer Einheit erkennt, führt auf den Weg zum ganzheitlichen Erleben.

Im beruflichen Umfeld steht die »Zwei der Gegensätze« für Veränderungen, die sich wie von selbst ergeben. Wer nicht einseitig auf dem scheinbar »Bewährten« oder zumindest Vertrauten besteht, wird diese Phase als bereichernd erleben und zumindest rückblickend verstehen, welchen Gewinn sie brachte. Umfassende Flexibilität und eine gute Portion Unbekümmertheit sind die besten Voraussetzungen, um diese Phasen als erfreulich zu erleben.

In der Liebe kann die Karte »Wechsel« sowohl den Wechsel einer Beziehung wie natürlich auch Abwechslung in einer Beziehung bedeuten. Letzteres kann von vordergründiger Erfahrung (eine frische Brise) bis zum tatsächlichen Rollentausch zweier aufeinander eingespielter Partner reichen. Menschen mit hohem emotionalen Sicherheitsanspruch können diese Phasen als bedrohlich erleben. Wer aber offen ist für neuen Schwung, wird diese Zeiten zu schätzen wissen.

Astrologie Jupiter in Steinbock.
Lebensbaum Chokmah (Energie) durch Erde: Die polarisierende Schwingung.
I Ging 38 Kui – »Der Gegensatz«.
Analogie Der Uroboros, die sich in den Schwanz beißende und selbst zeugende Schlange als Symbol der Ewigkeit.
Bilder Himmel und Hölle, Tag und Nacht ((Yin und Yang).
Stichworte Neue Ziele, neue Richtungen, der ewige Kreislauf, das beständig Unbeständige.

DREI SCHEIBEN

(ARBEIT)
Die Kraft der Verfestigung

Trieb Manifestation durch Arbeit; Aufbau, Verwirklichung und Selbstverpflichtung.
Ziel Entfaltung, Anerkennung, Selbstverwirklichung.

Licht (Wirtschafts-)Wachstum.
Schatten Sinnloser Eifer; ohne Richtung.
Qualität Zuwachs an Materie (Kristallisation der Kräfte).

Im Mittelpunkt der Karte steht eine Lichtpyramide auf den drei Rädern der Trinität Körper, Seele und Geist (alchemistisch Schwefel, Salz und Queck-silber). Hier wurde die Urpolarität (Zwei Scheiben) zu den drei Dimensionen unserer Wirklichkeit, die ihrerseits wiederum der Zahl Vier entspricht (das symbolisiert die aus Dreiecken bestehende Pyramide mit vier Ecken). Diese Pyramide befindet sich *in der großen See von Binah in der Nacht der Zeit* (Crowley), auf dem Ozean des ewigen Seins, aus dem die sichtbaren Formen entstehen, die unsere Wirklichkeit darstellen, ohne jedoch eine allumfassende Wirklichkeit zu sein. Die drei Räder entsprechen den drei Kreisen im Zentrum des Scheiben-Asses, die hier ihre Kraft entfalten und aus dem unerschöpflichen Potential des Urgrunds die Formen der Wirklichkeit herauskristallisieren.

Energetisch verkörpert diese Karte das Glied zwischen der materiellen Absicht der Zwei und der abgeschlossenen Materialisation der Vier, nämlich »das erste Sichtbarwerden der materiellen Verdichtung im Raum«. Sie stellt das aufkeimende Realitätsprinzip dar, die einsetzenden Kräfte des Wachstums oder das extrovertierte Streben nach Leistung (Arbeit), das sich nach außen hin entfaltet und beginnt, die Mauern zu errichten, hinter denen sich das Ich in der nächsten Karte (Vier der Scheiben) dann verschanzt.

Auf der Ebene unseres Bewusstseins führt uns diese Karte die Begrenztheit unserer irdischen Perspektive vor Augen. Wenn wir auch noch Hunderte von Jahren nach der Erkenntnis, daß sich die Erde um die Sonne dreht, in unserer Alltagswirklichkeit die Sonne um die Erde kreisen lassen, um wieviel schwieriger muß es dann sein, wirklich zu verstehen, daß unsere schönen und in dieser Welt auch gut funktionierenden Gesetze von Raum und Zeit kurz hinter unserem Planetensystem ihre Gültigkeit verlieren und daß dort z.B. parallele Linien einander schneiden können.

Im beruflichen Erleben steht die Karte »Arbeit« für schöpferische Kräfte, dank derer es uns gelingt, aus der Fülle der Möglichkeiten in jedem Augenblick diejenigen auszuwählen, die sich gerade jetzt am besten in die Tat umsetzen lassen. So zeigt die Scheiben-Drei, daß wir entweder ein neues Vorhaben beginnen oder in einem laufenden Projekt durch gute Arbeit ein schönes Stück vorankommen. In jedem Fall bedeutet sie, daß wir eine alte Ebene überwinden und so zu einem Neuanfang unter besseren Bedingungen gelangen.

Im Bereich unserer Beziehungen bedeutet diese Karte, daß uns eine Zeit der Stabilität bevorsteht, in der es sich lohnt, an der Verwirklichung langgehegter Wünsche und Absichten zu arbeiten. So wie der Ozean auf dem Bild für die unbegrenzte Zahl der Möglichkeiten steht, sind die drei Räder die Kräfte von Körper, Seele und Geist, die durch vereintes Wirken aus der Tiefe der Möglichkeiten eine klare und harmonische Struktur hervorbringen. So gesehen steht die Drei der Scheiben für kreative Phasen im partnerschaftlichen Bereich und für den Aufbau neuer Beziehungsstrukturen.

Astrologie Mars in Steinbock.
Lebensbaum Binah (Form) durch Erde: Die verdichtete Schwingung (Die materialisierte Vibration).
I Ging 53 Dsiân – »Die Entwicklung« (Allmählicher Fortschritt).
Analogie Das Gleichnis vom Sämann (Matth. 13,1-1-9).
Bild Der wachsende Baum.
Stichworte Wachstum, Fortschritt, allmähliche Entwicklung.

VIER SCHEIBEN

(MACHT) el poder
Die Kraft der Stabilität

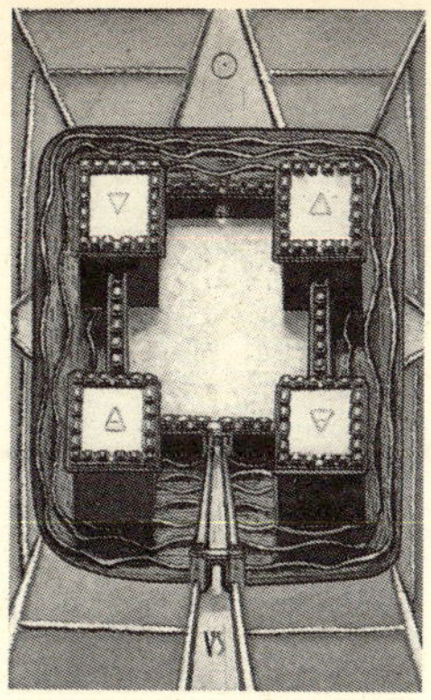

Trieb Sicherheit, Fixierung, Stabilität.
Ziel Vollendung irdischer Macht durch die Verdichtung von Kraft.

Licht Unbeirrbarkeit.
Schatten Zwanghaftigkeit, Verbohrtheit, Stagnation.
Qualität Die festigende und alles beherrschende Kraft.

Auf dem Bild sind die Scheiben als vier Ecktürme einer Festung (Vogelperspektive) dargestellt. Die Scheiben selbst sind quadratisch und verkörpern damit die Vierheit als Symbol der Stabilität und der irdischen Wirklichkeit. Sie repräsentieren Gesetz und Ordnung, Regel und System. Daß es sich dabei um ein lebendiges System handelt, bringen die Zeichen in den vier Türmen zum Ausdruck, die die vier Elemente symbolisieren: ▽ Wasser, △ Feuer, A Luft und ∀ Erde. Das Motiv zeigt die Grundstruktur der irdischen Stadt (des menschlichen Lebensraumes), die der göttlichen Stadt, dem »himmlischen Jerusalem«, nachgebaut ist.

Energetisch symbolisiert die »Festung« die in der Form verankerte (»verdichtete«) materielle Energie. Die Macht der Vier liegt aber nicht in der Materie an sich, sondern in der Art und Weise, wie wir ihr Struktur und Bedeutung verleihen und sie in den Mittelpunkt unserer Überlegungen stellen. Auf der negativen Seite entspricht sie dem Versuch, sich innerhalb der Wirkungen des Ewigen eine eigene Wirklichkeit zu konstruieren und diese zu vergöttlichen. Auf der positiven Seite entspricht sie aber der »höheren« Einsicht, daß solche Denk- und Wirklichkeitsmodelle zwar nützlich und hilfreich sein können, aber niemals absolute Wahrheit beanspruchen dürfen, sondern stets Hilfsmodelle bleiben.

Auf der inneren Ebene führt uns diese Karte die Ganzheit der Schöpfung vor Augen, deren verborgenen Sinn zu ergründen Aufgabe des Menschen ist. Die mandalahafte Gliederung in eine Viererstruktur ist immer ein Ausdruck für das Ganze und damit eine Anregung für den Betrachter, sich zu prüfen, wie die vier Türme seines Wesens gewachsen sind, wo er zuviel des Guten getan hat und welche Seite vernachlässigt blieb.

In der beruflichen Sphäre steht die Vier für Stabilität, Struktur, Klarheit, Ordnung und Konsequenz. Sie ist damit Hinweis auf Konsolidierungsphasen, in denen Erreichtes abgesichert wird, aber auch auf erfolgreiche Schaffensabschnitte, in denen Pläne verwirklicht werden und Positionen ausgebaut werden können.

Auch in den Gefühlen zeigt sie Stabilität und verweist damit auf die Möglichkeit, zu einer festen, dauerhaften Bindung zu kommen, verworrene Beziehungsverhältnisse zu klären oder eine bestehende Beziehung zu festigen. Allerdings ist mit dieser Karte auch eine Warnung vor Übersicherung verbunden, die eine lebendige Verbindung erdrücken kann.

Astrologie Sonne in Steinbock.
Lebensbaum Chesed (Verdichtung) durch Erde: Die sichtbare Form.
I Ging 32 Hong – »Die Dauer«.
Analogie Daidalos, Ahnherr der griechischen Bildhauer und Architekten (baute für König Minos das Labyrinth).
Bild Die Festung.
Stichworte Status, Herrschaft, irdische Macht.

FÜNF SCHEIBEN

(QUÄLEREI) la tortura
Die Kraft der Beklemmung

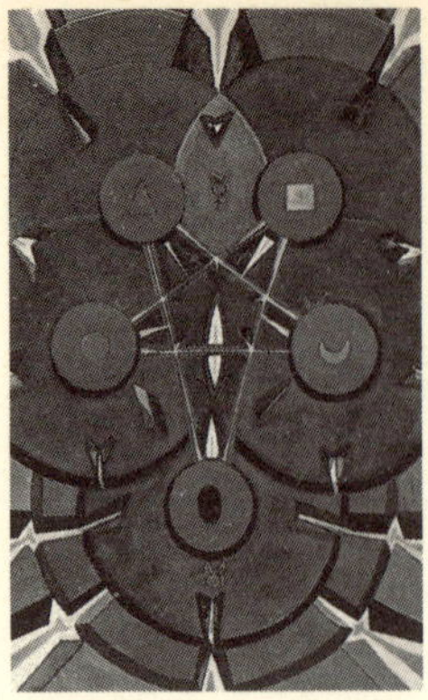

Trieb Wandlungswille.
Ziel Krise.

Licht Umbruch, Wandlung, Härtetest.
Schatten Scheitern, Zusammenbruch, Verzweiflung.
Qualität Erfahrungszuwachs aus Wachstumskrisen.

Die Karte zeigt uns fünf ineinander verzahnte Scheiben, die durch einen Antriebsriemen verbunden sind. Im Mittelpunkt der Kreise finden wir die fünf Tattwas dargestellt (Dreieck, Rechteck, Kreis, Mond, Ellipse), die im indischen Denken subtile Elemente bezeichnen, denen die ganze Natur sowie der Mensch in einer Art von Schwingungszuständen ausgesetzt ist. Diese Kräfte sind in Form eines auf der Spitze stehenden Pentagrammes zu einem Alptraum verklammert, der die schlafenden Ängste weckt und das Gefühl von Sinnlosigkeit an die Oberfläche bringt. Nichts wirkt so deprimierend wie die Trostlosigkeit, der wir mit dieser Karte begegnen. Die Fünf der Scheiben weist auf eine Art von inneren Ängsten hin, für die sich keine äußeren Lösungen anbieten. Damit kann sie für längere Phasen von Unsicherheit und Krisen stehen.

Energetisch bedeutet die Fünf Vernichtung der Ordnung und Stabilität, die in der Vier der Scheiben noch vorlag. Negativ ausgedrückt ist es die Zerstörung der »Festung«, positiv betrachtet bringt sie den Ausgleich und das Gegengewicht zur Übersättigung und Machtentfaltung der Vier. Die Fünf der Scheiben ist die Karte der Krise und symbolisiert die Situationen im Leben, in denen wir uns armselig, verlassen und manchmal wirklich erbärmlich vorkommen; sie steht aber auch für die Engpässe, die in jeder Wachstumskrise liegen, weil wir einen vertrauten Bereich der Stabilität aufgeben und uns neuen, größeren Herausforderungen, aber auch den damit verbundenen Risiken zuwenden.

Auf der Ebene der inneren Erfahrung geht es in diesen Zeiten darum, den Sinn der Vergänglichkeit, die allen Dingen innewohnt, zu erkennen. Ohne diesen ausgleichenden Faktor wäre die Entwicklung schon längst in einer Sackgasse steckengeblieben und hätte sich festgefahren. Allein dadurch, daß ein auflösendes, destruktives Prinzip das Erreichte zerstörend überwindet, kann eine Neu- und Weiterentwicklung stattfinden, die zu neuem (persönlichen) Wachstum führt.

Im beruflichen Leben zeigt diese Karte wenig Erfreuliches. Vermeintlich sichere Positionen geraten ins Wanken, Risiken, die mit unternehmerischer Hand eingegangen wurden, entpuppen sich als problematisch und liegen wie ein Stein im Magen. Was gestern noch glänzte, ist heute düster. Wie lange dieser Engpaß anhält und wohin er führt, läßt sich zu diesem Zeitpunkt nicht sagen. Sicher ist nur, daß wir auf brüchigem Boden stehen und eine Durststrecke vor uns haben. Bei alledem aber sagt die Karte nicht, daß tatsächlich etwas schiefgehen muß, sondern nur, daß wir die Perspektiven pessimistisch einschätzen und uns ängstigen oder uns zumindest verunsichert fühlen.

Im Bereich unserer persönlichen Verbindungen ist diese Krisenkarte Ausdruck eines wackligen Fundaments, auf dem die Beziehung steht. Falls wir ohne Partner leben, zeigt sie, daß wir mit unserem Single-Dasein recht unglücklich sind. Das Spektrum der Fünf reicht damit von den schmerzvollen Erfahrungen des Ungeliebtseins und Nichtliebenkönnens bis zu den schwierigsten Beziehungsquälereien. Auch hier macht das Erleben häufig den Eindruck fruchtlosen und sinnlosen Leidens, führt aber auch in diesem Bereich zu notwendigen und letztlich wertvollen Einsichten und Veränderungen.

Astrologie Merkur in Stier.
Stichworte Geburah (Umwälzung) durch Erde: Die Zerstörung der Form.
I Ging 41 Sun – »Die Minderung« (Der Verlust); 47 Kun – »Die Bedrängnis« (Die Erschöpfung).
Analogien Hiobs Krisen, die mageren Jahre Ägyptens oder die Heuschreckenplage als Anlaß zur Buße (Joel 1,2-20).
Bilder Atombedrohung und die schleichende Umweltzerstörung.
Stichworte Elend, Entbehrung, Engpaß, Bankrott.

SECHS SCHEIBEN

(ERFOLG) el exito

Die Kraft des Überflusses

Trieb	Überwindung von Krisen, materieller Gewinn.
Ziel	Harmonie und Fülle (Schlaraffenland).

Licht	Mildtätigkeit, Liebe für den Nächsten, Gönnertum.
Schatten	Vergeudung (der Dukatenesel im Märchen).
Qualität	Glück und Wohlstand (Paradieszustand).

AUF DEM BILD sehen wir die sechs Scheiben in Form eines Hexagrammes um einen Lichtkreis gruppiert. Sechsstern und Sechseck sind Symbole gegenseitiger Durchdringung und unauflöslicher Vereinigung. Hier tragen die sechs Kreise die Symbole der sechs Planeten Mond, Merkur, Venus, Mars, Jupiter und Saturn, die von der Sonne im Zentrum erleuchtet werden. Damit zeigt die Karte das harmonisch ausgewogene Zusammenwirken dieser Prinzipien. Der ganze innere Teil ist licht, weil die als Rosenkreuz dargestellte Sonne die Aura durchstrahlt und den Geist verklärt. Zu solcher Erfahrung führt in der Regel nur Meditation und Kontemplation, durch die unser Geist ganz nach innen, auf das höhere Selbst gerichtet wird. Insofern ist die Sechs der Scheiben eine Karte der inneren Sonne, die im inneren Osten, in der Morgenröte des Selbst-Erwachens, kraftvoll emporsteigt, denn im Zentrum des Bildes glüht der rötliche Schein der Morgendämmerung.

ENERGETISCH entspricht diese Karte der Bildung einer atmosphärischen Harmonie zwischen Seele und Leib (Mond in Stier). Nach der Katastrophe der Fünf, welche die Zerstörung der Ordnung schildert, bringt die Sechs durch eine optimistische Lebenseinstellung Licht ins Herzzentrum, und durch das Streben nach materieller Sicherheit Fülle und Überfluß.

AUF DER INNEREN EBENE zeigt die Karte weiter, daß wir erkennen müssen, daß nur ein ausgewogenes Verhältnis gegensätzlicher Prinzipien (Krieg und Frieden = Mars-Venus, Fülle und Entbehrung = Jupiter-Saturn, Zweifel und Glaube = Merkur-Jupiter usw.) weiterführt. Wo immer wir ein Prinzip vernachlässigen, abwerten oder zu unterdrücken versuchen, gerät das Gesamtgefüge aus dem Gleichgewicht, und der natürliche Entwicklungsprozeß wird gehemmt.

IM BERUF bedeuten die sechs ein Hexagramm bildenden Scheiben, daß eine günstige Konstellation, ein harmonisches Ineinandergreifen gegensätzlicher Faktoren dafür Sorge trägt, daß eine erfolgreiche Zeit vor uns liegt, die Lösungen alter Probleme und günstige Gelegenheiten für jede Art von Neuanfang mit sich bringt.

IN UNSEREN BEZIEHUNGEN steht die Karte für angenehme Wachstumsphasen, in denen manche Wünsche in Erfüllung gehen. Sie kann den Beginn einer neuen, beständigen Verbindung ebenso anzeigen wie den weiteren Ausbau und die Verfestigung einer alten, vertrauten Partnerschaft.

Astrologie Mond in Stier.
Lebensbaum Tiphareth (Mittelpunkt) durch Erde: Das materielle Glück.
I Ging 42 I – »Die Mehrung«; 55 Fong – »Die Fülle«.
Analogien Der sagenhafte Reichtum König Salomos; Ägyptens sieben fette Jahre (Der Traum des Pharaos von den sieben mageren und sieben fetten Kühen, Genesis 41,1-36).
Bild Der süße Brei.
Stichworte Großmut, Verständnis, Toleranz.

SIEBEN SCHEIBEN

(FEHLSCHLAG) el fracaso
Die Kraft des Zerfalls

Trieb Innere Leere; Resignation.
Ziel *Hier gibt es keine Anstrengung, … der Einsatz wurde auf den Tisch gelegt und ist verloren. Das ist alles.* (Crowley)

Licht Konfrontation mit den kollektiven Urängsten.
Schatten Tiefsitzende Blockierungen.
Qualität Abwarten (die Zeit der Erträge ist noch nicht gekommen).

Die Karte reflektiert einen Zustand des Zerfalls; nach der Morgenröte der Sechs Scheiben ist der Hintergrund der Sieben jetzt zu einer Brutstätte des Verderbens verkommen. Crowley schreibt: *Die Scheiben sind in Form der geomantischen Figur Rubeus ⁝ angeordnet, dem verhängnisvollsten und bedrohlichsten aller Zeichen. Es ist ein derartig böses Omen, daß bestimmte Schulen der Geomantie die Zeichnung zerstören und die Frage für einige Stunden oder länger verschieben, wenn Rubeus (Mars im Skorpion) am Aszendent erscheint.* Abgeschnitten vom Wachstum und von der Vegetation erkennen wir eine blauviolette Schattenwelt, in der schwarze Pflanzenskelette anstelle von Früchten die sieben bleiernen Todesscheiben des Saturn hervorbringen, Symbol für das Unheil ohne Ende oder ein unglückliches Ende, das keine Erlösung bringt.

Energetisch findet diese Karte ihren Ausdruck im Bild des verbrannten oder verdorrten Landes und bedeutet materielles Streben ohne spirituelle Grundlage, das Scheitern der Gesellschaft oder die Erkrankung der Materie, kurz: die Ausbeutung der Materie ohne seelische Verbindung zur Erde. Das Leben verdorrt, wenn wir uns innerlich zu weit von der Natur entfernen, ein erfülltes Leben ohne Liebe zur Natur ist unmöglich. Saturn ist der Prinz der Finsternis, und die sieben dunklen Scheiben werden als das öde Reich von Siechtum und Zerfall gesehen; gleichzeitig zwingt er uns auch dazu, unsere ungeliebten Schattenseiten wahrzunehmen, in denen wir den Auswirkungen unseres eigenen Handelns mitsamt den Versäumnissen begegnen – zum Beispiel in Form der aktuellen Umweltprobleme.

Im Dialog mit der inneren Ebene gilt es, sich mit Fragen der Vergänglichkeit und der Schattenseiten des Lebens zu befassen. Saturn als Grenzsetzer begegnet hier konfliktreich dem Sicherheit, Fruchtbarkeit und Beständigkeit verkörpernden Prinzip des Stiers. Die Notwendigkeit dieser anderen – in aller Regel ungeliebten – Seite zu erkennen, ist die Aufgabe, die sich mit dieser Karte verbindet.

In beruflicher Hinsicht ist in Zeiten, die von dieser Karte gekennzeichnet sind, mit Fehlschlägen zu rechnen. Insofern kann sie in manchen Fällen noch eine rechtzeitige Warnung sein und von geplanten Vorhaben abraten. Dort aber, wo eine gegenwärtige Situation von der Scheiben-Sieben dargestellt wird, ist optimistisches Hoffen fehl am Platz und nüchternes, wirklichkeitsnahes Reagieren, verbunden mit einer Bereitschaft, auch schmerzhafte Konsequenzen zu ziehen, die angemessenste Haltung.

In der Tiefe unserer Gefühle kann diese Karte besonders schmerzhaft sein, weil sie das Scheitern einer Hoffnung, aber auch das Ende einer Beziehung bedeuten kann. Damit ist sie oft Vorbote schlechter Zeiten, in denen wir mit dem Gefühl bleierner Ohnmacht zusehen müssen, wie Hoffnungen schwinden und vielversprechende Ansätze und Entwicklungen zunichte werden. In manchen Fällen kommt sie gerade noch als rechtzeitige Warnung, die uns davon abhalten kann, einen gefährlichen, schmerzhaften Schritt ins Leere zu tun.

Astrologie Saturn in Stier.
Lebensbaum Netzach (Zersetzung) durch Erde: Das verdorrte Land.
I Ging 5 Sü – »Das Warten«; 12 Pi – »Die Stokkung«.
Analogie Die untergegangenen, weil von Gott abgefallenen Städte Tyrus, Samaria, Ninive und Babylon.
Bild Atomzerstörung (Tschernobyl).
Stichworte Seuche, Verwüstung, Verfall.

ACHT SCHEIBEN

(UMSICHT)

Die Kraft der Übersicht

la circunspección

Trieb Gewissenhaftigkeit und Übersicht (durch das Ordnen der Dinge).

Ziel Erkennen der detaillierten Zusammenhänge.

Licht Selbstdisziplin und Detailgewichtung (wissenschaftliche Methodik).

Schatten Erstarrung in Formalismus (den Wald vor lauter Bäumen nicht mehr sehen).

Qualität Anpassung an die Erfordernisse der Zeit (objektive Neutralität).

In der Acht ist die Ordnung wiederhergestellt, denn die Scheiben zeigen sich in einem geordneten Muster als Blüten oder Früchte eines großen Baumes, der in fruchtbarer Erde wurzelt. Das Chaos der Sieben scheint überwunden, denn die Früchte sind in Form der geomantischen Figur Populus ⁞⁞ angeordnet, dem »Tun im Nichtstun«, »Gewinn durch Rück-zug« oder, wie Crowley notiert, dem »Warten des Sämanns auf die Ernte« – die Schamanen bezeichnen dies als »Stärke im Nicht-Handeln«. Crowley kommentiert: *Die Jungfrau entspricht dem verborgenen Keim des Lebens oder der jungfräulichen Erde, die dem phallischen Pflug entgegensieht, und Populus dem Rückzug der Energie in den brachliegenden Boden.*

Energetisch versinnbildlicht diese Karte Selbstdisziplin, Detailgewichtung, Gewissenhaftigkeit und spirituelles Wissen um die Gesetzmäßigkeit hinter allen Vorgängen in der Natur ebenso wie hinter allem menschlichen Tun. Der hohe Anspruch, sich mit der Schöpfernatur wieder ins Gleichgewicht zu bringen, setzt nicht nur reine Beweggründe und selbstloses Weisheitsstreben voraus, sondern auch das spirituelle Empfinden, daß sich Chaos und Ordnung, Zerstörung und Aufbau, schöpferische Intelligenz und emotionale Motivation nicht widersprechen, sondern wechselseitig bedingen.

Auf der inneren Ebene bedeutet diese Karte, daß wir Einblick gewinnen in die natürlichen Wachstumsprozesse, die im Zusammenwirken ursprünglicher Gegensätze liegen. So wertvoll Rosenwasser auch sein mag, es wäre falsch, wollten wir die Rosen damit düngen. Dazu bedarf es des Humus oder des Düngers, der oft eine Folge der Verwesungsprozesse der vorhergehenden Karte (Sieben Scheiben) ist.

Im beruflichen Erleben steht die Acht für geschickte Vorgehensweisen, bei denen mit ausgeprägtem Feinsinn für das Notwendige, das Zweckmäßige und taktisch Klügste neue Schritte unternommen werden, die zu erfolgreichen Entwicklungen führen. Damit kann die Karte einen wohlüberlegten und umsichtig geplanten Neuanfang ebenso darstellen wie ein vorsichtiges und maßvolles Wachstum in größeren Aufgabenbereichen.

Im Bereich von Liebe und Beziehung zeigt die Acht der Scheiben, daß wir uns behutsam auf einen neuen Schritt einstellen. Sei es, daß wir uns nach einer verletzenden, schmerzhaften Phase verschlossen haben und nun beginnen, uns vorsichtig wieder zu öffnen, sei es, daß wir uns zu neuen, weitreichenden Schritten entschließen, die eine bestehende Beziehung berühren. So steht die Karte nicht selten für den Plan, zu heiraten und Kinder zu bekommen. In jedem Fall weist sie auf eine erfreuliche Entwicklung hin.

Astrologie Sonne in Jungfrau.

Lebensbaum Hod (Struktur) durch Erde: Das sammelnde Ordnen.

I Ging 17 Sui – »Die Anpassung« (Die Nachfolge); 27 I – »Die Mundwinkel« (Die Ernährung).

Analogie Das Gleichnis vom Unkraut unter dem Weizen (Matth. 13,24-30).

Bild Das Zählbrett.

Stichworte Differenzierung, Ordnung, Selbstkritik.

NEUN SCHEIBEN

(GEWINN) d beneficio
Die Kraft des Wachstums und der äußeren Mehrung

Trieb Materielle Verwirklichung, Wohlergehen.

Ziel Vermehrung des Wohlstands (Zuwachs als Synonym für materielles Gelingen).
Licht Freude, Gewinn, finanzielles Glück.
Schatten Gewinnsucht, Täuschung, leere Pläne.
Qualität Zufriedenheit, Sicherheit, materielle Erfüllung.

AUF DEM BILD finden wir die neun Scheiben in drei Dreiergruppen unterteilt, von denen die obere und die untere eine den sechs Planetenzeichen der Sechs Scheiben entsprechende Symbolik aufweisen. Während das obere Dreieck, das mit der Spitze nach oben zeigt, dem Feuerelement und damit dem ideellen Streben entspricht, steht das mit der Spitze nach unten zeigende Wassertrigon für die Tiefe seelischer Erfahrung und für das Vertrauen in die Instinktnatur. Steht der Hintergrund des Bildes für die Farben der Erde, so spiegeln sich in den sich vereinigenden Kreisen in der Mitte Wasser (grün) und Luft (blau), die von der Sonnenscheibe (Feuer) durchleuchtet werden.

ENERGETISCH symbolisiert diese Karte Fruchtbarkeit und Wachstum. Die venusische Energie verströmt Harmonie und ein die Gegensätze verbindendes Empfinden; ihr innerer Ausdruck wird durchströmt von einer tiefen Liebe für die Welt. Yesod (die Reflektierung des Mondes) führt zur Befruchtung der Materie und illustriert die zyklische Erneuerung der Erde (Jungfrau), die Kraft des Wachstums oder Werdens, die innerhalb der materiellen Sphäre zum Ausdruck kommt.

IM INNERSEELISCHEN ERLEBEN verkörpert die Karte »Wachstum« die plötzliche Erkenntnis eines inneren, oft genug auch die eines äußeren Reichtums. Sie kann Situationen anzeigen, in denen wir durch eine überraschende Wendung im Alltag oder durch eine entscheidende Begegnung unerwartet zu Einsichten kommen, die uns vor Augen führen, welche Fähigkeiten in uns stecken und welche Möglichkeiten des Wachstums und der Entfaltung darin liegen. Sie kann ebenso zeigen, daß wir eine entscheidende Bewußtseinswandlung durchmachen, den Durchbruch von einem angsterfüllten und unsicheren Zustand zum Erkennen unseres wahren Reichtums.

AUF DER BERUFLICHEN EBENE zeigt die Scheibenkarte, daß wir ein erfolgreiches Geschäft, vielleicht sogar einen spektakulären Gewinn vor uns haben. Sie kann ebenso bedeuten, daß wir in eine sehr begehrte und lukrative Position aufrücken, daß unsere Bewerbung einen unerwarteten Erfolg hat oder daß uns Prüfungen erstaunlich gut gelingen. Vor diesem Hintergrund beschreibt die Karte auch, daß wir von unseren beruflichen Aufgaben erfüllt sind und uns innerlich beglückt und bereichert fühlen.

IM BEZIEHUNGSLEBEN UND PARTNERSCHAFTLICHEN BEREICH bedeutet die Neun der Scheiben, den »großen Fisch« an Land zu ziehen, was immer das für den einzelnen heißt: eine »gute Partie« zu machen, den Freund fürs Leben zu finden oder eine Begegnung zu haben, die zutiefst innerlich beglückt. Aber die Karte weist nicht nur auf neue Kontakte hin. In gewachsenen Verbindungen bedeutet sie glückliche Zeiten, in denen wir den Reichtum der Beziehung erfahren und genießen, wie er vielleicht am schönsten im Bild eines unbeschwerten, ganz auf du und du gestellten Urlaubs zum Ausdruck kommt.

Astrologie Venus in Jungfrau.
Lebensbaum Yesod (Reflexion) durch Erde: Die Kraft des Werdens (Das Prinzip des Lebens).
I Ging 42 I – »Die Mehrung«; 48 Dsing – »Der Quell« (Der Brunnen).
Analogie Die wundersame Fisch- und Brotvermehrung (Luk. 9, 10-17).
Bild Tischlein-deck-dich.
Stichworte Liebe, Erfüllung, Bereicherung, Glück.

ZEHN SCHEIBEN

(REICHTUM) la riqueza
Die Kraft des Wohlstands

Trieb	Streben nach Gewinn, Reichtum und Sicherheit.
Ziel	Solides Fundament, gediegene Verhältnisse.
Licht	Erfolg und Wohl-Stand (fester Boden unter den Füssen).
Schatten	Habsucht, Geldgier.
Qualität	Die Vollendung der menschlichen Ziele oder der Gipfel des irdischen Glücks. Diese Karte ist Höhepunkt des Scheiben-Satzes und der Kleinen Arkana.

Die Karte zeigt die zehn Scheiben als Münzen, die sich in der Struktur eines Lebensbaumes manifestieren und damit zeigen, daß sie Teile eines größeren, organisierten Gebildes sind. Als letzte aller Karten der Kleinen Arkana stellt diese das Ergebnis einer kontinuierlichen Entwicklung *der sich in der Materie manifestierenden Energie des Göttlichen* (Crowley) dar (vgl. S. 124). Dieser Prozeß beginnt mit dem As der Stäbe, dessen zehn Flammen ebenfalls in der Form des Lebensbaumes angeordnet sind. Die Symbole auf den Münzen sind magische Zeichen, die der jeweiligen Qualität der zehn Urprinzipien entsprechen, die den Baum des Lebens bilden.

Energetisch repräsentiert die Zehn der Scheiben das materielle Ergebnis des schöpferischen Impulses, der im Stab-As begann, und die zehn Münzen symbolisieren die Werte des Menschen auf dem Weg zur Erfüllung, denn sie sind die zu materieller Form verdichtete Schöpfungsenergie. Das As der Stäbe ist der Keim, in dem die Zehn der Scheiben schon lebendig ist, und die Zeit, die es braucht, um das physische Gebilde auszutreiben, ist der Weg des Menschen, sich seiner Teilhabe an der immensen Kraft des unendlichen Geistes bewußt zu werden.

Auf der inneren Ebene entspricht diese Karte unserem seelischen Empfinden, das in den äußeren Schätzen die innere Schöpfungsnatur erkennt. Erst, wenn wir spüren, daß wir Teil des unendlichen, vollkommenen Geistes sind und daß alles, was geschaffen wurde, in Vollkommenheit und ohne unser Zutun existiert, haben wir uns zugunsten der inneren Fülle aus dem »Haben um des Habens willen« befreit. Ähnlich einem Puzzle werden Möglichkeiten, die als Teilaspekte schon alle greifbar nahelagen, plötzlich als zusammengehörig erkannt und vereinen sich zu einer großen Vision. Dies führt zu einer Bewußtwerdung unseres inneren Schöpfungsplans.

Im beruflichen Leben bedeutet das, durch veränderte Aufmerksamkeit auch der Routine des Arbeitsalltages etwas abzugewinnen, ihn als Quelle innerer Bereicherung zu erleben (Gurdjieff-Methode). Die Karte weist auf die Sicherheit des Arbeitsplatzes hin, auf lohnende Objekte, auf günstige Geschäfte, gute Bezahlung, auf ideellen und zugleich materiellen Erfolg.

Auch in unseren persönlichen Verbindungen kündet die Fülle dieser Karte von einer schönen Zeit, in der die vielen Facetten unserer Beziehung mit Freude erlebt werden. Gerade hier kommt dem subtilen Aspekt des inneren Reichtums eine besondere Bedeutung zu: Er öffnet uns die Augen für die kleinen Gesten, für so manches, was wir aus Gewohnheit oder Blindheit nicht (mehr) wahrgenommen haben.

Astrologie Merkur in Jungfrau.
Lebensbaum Malkuth (Urgrund) durch Erde: Die materielle Erfüllung (Der goldene Käfig).
I Ging 14 Da Yu – »Der Besitz von Großem«.
Analogie Der reiche Midas, dem Dionysos den Wunsch erfüllte, alles, was er berührte, in Gold zu verwandeln; worauf er mit Schrecken feststellte, daß auch seine Speisen zu Gold wurden.
Bild Gold als die materielle Krönung des Schöpfungsfunkens.
Stichworte Besitz, Fülle, Pracht.

PRINZESSIN DER SCHEIBEN

Die Tochter der Mutter Erde

la princesa de los discos

Trieb	Suche nach gefühlsmäßiger Geborgenheit.
Ziel	Physische Vereinigung: Schwangerschaft, Geburt.

Licht	Sinnlichkeit, Liebe und seelische Wärme.
Schatten	Genußsucht, Bequemlichkeit, Sentimentalität.
Qualität	Erneuerung, Wachstum und Mutterschaft (die hervorbringenden oder schöpferischen und nährenden Aspekte aus der Berührung mit der Großen Göttin, der Mutter Erde).

Analyse und Beschreibung

Das Bild

In der Priesterin der Erde begegnen wir der erwachenden weiblichen Sehnsucht nach Verschmelzung und ihrer formgebenden schöpferischen Kraft, die etwas in die Welt hinein entstehen lassen will: dem Prinzip der Schwangerschaft (wir erkennen auf der Karte ihren gewölbten Bauch). Die Spitze ihres Speers, die sich – tief in die Erde eindringend – in einen Diamanten verwandelt, versinnbildlicht *die Geburt des höchsten und reinsten Lichtes im tiefsten und dunkelsten aller Elemente* (Crowley). Der Speer, der sich anschickt, in die Erde einzudringen, zeigt den Akt der physischen Vereinigung als ein Hinabtauchen in die innere Mitte, in jene erdige Dunkelheit, wo das ewige Leben keimt. Der Altar im Hintergrund ist eine Kult- und Opferstätte der Mutter Erde und die meditierende Scheiben-Prinzessin eine Priesterin der Erd- und Korngöttin Demeter. Ihr gehörnter Kopfschmuck und der Umhang aus Schafsfellen verbindet sie aber auch mit Artemis, der Herrin der Tiere. Die Blume in ihrer Rechten ist die Rose der Großen Göttin Isis. In ihrer Mitte befindet sich das taoistische Ideogramm der polaren Urkräfte Yin und Yang, die im vollkommenen Gleichgewicht schwingen. Die Vereinigung der Urpolaritäten war als Heilige Hochzeit der bewegende Höhepunkt antiker Mysterien und magischer Fruchtbarkeitsrituale.

Der Mythos

Mit Widderhörnern und Tierfellen symbolisiert die Prinzessin die Jagdnymphe Kallisto (das heißt »die Schönste«) aus der Gefolgschaft der Göttin Artemis, Hüterin der Keuschheit und Jungfräulichkeit. Indem sie sich mit Zeus einließ, der sie zur Liebe überlistete, verstieß sie gegen das der Göttin gegebene Keuschheitsgelübde und wurde, als die Folgen sichtbar wurden, von der erzürnten Artemis getötet. Zuvor gebar sie jedoch dem Zeus Zwillinge: Arkas, den Stammvater Arkadiens, und Pan, dem wir in der nächsten Karte wiederbegegnen. Zum Dank versetzte Zeus Kallisto an den Sternenhimmel, wo sie jede Nacht als »Großer Bär« zu sehen ist.

Deutungen

Diese Karte kann für eine Person, ganz gleich in welchem Lebensbereich, stehen, aber ebensogut für eine Erfahrung im jeweiligen Fragebereich.

Als Person

Als Person zeigt diese Karte eine junge, sinnliche Frau, der es darum geht, ihre bislang verborgen gebliebene Kreativität zum Ausdruck zu bringen. Sie hat ein naturverbundenes, erdhaftes Wesen, ein schwerblütiges, aber warmes Temperament und eine beachtliche Beharrlichkeit in der Verfolgung einmal gesetzter Ziele.

Allgemein

Die Prinzessin der Scheiben steht für einen wesentlichen und wertvollen Impuls, der langfristig Früchte tragen wird. Sie ist eine Aufforderung an den Fragenden, sich zu öffnen, sich animieren und inspirieren zu lassen, um aus den sich bietenden Gelegenheiten den größten Gewinn zu ziehen.

Bewußtsein

Auf der Ebene unseres Bewußtseins kommt besonders der kreative Aspekt dieser Karte zum Ausdruck. Sie sagt, daß nach mitunter langen Zeiten der Vorbereitung oder des Wartens nun der Augenblick gekommen ist, wo ein wichtiger Anstoß – den wir zuvor vielleicht schon mehrfach übersehen haben – auf fruchtbaren Boden fällt und so eine wichtige Entwicklung (Reifeprozeß) in uns auslöst.

Beruf

Auch im beruflichen Erleben gehen neue Türen auf, sofern wir uns dazu bereit finden. Es handelt sich um Aufgaben, Aufträge oder Pläne, bei deren Verwirklichung wir hilfreiche Unterstützung bekommen, oder auch um neue Gelegenheiten, die sich uns auftun. Auf alle Fälle zeigt die Tochter der Erde die verläßliche Chance, Arbeit zu finden, Geld zu verdienen, einen neuen Posten zu bekommen oder ein lukratives Geschäft abzuschließen.

Beziehung

Im Bereich der Gefühle verkörpert diese mit der Erde verbundene Gestalt eine Begegnung oder einen Impuls, aus dem sich eine warme, sinnliche Verbindung entwickeln kann. Innerhalb einer gewachsenen Partnerschaft kann sie für einen beherzten Anstoß stehen, der eine langfristig erfreuliche Entwicklung einleitet. Zu diesem Themenkreis gehört natürlich auch die Zeugung eines Kindes.

Astrologie Venus in den Erdzeichen oder Erdhäusern.

Element Erde im Element Erde.

I Ging 20 Guan – »Die Besinnung«;
54 Gui Me – »Das heiratende Mädchen« (Die Unterordnung).

Person Die mit der Erde stark verbundene (schwangere) junge Frau.

Analogien Die Gefährtinnen der jungfräulichen Artemis; die Priesterinnen der Erdgöttin Demeter.

Kraftort Isis-Tempel in Pompeji.

Kraftfarben Hautfarben; helle Erdfarben; Venezianischrot.

Kraftsteine Rhodonit (Mangankies); Mondstein; Rosenquarz.

Räucherwerk Ingwer (Ginger).

PRINZ DER SCHEIBEN

Der Sohn des Ackerbaus

el principe de los discos

Trieb Fleiß, Konzentration und Ausdauer (Beharrlichkeit und großer Körpereinsatz bei schwerfälligem, sinnlichem Temperament).

Ziel Verfestigung durch Arbeit (Wachstum, Beständigkeit, Reife und Erfolg).

Licht Zuverlässigkeit, Unbeirrbarkeit, Zielgerichtetheit.

Schatten Sturheit, Phlegma, Stagnation.

Qualität Der Pragmatiker, der im Handeln das Wesen des Menschen erblickt und Wert und Unwert des Denkens danach bemißt.

Analyse und Beschreibung

Das Bild

Der Sohn der Erde repräsentiert den luftigen Bereich der Erde und weist auf die Große Mutter hin. Mit seinem Ochsengespann verkörpert er die Notwendigkeit, sich dem tieferen Sinn der alten Erdreligionen und damit einem ökologischen Bewußtsein wieder zu öffnen. Die Religion der Göttin, die nicht von außen nach innen, sondern vom Innersten durch eine mitfühlende und mit der Umwelt verbundene Form nach außen fließt, wieder zu entdecken und damit z. B. ein Wirtschaftssystem, das weniger auf Konkurrenz als mehr auf Kooperation beruht, wäre bei der Ausübung unseres gewaltigen, vielfach gewalttätigen Schöpfungsvermögens nicht nur ein »Schritt in die richtige Richtung«, sondern auch absolute Notwendigkeit, wenn wir diesen Planeten, *den wir nicht von unseren Vorfahren geerbt, sondern von unseren Kindern geliehen haben* (Leitsatz der heutigen Alternativbewegung), nicht noch weiter zerstören möchten. Das Ochsengespann verbindet ihn auf der mythologischen Ebene mit dem griechischen Hirtengott Pan, der nicht nur die bäuerliche Erde, sondern auch die Burleske und den derben Humor der Muttererde ausdrückt (durch sein überraschendes Erscheinen in der Mittagsstille löste der Gott panischen Schrecken aus). Der Globus in seiner Linken verkörpert die sichtbare Erscheinungswelt, seine offengelegten Strukturen die natürlichen inneren Rhythmen, die den äußeren Zyklen zugrunde liegen. Das Zepter in seiner Rechten steht für das göttliche Bewußtsein oder den Großen Geist, der diese Kräfte lenkt. Der Prinz, der den Übergang vom Nomadentum zur Seßhaftigkeit anzeigt, ist mit den Jagdnymphen der Göttin Artemis verwandt und stellt die naturverbundene Libido dar, die sich durch Körper und Sinne äußert (mit seiner Verehrung der Großen Mutter können sich auch Feministinnen identifizieren).

Der Mythos

Vom griechischen Hirtengott Pan berichtet die Überlieferung, daß sein Herz vor Liebe zu der Nymphe Syrinx entflammte. Voller Sehnsucht (andere sagen voller Gier) verfolgte er die vor ihm Dahinfliehende. Als sie an einen großen Fluß kam, über den keine Brücke führte, wäre sie ihm ausgeliefert gewesen, hätte sie sich nicht im letzten Augenblick in Schilfgras verwandelt. Traurig schnitt Pan davon einige Stengel ab und band sie zu jener Syrinx oder Panflöte zusammen, deren Locktöne in der Traumanalyse mit der naturhaften Sexualität verbunden werden. Damit stellt der Scheiben-Sohn energetisch den Samen dar, der sich nach dem Schoß der Erde sehnt. Für ihn ist die Liebe zur Natur gleichermaßen materielle Notwendigkeit (Nahrungsbeschaffung) wie sexuelle Vereinigung, denn in ihren geschwungenen Linien (Äcker und Hügel) empfindet er die Geborgenheit der Mutter und damit die erste Ausformung der Gestalt einer Frau.

Deutungen

Diese Karte kann für eine Person, ganz gleich in welchem Lebensbereich, stehen, aber ebensogut für eine Erfahrung im jeweiligen Fragebereich.

Als Person

Der Prinz der Scheiben beschreibt einen vertrauenswürdigen jungen Mann, der kräftig, verläßlich, ausdauernd und geradlinig ist. Er hat einen guten Instinkt für die Wirklichkeit, ist handwerklich geschickt und hat eine starke (vielleicht gerade erwachende) sinnliche Seite.

Allgemein

Diese Karte zeigt eine beharrliche, konsequente und wirklichkeitsnahe Vorgehensweise. Zuverlässigkeit und ausreichende Kraftreserven verbunden mit einem Wissen um den benötigten Zeitrahmen sind beste Gewähr für ein gutes Vorankommen im Umfeld der Frage.

Bewußtsein

Im inneren Erleben entwickeln wir in diesen Zeiten Konsequenz und Zielgerichtetheit. Gleichzeitig lernen wir uns abzugrenzen, um uns nicht von außen von einem eingeschlagenen Lebensweg oder einem Vorhaben abbringen zu lassen. Der Sohn der Erde kann aber auch für eine Zeit stehen, in der wir uns unserer sinnlichen Ausstrahlung bewußt werden und lernen, unsere Sinnlichkeit besser auszudrücken und auszuleben.

Beruf

Auf der beruflichen Ebene verkörpert die Karte den Aufbruch zu einem (von nun an) konsequent verfolgten Ziel. Dabei sind Beharrlichkeit und Tatkraft, aber auch das Wissen um die natürlichen Zeitrhythmen wertvolle und hilfreiche Verbündete. Vor Extremen und zu großen Risiken sind wir in diesen Zeiten dank eines ausgeprägt feinen Instinktes (für kaufmännische Belange) und einem Sinn für das Gediegene und Beständige geschützt.

Beziehung

In der Liebe kann diese Karte »Frühlingsgefühle« anzeigen. Neuer Saft in alten Zweigen und frische grüne Triebe lassen bestehende Beziehungen lebendig sein oder künden dem Single eine neue Begegnung an. In jedem Fall kennzeichnet diese Karte Phasen verstärkter Sinnlichkeit, verbunden mit dem Wunsch nach Beständigkeit und Vertrautheit.

Astrologie 21° Widder bis 20° Stier.

Element Die Luftseite der Erde.

I Ging 53 Dsiân – »Die Entwicklung« (Allmählicher Fortschritt); 60 Dsiâ – »Die Beschränkung« (Ausgewogenheit).

Person Ein hartnäckiger, ausdauernder und verläßlicher junger Mann, der manchmal auch etwas begriffsstutzig und stur wirkt.

Analogien Alle Erd- und Fruchtbarkeitsgötter einschließlich der Götter des Kunsthandwerks (der hinkende Hephaistos; Wieland der Schmied).

Kraftort Der »Garten auf Fels« des Sanherib vor dem Tempel des Gottes Assur zu Assur (heute Asch Scharkat).

Kraftfarben Graphit, Ocker und rotes Eisenoxyd.

Kraftstein Jaspis (Gartenkies).

Räucherwerk Tabak.

KÖNIGIN DER SCHEIBEN

Die Mutter des Wachstums und der saftigen Lebenskraft

la reina de los discos

Trieb Das Streben nach materieller Sicherheit.
Ziel Die Familie als stabiles und sicheres Fundament.

Licht Weiblichkeit, Opulenz, überströmende Fruchtbarkeit.
Schatten Hexe (Verbitterung, Verhärtung, Unfruchtbarkeit).
Qualität Gefestigtes Gefühlsleben, Verbundenheit mit allen Lebensformen, Matriarchat.

Analyse und Beschreibung

Das Bild
Die Königin der Scheiben sitzt am Rande der Wüste auf einem ananasförmigen Pflanzenthron. Sie betrachtet interessiert, wie sich im Hintergrund ein Fluß durch die Landschaft windet, um die weite Öde fruchtbar zu machen. Dieser ist die symbolische Verkleinerung jenes großen, göttlichen Lebensstromes, der als kosmische schöpferische Kraft in den menschlichen Adern fließt und Raum und Zeit miteinander verbindet; er kann gestaut und umgeleitet, aber niemals abgeschnitten und zerstört werden. Die Wüste selber steht für Entbehrung, Kargheit, Enttäuschung und Einsamkeit; die Oase mit ihrem reichen Pflanzenwuchs illustriert hingegen die Fortpflanzungs- und Lebenssäfte. Die Frau im Vordergrund stellt die Mutter des Wachstums und der saftigen Lebenskraft dar, denn es ist die Mutter, die mit dem Prinzip des Lebens in Verbindung gebracht wird, auch wenn es dazu natürlich eines väterlichen Samens bedarf. Die befruchtete Frau symbolisiert die »Sehnsucht der Schöpfung nach sich selbst«, denn *Gott genießt sich selbst. Den gleichen Genuß, den Gott an sich selbst hat, hat er auch an allen Kreaturen – nicht als Kreaturen, sondern als Gott* (Meister Eckehart). Der Sehnsucht nach dem Göttlichen liegt die Sehnsucht nach der göttlichen Mutter zugrunde, die sich an die Hülle der leiblichen Mutter als der ersten Ausformung des Göttlichen bindet. Dieses Prinzip wird durch die Mutter der Scheiben verkörpert, die die menschliche Form der Großen Göttin darstellt. Ihre Rüstung aus kleinen Plättchen oder Münzen unterstreicht ihr materielles Streben und die sie umgebende Sicherheit. Vor ihr steht auf einer Kugel Amalthea, ein anderer Aspekt der Großen Mutter und im griechischen Mythos die Ziege, von der Zeus gesäugt wurde. Das Motiv der Ziegenhörner setzt sich in den geschwungenen Riesenhörnern ihrer Kopfbedeckung fort und kennzeichnet die Scheiben-Königin als stark instinkthafte Frau, als eine Kraft, die das Leben hervorbringt und erhält, zugleich aber auch als die libidinöse Energie, die – symbolisch – die Männer verschlingt, damit sie wiedergeboren werden können, oder – wie Crowley sagt – damit sich *der alte König in den jungen Prinzen verwandeln kann.* Das Zepter in ihrer Rechten wird von einem Glaswürfel gekrönt, in dem sich ein dreidimensionales Hexagramm befindet, Zeichen der miteinander verflochtenen Trinitäten des Geistes und der Materie. In ihrer Linken hält sie die dazugehörige Kugel oder dreidimensionale Scheibe, die mit ihrem Geflecht sich überschneidender Kreise die natürlichen Zyklen (Menstruation, Jahreszeiten etc.) als Sinnbild des Ewigen und Aspekt irdischer Ganzheit darstellt.

Der Mythos
Die Karte symbolisiert den wäßrigen Bereich der Erde, dem Demeter, die griechische Göttin des Akkerbaus und der Fruchtbarkeit, entspricht. Wir befinden uns im Reich der Leiblichkeit, der Mutter Erde, der Formen des Lebens oder der feuchten Quelle für Ernährung und Wärme (vgl. »Reich des Lebens«, S. 36). Die großen Hörner sind aber auch Zeichen aggressiver Instinkte, Attribut einer Jägerin und Symbol der Artemis (vgl. S. 30, »Pfeil«). Somit trägt die Königin der Scheiben Aspekte der Korngöttin und der Jägerin in sich, ähnlich der vielbrüstigen Artemisfigur in Ephesos, die beide Aspekte in sich vereinigt.

Deutungen

Diese Karte kann für eine Person, ganz gleich, in welchem Lebensbereich, stehen, aber ebensogut für eine Erfahrung im jeweiligen Fragebereich.

Als Person
Die Mutter der Erde symbolisiert eine reife, lebenserfahrene Frau, die mit beiden Füßen auf dem Boden steht und das, was ihr anvertraut wurde, zu schützen weiß. Sie verkörpert Lebenskraft und Kreativität und versteht es, sich abzugrenzen und durch-

zusetzen. Geduld, Sinnlichkeit und Vertrauenswürdigkeit sind wesentliche Charaktermerkmale.

Allgemein
Im täglichen Leben steht diese Karte für fruchtbare Zeiten, in denen bislang vernachlässigte Bereiche auf- und ausgebaut werden. Die Hüterin der Scheiben repräsentiert Beharrlichkeit und Konsequenz im Erreichen von Zielen. In Zeiten, die von dieser Karte gekennzeichnet sind, wächst unsere Sicherheit und mehrt sich unser Besitz.

Bewußtsein
In der Tiefe unserer Seele gilt es, sich brachliegenden Talenten zuzuwenden, um diese zu entfalten. Damit stehen kreative Zeiten an, in denen allerdings Beharrlichkeit und Ausdauer mit zu den höchsten Tugenden zählen, weil wir sonst am Ende enttäuscht feststellen müssen, daß wir nur ein Strohfeuer abgebrannt haben.

Beruf
Im beruflichen Streben bedeuten die Gewässer des Lebens (Wasser der Erde), daß wir zunächst das Erreichte absichern, um dann nach neuen Aufgaben, neuen Gebieten, nach Neuland im weitesten Sinne Ausschau zu halten, das wir uns dann beharrlich erschließen. Die mit der Karte zum Ausdruck gebrachte Fruchtbarkeit kann auch direkt zum Gegenstand des Berufs werden, sei es im Bereich von Land- und Forstwirtschaft, Gartenbau, oder, im übertragenen Sinne, im Bereich der Kunst.

Beziehung
Im Umfeld von Liebe und Beziehung ist die Mutter der Materie der »geerdete« Spiegel, in dem wir erkennen, begrüßen und verstehen, wo wir angekommen sind und was wir (erreicht) haben. Damit zeigt sie Phasen wachsender Vertrautheit, in denen wir ein tiefgehendes Gefühl von Sicherheit und Geborgenheit entwickeln. Von dort aus erschließen wir uns neue Gebiete. Sei es, daß wir innerhalb einer bestehenden Beziehung bislang nicht gelebte Seiten entdecken und entfalten, sei es, daß wir aus einer unabhängigen Situation heraus einen wesentlichen Schritt in Richtung einer Partnerschaft machen. In beiden Fällen ist damit häufig der Wunsch nach einer (größeren) Familie verbunden.

Astrologie 21° Schütze bis 20° Steinbock.
Element Der wäßrige Bereich der Erde.
I Ging 13 Tung Jen – »Gemeinschaft mit Menschen«; 37 Gia Jen – »Die Sippe«.
Person Eine bodenständige, gefühlsbestimmte, lebenserfahrene, manchmal etwas herbe Frau.
Analogien Gaia, Hathor oder der Kult der Großen Mutter (Magna Mater).
Kraftorte Kultstätte der Hathor in Dendera; Artemis-Tempel in Ephesos.
Kraftfarben Die leuchtenden Blätter und Fruchtfarben.
Kraftsteine Katzen-, Falken- und Tigerauge; Heliodor (grüner Jaspis mit roten Punkten).
Räucherwerk Zibet.

RITTER DER SCHEIBEN

Der Vater der Ernte und der befruchtenden Kraft

el Caballero de los discos

Trieb Streben nach Besitz, Sicherheit und greifbaren Dingen.
Ziel Dauer, Beständigkeit und ewige Werte.
Licht Ausdauer, Vernunft, Stärke und Geduld (streng, autoritär, gewichtig und hartnäckig).

Schatten Konservativ, materialistisch, dogmatisch und *eifersüchtig auf das, was er instinktiv als den höheren Rang eines anderen erkennt* (Crowley).
Qualität Der Patriarch (»Der Herr der Bodenschätze«), der Mutter Natur kontrolliert, ausbeutet und den eigenen Bedürfnissen unterwirft.

Analyse und Beschreibung

Das Bild

Die Karte zeigt uns Reiter und Roß als schwere, mit dem Boden verhaftete und im Leben fest verwurzelte Gestalt, die mit der Natur in direktem Austausch steht. Der Vater der Ernte und der zeugenden Kraft repräsentiert den feurigen, befruchtenden Geist von Mutter Erde, der sich um Tiere und Pflanzen kümmert, weshalb er statt einem Schwert einen Dreschflegel trägt. Er hat sozusagen die »Atomsprengsätze« und »Raketenstützpunkte« des Schwert-Ritters durch seine irdische Instinktnatur und Zeugungskraft ersetzt und verkörpert den Erben der Schöpfernatur Gottes. Sein schwarzer Schild ist in konzentrischen Kreisen von leuchtendem Sonnenlicht umgeben, das den Hintergrund in ein sanftes Strahlenmeer hüllt. Die Kreise sind ein mild leuchtender Aspekt des Geistes, der vom Schöpfer herabsteigt, um die Große Mutter zu segnen. Gleichzeitig drückt der massige Panzer des Ritters aber auch die Begrenzung durch seine allzu bodenhaften Instinkte aus, die ihn von den geistigen Lichtquellen trennen. Dies erklärt sein oft kurzsichtiges Verhalten, wenn er um des materiellen Vorteils willen Mutter Erde durch Rodung der Wälder, Überdüngung der Äcker oder Großfischfang plündert oder ihre vierbeinigen Geschöpfe unter dem Vorwand der Nahrungsbeschaffung durch konzentrierte Massenhaltung quält. Der zurückgeschobene Helm mit dem Hirschkopf zeigt aber schon die erweiterte Wahrnehmung an und ebenso das innere Bedürfnis und die Bereitschaft, über die materiellen Schranken hinauszuwachsen.

Der Mythos

Den feurigen Teil der Erde können wir mit Dionysos vergleichen, dem sinnesfrohen Wein- und Fruchtbarkeitsgott, auch wenn uns das Bild keinen ekstatischen, sondern vielmehr einen von den brandenden Wogen des Lebens sichtlich erschöpften Krieger zeigt, der sich anschickt, eine schöpferische Pause einzulegen. Er steht offenbar im Begriff, sich selbst zu finden, und das kann er erreichen, wenn er die mit allen Kreaturen der Erde geteilte Göttlichkeit nicht länger ablehnt. Wenn er sich der Mutter Erde wieder liebevoll zuwendet und die Gleichheit mit ihr und ihren Geschöpfen lebt, statt sich über sie zu erheben. Kazantzaki, der Autor von »Alexis Zorbas«, sagte einmal: *Der Mensch ist der Retter von Gott.* Wenn der Scheiben-Ritter nicht länger nur etwas für sich selbst sein will, sondern Gott in jeder Kreatur erkennt, dann wird er zum »Retter Gottes«. Der Hirschhelm weist ihn als den Sakralkönig aus, der in seiner Gestalt als Hirsch mit der Hohenpriesterin als Vertreterin der Großen Muttergöttin die Heilige Hochzeit vollzogen hat, um so für seine Regierungsperiode die Fruchtbarkeit für Volk und Boden zu gewährleisten.

Deutungen

Diese Karte kann für eine Person, ganz gleich in welchem Lebensbereich, stehen, aber ebensogut für eine Erfahrung im jeweiligen Fragebereich.

Als Person

Die schwarze, untersetzte, aber stramme Gestalt beschreibt einen nüchternen, wirklichkeitsnahen Menschen, dessen Hauptanliegen vor allem darin besteht, Erreichtes abzusichern, Möglichkeiten zu verwirklichen und neue Vorhaben auf ihre Machbarkeit hin zu überprüfen. Dahinter zeigt sich ein ausgeprägter Pragmatiker, der sich nicht von Wunschgedanken hinters Licht führen läßt. Der ganze Spannungsbogen von der Saat bis zur Ernte ist bei ihm in guten Händen.

Allgemein
Im allgemeinen Erleben ist der Scheiben-Ritter ein Synonym für Beständigkeit, Unbeirrbarkeit und eine von nüchterner Einschätzung gelenkte Handlungsweise. In diesen Zeiten geht es darum, »Nägel mit Köpfen« zu machen, statt sich mit Halbheiten zufrieden zu geben. Die Karte steht auch für die Zeit der Ernte, in der es darum geht, das bestmögliche Ergebnis aus einer Entwicklung herauszuziehen und zu bewahren.

Bewußtsein
Auf der Bewußtseinsebene verstehen wir in diesen Zeiten, wie elementar wichtig es ist, die (schöpferischen) Pausen nicht zu vergessen. Wir begreifen, daß alles seine Zeit braucht, und gewinnen so die richtige Perspektive, durch die wir das schon Erreichte richtig wertschätzen können. Zugleich müssen wir aber auch verstehen, daß das Festhalten am Erreichten nur zum tödlichen Stillstand führt und daß es deshalb notwendig ist, immer wieder den Blick zum weiten Horizont zu heben.

Beruf
In der beruflichen Sphäre werden wir uns darüber klar, was wir schon erreicht haben. Diese Karte zeigt, daß es nun an der Zeit ist, eine Pause zu machen und zu konsolidieren, statt ungebremst weiterzustürmen. Erst wenn das Erreichte abgesichert und in seinem ganzen Umfang erkannt worden ist, sollte der Blick auf neue oder weiterführende Pläne gerichtet werden.

Beziehung
Im Bereich unserer Partnerschaft will uns diese Karte das Thema der erdhaften Wildheit vor Augen führen. Die mit dem Hirschmotiv verbundene leidenschaftliche Kraft ist hier mit dem Erdelement vereint, das den Wert von Treue und Vertrautheit schätzt. Damit steht dieser Ritter für eine Phase der Geborgenheit, die von starken Verbundenheitsgefühlen geleitet und von einer warmen, lebendigen Sinnlichkeit belebt und bestimmt wird.

Astrologie 21° Löwe bis 20° Jungfrau.
Element Das Feuer der Erde.
I Ging 62 Siau Go – »Des Kleinen Übergewicht« (Die Gewissenhaftigkeit).
Person Der Sicherheit, Ordnung und Struktur verkörpernde Patriarch.
Analogien König Minos von Kreta, Sohn des stiergestaltigen Zeus und der Europa, Vater des Minotaurus; oder Dionysos, Gott des Weines und der Ekstase.
Kraftort Knossos, Propyläen.
Kraftfarben Weizengelb; satte Erdfarben.
Kraftsteine Silex (unreiner Feuerstein), rotbrauner Quarz (Rauchtopas) und vulkanisches Glas (Obsidian).
Räucherwerk Storax; Eisenkraut.

Die Ermittlung persönlicher Karten (nach einer Methode von Aleister Crowley)

Aus den 22 Karten der großen Arkana lassen sich Karten ermitteln, die für den Fragesteller von besonderer Bedeutung sind. Dabei handelt es sich um:

1. Die *Persönlichkeitskarte*, die Aussagen über das Auftreten und die äußere Wirkung des Betreffenden macht.
2. Die *Wesenskarte*, die die innere Natur des Fragenden veranschaulicht.
3. Die *Wachstumskarte*, die sich jährlich ändert und das Wachstumsthema des Jahres kennzeichnet.

Um diese Karten herauszufinden, werden drei Zahlen errechnet. Die diesen Zahlen entsprechenden Karten der Großen Arkana sind die persönlichen Karten.

Die Persönlichkeitskarte
Die Persönlichkeitskarte ergibt sich durch Addition des Geburtsdatums in der Art, daß zunächst Tag und Monat addiert werden, die dann zum vierstellig geschriebenen Jahr hinzugezählt werden. Aus der sich dadurch ergebenden vierstelligen Zahl wird die Quersumme gebildet. Das bedeutet, daß die vier Ziffern der Zahl zusammengezählt werden. Das Ergebnis ist die Persönlichkeitszahl. Wenn sie allerdings größer als 21 ist, muß erst erneut die Quersumme gebildet werden.

Beispiel:

1. 5. 1948 = 1 + 5 + 1948 = 1954 = 1 + 9 + 5 + 4 = 19
Persönlichkeitskarte ist die Sonne

5. 7. 1952 = 5 + 7 + 1952 = 1964 = 1 + 9 + 6 + 4 = 20
Persönlichkeitskarte ist das Aeon

9. 3. 1957 = 9 + 3 + 1957 = 1969 = 1 + 9 + 6 + 9 = 25
= 2+5 = 7 Persönlichkeitskarte ist der Wagen

Die Wesenskarte
Die Wesenskarte ergibt sich, indem man aus der Persönlichkeitszahl die Quersumme bildet. In den obigen Beispielen geht das nur in den ersten beiden Fällen: 1 + 9 = 10 (Wesenskarte ist das Glücksrad). Im zweiten Fall ergibt 2 + 0 = 2 (Wesenskarte ist die Hohepriesterin). Im dritten Fall bleibt es bei der 7 und damit beim Wagen. Das heißt, hier sind Persönlichkeitskarte und Wesenskarte identisch.

Die Wachstumskarte
Die Wachstumskarte errechnet sich aus der Summe von Tag und Monat der Geburt und des laufenden Jahres. Für die obigen Daten bedeutet das im Jahr 1991:

1 + 5 + 1991 = 1997 = 1 + 9 + 9 + 7 = 26 = 2 + 6= 8
Wachstumskarte ist die Ausgleichung.

5 + 7 + 1991 = 2003 = 2 + 0 + 0 + 3 = 5
Wachstumskarte ist der Hohepriester.

9 + 3 + 1991 = 2003 = 2 + 0 + 0 + 3 = 5
Wachstumskarte ist der Hohepriester.

Das hebräische Alphabet und die Ermittlung der Namenszahl

Die 22 Zeichen des hebräischen Alphabets haben eine dreifache Bedeutung: als Buchstabe, als Zahl und als Symbol. Da sie häufig zu den 22 Karten der großen Arkana in Bezug gebracht werden, haben wir sie entsprechend der Zuordnung durch Crowley unter der jeweiligen Karte wiedergegeben.

Wenn man den eigenen Namen in die hebräische Schrift überträgt und die Zahlenwerte der Buchstaben addiert, erhält man die Namenszahl, die man durch Bildung der Quersumme so lange reduziert, bis sich eine Zahl zwischen 1 und 21 ergibt. Die entsprechende Karte der Großen Arkana ist ein Symbol des Namens. Die verschiedenen Namensteile haben dabei unterschiedliche Bedeutungen:

Der Rufname entspricht dem persönlichsten Teil, dem Wesenskern. Weitere Vornamen entsprechen einem verborgenen Familienauftrag. Der Familienname entspricht der äußeren Rolle, dem Familienerbe. Alle Namen zusammen ergeben den Ausgleich zwischen den verschiedenen Aspekten und damit das übergeordnete Ganze.

Die 22 Buchstaben des hebräischen Alphabets gliedern sich in drei Gruppen:

א Aleph (A), מ Mem (M) und ש Shin (Sch) heißen »die drei Mütter« und stehen für die (als Mondphasen) bekannten drei Urprinzipen von Werden, Erhalten und Vergehen.

ב Beth (B), ג Gimel (G), ד Daleth (D), כ Kaph (K), פ Pé (P), ר Resh (R) und ת Thau (Th) werden »die sieben doppelten Buchstaben« genannt.

Sie versinnbildlichen die sieben Planeten in ihrer Funktion als Mittler (doppelt, da in beiden Richtungen) zwischen dem Sternenfirmament und der Erde. Hintereinander gelesen bedeuten diese sieben Buchstaben »Vorhang vor dem Allerheiligsten«.

ה He (E), ו Vau (V), ז Zain (Z), ח Chet (H), ט Theth (T), י Yod (J), ל Lamed (L), נ Nun (N), ס Samech (S), ע Hain (Gh), צ Tsade (Ts), ק Qoph (Q) werden »die 12 einfachen Buchstaben« genannt, die den 12 Tierkreiszeichen entsprechen.

Die Schwierigkeit bei der Übertragung in das hebräische Alphabet liegt natürlich in der nicht immer eindeutigen Zuordnung der Buchstaben zueinander. Eine annähernde Entsprechung kann der folgenden Tabelle entnommen werden:

A	=	1	O	=	70
B	=	2	P	=	80
C	=	Z/K	Q	=	100
Ch	=	8	Qu	=	K + W
D	=	4	R	=	200
E	=	5	S	=	60
F	=	80	Sch	=	300
G	=	3	Th	=	400
H	=	8	T	=	9
I	=	10	U	=	6
J	=	10	V	=	6
K	=	20	W	=	6
L	=	30	X	=	K + S
M	=	40	Y	=	10
N	=	50	Z	=	90

Legesysteme

Übersicht über 9 Legesysteme nach Fragerichtung und Schwierigkeitsgrad

Legesystem	Geeignet für Fragen nach	Schwierigkeitsgrad
1. Ankh	Ursachen, Hintergründen und Tendenzen	schwer
2. Das Beziehungsspiel	Stand der Beziehung zwischen zwei Menschen	leicht
3. Der Blinde Fleck	Selbsterfahrung	mittel
4. Das Entscheidungsspiel	Konsequenzen aus einer Entscheidung	mittel
5. Das Geheimnis der Hohenpriesterin	Verlauf einer Angelegenheit und der dahinterliegenden Bedeutung	mittel
6. Das Keltische Kreuz	Verlauf einer Angelegenheit. Eignet sich für alle Fragen	mittel
7. Das Kreuz	Trend oder Vorschlag	leicht
8. Das Narrenspiel	Standortbestimmung	schwer
9. Der Weg	Vorschlag, was zu tun ist	mittel

1. Legesystem: Ankh

Aussage: Ursachen, Hintergründe und Aussichten
Schwierigkeitsgrad: schwer
Zu ziehende Karten: 9
Typische Fragen: Was ist der Grund für meine Krise, (Krankheit, Probleme usw.), und welche Aussichten habe ich?

Dieses Legesystem basiert auf dem alten Symbol des ägyptischen Henkelkreuzes, dem Lebenszeichen »Ankh«. Es besteht aus einem Kreis und einem Kreuz. Der Bedeutung des Kreises entsprechend geben die dort ausgelegten Karten eine Antwort auf den spirituellen Hintergrund und die tieferliegenden Ursachen, während die Karten auf der Kreuzebene zeigen, wie sich das Problem konkret ausdrückt und mit welchen Aussichten zu rechnen ist.

Insgesamt 9 Karten werden gezogen und wie untenstehend ausgelegt. Sie haben die folgende Bedeutung:

1 + 2 = Zwei gegenwärtige Impulse, Energien oder Haltungen, die sich blockieren. (Das gilt natürlich nur, wenn diese Legemethode – wie es die Regel ist – zur Frage nach der Ursache einer Krise angewandt wird. Sollten Sie nach dem Hintergrund einer erfreulichen Erfahrung fragen, zeigen diese beiden Karten, was sich harmonisch ergänzt.)

3 = frühe Ursachen
4 = auslösende Ursache
5 = höhere Erkenntnis
6 = notwendige Konsequenz

Unter der Voraussetzung, daß die Erkenntnis (5) gemacht und die Konsequenz (6) gezogen wurde, geht es wie folgt weiter:

7 = Der nächste Schritt
8 = Überraschende Erfahrungen
9 = Das Ergebnis

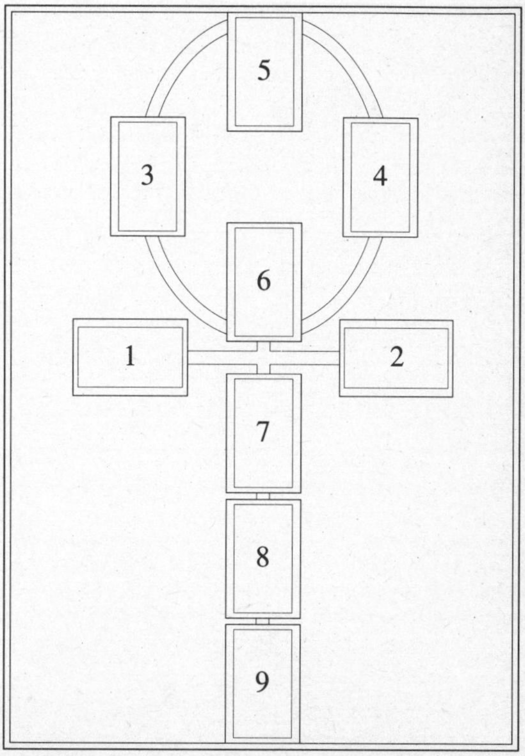

2. Legesystem: Das Beziehungsspiel

Aussage: Stand der Beziehung zwischen zwei Menschen
Schwierigkeitsgrad: leicht
Zu ziehende Karten: 7
Typische Frage: Wie sieht meine Beziehung zu XYZ aus?

Dieses Spiel gibt Auskunft über die Art, wie zwei Menschen zueinander stehen. Üblicherweise wird es wohl vor dem Hintergrund einer Liebesbeziehung gelegt, aber es eignet sich auch für jede andere Form von Beziehung zwischen Menschen, sei sie beruflich, nachbarschaftlich oder familiär.
Insgesamt sieben Karten werden wie folgt ausgelegt:

Die Deutung:

1 = Der Signifikator zeigt die Situation, in der sich die Beziehung befindet; das Thema, das die Beziehung regiert.

Die linke Säule (7, 6, 5) steht für den/die Frager(in), die rechte Säule (2, 3, 4) für den/die Partner(in).

7 + 2 = Diese oberen beiden Karten zeigen die bewußte Ebene, auf der sich die Partner begegnen. Es ist das, was sich jeder denkt, was jeder im Kopf hat und wie jeder die Beziehung bewußt einschätzt.

6 + 3 = Die mittleren beiden Karten stehen für den seelischen Bereich der Beziehung und zeigen, was jeder im Herzen trägt, fühlt, empfindet, ersehnt oder befürchtet.

5 + 4 = Die unteren Karten stehen für das Auftreten, die nach außen gezeigte Haltung, eben das, was jeder der beiden – möglicherweise als Fassade – zeigt, unabhängig von den dahinterliegenden Gedanken (oberste Ebene 7 + 2) und Empfindungen (mittlere Ebene 6 + 3).

Die Deutung der Hofkarten bedarf bei diesem Spiel einer besonderen Aufmerksamkeit:

Ritter und Königinnen stehen in jedem Fall, Prinzen und Prinzessinnen in der Regel für Männer und Frauen: Fällt eine gegengeschlechtliche Karte in eine der beiden Säulen, ist das in der Regel ein Hinweis, daß die betreffende Person mit einem anderen Menschen im entsprechenden Bereich zu tun hat. Die eigengeschlechtliche Karte in einer Säule ist weniger eindeutig, zeigt aber eventuell die Sorge an, der Partner könne sich für einen dritten mit eben diesen Charaktermerkmalen interessieren. Das ist zumindest dann wahrscheinlich, wenn die Karte auf der 1. oder 2. Ebene liegt. Dagegen veranschaulicht sie auf der 3. Ebene, wie sich der betreffende Partner nach außen gibt. Das kann bei eigengeschlechtlichen Hofkarten auch auf der 1. und 2. Ebene gelten.

Als Signifikator bedeutet eine solche Hofkarte, daß eine solche Person ganz offenbar in die Beziehung getreten ist, oder – und dafür gibt es leider keine Erklärung – sie bedeutet an dieser Stelle schlicht gar nichts.

3. Legesystem: Der blinde Fleck

Aussage: Selbsterfahrungsspiel
Schwierigkeitsgrad: mittel
Zu ziehende Karten: 4
Typische Fragen: Bei Selbsterfahrungsspielen bedarf es keiner Frage.

Das folgende Spiel habe ich aus dem in der Psychologie als Johari-Fenster bekannten Schema[6] abgeleitet. Es gibt Auskunft darüber, wie sich unsere Selbstwahrnehmung von der Art, wie uns die anderen sehen, unterscheidet.
Dazu werden insgesamt vier Karten gezogen und wie folgt ausgelegt:

6 J. Luft, »Einführung in die Gruppendynamik«, Stuttgart 1971

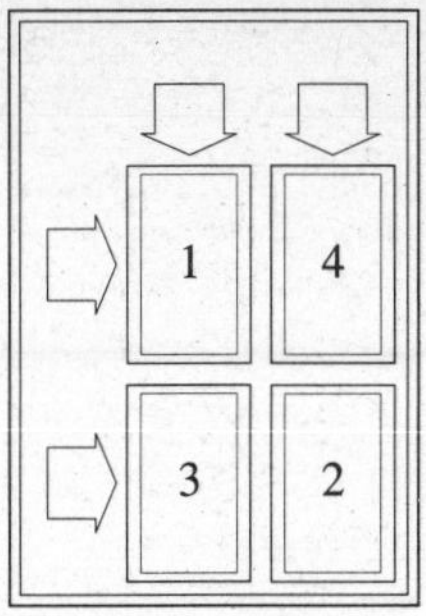

Die Bedeutung der einzelnen Plätze ist dabei wie folgt:

1 = Eindeutige Identität. Im Themenbereich dieser Karte nehmen wir uns selbst in gleicher Weise wahr, wie uns die anderen sehen.

2 = Das große Unbekannte. Unbewußte Prozesse und unbewußt treibende Kräfte, die sehr wohl wirksam sind, ohne uns selbst oder anderen an uns bekannt zu sein.

3 = Der Schatten, das Verborgene. Wesensseiten, die uns zwar bekannt sind, die wir aber vor den Augen anderer verbergen.

4 = Der blinde Fleck. Verhaltensweisen, die andere an uns wahrnehmen, ohne daß wir sie selbst kennen.

Bei der Deutung ist es wichtig, die nach außen gezeigte Identität (Platz 1) vor dem Hintergrund der innerlich treibenden Kraft (Platz 2) zu verstehen und im Vergleich der Plätze 3 und 4 auch zu schauen, inwieweit Selbstwahrnehmung (Platz 3) und Fremdwahrnehmung (Platz 4) voneinander abweichen.

Zum besseren Verständnis der einzelnen Bedeutungen hier ein Schaubild:

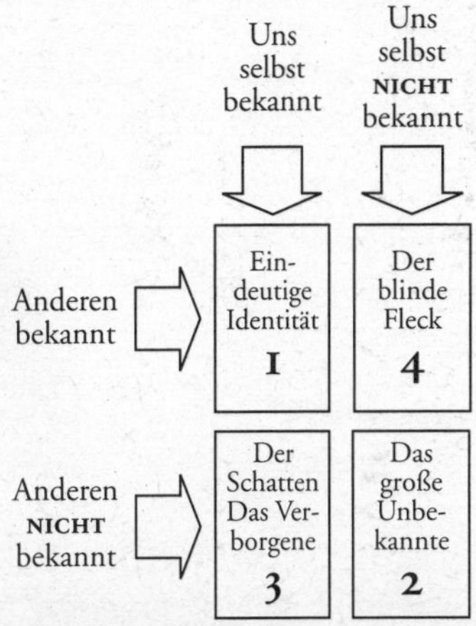

4. Legesystem: Das Entscheidungsspiel

Aussage: Vorschlag zu einer Entscheidungsfrage
Schwierigkeitsgrad: mittel
Zu ziehende Karten: 7
Typische Fragen: Wie soll ich mich entscheiden? Was passiert, wenn ich X tue, und was passiert wenn ich X nicht tue?

Die Karten können uns keine Entscheidungen abnehmen, sondern nur die Tragweite der mit der Frage verbundenen Themen ausleuchten. Insofern ist das hier vorgestellte Entscheidungsspiel nicht für Fragen geeignet, die sich nur mit »Ja« oder »Nein« beantworten lassen. Da die Karten uns aber die Konsequenzen aus einer Entscheidung vor Augen führen, sind sie bei unseren Überlegungen eine wertvolle Hilfe.

Der Fragende zieht sieben Karten, die wie folgt ausgelegt werden:

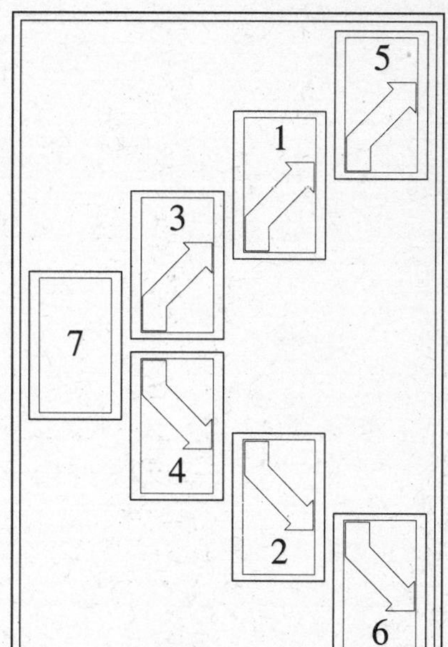

Deutung:

7 Der Signifikator. Er gibt eine bildhafte Darstellung des Fragehintergrundes, des Problems oder auch der Art, wie der Fragende zu der Entscheidung steht.

3, 1, 5 Diese Karten zeigen Ihnen in dieser Reihenfolge (3-1-5) chronologisch, was geschieht, wenn Sie X tun.

4, 2, 6 Diese Karten zeigen Ihnen in dieser Reihenfolge (4-2-6) chronologisch, was geschieht, wenn Sie X nicht tun.

5. Legesystem: Das Geheimnis der Hohenpriesterin

Aussage: Trendverlauf und Hintergrund
Schwierigkeitsgrad: mittel
Zu ziehende Karten: 9
Typische Fragen: Wie entwickelt sich mein Vorhaben? Wie geht es (beruflich usw.) weiter?

Dieses Legesystem wurde aus der Karte der Hohenpriesterin entwickelt, wie sie im Rider-Waite-Deck dargestellt ist. Das Reizvolle an dieser Legemethode ist, daß sie nicht nur den zu erwartenden Trend anzeigt, sondern eventuell auch eine Antwort auf die oft quälende Frage »Warum?« gibt. »Warum passiert mir das?«, »Warum muß das sein?« usw.

Das Geheimnis der dreimal dreifaltigen Mondgöttin entfaltet sich aus neun Karten.
Sie werden den Hauptsymbolen, die sie umgeben, entsprechend ausgelegt:

Die Karten werden wir folgt gedeutet:

1+2 Das Kreuz auf ihrer Brust zeigt das Thema, um das es geht, in Form von zwei Hauptimpulsen, die einander verstärken oder behindern können. (Das ist es. Das kreuzt es.)

4 + 3 + 5 Die Karten der drei Mondphasen ihrer Krone zeigen die Einflußkräfte, die auf das Thema wirken:

3 Der Vollmond steht für den gegenwärtigen Haupteinfluß.

4 Der zunehmende Mond ist die an Einfluß gewinnende Kraft.

5 Der abnehmende Mond zeigt die an Einfluß verlierende Kraft.

Die beiden Säulen an ihrer Seite stehen für:

6 Was im dunkeln ist. Das heißt, was da ist, aber (noch) nicht bewußt wahrgenommen wird, jedoch vielleicht schon geahnt oder befürchtet wird.

7 Was im Lichte ist. Das heißt, was klar erkannt und üblicherweise auch geschätzt wird.

Die Mondbarke zu ihren Füßen zeigt

8 Wohin die Reise geht, was als nächstes kommt.

Die 9. Karte, das Buch des geheimen Wissens in ihrem Schoß, wird zunächst verdeckt ausgelegt. Erst wenn alle anderen Karten gedeutet wurden, darf diese Karte angesehen werden. Ist es eine Trumpfkarte, enthüllt die Hohepriesterin damit ihr Geheimnis, und die Karte wird offen ausgelegt. Diese Karte sagt uns dann etwas über die tiefen Beweggründe, das Warum und Wozu. Ist es keine Trumpfkarte, bleibt die Karte verdeckt. In diesem Fall hat die Hohepriesterin ihr Geheimnis für sich behalten. Die 9. Karte hat dann keine Bedeutung. Alle anderen Karten behalten jedoch ihre Aussagegültigkeit.

Vorgehensweise bei der Deutung:
Beginnen Sie mit den beiden Hauptimpulsen auf Platz 1 und 2. Deuten Sie dann die Einflüsse in ihrer chronologischen Folge 5, 3, 4. Werten Sie danach die bewußte Seite (7), bevor Sie über die unbewußte Seite (6) zur Aussichtskarte (8) gehen. Fassen Sie den Zukunftscharakter zusammen, den die Karten 4

(zukünftige Einflüsse), 6 (noch unbewußt, später aber möglicherweise bewußt werdend) und 8 (weitere Aussichten) haben, bevor Sie die 9. und letzte Karte umdrehen und deuten.

6. Legesystem: Das keltische Kreuz

Aussage: Universalspiel, besonders Trendverläufe
Schwierigkeitsgrad: mittel
Zu ziehende Karten: 10
Typische Fragen: Wie entwickelt sich mein Vorhaben? Wie geht es weiter? Was tut sich im Beruf? Dieses Legesystem eignet sich bei jeder Art von Fragestellung.

Die bekannteste aus älterer Zeit überlieferte Form, Karten zu legen, ist das keltische Kreuz. Es ist ein universales Legesystem, das sich für alle Frageformen wie Trendverläufe, Aufhellung eines Hintergrundes, als Vorausschau und zur Ursachenerforschung verwenden läßt. Falls Sie sich nicht sicher sind, welches Legesystem sich für eine bestimmte Fragestellung am besten eignet, sollten Sie sich im Zweifelsfalle immer für das keltische Kreuz entscheiden.

Die Karten werden dabei wie folgt ausgelegt:

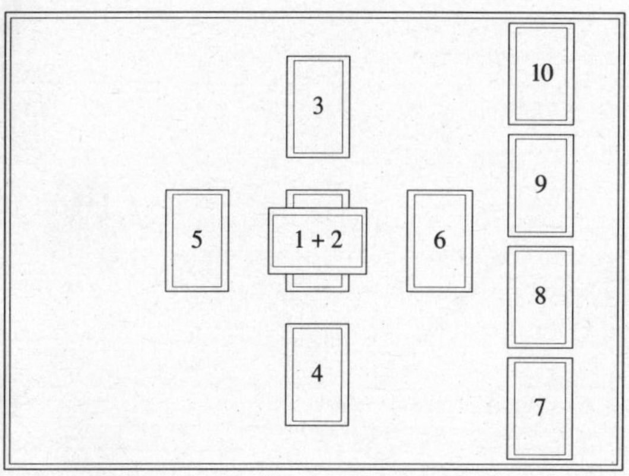

Hierzu können die folgenden Worte gesprochen werden:

1 = Das ist es
2 = Das kreuzt es
3 = Das krönt es
4 = Darauf ruht es
5 = Das war zuvor
6 = Das kommt danach
7 = Das ist der Frager
8 = Dort findet es statt
9 = Das sind die Hoffnungen und Ängste
10 = Dorthin führt es

oder etwas weniger magisch:

1 = Darum geht es
2 = Das kommt hinzu
3 = Das wird erkannt
4 = Das wird gespürt
5 = Das hat dahin geführt
6 = So geht es weiter
7 = So sieht es der Frager
8 = So sehen es die anderen, oder dort findet es statt
9 = Das erwartet oder befürchtet der Frager
10 = Dorthin führt es

Die Bedeutungen im einzelnen:

1 = Die Ausgangssituation.

2 = Der hinzutretende Impuls, der förderlich oder auch hinderlich sein kann.

In diesen beiden Karten haben wir eine Hauptantwort auf das, was ist. Die nächsten drei Karten geben uns Hintergrundinformationen:

3 = Die bewußte Ebene. Das, was dem Fragendem im Umgang mit dem Thema klar ist, was er erkennt, was gesehen wird, was eventuell auch bewußt angestrebt wird.

4 = Der Bereich des Unbewußten. »Darauf ruht es«, heißt es in der magischen Formel. Damit ist ausgedrückt, daß eine Angelegenheit, die auf dieser Ebene gut verankert ist und von tiefer innerer Gewißheit getragen wird, stärkste Wurzeln hat und nur schwer erschütterbar ist.

Für die Bedeutung dieser beiden Karten gibt es je nach Art der Frage einen gewissen Deutungsspielraum. Letztlich aber spiegeln sie, was der Kopf (3) und das Herz (4) dazu sagen.

5 = Die zeitlich zurückführende Karte. Sie zeigt die jüngste Vergangenheit und gibt damit häufig auch einen Hinweis auf Ursachen der jetzigen Situation.

6 = Die erste in die Zukunft weisende Karte gibt

uns einen Ausblick auf die nahe Zukunft, auf das, was als nächstes kommt.

7 = Diese Karte zeigt den Fragenden[7], seine Einstellung zum Thema (in den Karten 1 und 2) oder wie es ihm dabei geht.

8 = Das Umfeld. Hier kann sowohl der Ort des Ereignisses als auch der Einfluß anderer Personen auf das Thema dargestellt sein.

9 = Hoffnungen und Ängste. Die Bedeutung dieser Karte wird häufig unterschätzt, weil sie keinen prognostischen Charakter hat für das, was tatsächlich kommen wird. Dabei gibt uns gerade diese Karte wertvolle Informationen, insbesondere dann, wenn wir die Karten für jemanden deuten, den wir nicht kennen oder uns die Frage nicht mitgeteilt wurde. Hier spiegeln sich die Erwartungen oder die Befürchtungen wider.

10 = Die zweite in die Zukunft weisende Karte gibt den langfristigen Ausblick und zeigt eventuell auch den Höhepunkt, zu dem das befragte Thema führt.

Damit liegen die prognostischen Karten ausschließlich an den Plätzen 6 und 10. Alle anderen Karten geben zusätzliche, erklärende Hinweise über Umfeld und Hintergründe des Fragenkomplexes.

Vorgehensweise bei der Deutung:
Beginnen Sie mit Platz 5 (Vergangenheit, Vorgeschichte) und deuten Sie danach Platz 9 (Hoffnungen und Ängste). Dadurch bekommen Sie ein besseres Bild, weil Sie nun wissen, vor welchem Ereignishintergrund (Platz 5) die Frage gestellt wurde und was der Fragende erhofft oder befürchtet (Platz 9). Deuten Sie dann die Karten 1 und 2 als die derzeitigen Hauptimpulse und schauen Sie, was dabei bewußt gesehen wird (Platz 3) und wie es im Unbewußten verankert ist (Platz 4). Prüfen Sie dann die Einstellung des Fragenden zum Thema (Platz 7), die Außeneinflüsse oder das Umfeld (Platz 8), bevor Sie mit den prognostischen Karten auf Platz 6 und 10 abschließen.

7 Wenn die Karten für eine nicht anwesende Person befragt werden, müssen wir uns zuvor darüber klar werden, ob dieser Platz unsere eigene Haltung oder die des Betroffenen spiegeln soll.

7. Legesystem: Das Kreuz

Aussage: Vorschlag und Trendverlauf
Schwierigkeitsgrad: leicht
Zu ziehende Karten: 4
Typische Fragen: Wie soll ich mich verhalten? Was ist wichtig?

Das Kreuz ist eines der einfachsten, aber deshalb nicht minder interessanten Legesysteme. Es gibt eine kurze, knappe Aussage, die häufig genug eine wertvolle Richtung weist. Dabei ist es sehr vielseitig verwendbar. Wenn Sie mit den 78 Tarotkarten noch so wenig vertraut sind, daß Sie die Vielzahl der Karten verwirrt, können Sie dieses Spiel sehr gut nur mit den 22 Karten der Großen Arkana spielen.

Die Karten werden dabei wie folgt ausgelegt:

Sie bedeuten:

1 = Darum geht es
2 = Das sollten Sie nicht tun
3 = Das sollten Sie tun
4 = Dahin führt es, dafür ist es gut

Bei der Deutung ist es das Wichtigste, den Unterschied zwischen den Karten 2 und 3 herauszuarbeiten. Gerade bei ähnlichen Karten kann in dem feinen Unterschied das Wesentliche der Aussage enthalten sein.

Wenn Sie die Karten in Zeiten persönlicher Krisen legen, kann Ihnen diese Legemethode häufig einen sehr hilfreichen Hinweis geben, wenn Sie einfach die Frage stellen: »Was ist wichtig?« Die Bedeutung der Plätze ist dann:

1 = Darum geht es
2 = Das ist jetzt nicht wichtig, das sollten Sie meiden
3 = Das ist jetzt wichtig und sollte getan werden
4 = Dahin führt es Sie als nächstes. (Wenn Sie hier sind, können Sie die Karten erneut fragen: »Was ist wichtig?«).

Variante
Das gleiche Legesystem können Sie verwenden, wenn Sie bei einer Deutung eine Karte nicht verstehen. Mischen Sie dann alle Karten neu und legen Sie sie nach der Methode des Kreuzes aus mit der Frage:

Was bedeutet die Karte X bei der letzten Legung?

In diesem Fall haben die Plätze folgende Bedeutung:

1 = Darum geht es
2 = Das bedeutet die Karte nicht
3 = Das bedeutet sie
4 = Dazu dient es, dafür ist es gut

8. Legesystem: Das Narrenspiel

Aussage: Derzeitiger Standort innerhalb einer Entwicklung
Schwierigkeitsgrad: schwer
Zu ziehende Karten: 12
Typische Fragen: Wo stehe ich auf meiner (beruflichen, künstlerischen) Laufbahn? Wie weit bin ich auf meinem Weg (der Selbstverwirklichung, der spirituellen Suche, der Psychoanalyse, usw.) gekommen?

Das Narrenspiel spiegelt in einer einfachen Abfolge von Karten den chronologischen Verlauf einer Angelegenheit. Gleichzeitig zeigt es, wo der Fragende derzeit innerhalb dieser Entwicklung steht, was schon hinter ihm liegt, und was er noch vor sich hat. Deshalb eignet es sich wie kein anderes hier vorgestelltes Legesystem zur Betrachtung längerer Entwicklungen. Da jedoch die einzelnen Plätze keine Bedeutungsvorgaben haben und jede Karte lediglich auf der vorhergehenden aufbaut, ist die Deutung in manchen Fällen schwierig. Hinzu kommt, daß dieses Spiel auch über langfristige Entwicklungen Aussagen machen kann, wobei jede einzelne Karte einen anderen Zeitraum als eine andere anzeigen kann.

Die Hauptschwierigkeit der Deutung liegt allerdings in der häufig anzutreffenden fixen Idee, die Entwicklung unseres Lebens müsse einen logischen Verlauf nehmen. Das Narrenspiel zeigt dagegen auch widersprüchliche Verläufe, unsere Irrungen und Umwege.

Zunächst wird der Narr aus dem Kartenspiel genommen. Die übrigen 77 Karten werden wie gewohnt gemischt und dann fächerartig ausgebreitet. Der Fragende zieht aus diesen verdeckten Karten 12 heraus, unter die dann der Narr gemischt wird. Nachdem der Fragende entschieden hat, ob die Karten »von oben« oder »von unten«[8] aufgedeckt werden sollen, werden alle 13 Karten nebeneinander ausgelegt.

1	2	3	4	5	6	7	8	9	10	11	12	13

Der Narr kennzeichnet jeweils den Gegenwartspunkt. Somit zeigen alle vor ihm liegenden Karten zurückliegende Entwicklungen, die ihm folgenden Karten weisen in die Zukunft. Kommt der Narr als erste Karte, heißt das, daß der Fragende noch am Anfang der Entwicklung oder an einem Neuanfang steht. Als letzte Karte zeigt der Narr, daß der Fragende am Ende dieser Entwicklung steht oder zumindest am Ende eines bedeutsamen Erfahrungszeitraums.

9. Legesystem: Der Weg

Aussage: Vorschlag zur Verhaltensweise
Schwierigkeitsgrad: mittel
Zu ziehende Karten: 7
Typische Fragen: Wie soll ich mich verhalten? Was kann ich tun, um XYZ zu erreichen? Wie soll ich mit meiner Gesundheit usw. umgehen?

Dieses Spiel zeigt dem Fragenden

a) Das Thema, um das es geht.

b) wie er sich in der Frageangelegenheit bislang verhalten hat,

c) wie er sich (statt dessen) zukünftig verhalten soll.

8 Das heißt, ob das Auslegen mit der obersten Karte oder mit der untersten begonnen wird.

Die Karten werden dazu in der folgenden Reihenfolge ausgelegt:

Die sieben Plätze haben die folgende Bedeutung:

1 Darum geht es. Das sind die Chancen und Risiken im Zusammenhang mit der Frage.

Linke Säule = Bisheriges Verhalten:

2 Bewußte Einstellung und rationales Verhalten. Gedanken, Vernunftgründe, Vorstellungen, Absichten, Verhaltensweisen. Was sich der Fragende denkt oder soweit gedacht hat.

3 Unbewußte Einstellung und emotionales Verhalten. Wünsche, Sehnsüchte, Hoffen und Bangen. Was der Fragende fühlt oder bisher empfunden hat.

4 Äußere Haltung. Das Auftreten des Fragenden, wie er auf andere wirkt und damit eventuell seine Fassade.

Rechte Säule = Vorschlag für zukünftiges Verhalten: (Die Bedeutungen entsprechend den Feldern 2 – 4.)

7 Bewußte Einstellung. Vorschlag für die rationale Vorgehensweise.

6 Unbewußte Einstellung. Vorschlag für die emotionale Haltung.

5 Äußere Haltung. So soll der Fragende auftreten. Das soll er tun und zu erkennen geben.

Aleister Crowley – Sein Wesen

Wenn ein Mann einen Mutterkomplex hat, identifiziert er sich direkt mit dem göttlichen Kind. Er hält sich für einen geflügelten Gott, alle unbedingt notwendigen Lebensaufgaben verweigernd, wie: einen eigenen festen Standpunkt in der Realität einzunehmen, sein Geld selbst zu verdienen, regelmäßig zu arbeiten und ähnliche Mühsale. Marie-Louise von Franz

Wie viele andere bekannte Figuren aus der Welt der Magie und des Okkulten hat es auch Crowley verstanden, die Meinungen über sich derart zu polarisieren, daß man sich oft kaum vorstellen kann, daß vom gleichen Menschen gesprochen wird. Die einen sehen in ihm nicht nur den größten Magier dieses Jahrhunderts, sondern den Verkünder der Religion Thelema, der Religion des neuen Zeitalters. Für die anderen steht unstrittig fest, daß er einer der schwärzesten Schwarzmagier aller Zeiten war. Crowley selbst sah sich eher wie die ersteren, schloß aber auch die andere Möglichkeit nicht aus. In Tunis schrieb er in sein Tagebuch: *Ich mag vielleicht ein Schwarzmagier sein, aber dann bin ich ein verdammt großer.*

Ohne den Anspruch auf auch nur annähernde Vollständigkeit seien hier einige Merkmale genannt, die alle für das »enfant terrible« der okkulten Szene dieses Jahrhunderts bezeichnend sind:

Er war

ein begabter Poet, dessen Gedichte in bekannten Anthologien enthalten sind,
ein berühmter Himalaya-Bergsteiger,
ein Schachmeister, der als Blind- und Simultanschachspieler gefürchtet war,
ein frühreifer Lebemann, der sich schon mit 13 den 3 »Evil Kings« (üblen Königen) verschrieben hatte: »Smo-King, Drin-King and Fuc-King«,
ein imposanter Maler,
ein Pornograph, der sich spitzbübisch freute, eine versteckte Sauerei in einen Gedichtband mit Marienhymnen eingebracht zu haben,
ein Yogameister,
ein glühender Nietzsche-Verehrer,
ein kompromißloser Christenhasser,
ein Größenwahnsinniger, dem die Pose immer wichtiger war als der Inhalt,
ein beißender Zyniker,
ein Lieblingskind der Skandalpresse,
ein Bankrotteur,
ein skrupelloser Frauenschänder, der sich den *heftigsten aller Feministen* nannte,
ein Heroinsüchtiger, der sich mit strengster Selbstdisziplin für 15 Jahre der Droge entwöhnte,
ein streckenweise erfolgreicher Schriftsteller,
die Hauptfigur Oliver Haddo in Somerset Maughams Roman *The Magician*,
ein profunder Kenner esoterischer Traditionen,
ein unwiderstehlicher Charmeur,
ein bisexueller Sadomasochist,
ein großer Menschenkenner,
ein grenzenloser Egozentriker,
die Reinkarnation von Lao Tse, Cagliostro und Eliphas Levi (nach eigenem Bekunden),
ein gnadenloser Provokateur und scharfzüngiger Spötter,
ein scharfdenkender Rationalist, der die Kirchen und die Mystiker als Fantasten angriff,
ein großer Mystiker, der die Rationalisten ob ihrer Fantasielosigkeit beschimpfte,
ein überlegener Ironiker,
ein Magier, der Winston Churchill die Fingergeste »V« (für Victory) als Gegenzauber zum magischen Hakenkreuz der Deutschen empfahl,
ein höchst geistreicher und gebildeter Mann,
ein Mensch, der nur eins wollte: Alles!

Und damit die bestgehaßte Verkörperung der Schattenseite des das Understatement liebenden englischen Gentleman. Er selbst identifizierte sich sein Leben lang mit dem Ungeheuer 666 aus der Apokalypse, nannte sich einen verteufelt heiligen Guru und fand, daß seine Geburt die Wiedergutmachung für die Entdeckung Amerikas sei.

Er wurde als Edward Alexander Crowley am 12. 10. 1875 in der englischen Grafschaft Warwickshire geboren, der Grafschaft die – so Crowley – die beiden berühmtesten englischen Dichter hervorbrachte: *Denn man darf ja Shakespeare nicht vergessen!*

Von den vielen Faktoren aus seiner Kindheit, die uns die schillernde Persönlichkeit des späteren Aleister Crowley verstehen lassen, seien die folgenden drei erwähnt, die die wichtigsten Schlüssel zu seinem schillernden Charakter zu sein scheinen:

1. Der kleine Aleister wurde in eine Familie geboren, die der Quäkersekte der »Plymouth Brüder« angehörte, einer Erweckungsbewegung, die – so heißt es – in engstirnigster Weise die Bibel wörtlich auslegten und z.B. das wiederholte Aufsagen des Vaterunsers oder das Weihnachtsfest als heidnischen Brauch auslegte.

2. Seine hochproblematische Mutterbeziehung, die durch den frühen Tod seines Vaters (1887) noch verschlimmert wird. Sie verkörpert das geschlechtslose Wesen des viktorianischen Zeitalters, *the fat German hausfrau*, wie einer seiner Biografen bissig bemerkte, und lehrt ihr Kind, daß Frauen keine Beine haben. Für Aleister Crowley ist sie die Ausgeburt menschlicher Dummheit.

3. Als Zwölfjähriger wird er in ein Internat der erwähnten Sektenbrüder eingeschult. Nachdem ihn ein Mitschüler dort denunziert, wird er zur Strafe zunächst weitgehend isoliert. Diese Strafe wird aber bald in Einzelhaft verschärft, die erst mit seinem Nervenzusammenbruch nach eineinhalb Semestern endet!

Vor diesem Hintergrund fällt es leicht, seinen Haß auf das Christentum zu verstehen, seine starke, aber zutiefst enttäuschende Mutterbindung und seinen so ausgeprägten Freiheitsdrang. Schon in seiner Kindheit hat seine Mutter den immer wieder über die Stränge schlagenden Aleister mit dem Ungeheuer 666 aus der Apokalypse verglichen. Diese »Auszeichnung« nimmt er gerne auf und nennt sich später als Magus stolz »To Mega Therion« (Das große Tier).

Ein großer Vorwurf, vielleicht der größte, den man Crowley machen kann, liegt in der Feststellung, daß es so gut wie niemandem gut getan hat, seine Bekanntschaft zu machen. Fast jeder, der sich von seiner stark faszinierenden Persönlichkeit anziehen ließ, mußte für diese Erfahrung bitter bezahlen. So schwerwiegend dieser Vorwurf auch ist, berechtigt er dennoch nicht dazu, Crowley einen Schwarzmagier zu nennen, denn das würde Absicht voraussetzen. Es ist aber nicht belegt, daß Crowley die Absicht gehabt hätte, andere wissentlich zu schädigen. Die Erklärung scheint vielmehr in einer Mischung aus ungehemmtem Egoismus, unkontrollierter Ichaufblähung und grenzenloser Verantwortungslosigkeit zu liegen. Das aber sind typische Charaktermerkmale der Persönlichkeitsstruktur, die aus der Jung'schen Psychologie als der »ewige Jüngling« oder »puer aeternus« bekannt ist. *Der kalte, brutale, primitive Mann*, sagt Marie-Louise von Franz, *ist im allgemeinen ein kompensierender typischer, sogar archetypischer Schatten des Muttersohnes.* Die frühkindliche Erfahrung, die zu dieser Prägung führen kann, ist eine überaus starke Mutterthematik, die den Knaben so tief besetzt und verletzt hat, daß er sich als Heranwachsender frühestmöglich der Umklammerung zu entreißen versucht und fortan jede wirklich nahe Verbindung mit dem Weiblichen meidet. Da die dem Jüngling innewohnende »Große Mutter« sich aber nicht so leicht beiseiteschieben läßt, holt sie ihn in zumindest zunächst unerkannter Gestalt von zwei Seiten wieder ein: Zum einen gaukelt sie ihm die Bilder von vielen Frauen vor, die ihn verlocken, und flüstert ihm ein: »Du kannst sie alle haben!« Auf diese Art stellt sie sicher, daß er zwar jede, aber damit eigentlich keine hat und weiterhin nur ihr gehört. Zum anderen lockt sie ihn in ihr eigentliches Reich, in die Welt der Magie. Und dort wird er ihr dienen. Von beiden Seiten läßt sich der ewige Jüngling immer wieder gern verführen und bleibt so stets Sohn der großen Mutter, der es nie lernt, erwachsen zu werden, Verantwortung zu übernehmen und sich seiner Rolle als Mann bewußt zu werden.

Es gibt einen Roman aus römischer Zeit, der die Geschichte Aleister Crowleys so erzählt, als wäre der größte Magier des 20. Jahrhunderts eine Reinkarnation der Hauptfigur des Lucius in »Der goldene Esel« von Apulejus. Es ist die Geschichte von einem der auszog, die Magie zu erlernen, und dabei – ehe er sich versieht – zum Tier wird. Die Geschichte, in die immer wieder obszöne Einzelerzählungen eingeschobenen sind, darunter auch das berühmte Märchen von Amor und Psyche, erzählt sehr kurzgefaßt folgendes:

Lucius, ein gebildeter Mann aus Rom, entdeckt sein Interesse an der Magie. Er beschließt daher nach Thessalien zu gehen, einer Landschaft in Griechenland, in der noch große Zauberinnen leben. Wie später auch Faust geht er dahin, wohin ihn die Projektion seines Mutterkomplexes führt. Dort wird er – schneller als erwartet – »eingeweiht«, indem er versehentlich in einen Esel verwandelt wird. Eigentlich wäre es ganz leicht, wieder in die menschliche Gestalt zurückzukehren. Er müßte nur eine Rose fressen. Aber die zu bekommen, erweist sich unerwarteterweise als unmöglich. So wird sein Einweihungsweg eine sehr harte Prüfung, bis er am Ende durch die Gnade der Isis erlöst wird.

Marie-Louise von Franz hat am Beispiel dieser Geschichte die Problematik des »Ewigen Jünglings« verdeutlicht[9]. Darin schildert sie, wie ein Mann mit ausgeprägtem Mutterkomplex all die Eigenschaften entwickelt, die für Crowley typisch sind. Die größ-

9 Marie-Louise von Franz, Die Erlösung des Weiblichen im Manne, Frankfurt (Insel) 1980

ten Schwächen des ewigen Jünglings – so sagt sie – seien seine Faulheit und seine Unfähigkeit, konsequent zu arbeiten und bei einer Sache zu bleiben, auch wenn er nicht von ihr durch und durch begeistert ist. Der Crowley-Biograph Colin Wilson schreibt:

Seine allergrößte Schwäche war seine Faulheit. Er weigerte sich schlechtweg, irgend etwas zu tun, das er nicht mochte, gleichgültig wie sehr andere darunter zu leiden hatten. Crowleys Tragödie bestand darin, daß er sich niemals lange genug auf etwas konzentrierte, um es wirklich voll zu entwickeln.

Lucius und Crowley gingen in das Reich der Magie und wurden beide zum Tier. Bei Lucius führte dieser Weg letztlich zur Einweihung und zur Erlösung durch die große Muttergöttin Isis. Ob Crowley in seinen späten Tagen ähnliches zuteil wurde, ist nicht bekannt. Vielleicht hat Lady Frieda Harris, die Künstlerin, die die Tarotkarten für ihn malte, diese Rolle für ihn gehabt. Doch alle Biographen, die sich gerne über die Vielzahl der leidenschaftlichen und skandalösen Affären des Meisters auslassen, äußern sich nur spärlich oder schweigen ganz über diese bemerkenswerte Frau, die das Werk mitschuf, das Crowley später bekannter machen sollte als alle seine Gedichte und Bücher zusammen. Sie war es, die in seinen späten Lebensjahren bei ihm war, und einer Überlieferung zufolge ist er unter ihrer Obhut gestorben (1947). Sie scheint einer der wenigen Menschen gewesen zu sein, dem die Bekanntschaft mit Aleister Crowley nicht geschadet hat.

Wie die Tarotkarten anschaulich zeigen, liegt das rechte Maß – die »Kunst«, wie Crowley die Karte XIV treffend umbenannte – zwischen Abstinenz (Tod = XIII) und Besessenheit (Teufel = XV). Dementsprechend bedeutet der richtige Mittelweg, sich auf die Vielfalt der Welt einzulassen, ohne jedoch dabei seine Seele zu verkaufen, wobei es gleichermaßen bedenklich ist, die Seele an das vermeintlich Gute wie an das erwiesenermaßen Böse zu verlieren. Diese Lehre hat Crowley offenbar nicht aus den Karten gezogen. Er hat sich der Magie nicht nur voll und ganz verschrieben, es scheint sogar, daß ihm gerade die Erkenntnis zum Verhängnis wurde, die einen Wendepunkt in seinem Leben darstellte und durch die er in die Geheimnisse des 9. Grades des magischen Ordens OTO – Ordo Templis Orientis eindrang: Indem ihm klar wurde, daß deren Symbolik sexueller Natur war. *Die Entdeckung der Sexualmagie war zweifelsfrei der größte Wendepunkt in Crowleys Leben,* schrieb dazu sein Biograph Colin Wilson. Nun ist jedes Symbol schon seiner Natur nach bedeutend mehr, als das Bewußtsein je erfassen kann. Gefährlich aber wird es, ein Symbol in der dem Intellekt so gefälligen »nichts als…«-Manier zu deuten. Zweifellos haben Stab und Kelch auch sexuellen Charakter, aber zu sagen, sie seien nichts anderes als Phallus und Scheide, ist eine intellektuelle Überheblichkeit, die ihren Preis fordert. Die Alchemisten lehrten seit der Antike, daß Gold, Silber und die anderen klassischen Elemente aus der richtigen Mischung von Schwefel und Quecksilber entstehen. Wer das jedoch wörtlich nahm und nichts als Schwefel und Quecksilber miteinander vermengte, der erhielt nur (faulen) Zinnober! Crowley scheint in die gleiche Falle getappt zu sein wie einige tausend Jahre vor ihm Oedipus. Auch der hatte geglaubt, das Rätsel der Sphinx intellektuell lösen zu können, indem er es als nichts als ein Kinderrätsel aufdeckte. Dabei hatte auch er einen Teil für das Ganze genommen und nur das Rätsel gelöst, das ihm die Sphinx stellte, nicht jedoch das Rätsel, das sie (als das ewig rätselhafte urweibliche Mysterium) selbst darstellte. Und noch während er sich auf die Schulter klopfte und den Beifall der scheinbar befreiten Thebaner einstrich, heiratete er seine Mutter!

Aleister Crowley – Sein Werk

Der Priester des Re-Harachte (gemeint ist Aleister Crowley) *war als Mensch mißraten, wie er selbst in aufrichtigen Momenten zuzugeben bereit war. Aber er hielt das für unwichtig im Vergleich zu der Religion von Thelema, der Philosophie vom freien Willen des Menschen, die die Menschheit zu einer höheren Entwicklung führen könnte. Wenn wir Crowley einmal beiseite lassen und uns auf seine Philosophie konzentrieren, scheint es sehr wahrscheinlich, daß er recht hatte.*

Colin Wilson

Ist nun das Werk eines solchen Menschen derart von seiner schwarzen Seele kontaminiert, daß man sich damit nicht befassen darf, ohne Schaden zu nehmen, oder ist es zulässig, zwischen Wesen und Werk zu trennen, wie es Colin Wilson vorschlägt?

Diese Frage erscheint vielen dreist und ungeheuerlich angesichts der Verruchtheit Crowleys. So als würde seinem Werk ein Virus anhaften, der jeden unheilbar infiziert, der damit in Berührung kommt.

Bei der Frage, ob man Wesen und Werk in der Beurteilung soweit voneinander trennen darf, daß man auch das Werk einer durchaus zweifelhaften Persönlichkeit als wertvoll, lehrreich und in diesem Fall zumindest als »unschädlich« bezeichnen darf, ist es sicher zulässig, einige andere Persönlichkeiten in Erinnerung zu rufen, deren Wesen auch in auffallender Diskrepanz zu ihren Werken stand: Schopenhauer, Nietzsche und Mozart. Natürlich handelt es sich bei allen dreien um völlig andere Charaktere als Crowley. Nur der Abstand zwischen Wesen und Werk ist bezeichnend. Schopenhauer, der bis dahin größte Philosoph, nannte sich gerne in einer Reihe mit Buddha und Meister Eckehart, von denen er sagte, daß sie das vorbereitet und vorgedacht hätten, was er zu Vollkommenheit gebracht habe. Menschlich war er ein jämmerlich verbitterter Exzentriker mit einer geradezu peinlichen Geltungssucht. Nietzsche, der den Übermenschen verkündete und dessen Werk von unbestreitbarer Größe ist, stand sein Leben lang unter der Knute seiner Mutter, und als sie starb, übernahm seine Schwester diese Rolle so gut, daß sie sich sogar erdreistete, seinen Nachlaß zu »korrigieren« und die »unanständigen« Stellen herauszustreichen, bevor die Werke veröffentlicht wurden. Und Mozarts unflätiges Verhalten ist uns nicht nur von zahlreichen Zeitgenossen überliefert, sondern in fast jedem seiner Briefe nachzulesen, in denen er geradezu leidenschaftlich in Fäkalsprache die Details seines Stuhlgangs schildert. Es gäbe noch weitere zu nennen, wie beispielsweise Karl May, der als kleiner Dieb und Hochstapler im Gefängnis saß und sich dort die edelmütigen Heldentaten eines Winnetou oder Old Shatterhand ausdachte, oder Johann Pestalozzi, der Inbegriff eines Pädagogen, der aber bei der Erziehung der eigenen Kinder keine besonders glückliche Hand hatte. Ganz zu schweigen von dessen großem Vorbild Jean-Jacques Rousseau, der mit *Émile* den berühmtesten Erziehungsroman der Welt schrieb, seine eigenen Kinder aber im Findelheim verkommen ließ.

Woraus besteht Crowleys Werk? Er hat eine Fülle von Gedichten hinterlassen, er hat – teilweise aus Geldnot im Schnellverfahren – Romane geschrieben, er hat eine Vielzahl magischer Regel- und Nachschlagewerke verfaßt sowie mehrere Übersetzungen (I Ging, Tao Te King). Was ihn aber heute weit über die Grenzen der magischen Zirkel hinaus bekannt sein läßt, ist sein Spätwerk, das Buch Thoth, das zusammen mit den darin beschriebenen, von Lady Frieda Harris gemalten, Tarotkarten im Jahre 1944 erschien. Das ihm selbst wichtigste Werk scheint »Das Buch des Gesetzes« zu sein, das ihm 1904 in Kairo von Aiwass, einem außerirdischen Wesen, diktiert wurde und mit dessen Offenbarung, Crowley zufolge, ein neues Zeitalter beginnt, dessen Grundlage dieses Gesetz bildet. Sehr merkwürdig an der Geschichte ist allerdings, daß er diesen für ihn so bedeutsamen Text nicht etwa sogleich den Menschen des neuen Zeitalters übergibt, sondern ihn zunächst einmal liegen läßt, dann noch verliert, ihn fünf Jahre später zufällig auf dem Dachboden wiederfindet und ihn dann endlich veröffentlicht. Die Kernaussage dieser Offenbarung lautet: *Tu was du willst, sei das ganze Gesetz!*. Das ist nicht so neu und revolutionär, wie gerne behauptet wird. 1500 Jahre zuvor stellte der angesehene Kirchenvater Augustinus die Maxime auf: *Liebe und tue was du willst.* (Dilige et quod vis fac). Und im Jahr 1548 schildert der französische Dichter und Philosoph François Rabelais im vierten Band seines Romanzyklus über Gargantua die Gründung der utopischen Abtei Thélème, in der als oberste Devise gilt: »Tu was du willst!« (Fay ce que vouldras). Fast 400 Jahre später gründet Aleister Crowley in Cefalu auf Sizilien eine Abtei Thelema über deren Eingang geschrieben steht: »Tu was du willst sei das ganze Gesetz.« Daß diese Grundmaxime nicht als ein »Tu was dir gefällt und wozu du Lust hast« mißverstanden werden darf, sondern die durchaus schwierige, zutiefst ethische Forderung enthält, stets in Übereinstimmung mit seinem wahren Willen zu leben, ist oft betont worden, und wird nicht zuletzt in Michael Endes »Unendlicher Geschichte« deutlich, wo eben diese Devise die Inschrift des magischen Amuletts Auryn bildet. Inwieweit Crowley selbst dieser (ihm natürlich bekannten) tiefgreifenden ethischen Forderung seines Gesetzes gerecht wurde, ist schwer zu sagen. Ganz strikt hat er es sicherlich nur in einer fragwürdigen Variante gelebt, etwa nach dem Motto: »Tu auf keinen Fall etwas, wozu du keine Lust hast.« Sicher scheint auch, daß er es gerne libertinistisch als ein »Tu was Dir Spaß macht« auslebte.

Es scheint, daß es bei der Bewertung seines Werkes – wie auch bei allen anderen Dingen in dieser Welt – nicht so sehr die Frage ist, ob die Sache an sich gut oder böse ist, sondern daß allein die Art des Umgangs damit entscheidend ist. Im traditionellen Tarot heißen die beiden aufeinander folgenden Trumpfkarten XIV und XV Mäßigkeit und Teufel. Sie zeigen, daß das rechte Maß und das Unmaß (Teufel) dicht beieinanderliegen. Die Kunst – so nannte Crowley die Karte Mäßigkeit – liegt eben allein im richtigen Maß. Durch Unmaß wird selbst das moralisch Beste verwerflich.

Im *San Francisco Examiner* schrieb der für sein weises Urteil bekannte Schriftsteller Alan Watts am 28. Feb. 1970 über Crowley: *Ich, für meinen Teil, enthalte mich eines Urteils. Es ist möglich, daß ein Mensch ein Hochstapler, sogar ein einmaliger Fall eines magischen Schwindlers ist. Es ist aber auch möglich, daß ein Mensch von hohem Mitgefühl und großer Weisheit so tut, als wäre er ein Hochstapler, um nicht zu einem Idol oder zum Gründer einer förmlichen Religion zu werden. Große und mächtige Figuren im religiösen Sinne werden ausnahmslos von den einen als Götter und von anderen als Teufel betrachtet.*

Lady Frieda Harris

Während die meisten Biographen Crowleys sich gerne und detailliert mit den vielen Liebesaffairen in seinem Leben befassen, wird es sehr spärlich, sobald es um die Frau geht, die das Werk schuf, das Crowley heute bekannter macht als alle seine Bücher zusammengenommen: Die Künstlerin Lady Frieda Harris.

Sie wurde 1877 als Tochter eines Chirurgen geboren und hieß Marguerit Frieda Bloxam. Im Jahr 1901 heiratete sie den späteren Sir Percey Alfred Harris, einen sehr beliebten liberalen Politiker, mit dessen Adelung zum Sir auch sie das Adelsprädikat Lady tragen durfte.

Von ihrer Jugend an war sie als Künstlerin tätig, und es scheint, daß ihr spirituelles Suchen und ihr Interesse an mystisch-magischen Erfahrungen ebenso früh begann. Als sie 1937 Crowley begegnete, war sie – wie so viele andere Frauen zuvor – von seiner Ausstrahlung fasziniert. Im Unterschied zu diesen vielen anderen aber, die Crowley ruiniert und seelisch zerstört hat liegenlassen, scheint Lady Frieda seinem steten Werben und seinem unbestrittenermaßen großem Charme nachhaltig widerstanden zu haben. In einigen ihrer Briefe an ihn weist sie seine Avancen entrüstet zurück und erklärt, daß sie glücklich verheiratet sei. Ihr Mann, mit dem sie inzwischen zwei Söhne hatte, hat Aleister Crowley aber anscheinend von Anfang an nicht gemocht.
Zwei Jahre nach ihrer Begegnung begannen die beiden mit dem Werk, das eigentlich nur drei Monate dauern sollte, dann aber ganze fünf Jahre in Anspruch nahm: Die Neugestaltung der 78 Tarotkarten, in denen sich das gesamte magische Wissen Crowleys spiegeln würde.

Wie die Korrespondenz zwischen Crowley und Lady Frieda zeigt, hat ihr diese Arbeit viel Freude bereitet. Ihre Liebe für das Detail war so groß, daß sie am liebsten für das Malen jeder Karte 100 Jahre Zeit gehabt hätte. Die im Einleitungstext zu Crowleys »Buch Thoth« von Soror I. W. aufgestellte Behauptung, wonach Crowley ihre Arbeit sehr kritisch begutachtet habe und sie manche Karten bis zu acht Mal habe malen lassen, findet sich dort nicht bestätigt. Es scheint vielmehr, daß er ihr zwar eine »Inventarliste« gab mit den Symbolen und Motiven einer jeden Karte, ihr aber bei der Gestaltung selbst weitgehend freie Hand ließ. Abgesehen von den drei Magiern sind uns auch keine Mehrfachdarstellungen von Karten bekannt. Es ist aber sehr unwahrscheinlich, daß eine Künstlerin ein gemaltes Bild vernichtet oder wegwirft. So dürfen wir ruhig vermuten, daß sich hinter dem Namen Soror I. W. niemand anderer verbirgt als Crowley selbst, der beides zutiefst liebte: Pseudonyme und Übertreibungen.

Wenn Frieda Harris sich auch als Frau gut abzugrenzen verstand, ist sie auf einem anderen Gebiet nicht so erfolgreich gewesen. Als die Karten 1944 in einer limitierten Auflage von 200 Exemplaren erschienen, war es Crowley, der das ganze Honorar dafür einstrich. Er hatte das Geld am Ende seines Lebens so sehr nötig, daß er sie anfangs sogar bedrängt hatte, ihn dafür zu bezahlen, daß er sie bei der Gestaltung der Karten geistig inspirierte. So gab es manch heikle finanzielle Auseinandersetzung zwischen den beiden, zumal auch Frieda Harris nur über recht begrenzte Mittel verfügte, es kam jedoch zu keiner nachhaltigen Trübung ihrer Freundschaft.

Einer Überlieferung zufolge ist Crowley 1947 in ihrer Obhut (andere sagen in ihren Armen) gestorben. Sie hat ihn sehr geschätzt und gehört zu den wenigen Menschen, die – dank ihres Abgrenzungsvermögens – diese Freundschaft nie bereuen mußten.

Nach dem Tode ihres Mannes im Jahre 1952 verbrachte Frieda Harris viele Jahre in Indien. Dort lebte sie in bescheidenen Verhältnissen von Bildern, Artikeln und Kurzgeschichten, die sie nach England verkaufte. Sie ist 1962 verhältnismäßig arm gestorben.

Die oft erzählte Geschichte, Lady Frieda Harris habe vor Beginn ihrer Arbeit Aleister Crowley das Versprechen abgenommen, während der Zeit, in der sie diese Karten malte, auf jede Form schwarzer Magie zu verzichten, klingt zwar ganz schön, ist aber aus mehreren Gründen wenig überzeugend:
- Wir haben keinerlei Beleg dafür gefunden.
- Jemand, der Crowley gut kannte, dürfte kaum etwas auf ein derartiges Wort von ihm gegeben haben.
- Jeder, der sich etwas tiefer mit den Dingen be-

faßt hat, weiß, daß sich die Grenze zwischen weißer und schwarzer Magie nicht so leicht ziehen läßt, wie es sich der naive Geist gern vorstellt, und der diese Art von Geschichten glauben mag, um sich damit die Angst zu nehmen, mit diesen Karten womöglich etwas ganz Verruchtes in den Händen zu halten.

Sicher dagegen ist, daß Lady Frieda Harris als Künstlerin die alleinige Besitzerin und Inhaberin der Urheberrechte an diesen Karten war (auch wenn Crowley das Honorar vereinnahmt hat). Nach ihrem Tode wurden die Originale und die Rechte von ihren Erben dem Warburg Institute in London vermacht. Richtigerweise müßten die Karten also *der Harris-Tarot* genannt werden.

Erklärung von Namen und Begriffen aus Tarot und Magie

Name	Tarotkarte(n)	Bedeutung
Abyssos	Eremit	Abgrund. Die Linie, die die drei oberen (schwer oder unerreichbaren) ↗ Sephirot im ↗ Baum des Lebens von den unteren sieben Sephirot trennt.
Achteck (-stern)	Eremit	Symbol der Mitte zwischen Kreis und Quadrat (Himmel und Erde).
Adler	Hohepriester/Tod Liebenden/Kunst	↗ Cherub, der das Sternzeichen Skorpion und das Wasserelement vertritt.
Aeon	Aeon	Weltzeitalter, zugleich Name des persischen Gottes Aíon, dem Herrn von Zeit und Ewigkeit.
Affe	Magier/Glück	Stimme der Instinkte. In Ägypten aber auch als Symboltiere des Thoth Ausdruck der Weisheit.
Andreaskreuz	Schwert 4	Gleichschenkliges X-Kreuz. Verbindung von Oben und Unten. Märtyrertum.
Ankh	Gehängter/Glück	Ägyptisches Henkelkreuz. Lebenszeichen.
Anima/Animus		Von C.G.Jung eingeführte Bezeichnung für die innere, zunächst unbewußte Gegengeschlechtlichkeit. Die unbewußte Weiblichkeit des Mannes heißt Anima, die unbewußte Männlichkeit der Frau Animus.
Anubis	Glück/Mond	Ägyptischer Schakalgott. Ausdruck der integrierenden und der erhaltenden Kräfte. Seelenführer.
Apfel	Hohepriester	Symbol der Ganzheit, der Venus, der Fruchtbarkeit und der Begierde.
apotropäisch		Unheil abwehrend.
Arkana		Plural des lateinischen Wortes Arkanum = Geheimnis. ↗ Kleine und Große Arkana.
Atu		Altägyptisches Wort für Schlüssel und Haus. Von Crowley bevorzugte Bezeichnung der 22 Karten der ↗ Großen Arkana.
Auge Shivas	Turm	Drittes Auge Shivas, Ausdruck seiner Weisheit. Sein Öffnen zerstört die Schöpfung.
Avatar		Ein göttliches Wesen in menschlicher Gestalt (sanskrit).
Bienen	Kaiserin	Fleiß, Fruchtbarkeit, Wohlstand, Zusammenarbeit.
Blitz	Glück	Fingerzeig Gottes. Erleuchtung aber auch Zerstörung.
Caduceus	Magier	Stab mit einer Todes- und einer Lebensschlange, Symbol der Ganzheit.
Cerberus	Eremit	Dreiköpfiger Höllenhund, Symbol der Unterwelt und ihrer Gefahren.
Chakren		Nach indischer Lehre sieben spirituelle Energiezentren im Menschen (Einzahl Charkra).
Cherub	Hohepriester/ Universum	Geflügelte Himmelswesen, Träger des göttlichen Thrones, Wächter der Horizonte. Viergestaltig als Mensch, Adler, Stier und Löwe (Plural Cherubim).
Chnubis	Turm	Altägyptischer Fruchtbarkeitsgott. Schöpfer des göttlichen Kindes.
chtonisch		Der dunkle, erdhafte und oft gefährliche Aspekt einer Gottheit.
Delphin	Kelch 2	Freund des Menschen, Zeichen der Fruchtbarkeit.
Ei	Aeon	Urzustand, Anfangsstadium.
Ei mit Flügeln	Magier	Das fünfte Element Äther. Die Quintessenz.
Ei mit Schlange	Eremit/Liebenden	Kosmisches Ei als Ursprung aller Dinge.
Einhorn	Ritter der Stäbe	Symbol der Einheit (Christussymbol) im Gegensatz zu doppelt Gehörnten.
Elefant	Hohepriester	Kraft und große Macht.
Ellipse	Universum	Symbol wiedergefundener Einheit (Kreis) und überwundener Polarität (2 Brennpunkte).
Emanation		Das aus dem vollkommenen, göttlichen Einen Hervorgegangene.
Erdelement	Scheiben	Symbol des Körpers, der Sinne und aller greifbaren Werte. Sicherheit.
esoterisch/		Auf Pythagoras zurückgehende Unterscheidung zwischen innen,

Name	Tarotkarte(n)	Bedeutung
exoterisch		verborgen, geheim (esoterisch) und öffentlich, allgemein zugänglich (exoterisch).
Farbserien		Die vier durch ein gleiches Symbol verbundenen Gruppen der Kleinen Arkana.
Feuerelement	Stäbe	Das Göttliche im Menschen. Symbol von Willenskraft, Moral und Idealen.
Fisch	Tod	Christussymbol, Zeichen der Weisheit und Ganzheit.
Fünfstern	Hohepriester Schwert + Scheiben 5	Mit der Spitze nach oben: Zeichen des nach Höherem strebenden Menschen. Mit der Spitze nach unten: Zeichen schwarzer Magie (Drudenfuß).
Geomantie		Erdorakel, bei dem Linien und Zeichen im Sand gedeutet werden.
Glyphe		Symbolzeichnung (ursprünglich in Stein graviert).
Gral	Wagen/Kelch As	Das höchst erreichbare Gut.
Große Arkana		Bezeichnung der 22 Tarotkarten von Narr (0) bis Universum (21). (Trümpfe).
Hermaphrodit		In der Mythologie zweigeschlechtliches Kind von Hermes und Aphrodite. In der Alchemie das höchsterreichbare Ziel als Ausdruck der gelungenen Vereinigung der Gegensätze.
Hofkarten		Ritter, Königin, Prinz und Prinzessin in den 4 Sätzen der Kleinen Arkana.
Horus	Hohepriester/Aeon	Ägyptischer Sonnengott. Die das Dunkel überwindende Kraft.
Hund	Mond	Stimme der Instinkte. Freund des Menschen, aber auch gefährlich.
Ibis	Kelch Königin	Symboltier des ägyptischen Weisheitsgottes ↗ Thoth.
Isis	Hohepriesterin	Ägyptische Mondgöttin und Himmelskönigin. Das Urweibliche, Fruchtbarkeit, Mutterschaft, Medialität, das Unergründliche.
Kabbala		Die zunächst nur mündlich überlieferte jüdische Geheimlehre.
Kamel	Hohepriesterin	Geduld, Demut, Weisheit.
Karma		Das Schicksal als Summe aller Taten und Gedanken aus früheren Leben.
Khepra	Mond	Skarabäuskäfer. Rollt die Sonne zum Osthorizont. Symbol der Wiedergeburt.
Kleine Arkana		Bezeichnung der 56 Tarotkarten, die aus den vier Sätzen Stäbe, Schwerter, Kelche und Scheiben bestehen.
Kreis	Narr/Glück	Ursprüngliche Ganzheit. Ungeteiltheit. Die göttliche Hemisphäre.
Kreuz	Kaiser	Vierheit als Zeichen der irdischen Hemisphäre und der Wirklichkeit.
Kristall	Hohepriesterin/ Eremit/Stern/ Scheiben Prinzessin	Schutz- und Heilkraft, Klarheit des Geistes.
Krokodil	Narr/Glück	Die Gefahren des Wasserelements. Archaische Kräfte. Ur-Instinkte.
Kundalini		Kosmisches Feuer (sanskrit). Schlangenkraft, die am unteren Ende der Wirbelsäule ruht.
Lamm	Kaiser	Königszeichen, Christussymbol. Ausdruck der Frühlingskraft.
Lanze	Liebenden	Phallisches Machtsymbol.
Lebensbaum	Schwert + Kelch 10	Eine aus 10 Energiezentren (Sephirot) und 22 Verbindungswegen bestehende Glyphe, die die Gesamtheit der Schöpfung, den göttlichen Plan, das göttliche Gesetz darstellt.
Lemniskate	Scheiben 2	Unendlichkeitszeichen, Verbindung zweier Welten (siehe Achteck).
Lilien	Kaiser/in	Zeichen der Reinheit und Schönheit, aber auch des Todes.
Lingam	Teufel	Phallus (sanskrit) als Symbol der Zeugungskraft Shivas.
Lotus	Teufel/Stäbe/ Kaiserin	Die Schönheit, die aus dem Morast erwächst und sich dem Licht öffnet.
Löwe	Hohepriester/	↗ Cherub, der das ↗ Feuerelement verkörpert. Triebnatur, Macht

Name	Tarotkarte(n)	Bedeutung
	Universum/Kunst/ Liebenden/Lust	und Kraft.
Löwenschlange	Lust/Turm	Gnostisches Bild Gottes (Abraxas), der Licht und Dunkel in sich vereint.
Luftelement	Schwerter	Symbol des Geistes, der höheren Vernunft, aber auch des zweischneidigen Verstandes.
Münze	Narr/Scheiben	Geprägter Wert, Solidität, Sicherheit, Dauer.
Numinosum		Das unbegreiflich Göttliche als eine zugleich Vertrauen und Angst auslösende Macht.
Nut	Stern/Aeon	Ägyptische Himmelsgöttin, oft mit ↗ Isis identifiziert.
Palme	Hohepriesterin	Fruchtbarkeit, Geburt und Sieg. Baum, der das Nest des ↗ Phoenix trägt.
Pelikan	Kaiserin	Selbstlosigkeit, Mutterliebe, Opferbereitschaft.
Pfeil	Magier	Symbol der Sonne, deren Strahlen als Pfeile gelten.
Phoenix		Legendärer Vogel, der samt seinem Nest (und der Palme) verbrennt und aus der Asche neu ersteht. Symbol der Wiedergeburt und der Sonne.
Präzession		Das langsame Vorrücken des Fixsternhimmels durch die Bewegung der Erdachse, das alle 2160 Jahre ein neues Weltzeitalter anbrechen läßt und nach 25850 Jahren zu einer ganzen Umdrehung führt. Derzeit befinden wir uns am Übergang vom Fische- zum Wassermannzeitalter.
Pythagoras		Berühmter Philosoph (582 – 500 v.Chr.), auf den große Teile unseres esoterischen Wissens zurückgeführt werden.
Rad	Glück	Zeichen des ewigen Kreislaufs.
Rose	Sonne/Schwert 2	Weiblichkeit, Schönheit, Passion, Liebe und Tod.
Säule	Wagen	Phallisches Symbol der Macht und der Größe.
Scheiben		↗ Münze
Schlange	Gehängter/Tod/ Aeon/Universum/ Scheiben 2	Archaische Kraft. Symbol der Todes- und der Lebenskraft.
Schmetterling	Kelch 5/Narr	Transformation, Leichtigkeit, Lebensfreude.
Schwert	Ausgleichung/ Schwerter	Symbol des zweischneidigen Verstandes, der klärt, aber auch zerstört.
Sechseck (-stern)	Schwert + Scheiben 6	Siegel Salomons. Zeichen gegenseitiger Durchdringung und unauflöslicher Verbindung der Gegensätze (Feuer und Wasser).
Sephirot		Die 10 Energiezentren im kabbalistischen ↗ Lebensbaum (Einzahl Sephira).
Seth	Glück	Ägyptischer Wüstengott. Verkörperung der lebensfeindlichen Kräfte.
Shakti		Hinduistische Göttin der urweiblichen Kräfte. Geliebte und Gattin Shivas.
Shiva	Turm	Hinduistischer Gott der Zeugungs- und der Zerstörungskraft.
Siebenstern	Stern	Heilige Zahl, weil unteilbar. Ausdruck der Vollständigkeit. Zeitgrenze.
Skarabäus		↗ Khepra.
Skorpion	Tod	Symbol der rettenden oder zerstörenden Kraft, des Stirb und Werde.
Sonne mit Flügeln	Magier/Teufel/Stäbe	Ägyptisches Symbol der siegreichen Sonne. Schutzzeichen und Amulett gegen das Böse.
Spatz	Kaiserin	Vogel der Aphrodite, der Göttin der (geschlechtlichen) Liebe. Lüsternheit.
Sphinx	Wagen/Glück	Viergetier, das die Vereinigung der vier Elemente verkörpert.
Stab	Magier/Stäbe	Symbol von Stärke und Macht.
Stier	Hohepriester	Zeichen von Beständigkeit, Fruchtbarkeit, Sinnlichkeit.

Name	Tarotkarte(n)	Bedeutung
Taube	Magier/Hohepriester/ Narr/Turm/Stab 3	Vogel der Aphrodite, Symbol des Friedens und der Liebe. Der heilige Geist.
Tantra		Sexualmagische Riten zur Verehrung der weiblichen Kraft (Shakti).
Tetraktys		Die den Pythagoräern heilige Zahl Vier und deren heiliges Symbol: die aus den ersten vier Zahlen bestehende Zehnpunktepyramide.
Thoth		Ägyptischer Gott der Weisheit. Manchmal mit dem legendären Hermes Trismegistos identifiziert. Gilt vielen als »Erfinder« des Tarot und anderer esoterischer Traditionen.
Trümpfe		↗ Große Arkana.
Uräusschlangen	Magier/Teufel/ Aeon/Stäbe	Königliche Schlangen Ägyptens. Schutzembleme göttlicher Macht.
Uroboros	Scheiben 2	Schlange, die sich in den Schwanz beißt. Symbol ursprünglicher Einheit.
Wasserelement	Kelche	Symbol des Unbewußten, der Seelenkräfte und der Instinkte.
Weintrauben	Hohepriesterin Narr/Kelch 3	Fruchtbarkeit und Süße des Lebens.
Widder	Kaiser/Stab 3	Symbol der ungestüm vorwärtsdrängenden, kämpferischen Kraft.
Yoni	Teufel/Universum	Schoß. Sanskritwort für das weibliche Geschlecht.
Zahlenkarten		Die 10 Karten der vier Sätze, die von 1 (= As) bis 10 durchnumeriert sind.
Zehn	Scheiben 10 u.a.	Vollständigkeit. Zeichen göttlicher Ordnung. ↗ Lebensbaum.
Zepter	Stäbe	Zeichen der Macht und der Fruchtbarkeit.
Ziege	Teufel	Symboltier des Pan. Dunkle Triebe, Lüsternheit.
Zodiak	Sonne	Tierkreis. Die Kreisbahn, die die Sonne im Laufe eines Jahres durchwandert und die in 12 gleiche Abschnitte von 30° unterteilt ist, die nach 12 Sternbildern benannt wurden.

Literatur

Aleister Crowley

Aleister Crowley	*Das Buch des Gesetzes, Liber Al Vel Legis*	Basel 1987 (Sphinx)
Aleister Crowley	*Das Buch der Lügen*	Bergen/Dumme 1989 (Peyn und Schulze)
Aleister Crowley	*Liber 777*	Bergen/Dumme 1989 (Peyn und Schulze)
Francis King	*The Magical World of Aleister Crowley*	London 1977 (Weidenfeld and Nicolson)
Israel Regardie	*The Legend of Aleister Crowley*	Phoenix 1983 (Falcon Press)
Gerald Suster	*The Legacy of the Beast*	York Beach 1989 (Weiser)
John Symonds	*Aleister Crowley, Das Tier 666*	Basel 1983 (Sphinx)
Ralph Tegtmeier	*Aleister Crowley, Die tausend Masken des Meisters*	München 1989 (Knaur)
Arnold Waldstein	*Aleister Crowley, Le Saint de Satan*	Paris 1975 (Culture, Art, Loisirs)
Colin Wilson	*Aleister Crowley, The Nature of the Beast*	Wellingborough 1987 (Aquarian)

Alchemie, Astrologie, Esoterik, I Ging, Kabbala, Magie, Mystik und Runen

Akron	*Jenseits der Schwelle*	München 1988 (Hugendubel)
Akron	*Im Lichte der Sonne*	München 1990 (Hugendubel)
Hans Biedermann	*Dämonen, Geister, dunkle Götter*	Graz 1989 (Stocker)
Hans Biedermann	*Handlexikon der magischen Künste*	Graz 1968 (Akademische Druck-u. Verlagsanstalt)
Ralph Blum	*Runen*	München 1985 (Hugendubel)
Walter Burkert	*Antike Mysterien*	München 1990 (Beck)
Thorwald Dethlefsen	*Einführung in die Kabbalah (Artikel)*	St.Gallen 1978 (Quinta Essentia)
Franz Dornseiff	*Das Alphabet in Mystik und Magie*	Leipzig 1925 (Teubner)
Meister Eckehart	*Gesammelte Werke*	Stuttgart 1986 (Kohlhammer)
Karl R.H. Frick	*Die Erleuchteten, 2 Bände*	Graz 1973–1975 (Akademische Druck- u. Verlagsanstalt)
Karl R.H. Frick	*Satan und die Satanisten, 3 Bände*	Graz 1982–1988 (Akademische Druck- u. Verlagsanstalt)
G.W. Geßmann	*Geheimsymbole der Alchymie, Arzneikunde und Astrologie des Mittelalters*	Ulm 1959 (Arkana)
Marion Giebel	*Das Geheimnis der Mysterien*	Zürich und München 1990 (Artemis)
Ester Harding	*Frauenmysterien einst und jetzt*	Berlin 1982 (Schwarze Katz)
Nicolaus Klein und Rüdiger Dahlke	*Das senkrechte Weltbild*	München 1986 (Hugendubel)
Hans Leisegang	*Die Gnosis*	Stuttgart 1985 (Kröner)
Eliphas Levi	*Einweihungsbriefe in die Hohe Magie und Zahlenmystik*	Interlaken 1990 (Ansata)
Edmund O. von Lippmann	*Entstehung und Ausbreitung der Alchemie*	Berlin 1919 (Julius Springer)
Jacques van Lennep	*Alchimie*	Brüssel 1985 (Dervy-Livres)
Horst E. Miers	*Lexikon des Geheimwissens*	München 1987 (Goldmann)
Alfonso di Nola	*Der Teufel*	München 1990 (Diederichs)
Papus	*Die Kabbala*	Schwarzenburg 1979 (Ansata)
Will-Erich Peuckert	*Gabalia*	Berlin 1967 (Erich Schmidt)
Will-Erich Peuckert	*Pansophie*	Berlin 1956 (Erich Schmidt)
François Rabelais	*L'Abbaye de Thélème*	Paris 1947 (Librairie Droz)

Harald Schulze-Theiler	*Judas und sein Sohn Ger*	Münster 1989 (Jason)
Julius Schwabe	*Archetyp und Tierkreis*	Hann.Münden 1987 (Gauke)
Hans Hinrich Taeger	*Astroenergetik*	Hamburg 1983 (Papyrus)
Richard Wilhelm (Hrsg.)	*I Ging. Das Buch der Wandlungen*	Köln 1956 (Diederichs)

Mythologie

Gerhard J. Bellinger	*Knaurs großer Religionsführer*	München 1990 (Droemer Knaur)
Gerhard J. Bellinger	*Knaurs Lexikon der Mythologie*	München 1989 (Droemer Knaur)
Walter Beltz	*Die Mythen der Ägypter*	Düsseldorf 1982 (Claasen)
Joseph Campbell	*Der Heros in tausend Gestalten*	Frankfurt 1978 (Suhrkamp)
Martin Dibelius	*Die Isisweihe bei Apuleius und verwandte Initiations-Riten*	Heidelberg 1917 (Winters)
Robert Donington	*Ring der Nibelungen*	Stuttgart 1976 (Reclam)
Louis Herbert Gray	*The Mythology of all Races*	New York 1964 (Cooper Square)
H.W. Haussig	*Wörterbuch der Mythologie*	Stuttgart 1965 (Klett)
Veronica Ions	*Ägyptische Mythologie*	Wiesbaden 1968 (Vollmer)
Johannes Irmscher (Hrsg.)	*Lexikon der Antike*	Augsburg 1990 (Weltbild)
Alfred Jeremias	*Hölle und Paradies bei den Babyloniern*	Leipzig 1903 (Hinrichs'sche)
Gertrude Jobes	*Dictionary of Mythology, Folklore and Symbols*	New York 1961–62 (Scarecrow Press)
Walter A. Kremnitz	*Lexikon der Mythologie Ägyptens, Persiens und des Orients*	Frieding 1975 (Ambro Lacus)
Ivar Lissner u.a.	*Glaube – Mythos – Religion*	Olten 1982 (Walter)
Anthony S. Mercatane	*Who's who in Egyptian mythology*	New York 1978 (Clarkson N. Potter)
Reinhold Merkelbach	*Isisfeste in griechisch-römischer Zeit, Daten und Riten*	Meisenheim/Glan 1963 (Anton Hain)
Maria Münster	*Untersuchungen zur Göttin Isis*	Berlin 1968 (Hessling)
Robert von Ranke-Graves	*Griechische Mythologie*	Reinbek bei Hamburg 1984 (Rowohlt)
Robert von Ranke-Graves	*Die weiße Göttin*	Berlin 1981 (Medusa)
Günther Roeder	*Urkunden zur Religion des alten Ägypten*	Jena 1923 (Diederichs)
W.H. Roscher	*Ausführliches Lexikon der griechischen und römischen Mythologie*	Leipzig 1886–1924 (Teubner)
Evelyn Rossiter (Hrsg.)	*Die ägyptischen Totenbücher*	Fribourg – Genève 1979/1984 (Parkland)
Erika Simon	*Die Götter der Griechen*	München 1985 (Hirmer)
Imre Trencsényi-Waldapfel	*Die Töchter der Erinnerung*	Berlin 1989 (Rütten & Loening)
Wilhelm Vollmer	*Wörterbuch der Mythologie aller Völker*	Stuttgart 1874 (Hoffmann'sche Verlagsbuchhandlung)

Psychologie und Ethnologie

Richard Fester u.a.	*Weib und Macht*	Frankfurt 1980 (Fischer)
Marie-Louise von Franz	*Der ewige Jüngling*	München 1987 (Kösel)
Marie-Louise von Franz	*Die Erlösung des Weiblichen im Manne*	Frankfurt 1980 (Insel)
Marie-Louise von Franz	*Spiegelungen der Seele*	München 1988 (Kösel)
Marie-Louise von Franz	*Wissen aus der Tiefe*	München 1987 (Kösel)
Carl Gustav Jung	*Grundwerk Bd. 1 – 9*	Olten 1985 (Walter)
Wilhelm E. Mühlmann	*Weiblicher Schamanismus und Dichtung*	Berlin 1981 (Reimer)
Lutz Müller	*Magie*	Stuttgart 1989 (Kreuz)
Erich Neumann	*Die Große Mutter*	Olten 1974 (Walter)

Helmut Remmler	*Das Geheimnis der Sphinx*	Olten 1988 (Walter)
Edward C. Whitmont	*Die Rückkehr der Göttin*	München 1989 (Kösel)

Symbolik

Hans Biedermann	*Knaurs Lexikon der Symbole*	München 1989 (Droemer Knaur)
J.C. Cooper	*Illustriertes Lexikon der traditionellen Symbole*	Wiesbaden o.J. (Drei Lilien)
Gerd Heinz-Mohr	*Lexikon der Symbole*	Köln 1971 (Diederichs)
Herder (Hrsg.)	*Herder Lexikon Symbole*	Freiburg 1978 (Herder)
I. Schwarz-Winkelhofer und Hans Biedermann	*Das Buch der Zeichen und Symbole*	Graz 1972 (Verlag für Sammler)

Tarot

Hajo Banzhaf	*Das Tarot-Handbuch*	München 1986 (Hugendubel)
Hajo Banzhaf	*Das Arbeitsbuch zum Tarot*	München 1988 (Diederichs)
Hajo Banzhaf	*Schlüsselworte zum Tarot*	München 1990 (Goldmann)
Bill Butler	*Dictionary of the Tarot*	New York 1975 (Schocken)
Richard Cavendish	*The Tarot*	London 1986 (Chancellor)
Aleister Crowley	*Das Buch Thoth*	München 1981 (Urania)
Alfred Douglas	*Ursprung und Praxis des Tarot*	Köln 1986 (Diederichs)
Michael Dummett	*The Game of Tarot from Ferrara to Salt Lake City*	London 1980 (Duckworth)
Detlef Hoffmann und Margot Dietrich	*Tarot – Tarock – Tarocchi*	Leinenfelden-Echterdingen 1988 (Deutsches Spielkarten Museum)
Stuart R. Kaplan	*Der Tarot*	München 1984 (Hugendubel)
Hans-Dieter Leuenberger	*Der Baum des Lebens*	Freiburg 1982 (Bauer)
Max Luginbühl	*Das Geheimnis des Dreikräftspiels*	Pfullingen 1961 (Baum)
Mary Steiner-Geringer	*Tarot als Selbsterfahrung*	Köln 1985 (Diederichs)
Gerd Ziegler	*Spiegel der Seele*	Sauerlach 1984 (Urania)

Informationen über Kurse zum Crowley-Tarot
und sonstige Anfragen bei:
AKRON
Ruhberg 20
CH-9000 St.Gallen

Akron (C.F. Frey), 1948 am Bodensee geboren, beschäftigte sich seit seiner Kindheit mit Astrologie, Tarot und Magie, dann mit Mathematik, Philosophie und Kunst. Während seiner Musikstudien in München Mitglied (Schlagzeuger) einer bekannten deutschen Rock-Gruppe, dabei erste Kontakte mit esoterischen Zirkeln und Bruderschaften. 1971 erschien sein Bucherstling, ein Roman. Später gab er eine avantgardistische Literatur-Zeitung heraus und experimentierte mit alternativen Denkmodellen. Daneben betätigte er sich auch in anderen Sparten, textete eine Rock-Oper und arbeitete fünf Jahre als Musik- und Theaterkritiker bei einer Tageszeitung. Heute befaßt er sich mit inneren Techniken, gibt Kurse für bewußte Willensbildung und unterhält eine astrologische Praxis. Akron ist Autor der Astrologiebücher *Im Lichte der Sonne* und *Jenseits der Schwelle.*

Hajo Banzhaf wurde 1949 in Gütersloh geboren. Nach dem Abitur Sprachstudium in Frankreich. Philosophiestudium an der Universität Münster. Danach Banklehre in München mit nachfolgender zwölfjähriger Banklaufbahn. Seit 1985 freiberuflich tätig als Vermögensverwalter, Buchautor, Kursleiter. Astrologe und als Berater mehrerer Verlage. Seit 1972 befaßt er sich zunächst mit der Astrologie und in den folgenden Jahren auch mit dem Tarot.
Hajo Banzhaf ist Autor der Bücher *Das Arbeitsbuch zum Tarot, Das Tarot-Handbuch, Tarot-Spiele,* des Taschenbuchs *Schlüsselworte zum Tarot* und er entwarf das Legeset *Das Geheimnis der Hohenpriesterin.* Er gibt regelmäßig Tarotkurse, veröffentlichte Beiträge in einer Reihe bekannter esoterischer Zeitschriften und hält seit mehreren Jahren Fachvorträge zu den Themen Astrologie und Tarot.